沟通交流与链接

——浙江传媒学院新闻与传播学院
2020级研究生优秀论文集

李 欣 陈 拓 主编

中国广播影视出版社

图书在版编目（CIP）数据

沟通交流与链接：浙江传媒学院新闻与传播学院2020级研究生优秀论文集／李欣，陈拓主编． －－北京：中国广播影视出版社，2023.6
　ISBN 978－7－5043－9037－0

　Ⅰ．①沟… Ⅱ．①李… ②陈… Ⅲ．①传播学－文集 Ⅳ．①G206－53

中国国家版本馆 CIP 数据核字（2023）第 096874 号

沟通交流与链接：浙江传媒学院新闻与传播学院2020级研究生优秀论文集
李　欣　陈　拓　主编

责任编辑	余潜飞　邢秋萍
封面设计	贝壳学术
责任校对	张　哲
出版发行	中国广播影视出版社
电　话	010－86093580　010－86093583
社　址	北京市西城区真武庙二条9号
邮　编	100045
网　址	www.crtp.com.cn
电子信箱	crtp8@sina.com
经　销	全国各地新华书店
印　刷	天津和萱印刷有限公司
开　本	710毫米×1000毫米　1/16
字　数	411（千）字
印　张	22.25
版　次	2023年6月第1版　2023年6月第1次印刷
书　号	ISBN 978－7－5043－9037－0
定　价	80.00元

（版权所有　翻印必究·印装有误　负责调换）

目 录

无声的选择：特殊外卖骑手劳动过程中的媒介使用研究 ……… 刘汀芷（1）
"他乡"遇"故知"：弹幕交互中的话语表征与身份认同生成
　　——以B站纪录片《奇食记》为例 ……… 钱梦倩（11）
量化社会的劳工：微博热搜中的网络水军群体研究
　　——基于网络水军社群的田野调查 ……… 茅诗意（25）
平台控制下网约工劳动异化困境和权益保障路径探析
　　——以外卖骑手为例 ……… 贾晔雯（33）
媒介与隐私陷阱：被遗忘权与公共知情权悖论分析 ……… 王琦然（41）
后疫情时代"洋网红"的跨文化传播现状与困境
　　——以"歪果仁研究协会"为例 ……… 李晓旭（51）
抗疫出版中的数据资源应用研究 ……… 张逸婷　潘秋艳　肖　谦（59）
马克思主义新闻观视域下县级融媒体基于"直播+"的服务理念重构研究
　　——以"柯小微云带货"为例 ……… 常纪超　付兴红（68）
历史战争电影《长津湖》的符号解码
　　——基于格雷马斯符号学理论 ……… 孙慧慧　康　金　汪　漪（77）
融媒体时代政务新媒体延展性情感空间的探讨
　　——以疫情中"美丽浙江"微信视频号为例 ……… 夏如意　陈　楠（87）
怀旧的未来：后疫情时代中国院线经典复映现象研究
　　……… 周　霓　俞　静　朱玉琴（103）
框架·语境·符号：后疫情时代抗疫国家形象建构策略
　　——以《人民日报》海外版为例 ……… 鲍开妍　郎曼丽（112）
多种类型综艺节目中花字的传播价值分析 … 李　琳　傅平航　何　睦（121）
基于TRA理论的微信信息流广告效果影响因素分析
　　……… 张曦兮　苏梦杰（132）
互动仪式链视域下的融媒直播分析
　　——以"我家住在黄河边"全省联动直播为例 ……… 张丽娜　王一宁（145）

智媒时代背景下基于用户个性化需求的数字化文创研究
　　——以"云游敦煌"小程序为例 ············ 傅平航　王慧勤　陈宇杰（153）
中国单口脱口秀节目中的女性文化现象研究 ··· 高思妍　赖泓睿　傅雨丹（164）
探索与重构：小众综艺粉丝互动新探究
　　——以《乐队的夏天》为例 ············ 曾馨漫　李　琳　李丽青（172）
粉丝控评之火蔓延背后的舆论失焦与理性追逐
　　——以滴滴下架舆情事件为例 ·························· 杨　敏　郭芷璇（181）
国内数据新闻发展现状与问题探析 ············ 朱　琳　余吕娜　孙学敏（192）
从"家"到"国"：《我和我的家乡》影像建构与乡愁书写 ··· 张玮悦（201）
社交媒体对进食障碍患者的影响研究 ····································· 徐　菲（212）
转场：亲密关系诉说中年轻群体平台偏向及变迁研究 ············ 姚　晔（221）
互联网背景下中年群体的抖音使用行为研究 ························ 朱景怡（234）
呈现脱贫攻坚进程，主流媒体的"四力"践行路径探析
　　——以《新京报》"悬崖村"系列报道为例
　　　　 ··· 朱芯铭　宋　艳　叶增姝（248）
B站直播自习室研究
　　——以"彭酱酱LINYA"为例 ············ 刘梦茹　包丽娜　叶　蓉（257）
短视频"围猎"下的农村银发族
　　——基于一个浙江西部乡村的田野调查 ··· 赵　磊　余吕娜　朱　琳（270）
场域视角下代购社群活跃与反思 ························ 鲍梦妮　刘秀彬（279）
从"文化折扣"现象谈民营影视如何更好走出去 ······ 翁珝忆　钟路香（290）
情感、价值、记忆：新时代主旋律影视对青年群体社会责任意识的培养分析
　　——以电视剧《觉醒年代》为例 ············ 王慧勤　傅平航　韦娇娇（297）
融合与协同：MCN模式下非物质文化遗产短视频传播研究
　　——以"奇人匠心"非遗类抖音账号矩阵为例 ······ 王一宁　张丽娜（308）
游戏"骂战"：MOBA游戏中玩家语言暴力现象研究
　　 ··· 王梦馨　江玟轩　樊振亚（316）
后疫情时代突发灾害事件中的网络行为探析
　　——以河南暴雨网络捐助动员行为为例 ··············· 龚可馨　郎曼丽（330）
选择、组织与传播：抗疫题材影视作品对国家形象的建构
　　——以时代报告剧《在一起》为例 ··················· 刘秀彬　鲍梦妮（342）

无声的选择：特殊外卖骑手劳动过程中的媒介使用研究

刘汀芷

【摘要】伴随着外卖平台的扩张，外卖员成为共享经济模式下典型的劳动群体。本文通过聚焦平台外卖员中的特殊人群——特殊外卖骑手，通过田野观察和半结构式访谈后发现，在其劳动过程中存在着媒介使用主体对媒介技术的选择作用。特殊外卖员的职业选择是基于"家庭责任"下的主体选择，移动媒介实现了劳动空间和家庭空间的联结，实现了家庭角色的流动；并且特殊外卖骑手通过媒介技术的力量进行特殊的劳动实践，形塑了别样的文化空间，并且在实践过程中与技术平台进行沟通和协商，使整个过程走向开放和联动。

【关键词】外卖骑手；媒介使用；劳动过程

一、研究背景与意义

尽管自2020年面临新型冠状肺炎疫情的冲击以来，共享经济规模扩张速率减缓，但是整体仍旧呈现增长态势。第48次《中国互联网络发展状况统计报告》显示，我国晚上外卖用户规模达到4.69亿，在各类调查应用中增长最为明显。根据《中国共享经济发展报告（2021）》的数据显示，由于疫情使得人们线下活动受到限制，在生活服务领域，尤其对线上生活服务的需求大量增加，"宅经济"呈现暴发态势：2020年在线外卖收入约占全国餐饮业收入比重的16.6%。与在线外卖餐饮扩张相对应的是，共享经济的发展也提供了大量就业岗位，在2020年我国共享经济参与人数约8.3亿人，以外卖平台美团为例，在2020年上半年中通过美团平台获得收入的骑手总数为295.2万人，同比增长16.4%。

在以美团、饿了么为代表的线上外卖平台中，其注册骑手数量已将近600万，其中不乏相当数量的特殊外卖骑手。这些特殊群体由于在听力和语言表达方面存在不同程度的损伤，其成长过程中所享有的教育资源、社会交往，以及成年之后的职业选择和社会融入往往和正常人存在着差异。由于职业技能的缺失，在供大于求的就业市场当中，特殊群体往往处于较为被动的地位，因而职业技能门槛较低，相对具有自主性和自控性且收入可观的"外卖骑手"便成为互联网平台经济发展背景下，部分特殊群体的职业选择。

线上生活服务外卖行业离不开媒介技术、大数据算法的持续发展，但是在其中的劳动主体——具有个体主动性的外卖骑手本身所扮演的角色也不容忽视，并且往往是处在与平台技术、数据算法等技术力量的相互对话、博弈和较量的场域当中，特殊外卖骑手也不应例外，这也构成了本篇文章所讨论问题的始发点。

本文预想对特殊外卖骑手的工作现状进行观察和分析，尤其是考察移动设备等技术力量的介入对这一群体生活、工作的影响。当然，观察特殊外卖骑手本身的意义并不局限于此，近年来针对外卖员、特殊外卖骑手的新闻报道不断涌现，研究这类群体在平台技术、媒介手段中的生存、工作现状的同时，也是观察在共享经济模式下特殊群体的生存现状，同时希望以小见大，借助这种方式管窥社会边缘群体——特殊人群体的生活、工作现状，以期给予他们应有的社会关怀，而这一点也是写作这篇文章的初衷。

二、文献综述

目前针对外卖骑手劳动过程的观察和研究较少，并且主要集中在社会学领域。就目前所有的研究来看，主要可以分为两方面路径：首先是对外卖骑手的劳动过程以及平台企业的管理策略和手段进行研究，其次是对共享经济模式下外卖骑手的社会保障、劳动保障的现状进行调查和研究。由于平台的算法处于"黑箱"之中，也往往被企业称为"商业机密"而拒绝公开，所以对平台算法的研究往往融合、渗透在上述两类研究中，通过反向推测的方式对算法的逻辑进行总结。

第一类研究中不乏延续马克思技术控制的思路考察外卖骑手的劳动过程。学者陈龙通过田野调查发现，平台公司"放弃"了对外卖骑手的直接控制，淡化雇主责任并且转嫁劳资冲突，全过程式的数字控制使外卖骑手不知不觉中削弱了反抗意愿，并且该研究还发现外卖平台通过对配送工作进行游戏化的包装，间接激发了骑手进行"自发游戏"的可能；在学者陈龙看来，外卖员主体的能动性在平台数字化控制下逐渐丧失，但是学者孙萍则持相反意见，他从算法和数字劳动出发提出，即使是在算法对时间的"嵌入"和对外卖员的规训之下，外卖骑手也存在着"逆算法"的可能，也就是在送餐过程中逐渐摸索到一套对抗算法"规训"的主体性策略。以上两种研究都是对生理机能健全的外卖骑手进行考察，但是特殊外卖骑手在劳动过程中究竟是"反抗意愿"的削弱还是存在"逆算法"的主体性策略，值得在观察和研究过程中进一步考究。

学者赵璐和刘能延续"资本—劳动者—消费者"三方关系的劳动过程分析理论，经过田野调查不仅发现了劳动者在享受共享经济红利的同时也固化了自身处于二级劳动市场中的底层位置，并进一步揭示了外卖行业中男性劳动者所具有的社会结构的特殊性，外卖行业成为凸显"男性责任"主体意识的职业典型。这一研究路径和发现揭示了在对外卖员进行研究的过程中，考察群体细分及其影响因素具有一定的研究价值，并且也能够使外卖员群体的画像更加具备全局性。

以上此类研究通过田野调查的研究方法详细考察了平台外卖员的劳动过程，尤其是当这种劳动过程在资本企业、算法规训、平台顾客等几方博弈之下的变化，以及平台外卖员的主体意识和反抗意愿究竟是削弱还是增强。但是，此类研究仍旧存在值得补益之处：首先是缺少对外卖员群体细分的观察和研究，尤其是当生理功能欠缺的特殊群体介入外卖配送劳动后是否会发生变化？其次，上述研究虽然是在对外卖员劳动过程中的主体意识进行考察，但是不论是"反抗意愿"的削弱与否还是是否存在"逆算法"的主体性策略，都是在不自觉间将外卖骑手纳入消极和被动选择的局面，所以进一步从外卖骑手自身出发研究其是否存在主体的自我选择便能够对以上两种视角进行补充。

第二类研究围绕共享经济模式下外卖群体的社会保障以及劳动保障的现状展开。在共享经济模式和算法控制之下，"网约工"入局看似是工作时间自由、薪酬较高的工作模式，但是忽略了劳动强度以及劳动分析，并且在工作"游戏化"的包装下，"网约工"也被降低了从业选择的自由度。学者邹开亮和陈梦如认为在算法优势下"网约工"在劳动过程中的显著违法行为为平台免责提供了理由，并且算法透明困境和算法伦理风险增加了"网约工"权益保障的危机。此类研究通过考量"网约工"劳动过程中的权责制度、平台规则以及劳动权益，以建议为导向旨在进一步推动完备共享经济模式下"网约工"的社会保障，这类研究所提出的建设性意见也为本次研究启发了思路。互联网时代下共享经济模式的发展在带动平台企业发展的同时也为社会创造了大量的劳动力缺口，但是当这种经济模式发展具有一定规模并逐渐稳定成社会生活的一部分时，劳动者的社会保障不应被搁置和忽视。但是此类研究同样缺乏"网约工"的群体细分，即针对不同类型的劳动者给予的社会保障和劳动保障应当存在差异。

而上述两类研究路径均是从社会学的角度切入进行考察，尽管考量了平台技术等层面的影响，但是大数据算法技术无法完全涵盖外卖配送劳动过程中的所有技术因素，例如手机等移动设备的介入对特殊外卖员会产生何种影响，以及对移动场景中的"时间—空间"因素会产生何种影响？因此本研究有助于从自身学科属性出发对特殊外卖群体进行更小切口的考察，在研究过程中更加注重媒介技术的因素以及特殊外卖骑手和媒介技术之间的双向"对话"，以期弥补学科研究空缺。

通过上述的文献综述，我们可以发现伴随着媒介技术对个体工作、生活实践的不断介入，技术的中介化理论也逐渐逃离原有的家庭生活实践，而产生了更多走向应用场景的尝试和可能，例如上文提到的内容生产工作，而我们也可以在此视域下探讨在"流动"的时间和空间中，在多场景应用下，在媒介技术起到中介和连接功能时，媒介使用主体和媒介技术之间的对话和交流，也构成了本篇论文所采用的理论视角的适用性。

那么，基于上述的研究背景探讨和文献内容梳理，本文欲想探讨以下三方面问题：

首先，伴随着相当数量的特殊群体进入外卖骑手行业中后，与生理功能健全的骑手相比前者的劳动过程发生了什么样的改变，其中移动设备等媒介技术在其中扮演了什么样的角色？

其次，特殊外卖骑手在与外卖用户、店铺商家等交往、沟通乃至博弈当中，移动媒介技术能够起到的实际作用如何呈现？是能够正向弥补特殊外卖骑手身体上的不足还是会反向造成威胁？

最后，外卖平台以及平台所代表的大数据算法、人工智能技术和特殊外卖骑手之间关系如何？是单向的制约还是双向的互动？

三、研究方法

本次研究采用田野观察和半结构式访谈的研究方法，为了探究特殊外卖骑手和媒介技术之间的对话、沟通乃至博弈关系，笔者选择了五名特殊外卖骑手作为调研对象，考虑到沟通问题，具体与特殊外卖骑手之间的沟通和访谈时，选择在线上社交媒体平台展开（以微信为主）。

由于特殊外卖骑手与媒介技术之间的关系是较为隐性的，笔者在访谈过程中同时将接受过特殊外卖骑手服务的平台用户纳入访谈对象的范畴中，尝试通过他人的直观经历和描述将隐性的关系显性化。笔者选择了四名访谈对象进行半结构式访谈。所有的调研和访谈在2021年6月上旬至8月上旬完成。

表1 五名特殊外卖骑手访谈编号及基本情况

编号	年龄	性别	受教育程度	供职平台	家庭成员构成
P1	23	男	初中	美团	未婚与父母居住
P2	25	男	初中	美团	未婚独居
P3	33	男	小学	饿了么	已婚与女儿与妻子居住
P4	28	男	初中	饿了么	未婚独居
P5	35	男	初中	饿了么	已婚与女儿居住

表2 特殊外卖骑手服务对象访谈编号及基本情况

编号	年龄	性别
P6	25	女
P7	29	女
P8	24	男
P9	23	女

四、研究结果

技术的中介化过程分为几个阶段展开，但是并非是线性的单向、逐步演进，而是相互交错的动态发展，因此不能用停滞和相互阻隔的眼光审视技术的中介化的过程，而是要用一种相互交融的眼光看待。技术的中介化过程以消费为前提，可以分为四个阶段，分别是占用、客体化、纳入以及转化。占用和转化构成媒介技术由技术领域进入社会场景、社会公共领域的闭合式过程，转化完成后的新技术已不同于最初进入社会场景的技术，而是更多融入了人对技术的影响。客体化是展现媒介技术如何嵌入日常生活的过程，而纳入则更多揭示在实践过程中，媒介技术体现的人与社会的关系，以及形成的文化空间。

在外卖平台以及其中运用的平台算法技术设计之初，程序设计师们并没有将特殊人群的需求纳入设计过程中，而是将这些外卖骑手一视同仁。可是伴随着越来越多的特殊群体进入外卖配送的社会实践过程中，伴随着移动媒介的使用和赋能，开始反向推动媒介技术以及算法程序的调整，并在这一实践过程中逐渐发展出属于这一特殊外卖员群体的文化空间。

（一）移动场景下的客体化：基于"家庭责任"下的主体选择

在技术的中介化理论中，客体化强调的是新技术在场景当中所处的位置，并且可以由此出发探究社会实践和文化意义空间。希尔弗斯通在研究电视在家庭结构中的位置时，提出对电视的研究能够借助电视这一隐喻认知家庭关系的日常模式、动态变化，甚至洞悉家庭在社会位置中的动向。希尔弗斯通对电视媒介的研究是搁置在家庭这一具有边界性的实践空间中的，但是对特殊外卖骑手而言，在移动场景当中，同样存在着客体化过程，并且可以从中窥看场景的延伸和整合。

　　移动媒介的赋权使得特殊群体能够走出家庭空间的限定场域，走向更加广阔的社会实践空间，和他人产生交流和互动，并且在很大程度上延伸了传统的家庭空间，并实现家庭空间和移动空间的耦合。相比于生理功能健全的外卖骑手，特殊外卖骑手在选择这项工作作为自己的职业时，时常将职业选择与自身的家庭责任，尤其是男性责任进行勾连考量。普通的外卖骑手在进行职业选择时，通常被"相对自由的弹性工作时间""劳动强度较低的工作"以及"收入可观"等条件所吸引，对他们而言，与其说"送外卖"是自己的一项理性思考过后的职业选择，不如说是在一场"接单游戏"吸引下入场的选择，比拼速度、较量接单数、实现骑手等级升级成为与获得薪资同等重要的吸引条件。但是对特殊外卖骑手而言，由于生理功能的欠缺他们往往被排斥在劳动生产的第一梯队之外，对他们而言职业选择的空间有限。与职业选择空间有限、薪资较低等窘境相对的是特殊外卖骑手家庭中相对较为繁重的家庭负担，以及较为缺位的男性角色。在传统的社会期待中，男性往往扮演着赚取"面包"的角色，而特殊男性群体由于生理功能的缺陷导致其家庭职能完成度较低。因此，"还不错的薪资"和"相对自由的工作时间"成为这一群体着重考量的职业因素，前者能够让自己相比从事传统职业更能够履行男性家庭角色，后者则可以让自己在工作赚钱之余照顾家庭。

　　我家里还有一个闺女，五岁，当初选择当外卖员就是想照顾她方便一点""她妈妈走了，不想和我们一起，嫌我没用……我现在送外卖赚得也稍微多一点，小孩上学要花钱，可以补贴家用。（访谈记录：P5）

　　还没结婚，家里有一对老人，平时自己出来跑外卖可以赚点钱，虽然比不上他们（指生理功能健全的外卖骑手）赚得多，但是收入还可以，不至于在家里坐着。（访谈记录：P2）

　　如果说在希尔弗斯通的时代，技术的中介化过程中的媒介技术客体化更多是发生在家庭结构和空间当中，通过电视内容的呈现重构电视媒介在家庭中的位置和存在，并且从中可以透视家庭成员的动态关系，那么在特殊外卖骑手群体中，移动媒介以及平台技术的客体化不仅走出了相对固定的单位空间场域，走向了更加流动的时空环境，而且实现了空间的联结以及社会角色的融合。相比于生理功能健全的外卖骑手，特殊外卖骑手相对而言会更加关注自己的劳动付出背后所承担的家庭责任，"不想给家庭带来负担""补贴家用"成为他们投入送外卖这一劳动过程的初衷，移动媒介不仅将这一群体转移出相对静止的家庭空间，实现媒介技术的赋能，而且实现了劳动空间和家庭空间的联结，实现了家庭角色的流动，将男性角色和家庭责任带入更加流动、更加广阔的劳动场域。

（二）彰显主体性的"纳入"过程：特殊外卖群体的协调与沟通

技术的中介化过程的纳入阶段具体指向在主体的实践过程中，技术是如何嵌入人类生活的实践的。当技术从公共领域走向私人领域时，使用者的灵活挪用在其中起到重要的作用，而这也就意味着人与媒介技术的技术中介化关系正式确立，在纳入的过程中也为技术赋予了更多的文化风格和在地实践。

在传统的观念当中，特殊人群由于表达沟通中的缺陷和障碍，本不适合从事服务性质的职业，而在半结构式访谈的过程中，这一群体不仅没有体现出不适应、厌烦等情绪，反而在移动媒介的介入和赋能下显得"如鱼得水"。手机等移动媒介在特殊外卖群体的劳动过程中扮演着沟通剂和润滑剂的角色，特殊外卖骑手也通过独属于该群体的劳动实践将媒介技术不断纳入了劳动过程当中，形塑了别样的文化空间。

在整个劳动过程中，这一纳入过程具体可以体现在媒介使用方式和协商沟通这两个方面，且相互渗透。在特殊外卖骑手的劳动过程中，主要涉及三个方面的主体，既包含了媒介技术主体，例如智能算法技术、移动通信设备，也包含了人这一主体，例如享受外卖服务的平台用户等。

1. 依赖与协调

相比于普通的外卖骑手，特殊外卖骑手对移动通信设备的依赖程度会更高，但与此同时他们的灵活应对策略也会更强，在劳动过程中不断摸索、探求更加适合自己的媒介使用方式。在平台派发订单之后，外卖骑手需要抵达指定的店铺位置领取外卖，为避免沟通所带来的时间耗费，特殊外卖骑手会向店家出示预先编辑好的文字，精准核对外卖商品信息后才会赶往顾客指定的位置。

> 一般在取外卖的时候都没问题，除了高峰期店里特别忙的时候，容易找不到外卖。如果找不到的话，给老板看准备好的话……就是说我不会讲话，找不到外卖希望帮忙找一下，然后表示感谢，老板一般都很好的，都很乐意帮我。（访谈记录：P2）

当外卖送达指定位置之前，特殊外卖骑手会提前发送短信至顾客的手机，告知自己是特殊外卖员的身份，为避免沟通交流不畅的问题，希望顾客自行前往指定位置领取外卖。

> 我就曾遇到过特殊外卖骑手，当时我想送餐时间快到了，留意了一下手机发现骑手的短信，读完短信我才知道对方是特殊人，态度很好，服务也很周到，配送的餐也很完整，我就给了好评。（访谈记录：P8）

有些人没有看短信的习惯，我一般会打个电话，提醒他看手机，这样就可以看到我的短信了……基本上很少出现联系不上的问题，实在不行的话我一般会找保安帮忙，打个电话。（访谈记录：P3）

在劳动过程中，特殊外卖骑手通过在具体的实践情景下摸索出了一套适合于自身、能够弥补自身问题的沟通流程，并且通过微信群分享经验，相互鼓励。

我们自己人（指特殊外卖群体）有一个微信群，从老家新过来的人我们会教他怎么和顾客说话，有些情况也会提前教他……平时的话群里就相互加油，晚上结束了报平安。（访谈记录：P1）

2. 沟通与协商

沟通与协商的过程主要体现在获得顾客的后续好评反馈机制上。外卖员获得的好评度往往直接与其劳动报酬挂钩，好评率高则意味着外卖员平均每单外卖服务能够获得稍微更高的收益，而相反如若获得差评，则会受到惩罚，最直接的反馈便是成倍的奖金克扣，具体的金额根据每一个站点的规章制度有所不同，而特殊外卖骑手由于其自身沟通存在一定的困难和问题，在外卖配送服务过程中而受到顾客的误会和差评，往往会事先借助移动通信设备和顾客协商和沟通，或者通过表明身份祈求顾客给出好评。

送餐结束之后我们都会再发一个短信，这样顾客很容易给我们好评。我们有时候送餐速度比较慢，提前和他们说明白他们也可以体谅。上个月我的好评度是站里最高的，有时候我还能收到顾客的赏金。（访谈记录：P5）

而顾客在得知其特殊身份之外，往往会采用宽容度和容忍度更高的态度给予回馈，尽管特殊外卖骑手本质上依旧是作为平台新型雇佣劳动力而存在，需要提供合乎要求的配送服务，但是在平台顾客的观念中，只要特殊外卖骑手提供的配送服务不出现较大的差错（例如外卖丢失），那么便可以将其服务视为增值，给出好评或者进行打赏的概率便会更高，因此特殊外卖骑手的容错空间以及与顾客的协商空间也相较于普通外卖骑手而言更大。

我收到过特殊外卖骑手的短信，他希望我能在平台上给出五星好评。他们本来就挺不容易的，出来送外卖打工都是为了赚钱，给一个好评是举手之劳的事情。（访谈记录：P6）

通过短信我才知道给我送餐的小哥是特殊人，沟通里和普通外卖员没有什么两样。所以我果断给了好评，平台上能打赏外卖骑手，我就给了打赏，钱不多，是感谢他的辛苦。（访谈记录：P9）

（三）占用与转换：特殊外卖群体的技术中介化闭环

"占用"具体指媒介技术如何被引入某一个具体的社会场景，而"转换"则指媒介技术使用主体如何向他人展示技术、重新回归公共领域的过程。"占用"和"转化"构成了技术的中介化过程闭环，"转换"过后的媒介技术具有了使用主体的烙印，而非仅仅是技术发展的产物，是双向互动、协商和技术的中介化结果，因此将"占用"与"转换"环节合并考察，更能够采用前后对比的视角凸显出媒介使用主体对媒介技术的中介化作用，也就因此产生了将这两个过程勾连的意义。

在外卖平台算法设计之初，并没有将特殊外卖骑手考虑在内，更多考量的是生理功能健全的外卖骑手所付出的劳动力，将后者纳入算法控制的空间当中，并且即使是这样的平台算法设计也是在实践过程中不断改进和自我优化的。而伴随着特殊群体不断介入外卖配送服务，这一群体在与技术的对话过程中逐步形塑了特有的劳动实践文化，并且反向与技术平台进行对话和服务。

> 我当时接起电话是一个有点卡顿的像是机器人的声音，我当时还很奇怪为什么不是骑手和我说话，后来我才知道是特殊外卖骑手。（访谈记录：P9）

这位访谈者所提到的联系过程中这种特殊的沟通方式便是特殊外卖群体在介入外卖配送劳动过程后，在实践过程中与技术平台进行的沟通和协商的结果，借助技术的力量辅助沟通过程。由此，平台技术以及智能算法对特殊外卖骑手的数字控制便不再出于最初设计的初衷，而是不断协商过后具有劳动实践之后的烙印，整个过程走向开放和联动。

五、结论与反思

伴随着共享经济的规模化发展和外卖平台的扩张，平台外卖员成为共享经济模式下较为典型的劳动群体。目前对这一群体的研究主要集中在社会学领域，延续马克思技术控制的思路考察平台外卖员的劳动过程。

本研究进行半结构式访谈后发现，在特殊外卖员的劳动过程中，存在着媒介使用主体对媒介技术的中介化作用，并且这种技术的中介化作用会相比于生理功能健全的外卖员更加强烈。而当下，伴随着媒介技术的发展，时空走向流动和模糊，技术的中介化理论的应用场域也从原本边界相对分明的家庭空间走向更加流动、广阔的空间。在客体化的阶段中，特殊外卖员在社会劳动实践当中逐渐厘清平台算法以及移动通信技术的边界和应用场景，并且其职业选择更多是基于"家庭责任"下的主体选择，特殊外卖骑手会相对而言更加关注自己付出劳动背后所承担的家庭责任，移动媒介不仅将这一群体转移出相对静止的家庭空间，而且实现了劳动空间和家庭空间的联结，将男性角色和家庭责任带入更加流动、更加广阔的劳动场域。在纳入的过程中，特殊外卖群体的主体性得到了更为明显的彰显，特殊外卖骑手也通过独属于该群体的劳动实践将媒介技术不断纳入劳动过程中，形塑了别样的文化空间。媒介技术在进入具体的社会场景中后，往往带有使用主体的烙印，是双向互动、协商和技术的中介化的结果，特殊外卖员群体在介入外卖配送劳动过程后，在实践过程中与技术平台进行的沟通和协商，也使整个过程走向开放和联动。

本篇文章依旧存在着访问样本局限性、研究结论不深入等问题，希望通过日后的研究增进样本的代表性并且进一步发掘值得关注、具有社会价值的议题。

参考文献

[1] 陈龙. "数字控制"下的劳动秩序——外卖骑手的劳动控制研究 [J]. 社会学研究, 2020 (6).

[2] 陈龙. 游戏、权力分配与技术：平台企业管理策略研究——以某外卖平台的骑手管理为例 [J]. 中国人力资源开发, 2020 (4).

[3] 孙萍. "算法逻辑"下的数字劳动：一项对平台经济下外卖送餐员的研究 [J]. 思想战线, 2019 (6).

[4] 赵璐, 刘能. 超视距管理下的"男性责任"劳动——基于O2O技术影响的外卖行业用工模式研究 [J]. 社会学评论, 2018 (4).

[5] 邹开亮, 陈梦如. 算法控制下"网约工"权益保护的困境与出路 [J]. 价格理论与实践, 2021 (6).

"他乡"遇"故知":弹幕交互中的话语表征与身份认同生成

——以B站纪录片《奇食记》为例①

钱梦倩

【摘要】 奇特的地方性食物在纪录片中以一定价值的符号被呈现,通过弹幕的交互产生各种类型的解读与理解,也使得个体逐渐具有了主体的属性。本文以纪录片《奇食记》为例,在爬取剧集弹幕的基础上通过NLIPIR—PARSER系统分析语意,并在此基础上对观看者进行半结构式访谈。研究发现,尽管弹幕交互并不直接影响观者的身份意识,但入场时的好奇与在场的身份扮演影响着受众离场后的身份认同变化与价值共识形成,实现着在这一想象空间中的身份寻根与记忆重塑。

【关键词】 身份认同;话语表征;弹幕;共同体

引言

近几年,在《舌尖上的中国》系列纪录片的影响下,国内美食纪录片市场日趋成熟,具有地方特色的美食所引发的情感共鸣在以B站为代表的弹幕视频网站上表现尤为突出。食物在满足人类基本生存需求外,也承载着独特的烙印:童年、故土、风俗、礼节、方言……其所蕴含的多重文化属性创造了重塑归属感和认同感的条件。纪录片《奇食记》自2021年初在B站独播以来,因"反美食"向的内容、百变的叙事风格从众多美食纪录片中脱颖而出。截至2021年5月5日,这部6集的纪录片总播放量突破4100万次,站内评分稳定在9.4的高分。在弹幕网站上的播出,一定程度上为用户提供了即时高效表达的场景,还赋予了表达行为高度的交互性和仪式化特质,唤起用户强烈的情

---

① 本文系浙江省高校人文社科重大攻关计划项目"当代中国农村改革历程的集体记忆建构与共识凝聚研究"(2021GH021)的阶段性研究成果。

感共振。本研究试图探寻弹幕空间中脱域的多元文化主体如何在这部极具地方猎奇特色的"反美食"纪录片中建构起新的身份认同？这种新的身份认同又在如何影响现实生活？

一、弹幕互动

随着人们对弹幕视频网站的使用与进一步深入了解，弹幕逐渐成为一种新型的人际交互中介，与此同时，相关学理性的弹幕交互研究主要呈现为两类视角。

一类研究视角多存在于早期，弹幕网站的用户数量较少，自管理系统也较不成熟，故研究者们更为警惕地关注其作为"新技术中介"带来的潜在负面影响，提出过度娱乐、虚无主义、审美异化等方面的问题预警大众，但实际研究多从理论层面进行剖析，缺少实证资料，也忽略了此类群体的建构性。有学者认为弹幕视频符合威廉·史蒂芬森（William Stephenson）在大众传播游戏理论中提出的"唯一传播目的只是带给人快乐"的媒介特性。弹幕所展现出的是人际传播的中闲聊关系，因此内容不会涉及生涩的概念，其娱乐效果也是用户主观玩乐的产物。[①] 整个过程中用户从自身情感需求出发，整合发布自身的意见信息，存在情绪化、易被带动，缺乏自身判断的问题。[②] 同时，弹幕基于互联网技术支持而对视频文本进行的再创作的特性，给受众营造了一场以弹幕视频为场域的狂欢盛宴。[③] 在超现实外壳的庇护下蕴藏了抛弃逻辑、理性和秩序的虚无主义。[④]

除了对弹幕交互行为的功能和效果关注较多之外，弹幕网站初期较窄的受众面及其独特的"御宅"特色，被视为亚文化的代表之一，相关行为也被普遍置于青年亚文化和网络文化的语境中进行分析和思考。[⑤] 弹幕以其族群性、草根性、颠覆性、戏谑性等特征为青少年构建起一个具有风格的、独立自足的精神空间。青少年在其中通过区隔化的沟通和社交获得归属感，通过对主流文化的象征性抵抗宣告话语权，通过仪式化的网络狂欢逃离日常生活实践与社会规训。[⑥] 弹幕也为鬼畜文化等典型网络亚文化与主流文化的碰撞创造了新的空

[①] 谢梅、何炬、冯宇乐：《大众传播游戏理论视角下的弹幕视频研究》，《新闻界》2014 年第 2 期。
[②] 陈松松、何天天：《弹幕视频——小众网民互动新形式》，《新闻世界》2014 年第 6 期。
[③] 汤天甜、陈卓：《弹幕的传播效果及其影响研究》，《重庆大学学报（社会科学版）》2016 第 5 期。
[④] 戴颖洁：《弹幕：狂欢时代的伦理反思》，《编辑之友》2016 年第 2 期。
[⑤] 陈一、曹圣琪、王彤：《透视弹幕网站与弹幕族：一个青年亚文化的视角》，《青年探索》2013 年第 6 期。
[⑥] 周方洁：《媒介文化研究视角下"弹幕"的生成机制及其亚文化意义》，《思想理论教育》2017 年第 10 期。

间，并使其呈现出新的文化实践和符号意义。①

二、认同理论

（一）理论溯源：存在区隔的身份认同

身份/认同（identity）一词最早出现在哲学领域，强调对自我的确认。按其主体论的发展可将其分为三种研究模式：认为人是以自我为中心的理性统一体，突出个体的自我内在价值与意义；以社会为中心的社会身份认同，从强调自我转为强调社会的作用，突出社会对于个体的决定作用；以去中心为核心，认为"身份认同"是一个不断发展变化的动态过程。②

心理学中，"认同"是指"一个人将其他个人或群体的行为方式、态度观念、价值标准等，经由模仿、内化，而使其本人与他人或群体趋于一致的心理历程"③，包括发展认同和知觉认同两大类，前者是指把外界某人或某群人的特性内投到个人的人格中，而后者是指把别人的优点、团体的荣誉、客观的事物视为与自我共同具有。④认同作为一种心理过程，是对他人或团体的价值、规则等进行模仿、内化的过程。在社会学中，身份认同通常意指个体的角色设定、群体归属以及社会归属。安东尼·吉登斯（Anthony Giddens）站在认同的"自我建构"论立场认为："认同并不是个体所拥有的特质，或一种特质的组合，它是个体依据其个人经历所形成的，作为反思性理解的自我"⑤，具有超越时空的连续性。泰弗尔（H. Tajfel）站在认同的"社会建构"立场提出"社会认同"概念，并从心理学视角指出认同是"个体认识到自己所在群体的成员所具备的资格，以及这种资格在价值上和情感上的重要性"。⑥

本研究认为，身份认同不仅仅是简单的个人心理过程，还包括对个人与社会的关系的认识，认同是在自我拷问和对他者关系的探索中共同完成的。

（二）身份认同研究的发展：脱嵌与重建

曼纽尔·卡斯特（Manuel Castells）的《认同的力量》侧重于研究网络

---

① 王蕾、许慧文：《网络亚文化传播符码的风格与转型——以哔哩哔哩网站为例》，《当代传播》2017第4期。
② 陶家俊：《身份认同导论》，《外国文学》2004第2期。
③ 张春兴主编：《张氏心理学大辞典》，上海辞书出版社，1992，第122页。
④ 林崇德、杨治良、黄希庭主编：《心理学大辞典（上）》，上海教育出版社，2003，第1011页。
⑤ 安东尼·吉登斯：《现代性与自我认同：现代晚期的自我与社会》，赵旭东、方文译，生活·读书·新知三联书店，1998，第58页。
⑥ H. Tajfel, Differentiation between Social Groups. Studies in the Social Psychology of Intergroup relations. London: American Press, 1978.

时代的"身份认同"的社会影响,阐述了信息社会下资本主义的变化,以及这种变化带来的身份认同的流变。在他看来,网络社会是信息技术革命与资本主义的重构所引发的新的社会形式,而"技术所导致的全球化、认同的力量性别、宗教、民族的、族群的、领域的、社会—生物的以及国家制度之间的互动"①,引发了网络社会在社会运动与政治层面对当代认同性问题的探讨。

刘燕在 2007 年对此前国内外有关认同的论文从不同学科领域出发并进行了归类:国际政治学领域关于国族以及政党身份认同;文学领域从后殖民主义以及文化研究的角度关于文化身份认同;哲学领域关于主体和认同的探讨;社会学领域关于性别、种族、阶级、亚文化群体等少数群体认同以及消费认同;人类学领域关于族裔身份认同;教育学领域关于认同领域的教育研究。② 并指出,从媒介的角度切入进行有关认同的构造性研究较少。近年来在传播学领域对身份认同的研究一定程度上沿袭着国外交叉学科的研究思路,主要在两个层面逐步展开:一是对边缘性群体的身份认同研究,如新生代农民工、网络虚拟者等人群,他们身份认同的现状、特点和影响因素等方面的研究。二是文化政治中身份认同的研究,如全球化、某国国民身份认同对国际关系的影响。但在具体的研究方法上,多是理论层面的调查描述和某些宏观政策的探讨,缺少实证研究。

此外,也有学者逐步从媒体技术角度关注技术对身份认同的影响。张自中和彭兰在对 AR 游戏玩家的化身认同研究中发现,增强现实技术(AR)带来的超真实的临场感,强化了化身认同,但真实环境的分裂也引发了个体化身的双重分裂,可能会带来自我认同的混淆。③ 申启武和李颖彦认为,在仿真知觉、自然交互等技术的加持下,虚拟现实技术(VR)在为用户提供了沉浸式的拟真体验,不断赋予自由性和能动性的人机互动的同时,隐含着媒介技术对用户自我身份认同的影响与变革,也体现了虚拟现实技术对用户主体认知及价值判断的建构与规约。④

在缺场化交往的网络场域中,个人主体脱离了原有基于血缘、地缘、业缘纽带建构的牢固的所属群体身份,从基于地域经验而建构的传统农业、工业社

---

① 曼纽尔·卡斯特:《信息时代三部曲:经济、社会与文化(第二卷)认同的力量》,夏铸九、黄丽玲等译,社会科学文献出版社,2003,第 6 页。
② 刘燕:《后现代语境下的认同建构》,硕士学位论文,浙江大学,2007。
③ 张自中、彭兰:《AR 情景下的游戏玩家线下化身认同及其模式研究》,《新闻界》2018 年第 6 期。
④ 申启武、李颖彦:《感知边界的革命:论虚拟现实的沉浸感营造及其认同建构》,《现代传播(中国传媒大学学报)》2021 年第 1 期。

会秩序化、结构化的身份规约与束缚中"脱嵌"出来,[①] 同时也被赋予了身份重组的可能性。

三、问题提出与研究方法

互联网具有匿名性、去中心化的技术性质,使得个体的脱嵌较现实社会更为彻底,人们在网络中有机会搁置自身的原有身份、角色甚至性别、摆脱自身所处的阶层位置和地位群体,摆脱所属的种族、邻里、社区、职业等早期现代主要的认同来源。[②] 去区隔在产生现代性危机的同时也存在着个体重新嵌入与建构身份的机遇,而这些特点在弹幕视频中表现得尤为突出。这种新的交互"场",在特定的时空中营造了能够影响用户行为以及心理的环境氛围,但这不单是一种满足受众需求、适配信息和感知的手段,更成为重建身份认同、重构社会关系、调整赋权模式的全新范式。[③]

据此,本文以 B 站弹幕视频网站中系列纪录片《奇食记》为例进行个案分析,具体探究在脱域的弹幕空间中,用户通过弹幕如何联动自我、联动现实,以及此种互动对个体身份与社会身份认知的影响。以《奇食记》在 B 站发布视频中的弹幕文本为研究对象,于 2021 年 5 月 10 日结束数据采集进行实验数据集整理,利用 python 软件爬取 6 集视频的弹幕共 1.8 万条,以此作为本次实验的原始数据。弹幕语料的处理主要用到 NLIPIR—PARSER 系统。首先对获取的数据进行规范化处理,对 6 集视频的弹幕进行批量的新词和关键词的提取,提取的新词作为新词典导入分词标注器的数据库,有利于机器进行更为准确的分词处理,关键词则有助于了解每一集弹幕的关键内容。以 6 集弹幕作为源语料文件,剔除无实际意义的代词、冠词、介词、连词、数词、感叹词等,保留其中的名词、动词、副词和形容词等,生成分词文本。由于分词系统词典限制,分词文本中部分词语无法被识别,故笔者又通过人工对初步生成的分词文本进行筛查,将不合理的分词处理纠正,得到合理正确的分词文本。分词的结果文件将继续导入语言统计功能模块。本研究使用哈工大停用词表作为中文停用词库,对分词结果进行词频统计,词频统计结果包括:词、词性、词频、一元概率和信息熵。同时对源数据文本进行通用情感分析,了解每一集中弹幕所呈现的通用情感状态,有利于发现问题和启发访谈。

---

① 姜楠:《感性选择:互联网群体传播中的主体关系建构》,《现代传播(中国传媒大学学报)》2021 年第 1 期。
② 张杰:《通过陌生性去沟通:陌生人与移动网时代的网络身份/认同——基于"个体化社会"的视角》,《国际新闻界》2016 年第 1 期。
③ 喻国明、梁爽:《移动互联时代:场景的凸显及其价值分析》,《当代传播》2017 年第 1 期。

笔者于2021年1月开始观看此纪录片，不仅关注弹幕的情况，同时关注视频下的留言、豆瓣网中的长短评以及微博中的讨论。同时与纪录片总导演多次沟通，对该纪录片进行深入了解。随后对意见表露较多的积极观看者进行半结构式访谈，了解受访者对个体身份和社会身份认识的态度，访谈人数在意见态度出现同质性时结束，共访谈15位，平均访谈时长在25分钟/人。

表1 访谈对象基本信息汇总

序号	性别/年龄	故乡	所在地	职业	访谈渠道
1	女/27	陕西	北京	图书编辑	微信语音
2	女/25	湖南	湖南	医生	微博语音
3	男/23	北京	海外	留学生	豆瓣
4	女/25	甘肃	广州	学生	微博语音
5	男/23	陕西	北京	文案	豆瓣
6	女/31	湖北	广州	设备工程师	微博语音
7	女/28	江苏	北京	化工行业	微博语音
8	女/20	福建	福建	学生	豆瓣
9	男/24	温州	宁波	评估师	微信电话
10	女/23	宁波	杭州	学生	面对面
11	女/18	北京	北京	学生	微信电话
12	女/24	温州	温州	法务	微信电话
13	女/25	山西	美国	计算机研究生	微信电话
14	男/28	宁波	宁波	检察官	微信聊天
15	女/24	沈阳	杭州	外贸员	微信电话

四、弹幕话语表征发掘：经验与记忆的询唤

（一）弹幕话语整体情感

本研究在对6集弹幕进行去停用词、分词和信息规范化处理后，共得到7569个词，所有词的平均频率为8.37。经过预处理后的弹幕文本依然庞杂无序，因而首先进行"关键词分析"，提取弹幕文本的核心关键词并可视化为词云图，以初步把握弹幕文本的整体情感。

由图1的关键词词云图中可以知，弹幕话语主要指向的核心主体为"食物""地名"以及"情绪"，具体表述为"好吃"（词频1223）、"猪"（词频504）、"可以"（词频402）、"云南"（词频352），体现了弹幕内容主要围绕纪录片内容和个人情感展开。

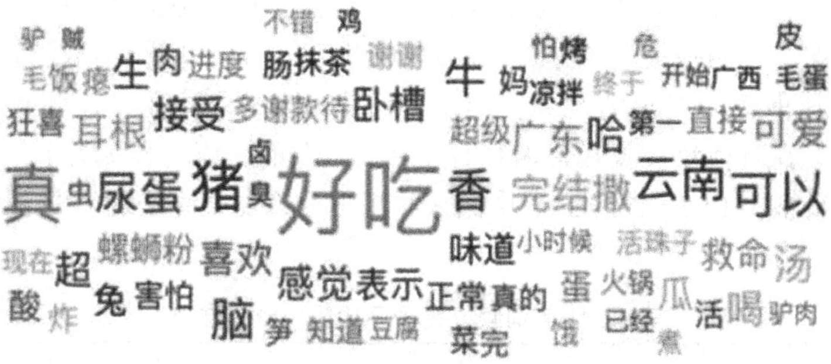

图 1　关键词词云图

在得到的情感得分表中，负面总数 2，负面占比 33.33%，正面总数 4，正面占比 66.67%。通过对照纪录片内容发现，由于第 4 集中的奇食谈及兔头，片中人物重复提及的"没有一只兔子能活着离开成都"引发了弹幕跟随性发送了大量以"没有一只 XX 能活着离开 XX"为模板的弹幕，譬如"没有一只鸭子能活着离开南京""没有一只牛能活着离开兰州""没有一只田螺能活着离开广西""没有一只鸡能活着离开广东"，在谈及活珠子时候也引发了大量"试试就逝世"的复读刷屏，一定程度上影响了情感得分向负面倾斜。同样第 6 集中谈及的牛屎酒也因取材的奇诡而引发了大量令人不适的情感表达弹幕，影响了总体情感得分。

表 2　整体情感得分表

标题	情感得分	正面得分	负面得分
奇食记 4	−258	1482	−1740
奇食记 6	−13	1485	−1498
奇食记 1	103.5	1632.5	−1529
奇食记 2	104.5	1588.5	−1484
奇食记 3	357	1649	−1292
奇食记 5	539	1948	−1409

（二）弹幕话语中的地名展示

为探究弹幕中对身份表露情况，笔者对总体的词频统计结果进行了筛选（包括新词），得到名词大类下的 3876 个词，存在复现的词（词频大于 1）的共有 1948 个。

地名以 ns（地名）、nsf（音译地名）为筛选依据，并加入 s（所处词）作为地方状态的补充，得到存在复现的词共 151 个词，平均词频为 14.35，表 3

为地名词频（高于平均值）统计结果。其中"云南"被提及352次，广东被提及189次，广西被提及77次。通过对比发现，在高于平均值的地名范围超出了纪录片中直接出现的地名：山东、河北、东北、中国、广州、中山、潮汕、东阳，在具体反查找弹幕内容时发现其提及的话语内容多为个人显示身份的展示，譬如"山东人馋哭""中国人咋想出这么复杂吃法的"等他地个体对某类食物的态度。

表3 地名词频（高于平均值）统计结果

词语	词性	词频	一元概率	信息熵	词语	词性	词频	一元概率	信息熵
云南	ns	352	0.005553	0.028839	成都	ns	27	0.000426	0.003306
广东	ns	189	0.002982	0.017339	一起	s	27	0.000426	0.003306
广西	ns	77	0.001215	0.008155	广州	ns	25	0.000394	0.003091
福建	ns	69	0.001089	0.007427	绍兴	ns	25	0.000394	0.003091
贵州	ns	63	0.000994	0.006872	中山	ns	23	0.000363	0.002874
南京	ns	58	0.000915	0.006402	身上	s	22	0.000347	0.002765
山东	ns	55	0.000868	0.006117	潮汕	ns	20	0.000316	0.002543
四川	ns	52	0.00082	0.005829	东阳	ns	20	0.000316	0.002543
河北	ns	50	0.000789	0.005636	南方	s	19	0.0003	0.002432
前方	s	48	0.000757	0.005441	芜湖	ns	19	0.0003	0.002432
柳州	ns	41	0.000647	0.00475	嘴里	s	19	0.0003	0.002432
重庆	ns	39	0.000615	0.004549	北方	s	18	0.000284	0.002319
东北	s	38	0.000599	0.004448	脸上	s	18	0.000284	0.002319
中国	ns	33	0.000521	0.003936	海南	ns	17	0.000268	0.002206
北京	ns	31	0.000489	0.003728	大理	ns	16	0.000252	0.002091
泉州	ns	31	0.000489	0.003728	德宏	ns	16	0.000252	0.002091
常州	ns	29	0.000457	0.003518	家里	s	16	0.000252	0.002091
浙江	ns	28	0.000442	0.003412	南宁	ns	16	0.000252	0.002091

五、作为"广场"的虚拟在场

（一）对区隔的好奇：共同围观差异性

该片以"地方奇食"吸引了不同现实身份甚至是不同趣缘的人来到这一空间，进场门槛较低。区别于B站上的一些具有迷群性质的分区和频道，《奇食记》的观众关联性则显得较为松散，同质性较弱。这种对"地方奇食"的好奇，也包含了对"他群体"身份的好奇，以及对"他群体"眼中"自群体"态度的好奇。其中"他群体"和"自群体"的分界主要是基于现实户籍和食性两方面的差异。对区隔的好奇成为跨越群体区隔的动力，促成着不同群体对话的可能，在"弹幕广场"上实现相遇。

此外，弹幕的存在为视频观看者提供了一种无组织化的自由发挥平台，这为个体的表达提供了场所，满足了用户的需求：有趣的东西需要和人交流，有感受需要寻找共鸣，有疑团期望有人解惑。如果说数字化生存的状态是"孤独的狂欢"，那么弹幕确实提供了使受众产生陪伴感和归属感的情境。

此种实时呈现技术直观地营造出了可视化的"在场"情境，强化了表达参与者的虚拟临场感和空间想象感，为用户建构起一种超越时空限制的共时性社会网络关系。[1] 即便在对其他用户身份信息未知的状态下，也能够通过弹幕内容感受发弹幕者的情绪状态，譬如"哈哈哈哈哈哈哈哈""害怕！护体！""不争气的眼泪从嘴角流下来了"。甚至用户能够根据弹幕的描述想象其他人观看视频时的现实场景，譬如"正在吃！""手里的饭突然不香了""吓得我连忙吸了一口泡面，真香"，促使线上虚拟群体构进一步摆脱"亲身在场"的束缚。

（二）理解与共鸣："日常仪式"中的阈限空间

1. 作为解释项的弹幕

视听语言相比于言语更加富有联想性、内涵更丰富、结构更松散、逻辑性更弱，也较难以清晰地加以界定和定义。视频相比于图片则更具强大的外延能力，表现出丰富的情境，实现着"使得感知变得锐利"的效果，创造更为自然的共情条件。因此观众在观看视频的过程中，五感会被奇食的制作过程所调动，由此在特定节点或关键情节上出现大量"好吃""危""绝了"等直接的情感话语表达，当弹幕情感乃至表述趋向高度一致的刷屏时，个体情感将实现超越时空的高度共振。

除此之外，也会产生由视频内容而延伸的解读性弹幕，主要包括：对场景在现实中位置的明确，对食物制作历史、理由、风味的描述，对视频制作相关的指明三大类。对场景在现实中的位置明确在弹幕中表现为"工人医院对面那家爱民螺蛳粉""无为寺！""那么刚才那个城市就是环江咯？我说怎么那么眼熟"；对食物制作历史、理由、风味的描述在弹幕中表现为"手一摸菌子就变颜色，所以叫见手青""云南野生菌和市场上的香菇完全是两种东西"；对

---

[1] 徐明华、李丹妮：《从"外显自尊"到"真实自豪"：新时代青年群体的爱国情感表征与价值认同生成》，《现代传播（中国传媒大学学报）》2020年第6期。

视频制作相关的指明在弹幕中表现为"配音员指路@ – Forest 阿森 – ""这 op 越听越像饥荒啊"。

由此，弹幕在主体的不断交互中创造了一个新的"意义集合空间"，各种个体意见和感受在其中呈现与交互，解读着视频中的内容，实现了一种对"意义系统"的剖析，减少了视觉语言的模糊性，进一步阐释了符号的意义。访谈对象也普遍表示弹幕的解读对理解视频内容和相关知识起到了积极作用，"他们有的时候说的点倒是能提高我们对他的认知，会了解地更深入"（访谈对象 I）。如查尔斯·桑德斯·皮尔斯（Charles Sanders Peirce）的"三元构成说"，起决定作用的解释项是解释者心中的所产生的新的符号，而这一符号同样可以产生新的解释项。① 如此，符号表意成为永无止境的意义延展行为。延伸出来的动态表意体系，使得人际交流与互动成为人类认知之关键，也为观看者进一步参与解读创造了条件。

2. 回溯和比较：演变的个体记忆

个人在电脑或手机等移动设备上观看 B 站的这一节目时，是相比于流动电影、影院式观影以及家庭电视更为日常的"日常仪式"。虽然视频内容直接指向的是千奇百怪的食物，但大众对这些食物的经验与认识很少，因此在弹幕交互的过程中，构建起了一种"共同学习"的场景，提升了对陌生经验的认知欲望。同时观众作为有意识的主体，会不自觉地将个人的经验、记忆融入理解的过程中。在这部纪录片中主要表现为"回溯"和"比较"，两种方式也可能同时存在于一个内化的过程中。

"回溯"主要指的是在横向时间里，个体对过往个人经验、认识的回忆，受访者 K 在解释期望尝试吃福建的土笋冻时的表述是受到此前自己对土笋冻的亲身感受的影响，"我之前去那个地方旅行过，看到当地人吃这个东西来着，但是当时太忙了，所以就没有再去尝试这个。"受访者 M 也表示对脑花拍摄的一部分印象深刻的原因是自己曾在朋友的推荐下有所尝试，"脑花这个东西不是我家乡吃的，是之前我有一个其他同学推荐我吃的，然后我吃过我觉得还挺好吃的，所以我又想起来""因为之前我在 YouTube 上看其他 YouTuber 吃过。"

"比较"则指的是在横向空间中对不同食物特点的同质和差异的感知，主要表现在观看过程中个体由纪录片呈现的食物联想到家乡的食物，譬如湖南籍受访者 B 坦言"看到口味重的菜会想起（湖南的一些食物）"，温州籍受访者 I 在观看完影片后认为其家乡的猪头排凭借"难闻"的气味也能入选奇

---

① 赵星植：《论皮尔斯符号学中的传播学思想》，《国际新闻界》2017 年第 6 期。

食队列。

"比较"过程中往往会伴随"回溯"的记忆，受访者 D 在评价影片中的一种食物——三酸时加入了个人的记忆，"三酸的那个东西，我记得它是放在叫什么加卤水一样的东西，然后焖起来对吧，我们家那边做那种咸菜、酸菜的时候也是这样的，就我外婆也是这样，那个场景我记得，在那个镜头里它大概是一个缸，然后旁边浇了水，然后放了很久，我们也是这样，镜头印象还蛮深刻的。"个体的记忆与视频内容形成互文的关系，部分掺入个人记忆和经验的弹幕被发送到视频中作为一种新的"解释项"，成为他人"学习"的内容，如此形成一种"解释项的循环"，在弹幕空间中营造了一个具有仪式性的永动的场。

3. 阈限空间中的理解与坚持

人类能够凭借相似经验及移情能力生发"共同情感"，成为个体间保持可沟通性的有效先决条件。"共同情感"是人们基于相似情感体验，感受他人情感意义而唤起的具有共通性特质的情感，其为识别、阐释和理解相互间情感表达与情感意义提供背景，也使得更具深度及广度的互动活动成为可能。[①] 尽管表征不是为了表达事物的复杂性，而是为了表现其简单性，[②] 但由于弹幕数量的庞杂，其"循环的解释项"仍存在意见的交锋，譬如"四川的兔头"是否有资格入选"奇食"的意见在弹幕中形成了争论。但事实是在不断对话的空间中并不会产生强烈的冲突，而是形成了一种仪式性的协商，结果并不重要，重要的是整个仪式化的协商过程的呈现。

原因有二：首先是及时性的表达本身深度有限。弹幕内容多围绕视频内容展开，不存在较为尖锐的问题，"一个屏的弹幕，我感觉也有三种意思，要么就是一部分人很赞同，一部分人就在那边笑，一部分人就说点有的没的，所以没有太多的讨论空间。"（受访者 J）"我主要是想看这些东西，然后没有去思考深的一些东西"（受访者 M）；其次，弹幕技术并不支持双向反馈的真实对话。发弹幕者对已呈现的弹幕的各种反馈很少会被此前的观看者看到，"有点像那种，就是你买了一本二手书，然后里面就是别人的笔记。"（受访者 N）因此，弹幕中的纷争总是"不了了之"，此过程却在弹幕中被保留了下来，且被后来者反复观看，反复讨论。另一方面，在内容上，观看者受到奇怪食物视觉的冲击同时，片子又在讲述食物相关制作的合理性，制造冲突又化解冲突。

---

① 徐明华、李丹妮：《情感畛域的消解与融通："中国故事"跨文化传播的沟通介质和认同路径》，《现代传播（中国传媒大学学报）》2019 年第 3 期。
② 詹姆斯·凯瑞：《作为文化的传播："媒介与社会"论文集》，丁未译，中国人民大学出版社，2019，第 27 页。

在弹幕中，形成了一个如维克多·特纳（Victor Turner）所提出的，过渡性质的、模棱两可的、文化杂合的阈限空间。①访谈对象大多表示理解或不在意的纷争态度，"我一般不太会参与这种，我也觉得牛瘪很奇啦，总会有很多不同的声音嘛。"（受访者H）或是推己及人的理解，"或许在别人眼里，自家有些东西也是黑暗料理。"（受访者G），甚至会理解某些争辩的原因是处于"一种身份认同感与归属感吧，（因为）家乡的味道就像一种味觉上的密码"（访谈对象N）。

六、离场后的余韵：身份认同与价值共识

（一）媒介朝觐中的身份认同

弹幕交互一定程度上实践了詹姆斯·凯瑞（James W. Carey）认为的"符号既是现实的表征，又为现实提供表征"②的观点，创造现实并生活在我们自己的真实创造物之中。传播的"仪式观"也并非直指讯息在空中的扩散，而是在时间上对社会的维系。尼克·库尔德里（Nick Couldry）在《媒介仪式：一种批判的视角》中提到了媒介朝觐的概念，并指出"任何探访媒介'里'的人或远方地点的旅行都是媒介朝觐"③。

由于该纪录片是一部以食物为主题的纪录片，因而《奇食记》的朝觐对象指向了不同的奇食和地点。访谈中，大多受访者存在较为一致的态度：尽管片中的一些奇食难以被接受，但仍会有自己想尝试的食物或者想去的地方。受访者F表示受到纪录片和弹幕的影响，"想去云南吃蘑菇，因为我平时就喜欢吃，了解到菌类种类特别多，做法也多。"受访者C表示"会对广西更感兴趣，想去旅游，尝尝柳州当地的螺蛳粉到底啥味道。"

在此种朝觐中，观众再一次表现出了对他群体身份特征的好奇，区别于初入这一观影场景时的"好奇"，在观看视频内容和弹幕的过程中已经内化了众多他人的记忆和经验，也包含了认同感，并且由脑内的情感态度转向现实行动（趋向），实现了彼此之间与社会的维系。例如福建籍螺蛳粉爱好者H在观看完螺蛳粉部分影片后，表示"精神广西人的号码牌拿得更加坚定了"。

（二）群体性价值共识

斐迪南·滕尼斯（Ferdinand Tönnies）将凭传统的自然感情而紧密联系的交往有机体称为"共同体"。"共同体"表示的是一种具有共同利益诉求和伦

---

① 戴杨、卡茨：《媒介事件：历史的现场直播》，麻争旗译，北京广播学院出版社，2000，第32页。
② 詹姆斯·凯瑞：《作为文化的传播："媒介与社会"论文集》，丁未译，中国人民大学出版社，2019，第27页。
③ 尼克·库尔德里：《媒介仪式：一种批判的视角》，中国人民大学出版社，2016，第87页。

理取向的群体生活方式,它意味着这群人在共同地域的共同生活中形成了休戚与共的亲密关系,这些社会关系以高度的个人亲密性、情感深度、道德承诺、社会凝聚力以及时间上的连续性为特征。

"看的时候很欢乐,回头一想还挺心酸的,"受访者 A 在谈及观感时表示,"感觉很多奇食,都是不得已而为之。"纪录片观看结束后,立足于当下物质条件已较为充裕、食物保存条件完善的现实情境中,受访者会在比较中对一些奇食的制作来源和当时的生存条件产生思考与想象。甚至对众多观者在弹幕中直接体现出抗拒的食物表示一种基于理解的尊重,"现在大家吃那个东西(尿蛋)已经不是为了填饱肚子了,就是一种记号,一种回忆吧。有的时候能说是忆苦思甜,你现在吃的,是以前经历过困难时期的劳动人民的智慧。"(受访者 D)并且对此类制作技艺的传承表示认可,认为此种技艺具备了"文化符号"和"地方记忆"的印迹。

> 虽然可能说实用价值上用不上了,但是因为汤或者这种食物它本身有那种特殊的气味,或者说它是一个传承的符号,以这样一个新的身份存在着的。(受访者 K)

> 每个地方,因为气候的不同,山水的不同,就是气候地理的位置的不同,来有各自特色,对,是应当有的一个情况,但你说他是否淘汰,我倒觉得淘汰也说不上。但算是一种人文文化的积累。(受访者 I)

在中国文化中,饮食早已超越果腹的生理性需求层面,包含复杂的文化意义,作为一种非语言的信息传递方式,把人们内在的各种观念意识和心理状态加以浓缩,通过特定的食物方式来表达主体的心理愿望和信仰情感。①

"情感"有助于将原子化的公众链接成公共社群,还可能缔造出一种能够融会、传递"共通感受"的公共领域模式。共同情感的"凝聚性"为人类群体建构超越政治和文化边界的共同体形态提供了潜在情感动力基础与链接。

七、作为集体社会行动者的主体

媒介信息中的情感线索更易于吸引受众的注意力,且在不同媒介交互过程中得以强化,同时延长受众的参与度。用户在该纪录片中看到自己家乡食物时候所发的"柳州人狂喜""广西人报到""终于到老家了"等对自己现实生活中身份的在线操演,展现了朱迪斯·巴特勒(Judith Butler)所认为的"主体被询唤的瞬间"。

---

① 张兵娟:《日常生活的仪式与共同体的价值建构——从〈舌尖上的中国〉谈饮食文化的传播意义》,《新闻爱好者》2013 年第 10 期。

而新的电子文化空间正在被不断创造，成为一种"无地方特性的"图像地理和虚拟地理，① 空间和时间的领域被压缩，坍塌与重构并行。原本因各种趣缘，乃至结构性因素而被区隔在"折叠空间"中的圈层群体拥有了操演身份的机会，在此时的弹幕交互中展现出丰富的社会学的想象力，可以帮助观看者利用信息增进理性，使他们转换视角重新打量早已熟悉的社会，深刻体会社会的相对性与历史的改造力量，以"陌生人"或"局外人"的眼光重新打量所置身的空间，重新评估当代价值。②

费孝通在《乡土中国》中表示，"陌生人"关系所创造的是一种新的资本，它打破了血缘与人情所建构起来的本土交往特点，在此基础上又建立起一种新的关系，认同和争论都成为可能，建构起新的"网络关系"③，展现了彼此之间的一种互构关系。在弹幕交互中产生对他群体特征的理解与包容，对文化和习俗的尊重，突破了以往对陌生人天然的排斥与区隔，实现了"自我 VS 他人"的对立关系到"自我 & 他人"乃至"我们 & 他们"的接纳关系。由此产生的共识一定程度促成了文化上的平等，打破了现实社会身份的结构关系与层级，创造了具有改变和共享性质的"机遇"，既是一种对自我与他人关系的重新审视，也是一种个体化社会下自由个体的身份寻根。

因此，在网络行动者的多重自我中，依然需要有一个关键性的身份认同贯彻于多元认同之中，才能使得网络行动者产生一个核心自我。④ 从而使得网络行动者建构相对延续的自我感、身份认同和本体性安全。同时，所形成的超越群体性的价值共识也能够成为处理好集体记忆的规划，实现主体作为集体社会行动者的完整意义。

---

① 戴维·莫利、凯文·罗宾斯：《认同的空间：全球媒介、电子世界景观和文化边界》，司燕译，南京大学出版社，2001，第 152 页。
② 胡疆锋：《圈层：新差序格局、想象力和生命力》，《中国艺术报》2021 年第 5 期。
③ 费孝通：《乡土中国》，北京大学出版社，2012，第 106 页。
④ 张杰：《通过陌生性去沟通：陌生人与移动网时代的网络身份/认同——基于"个体化社会"的视角》，《国际新闻界》2016 年第 1 期。

量化社会的劳工：微博热搜中的网络水军群体研究
——基于网络水军社群的田野调查

茅诗意

【摘要】"流量与数据"的竞争日益激烈，在以微博热搜为代表的高曝光与数据繁荣表象背后，存在着大量的数据"劳工"，即网络水军。该群体以低廉或无偿的薪酬提供数据助力，进行重复而低门槛的内容工作。量化社会，指使用数字来描述与衡量社会各领域的现状与发展状况。在水军社群中，呈现在行为表现特征方面，网络水军具有纪律分明、分工明确的"社群化"，重复劳动、数据堆叠的"重复性"，快速抢单、实时反馈的"竞争性"等特点。针对量化社会的虚假数据繁荣与网络水军的行为特点研究，应当转变内容评判的数据尺度标准，转向针对质量、选题价值、口碑效应等层面的评判，同时充分重视并了解当前网民的认知盈余下自我价值实现的需求，从而建设清朗网络环境，肃清网络空间的不良风气。

【关键词】数字劳工；微博热搜；网络水军；粉丝群体

一、问题的提出

互联网时代的浪潮澎湃，在众多社交媒体平台中，微博作为粉丝群体活动最密集的平台，逐渐形成一家独大的趋势。微博热搜作为具备强曝光的平台，成为经纪团队进行宣传的重要阵地。量化社会，指使用数字来描述与衡量社会各领域的现状与发展状况。"流量与数据"的竞争日益激烈，艺人团队需要通过购买热搜赢得曝光，而热搜的展现需要讨论量与阅读量的支撑。在数据繁荣的背后，潜藏着大量的数据水军，包括以低廉价格受雇的水军以及出于对艺人喜爱而无偿劳动的粉丝，粉丝需要花费自己大量的时间做一些重复性的机械劳动以表示对偶像的支持。这种重复性的劳动可以视为数字劳工的一种表现形式。

本次研究的对象是在明星艺人相关的热搜广场下进行水军任务发布的个

体，针对粉丝为偶像所进行的无偿付出行为进行一定的探析。主要厘清以下几个问题：水军社群是如何进行运作网民进行重复性地发布、点赞、转发等行为？他们的行为表现是什么？在流量数据虚假繁荣的时代，这种水军行为应当给予怎样的引导与规制？笔者希望能够通过研究，对这些问题给予更多的关注和思考。

针对微博热搜冲榜行为，本次研究在某200余人的微信水军任务发布群进行为期30天的田野调查，并结合访谈法和文本分析的方法进行研究，收集整理每天社群数据组发布的任务和总结，了解流程操作，进行记录，对所收集到的资料进行系统的整理与归纳，筛选有价值的数据进行整合，探究这些结果背后具体的含义与特征。

二、文献综述

斯迈兹"受众商品论"认为受众在创造媒体价值的过程中，既是商品又是劳动力。而随着"分享经济"的发展，有越来越多的网民进入数字资本的运作模式中，粉丝群体也难逃成为"商品"和"劳动力"的命运。在严峻的竞争环境之下，量化的数据排名成为众多粉丝群体的必争之地。"数字劳工"正是这些为资本进行无偿、低偿奉献和付出的网民。

（一）数字劳工理论研究发展概述

斯迈兹提出的"受众商品论"中提出，在创造媒体价值的过程中，受众既是劳动力又是商品。而"数字劳工"的概念从正式出现到发展至今仅十余年时间。学者夏冰青对西方数字劳工理论发展进行了述评，选择针对数字劳工理论研究相关概念进行剖析，从"礼物经济""免费劳工""非物质劳动力"到"创意劳工""知识劳工"和"数字劳工"，展现了西方学者对数字劳工研究的交锋与焦点、争议与局限。目前关于数字劳动的研究主要围绕着定义、表现范围、劳动商品化、资本积累等问题展开，形成了三种主要的研究路径与理论：以受众劳动为核心的数字劳动理论、以非物质劳动为核心的数字劳动理论以及以物质劳动为核心的数字劳动理论。而本文所尝试研究的，正是在受众劳动为核心的理论视角中，聚焦于具有时代特色的饭圈水军群体，探析该群体的特征。

（二）操控与表现：互联网时代的数字劳工

数字资本所创造的越来越隐蔽、越来越娱乐化的资本增值方式使人们的日常生活与休闲娱乐越来越受到商业规则的操控，并使得人们的传播互动行为越来越从属于消费性的数字劳动。粉丝群体出于对偶像的付出心态所无偿地在互联网平台中投入的时间与精力，也在事实上促成了数字资本的增值。音乐类平台、短视频平台、社交媒体平台等都成为数字劳工进行免费劳动的区域。新媒体平台的用户生成内容（user-generated content）已经成为数字资本主义新的剩余价值增长点，包括用户有意识地上传图片和视频，义务为网站进行宣传、翻译，甚至参加有偿或无偿的众包任务，这些都被无偿或廉价地占有，成为进行资本生产新一轮商品的内容。①

吴鼎铭根据不同的劳动形式，将互联网平台的数字劳工分为"互动社交平台上的内容生产与消费""弹性雇佣制度下网络写手""游戏产业链中的廉价玩工"三类。本文所要研究的微博水军的行为与音乐类平台的分享、短视频平台的生产消费同属于第一种"互动社交平台上的内容生产与消费"，构成互联网平台数字劳工被资本操控的主要表现形式。

不同的是，网络水军行为具有比分享评论、观看视频等娱乐消遣行为更强的目的性。用户在进行水军任务行为时已然默认自己低偿、无偿付出时间与金钱的事实，区别于娱乐消遣行为中用户被资本剥削的隐蔽性。娱乐消遣行为的用户仍存在"玩工"的特征，而数据打榜行为表现为单纯的"劳工"。

（三）成因与认同：粉丝甘于成为数字劳工的驱动力

关于用户群体有意识或无意识地成为数字劳工的动因也是很多学者的研究重心。技术的发展也为"数字劳工"的产生和兴起提供了条件，把关、筛选提供给受众的信息内容，创新受众被忽略的"劳动"的新内容。抖音平台借助互联网技术和算法优势，记录用户的使用行为、消费行为等储存为个人标签，精准推送个性化内容，形成"信息茧房"，以此来增强用户黏性，提高平台留存率。② 姚建华等认为产消合一者和玩工的原子化状态使其很难形成集体身份认同（collective identity），因为他们中的大多数人并没有意识到自己在"劳动"。这种无意识的劳动所产生的剩余价值，最终为资本家所有。资本家通过转移矛盾、掩盖视线等途径建立起与劳工们之间的"同意"，而这种"同意"，多来自用户在互联网平台中的社会交往、表现自我和获取利益的需求。而在上述分析的成因中，自我表现需求、社交需求和为谋求利益的侥幸心理都很难与网络水军群体极具目的性和组织性的虚假数据刷榜活动相联系。互联网产业中的"粉丝"很大程度上来源于商业意识形态宣传对人类本能的刺激与重塑，其目的在于建构大众在道德层面的"分享"欲望，从而将人们对存在

---

① 夏冰青：《数字劳工的概念、学派与主体性问题——西方数字劳工理论发展述评》，《新闻记者》2020 年第 8 期。

② 庄曦、董册：《情感劳动中的共识制造与劳动剥削——基于微博明星粉丝数据组的分析》，《南京大学学报（哲学·人文科学·社会科学）》2019 年第 6 期。

感、优越感的本能追求，以及他们的休闲时间、集体智慧纳入资本生产过程中。① 粉丝群体深谙流量数据是互联网时代的不二法则，流量的存在将无形的情感劳动进行量化。②

综上所述，我们可以看到学者们对数字劳工的形式分类、剥削表现和成因等方面都进行了一定的归纳和研究。但是包含音乐类平台用户、短视频平台用户在内的大部分数字劳工的研究对象都伴随着"玩工"的特征，而"玩工"们所受到的资本剥削是隐蔽的、穿插在他们网络活动的日常行为之中。网络水军与无偿付出的粉丝群体的刷榜行为区别于寻求社交需求、娱乐需求的互联网平台普通用户，具有很强的目的性。而以微博热搜为代表的虚假数据繁荣与水军行为在近年来发展迅速，且参与数据刷榜的"劳工"们有逐渐大规模化、低龄化的趋势。对此，本文将结合数字劳工理论，通过田野调查，尝试在前人研究的基础之上，探究网络水军行为如何受到资本的剥削，并尝试分析这种强烈而明显的被剥削行为被粉丝群体接受并践行的原因。

三、数据堆叠下的繁荣机制：微博热搜榜的基本介绍

"微博热搜"是新浪微博应用中的重要功能，显示的是新浪微博实时最受关注的词条，具有极高的曝光度。微博2021年3月份的月活跃用户数为5.3亿人次，较上年同期下降4%，较上季度末月增长2%，月活跃用户数中约94%是移动端用户。③ 微博"热搜榜"会实时显示50条热搜内容，并按照热度进行排名。微博热搜历经几次改版，如今分为"热搜榜""娱乐榜""要闻榜""同城榜"等4个榜单，其中"热搜榜"为其他3个榜单的综合。由于新浪微博庞大的用户群体，以及几乎囊括了最重要的新闻媒体，因此其显示的用户关注的最新热点信息具有相当的代表性。点击话题还会出现热搜话题的主持人、阅读数量、讨论度、原创人数以及包括1小时、24小时、7天和30天之内的实时热度趋势。

---

① 吴鼎铭：《网络"受众"的劳工化：传播政治经济学视角下网络"受众"的产业地位研究》，《国际新闻界》2017年第6期。
② 姚建华、徐偲骕：《全球数字劳工研究与中国语境：批判性的述评》，《湖南师范大学社会科学学报》2019年第5期。
③ 王巧：《社交媒体中的数字劳工现象研究——以抖音平台中用户传播行为为例》，《戏剧之家》2020年第30期。

四、行为表现：网络水军行为特征

（一）社群化：纪律严明、分工明确
1. 社群宣传与拉人模式

大众媒体的影响越来越具有个体性，大数据时代带来的个性化推送，受众逐渐分流成更小的受众群，在更小的受众群体里，他们专注于某一领域或媒体的某一功能实现更精准、更独立的信息生产和传播。[①] 当前的开放式社交平台以微博、豆瓣、小红书、抖音、快手等平台为主，这些平台涵盖了大部分了解微博运作模式的年轻化群体。其中尤以豆瓣、小红书等年轻化群体聚集的平台为主要的网络水军宣传阵地。据观察，某平台中的"小组"版块含有多个娱乐圈相关小组，成员在千人到几十万人不等，在这些小组中发布软文进行水军宣传与拉人，是网络水军的主要宣传方式。

> 水军群管理 A1：大家可以去某平台拉人进群，每拉进群一个人，做两条任务以上奖励一块钱。
>
> 水军群管理 A2：某平台秀组、婧组、艾玛有房子吗？一人一个组，巧妙宣传这个群拉人进来。一个帖子2块，回复过20再加2块，楼主自己顶的不算。
>
> 水军群成员 B1：我就是在秀组被拉进来的。
>
> 水军群成员 B2：哈哈哈我也是！万年秀粉是时候靠自己的饭圈智慧搞钱了。

在某平台的宣传软文中，楼主发文的措辞主要包括"原来水军真的好赚钱""意外进了水军群，一天赚了60块"等以收入高、赚钱轻松等词语吸引人回复。在笔者田野调查被拉进群的24小时内，群成员增加了100余人，宣传效果较好。

某平台小组由于其本身设定是基于用户个人兴趣而组建的社群，用户之间容易因为相同的兴趣爱好而在短时间内建立信任与联系。在娱乐组的用户热爱互联网，对微博等互联网平台的操作十分熟悉，因而此处的网络水军招募快捷高效。

2. 任务派单与结算方式

不管在政治领域，还是在商业领域，量化社会中的绩效考核制度直接刺激了"网络水军"的出现，并使其成为一个充满悖论的制度性产物：他们一方面迎合了一个量化社会里各领域的量化指标需求，充分激活和吸纳网民的碎片

---

① 吴鼎铭：《互联网时代的"数字劳工"研究》，硕士学位论文，武汉大学，2015。

化时间进行有偿的数字劳动。① 网络水军的酬劳也是基于量化考核，秉持多劳多得的原则获取报酬。微信作为集群聊、私聊、转账、红包等一体的日常社交软件，成为多数网络水军社群的首选阵地。一个水军社群有两位管理员，负责群内秩序维护以及任务的发布和工资结算。任务派单在群聊中进行，群管理员在群中说明需要做水军任务的人数，有意愿完成的成员在群中回复报数，达到人数要求即停止该任务的派单，拉抢单成功的成员进入具体任务的素材发布与结算群。

在所有抢单成功的人完成任务后，群管理便在结算群中发布微信"普通红包"，每条水军单价在2元—5元不等，其中2元—3元的居多。

据观察，平均每天的派单数量在30次左右，每单要求人数在10—20人，每天需要300—600人次的水军完成任务。这种并不存在固定的雇佣制度的"临时工"模式，充分利用了网民的认知盈余与碎片化时间，并将其转化为资本增值的源泉。

3. 社群规范与管理纪律

从进入社群的那一刻起，群成员就需要遵守群内规章制度。刚进群，群公告便会自动显示，阅读群公告能够对群内规范有一个大致的了解。群内组织严明，群管理员多次发布群公告，要求"禁止暴露粉籍""禁止闲聊""禁止拉踩""专注任务，禁止闲聊"等规定。如有人违反规则，将直接将其移出群聊。

在田野调查期间，某一团队的任务单引起了群内成员的调侃，部分成员在群中称"这个人的钱我不赚"，并受到其他成员的附和。由于群成员违反群规，群管理员当即将带头的几位成员移除群聊，并再次发布群公告提醒社群规范与纪律，管理效率高、纪律严明。

（二）重复性：重复劳动、数据堆叠

水军群内任务全部都与娱乐圈相关，包括微博热搜助力、正面夸赞的图文发布、某平台影评发布等任务。进行水军任务的群成员以重复性的夸赞语句为主，配合群管理发布的可使用素材以及推荐文案方向。

水军群管理 A2：#xxx说女生要充分了解生育的困难#纯文

文案方向：

①好佩服xxx，可以在大家面前讲自己母乳期时候的事情，这真的没什么可羞耻的。

②天啊，听了xxx的经历才知道原来生完孩子母乳期也很辛苦。

---

① 江颖：《数字劳工理论视域下网络用户的情感劳动》，《新媒体研究》2020年第6期。

③看 xxx 对那些对女性生育指指点点的人好爽。

④xxx 说得太好了女生要充分了解生育困难才做决定！

通过任务话题的实时版块查看，水军发布的内容均以"好佩服""啊啊啊太帅了""绝绝子""笑死我了"等正面夸赞语句为主。从语言表述与内容来看，水军发布的文案呈现口语化、重复性、正面向的特点。

抢单成功后，由于每单有人数限制，群管理员会在抢单人满后发布新的群聊二维码，限制进群人数，随后关闭公开进群方式，在群内发布任务要求与结算薪资。做任务的水军需要在抢单后即时扫码进群，在群内领取任务后进行发布，发布完成后自行检索是否能够出现在"实时"界面，然后截图、保存微博链接，在群内使用"群接龙"功能进行任务反馈。群内所有接任务的水军完成后，群管理员在小群以红包的形式发放薪资，领取薪资后，水军们自动退群，再回到大群等待新的任务派单。

（三）竞争性：快速抢单、实时反馈

群体内资源有限时，竞争在所难免，内部竞争关系会促使个体以自我利益为中心，增加不利于同伴的行为。内部竞争会破坏内群体偏好，人际水平的关系联结而非个人与群体间的关系联结有利于维持内部竞争环境下的内群体偏好。① 每次群任务只要求少数人接单，群成员之间本身存在着直接的竞争。除了同属水军社群之外，群成员之间并无更多的牵连关系。

　　水军群成员 B3：进群就是为了做单，谁要和群成员搞好关系，以后又见不着。我做我的。

　　水军群成员 B4：一句废话都不想多说，不想浪费时间，看到单子就立马回复抢单，但还是经常抢不到，人数要求太少了，手速慢点就没有了。

群内水军人数超过 200 余人，而每日的任务数量与人数要求有限。尤其在群内接单机制以"速度"为唯一评判标准时，群内竞争尤为激烈。任务发布者常有"有人接单吗？群内回复，要快""还有人吗？速来""太慢了，换个人来"等催促与增加群内竞争意识的言论。

在强竞争关系的社群中，网络水军对社群内部呈现较低的认同度与自我满足。

（四）目的性：利用碎片时间，实现自我价值

从宣传到做任务的整个环节中，可以发现网络水军目的性十分明显，即利

---

① 新浪科技：《微博发布 2021 年第一季度财报》，http：//finance.sina.com.cn/tech/2021－05－10/doc-ikmxzfmm1630335.shtm，访问日期：2022 年 10 月 5 日。

用碎片化时间获取报酬。其中以在校学生、待业人员等无固定收入来源的群体为主。

  水军群成员 B5：我在上大学，放假正愁没零花钱呢，动动手指就能挣钱，很轻松。我很多同学都在网上有自己的副业的。

  水军群成员 B6：一直很想做这种线上的兼职，不用出门搞点小钱。有正经工作谁干这个，能赚一点是一点。

  在观察过程中，很多人都表达了想通过互联网平台获取收入的意愿。现如今互联网发展繁荣，能够通过线上的方式获得报酬成为很多年轻人的目标。在某平台小组也有十万人的副业大组，很多网友都在分享自己的副业生财之道，其中线上副业占了多数。而水军作为一种灰色地带的酬劳来源，无须技能，无须学历，方便快捷，吸引力颇高。

五、量化社会下网络水军与虚假数据的规制举措

  国务院新闻办主任王晨在回应网络水军问题时曾表示，网络水军危害社会、影响正常的网络秩序，需要治理。在微博热搜话题下的网络水军，充当着话题的制造者，舆论风向的助推者，长此以往并不利于网络空间的良性交流与探讨，只会成为少数资本拥有者的扩音器和操控舆论的武器。而在影视娱乐相关的网络水军中，绝大部分以夸赞艺人、宣传艺人为主，虽不具有直接明显的社会危害性，但长此以往不利于良性、健康的行业竞争，本质上仍然属于虚假数据繁荣的范畴，应当加以整治。对此，国家应尽快制定相应的、有针对性的法律法规，严厉打击网络违法行为。由于网络的匿名性和水军的分散性，可从源头着手，即对从事恶意营销和不正当竞争的企业和网络公关公司加以监管。

  另一方面，从网络水军社群的用户特征中，社会也应当意识到，在当前互联网发达的社会背景下，网民使用互联网、利用互联网的目的与意图也在转变，区别于过去以"娱乐消遣""信息获知"为主要目的，近年来随着网民认知盈余的增长，网民希望通过网络寻求自我价值认同、获取盈利途径的需求日益旺盛。网络水军的兴起源于网络传播时代网民具有自主选择和自由获取信息的权力。因此大众媒体应该充分认识到网民群体的这一正常心理需求，鼓励并正确引导企业、个人在互联网平台发挥自我价值。

平台控制下网约工劳动异化困境和权益保障路径探析

——以外卖骑手为例

贾晔雯

【摘要】 平台经济和共享经济的发展衍生出了多个新型就业形态，其中外卖骑手与大众的生活息息相关。作为城市的传送带，数百万骑手在繁忙街道间的不断穿梭为人们带来便利，但同时他们的时间、身体和情绪都被平台企业和算法系统所占有，如何将他们从高强度的工作、非透明的劳动保障、未被落实的劳动关系等"异化劳动"中解放出来，成为社会必须关注和解决的议题。本文以外卖骑手为研究对象，全面审视外卖骑手在数字劳动中过度劳动的现状与困境，并在此基础上为外卖骑手等网约工的用工模式标准化、劳动保障人性化提供意见，希望能够为平台和骑手之间的供需博弈找到平衡点。

【关键词】 外卖骑手；数字劳工；劳动异化；权益保障；平台经济

一、引言

互联网时代下的数字经济发展，改变了传统经济形态，越来越多的平台经济企业和共享经济企业将算法和数据的深度思维融入日常用户服务和劳工管理当中，"数字劳工"的概念逐渐深入人心。"数字劳工"作为数字劳动的提供者，他们在享受数字技术所带来的便利的同时，不可避免地遭受着被资本裹挟和剥削。正如福克斯所强调的：数字劳动是异化的劳动。"异化劳动"占领了劳动者自身以及劳动产品，使劳动者的自主性缺失，在劳动强度不合理、劳动关系不明晰、劳动保障不明确的情况下，许多网约工的劳动工作呈现"异化"趋势。外卖骑手作为网约工当中的庞大群体，其高度异化的劳动受到了学界关注。

2020年暴发疫情以来，外卖骑手这一就业形态成为稳定社会就业的中流砥柱。美团《2020年上半年中国外卖产业发展报告》显示，仅2020年1月20日—5月24日期间，美团平台上新注册并且有收入的骑手超过100万人，且来自多个行业。

《2021中国共享经济发展报告》显示，2020年在线外卖用户在网民中的普及率为43.52%，外卖产业规模和用户需求的激增，刺激着外卖骑手劳动力的涌入和劳动强度的增加，但近年来多则外卖骑手出事故的新闻却警示我们，如此高需求量的新型就业形态劳动者却无法获得平等的权益保障。基于以上内容，本文从"异化劳动"的视角出发，对外卖骑手的劳动身份认定、职业伤害、平台责任等问题进行分析，寻求网约工权益保障的可能路径。

二、文献综述

2020年，一篇《外卖骑手困在系统里》的文章将外卖骑手这样一个高危行业更加直观化地展示给大众，同时在疫情期间，外卖骑手对大众维持正常生活的必要性，让学界更多地开始重视这一新型职业形态。2020年2月25日，人社部、市场监管总局和国家统计局联合发文，正式发布"网约配送员"等16个新职业信息。这意味着外卖骑手有了职业名称"网约配送员"，"网约配送员"正式进入《国家职业大典》。尽管外卖骑手的用工形式受到了官方认证，但是其劳动过程依然存在许多问题。目前，学者对外卖骑手的数字劳动研究主要包含以下几个方面：

一是劳动现状和特点。当前，极大部分的网约工都呈现出过度劳动的态势，其异化逻辑同时体现在身体和情感上。根据马克思的劳动异化理论，劳动异化离不开背后的资本剥削，尽管不同用工形式可能其剥削形式也不同，但是其背后逻辑是相近的。胡放之、白泽阳、姚艳茹以过度劳动为立足点，指出网约工过度劳动所带来的职业伤害，主要症状就是健康透支。虽然该文章对外卖员的过度劳动进行了较为完善的分析，但是视角较为单一，缺少对劳动异化的背后逻辑分析。王淑华从城市传播的角度出发，着重关注外卖员的情感归属和内心活动，认为被"赶工游戏"束缚下的他们只有在平台完善管理制度、减轻工作压力的情况下才能够减少孤独感，找到自我身份的认同。但是该研究主要站在城市生活和心理层面角度上，对外卖员背后的数字劳动剥削本质以及如何改善现状少有提及。二是劳动者与技术的关系。在信息化社会，外卖员的整个劳动过程都与算法、数据、系统捆绑，而数字化语境下所导致的"异化劳动"，正是资本剥削的结果。信息技术加速推动了劳动异化，劳动者的各个方面被技术和算法所控制。孙萍从社会文化的视角关注算法逻辑，指出算法对外卖员的平台劳动进行了细致入微的规训；与此同时，外卖员也在通过"逆算法"的劳动实践对技术的规训进行一定的自主抗争。马文心通过分析外卖骑手的媒介使用情况，认为对时间嵌入和情感劳动的算法规训压缩了骑手真实自由的空间，因此逐渐形成了较为保守的抵抗风。但是文中指出的骑手对媒介的使用和身份构建的内在联系研究不够深入。不过不难看出，在数字劳动的过程中，外卖骑手尽管受到算法和技术的牵制，但是这个关系并非是单向的，劳动者也逐渐摸索出反向利用技术的手段，寻求自助。沈锦浩从骑手面对算法系统的自主性出发，关注骑手劳动过程中被动与主动同意所产生的原因，其研究结果表明，资本控制下骑手对工作"异化"的接受，除了被动原因，还有部分自主意识支配的原因。三是劳动者的报酬问题与权益保障。网约工用工关系的模糊进而导致其劳动价值的弱化，劳动价值的弱化则是劳动者职业归属感和认同感缺失的重要原因。从最直观化的佣金报酬来看，胡文静分析了美团骑手的佣金迷局，指出了平台结算佣金越来越低的同时，也没有为正常提供劳动的劳动者缴纳五险一金，违反了劳动法所规定的义务。涂松松则从法律角度，通过外卖平台的具体运作模式，分析当前平台和骑手的用工关系，从立法、平台监管、工伤保险等方面指出其存在的问题。显然，劳动关系的确立是权益保障的前提，这也是多数学者对网约工劳动性质界定进行研究的重要原因之一。

综上所述，对外卖骑手这一网约工形式，学者们都从不同的角度进行了研究。而当前平台经济和共享经济逐渐占领经济领域重要地位的情况下，越来越多制造业、农业等其他行业的多余劳动力加入网约工的行列，但是网约工的生存状况和劳动现状却不乐观。面对算法对劳动者的多方面占有，需要探寻一条合理化的自我解放路径，研究当前劳动现象面临的困境和解困可能性，这对于社会资本主义和劳动者之间的关系平衡、数字劳动异化的态势扭转、保证新兴就业领域的新鲜活力也具有重要的意义。

三、外卖骑手过度劳动的困境

（一）时间占有：持续待机下被支配的生活

大部分骑手的工作时间长达 8 小时甚至 10 小时以上，而在这 10 小时以内，基本上是马不停蹄地在大街小巷穿梭，因为对这个职业来说，"时间就是金钱""多劳多得"的概念比一般的职业更加深入人心。"跑单量"成为佣金多少的标准：跑到 1000 单以上，每单佣金是 4.2 元或 4.3 元；跑到 2000 单以上，每单就是 5 块钱。就像多米诺骨牌，时间的多少和快慢直接影响着后续的一系列后果，容易形成恶性循环。身为资本家的平台后方，通过算法和大数据为骑手提供看似更为合理和高效的送餐路线并严格控制送餐时间，背后隐藏的是对剩余劳动价值无限剥削的蓝图。据美团研究院调查显示，64.0% 的骑手对时间灵活最为看重，就业时间灵活成为吸引各行各业加入骑手队列的原因。尽管如此，对大部分的骑手来说，"灵活"这一属性并不代表他们的工作时间存在充分余裕，相反在送餐时间以外能够"灵活"支配的时间成为他们需要待机的时间，即无形之间可自由支配的时间变成了剩余劳动，反而延长了他们的劳动时间。以美团外卖骑手为例，美团外卖骑手分为"专送"和"众包"，"专送"骑手的订单主要以系统派单为主，而这样一个智能化的派单系统存在着隐藏算法，即在线时间越长、接单数量越多的骑手越容易获得系统派单。为了能够获得更多的订单，骑手不得不延长自己的劳动时间；而对"众包"骑手来说，灵活自由度更大的他们，需要通过抢单的方式来进行劳动，这就需要他们无时无刻不关注着平台，即便当时手头并没有订单，也要时刻保持警惕，做好随时出发的准备。

从这方面来说，数字劳动的异化就表现为同时对劳动时间的"显性"和"隐性"占有，平台看似给予了外卖骑手更多的劳动时间的选择权和支配权，但其实最后的结果都是对剩余劳动时间更大限度的占有。无论是在送餐过程中还是等待订单的过程中，外卖骑手的时间基本被平台系统所控制，私生活时间大幅压缩，面对寥寥无几的休息时间、顾客的频繁催单、平台系统"跑单量"的鞭策，外卖骑手罔顾交通法规、与时间追逐成为常态。

（二）身体占有：强制劳动下非透明的保障

后福特制时代，资本主义治理技术趋向微观化，科学技术的进步没有帮助人的身体和生命的解放，反而通过转变生产方式而实现对生命的全面掌控。数字技术对骑手的智能化管理，将骑手的整个送餐流程严格控制并监视，重视工作效率和速度的后果则是高强度工作下身体健康的透支。在健康受到威胁的情况下，没有在社保的他们面对非完全透明化的平台保障，无疑是雪上加霜。

去年年底，饿了么一位43岁骑手的在工作过程中猝死的事件引发了社会关注，平台方仅提供2000元的人道主义赔付也将网约工的劳动安全保障问题推上风口浪尖。据调查，每天上演"生死时速"的众包外卖骑手能够获得唯一的保障就是每天3元的费用，甚至有骑手对3元是什么、怎么用并不清楚的，只知道这可能和保险有关。而事实上，平台在骑手每天开工之后都会强制扣除3元的服务费用于购买人身意外险，并生成保单号，但其实在这3块钱当中，只有1.06元花在保险上，即这本身就微乎其微的保险费背后依旧存在着剥削和克扣。多数情况下，在外卖骑手真正遭遇安全风险需要保障和理赔的时候，平台能够报销的部分少之又少，以模糊的劳动关系为由"打太极"逃避责任的情况屡见不鲜。同时在疫情期间，外卖骑手为城市的正常运作和市民的正常生活做出了极大的贡献，在市民居家的情况下，外卖骑手却不得不将自己暴露在风险当中。去年6月，北京一位外卖骑手确诊的新闻，让市民们开始担心"外卖是否也不安全"，但是少有关注外卖骑手自身在疫情情况下工作是不是获得了足够的安全保障。尽管某外卖平台会对所有骑手进行体温监控、健康登记、餐箱消毒，但是在调查过程中发现，专门针对新冠疫情的安全健康险并没有明确普及到每一位骑手。

睡眠不足、猝死、交通事故、新冠确诊，一系列身体伤害在过度劳动中变得越来越频繁，劳动者的数字生命在冰冷的数字技术强制推动下不断地被消耗，尽管平台或第三方，所能够提供的保护和保障不明确，也依旧有大量的劳动力臣服其下，因为资本的规训已经逐渐令劳动者习惯自我承受和自行解决，加上高强度的工作，安全保障制度是否透明对他们来说也开始无暇顾及。

（三）情绪占有：被动妥协下非完全的自主

在网约工的数字劳动过程中，"情感劳动"成为附带的产物。资本家不仅强制占有了雇佣劳动者的劳动力，而且"不让工人有精神活动的余地"，迫使他们放弃了表征人的自在自为属性的精神生活，让雇佣劳动者全神贯注地为资本增值服务。尽管和直播平台主播所从事的线上情感劳动在程度上有所差异，但是在资本家和系统的规训之下，外卖骑手的情绪变化也逐渐被支配。他们被动向平台规定的"时间游戏"妥协，在不断上升的跑单量和不断减少的每单配送时间中获得优越感，以此来填充他们在劳动过程中逐渐被重构的精神世界和情感缺失。

在"顾客就是上帝"思想的灌输下，即便面对下雨、台风等天气原因的不可抗力，配送超时也依旧会成为他们被投诉的原因，因为平台不会因为下雨而延长规定的配送时间。通常情况下，顾客作为消费者向平台投诉后，基本上半个小时到一个小时内平台就会联系到骑手，最迟第二天就会落实相应处罚；而当外卖骑手面对奇葩的顾客或是不合理的投诉向平台申诉时，却很少会得到与之相当的处理效率和结果，哪怕是由于顾客自己填错地址导致无法准时配送，其后果都是需要骑手来买单。在平台和顾客之间的周旋下，骑手缺少组织支持感，逐渐默认了自己处于"食物链"的低端，他们中的多数会选择隐忍和隐藏情绪。在他们需要消化面对不合理情况的负面情绪的同时，也要完成平台所要求的表演话术。据了解，某外卖平台骑手在面对顾客的时候，平台会硬性规定要求骑手第一句就要问好并自报所属平台，并且还会要求与顾客交谈的话术、语气，系统后台人员会不定时抽查，如果被平台发现没有说这句话，一单要罚50块钱。

劳动者在劳动过程中失去一定情感自主性，伴随而来的是相应的孤独感和自卑感，一旦认可了自己在劳动过程中的地位，就更加容易被占有和控制他们的情感，外卖骑手在繁忙的城市生活中被迫进行"沉浸式"的劳动时，容易以他人甚至冰冷的技术来审视自身的行为。在这样的情感倾向下，劳动者的异化也在加速完成。

四、解困：标准化与人性化的斡旋

（一）标准化：平台与骑手劳动关系的认定

外卖骑手的劳动过程和价值遭受争议最根本的原因是劳动关系的模糊。以"强控制、弱契约"为属性的网约工协议成为劳动者进入看似更为灵活的新业态从业入口，却同时也将他们拦在了获得正当劳动关系和合理保障的大门之外。因此，外卖骑手权益保护的首要任务是确立骑手与平台之间的劳动关系，将用工模式规范化，将保障制度标准化。

从法律层面来说，当前新就业形态的用工模式较难适用于《中华人民共和国劳动法》和《劳动合同法》的劳动关系认定。因此一方面可以适当放宽劳动关系的认定标准，完善传统劳动法的规定；另一方面通过特别立法对外卖员的劳动问题进行统一管理和规定，直接将此类劳动者纳入劳动法体系，通过规范性文件明确标准，避免在"是否有劳动关系"的问题上产生争议。2021年7月22日，人力资源和社会保障部等8部门联合发布《关于维护新就业形态劳动者劳动保障权益的指导意见》，该指导意见当中最突出的特点就是承认了平台用工的特殊性，对于未签订劳动合同或是采用其他用工模式的平台从业人员，也会将其纳入制度保障，平台企业同样也对劳动者负有一定的责任。这样的规定无疑是为劳动者维权提供了有效的依据，也能够防止平台继续以"没有直接的劳动关系"或是以合作关系为由钻劳动法的漏洞，但如何落实依旧是接下来社会需要共同监督的问题。

依据《中华人民共和国劳动法》第三条规定，劳动者享有平等就业和选择职业的权利、取得劳动报酬的权利、休息休假的权利、获得劳动安全卫生保护的权利、接受职业技能培训的权利、享受社会保险和福利的权利、提请劳动争议处理的权利以及法律规定的其他劳动权利。在确认了劳动关系后，要相应地在日常休息、报酬、意外保险、安全健康保险等权益保障内容上做出明确规定和范围划分，切实提高劳动者的安全感。

（二）人性化：职业认同感与归属感的塑造

对平台和资本来说，对骑手送餐过程的"透视化"控制和"游戏化"奖惩标准的制定是平台运作标准化的最佳表现，但是算法和技术控制下的标准依旧是缺失人情味的。因此对很多外卖骑手来说，他们并不会将这份工作视为自己的终身事业，更多的是将它当作一份短期快速赚钱的手段。在标准化的制度之下，同时兼顾人性化的管理，才能够提高劳动者对自身职业的认同感，解放精神层面的桎梏。

首先，自觉为骑手购买五险一金，明确保险费用和赔付方式，将外卖骑手最容易发生意外的交通事故、意外摔伤等情况纳入范围之内，给予骑手最基本的安全感和保护感。其次，优化特殊情况下的配送调度规定。大多数骑手对下雨天、台风天等情况下配送路线和配送时间的不合理颇有微词，平台需要考虑到天气情况，减轻骑手面对时间的压力。而面对一些顾客不合理的投诉，平台需要做好中间的调解方，而不是通过"以罚代管"的方式一刀切。此外，改变削弱集体力量的"游戏化"奖惩制度也很有必要。等级晋升标准和抢单游戏极易强化外卖骑手的个人主义，加强骑手之间的内部竞争，在资本控制下的"抱团取暖"获得认可的可能性也容易被消磨。

在"赶工游戏"之下，在流动的城市生活之下，缺少共鸣感和平等感的外卖骑手本就无法找寻到自己的情感归属，他们的职业尊重需求因为新媒体科技管理的去交流化性质，变得越来越难以满足。只有平台以人性化的态度管理，让外卖骑手能够感受到自己是融入这个团体的，部分顾客和社会才能同样减少对他们的刻板印象，给予相应的理解和尊重。

五、结语

本文以马克思的"异化劳动"理论为切入点，探寻了当前数字劳动异化下劳动者的精神与实践被占有的困境。在这个过程中，无论是劳动主体本身还是其劳动行为和劳动结果都存在不同程度的异化。平台经济的发展看似给予了新型用工形态更加自由灵活的选择权，实际上是转变成了更为隐蔽的剥削手段，以"游戏化"的方式让劳动者的工作趋于被"异化"，从而获得更大的剩余价值。本文提出数字技术管理下的外卖骑士呈现出时间、身体、情绪三方面的被占有，而就像马克思说的："对对象的占有竟如此表现为异化，以致工人生产的对象越多，他能占有的对象就越少，而且越受自己的产品即资本的统治。"要将外卖骑手从数字劳动异化中解放出来，还要保证平台正常运作，就需要协调好制度的标准化和管理的人性化，明确好平台责任，缓解平台与骑手之间的劳资矛盾。尽管平台和网约工之间的矛盾越来越不可忽视，也有更多的人注意到这一困境并且尝试解决，但是当前的相应指导意见还停留在提出阶段且尚未实践，如何从政府层面和法律层面真正落实细节实施，如何保证权益保障落实到每一个人、每一个步骤，还需要进一步探索。

参考文献

[1] 徐婷婷. 劳动异化与劳动同意：互联网数字劳动的价值二重性辨析 [J]. 新闻爱好者, 2021 (4).

[2] 美团研究院. 2019年及2020年上半年中国外卖产业发展报告 [EB/OL]. [2021-08-25]. https://mri.meituan.com/research/home.

[3] 国家信息中心. 中国共享经济发展报告（2021）[EB/OL]. [2021-08-25]. https://www.ndrc.gov.cn/.

[4] 胡放之, 白泽阳, 姚艳茹. 网约工过度劳动及职业伤害保障的困境及对策——以外卖骑手为例 [J]. 中国经贸导刊（中）, 2021年（2）.

[5] 孙萍. "算法逻辑"下的数字劳动：一项对平台经济下外卖送餐员的研究 [J]. 思想战线, 2019（6）.

[6] 马文心. 算法逻辑下外卖骑手的媒介使用研究 [J]. 新闻研究导刊, 2021（11）.

[7] 胡文静. 美团佣金迷局：佣金太高餐饮业难以承受，骑手却连"五险一金"都没有 [J]. 消费者报道, 2020（3）.

[8] 沈锦浩. 妥协与自主：外卖骑手劳动过程中的"制造同意" [J]. 工会理论研究（上海工会管理职业学院学报）, 2020（6）.

[9] 吴宏洛, 孙璇. 当代资本主义数字经济中的异化劳动问题 [J]. 当代经济研究, 2021（6）.

[10] 温旭. 数字时代的治理术：从数字劳动到数字生命政治——以内格里和哈特的"生命政治劳动"为视角 [J]. 新闻界, 2021（8）.

[11] 林原, 李玉珠. 心理资本、组织支持感在职业紧张与过度劳动关系中的作用——基于北京地区外卖骑手的调查 [J]. 中国流通经济, 2021（4）.

[12] 刘海霞. 数字劳动异化——对异化劳动理论的当代阐释 [J]. 理论月刊, 2020（12）.

[13] 涂松松. 外卖用工关系认定及"骑手"权益保障问题研究 [J]. 法制与社会, 2020（19）.

[14] 史奉楚. 要为外卖骑手提供专门保障 [J]. 方圆, 2021（7）.

[15] 王淑华. 城市外卖骑手的"赶工游戏"及其情感归属研究 [J]. 湖南工业大学学报（社会科学版）, 2020（1）.

[16] 汪金刚. 信息化社会生产与数字劳动异化——对马克思"异化劳动理论"的当代阐释 [J]. 新闻大学, 2020（2）.

媒介与隐私陷阱：被遗忘权与公共知情权悖论分析

王琦然

【摘要】 智媒时代大数据技术的发展实现了现代社会从线下向线上的转移，媒介的重要作用日益凸显。但是，互联网带来强大的储存和记忆功能，使得个人行为被互联网长期记忆，对消除过时的个人信息的呼声从欧洲传来，迅速引起了各国的广泛关注。"被遗忘权"成为近年热议的话题。本文旨在梳理"被遗忘权"的研究与发展脉络，分析其应用中与公共知情权的冲突，从新闻伦理的角度探讨其背后存在的媒介困境，探讨其背后出现的公共场域难以区分、公共人物界限模糊与遗忘能力成为媒介特权等问题，通过对相关文献进行质化分析，对新闻传播领域的现状提出对策与建议，为大数据时代的个人信息保护问题提供新的思考角度。

【关键词】 智能媒体；大数据；媒介伦理；被遗忘权；公共知情权

一、引言

在互联网浪潮之下，原有的社会体系和应对机制受到很大的冲击。其中个人信息的保护问题尤为显著。当个人终于拥有了被时代记录的特权的同时，如何才能被时代所遗忘，成为新一轮的难题。互联网这一把"钩子"，将大量信息勾连，影响着使用者对事件及个人的感受与认知。这种"超真实"的效应使得每一个互联网用户，在大数据面前无所遁形。虚假信息的大量涌现，过时消息的长久保存，个人污点的难以消除，通通都使得网络用户成为"黑历史"的受害者，个人或将再难拥有享有清白背景的权利。在此基础上格外看重人格权的欧洲率先对此进行了司法层面上的实践，于"谷歌西班牙案"中，对被遗忘权的诉求给予了支持。中国虽然未曾有过被遗忘权的相关规定，但目前已颁布的《网络安全法》《侵权责任法》一类文件，都体现出了对个人信息保护的重视与被遗忘权的立法精神。本文在此背景下，试以新闻媒体视角为出发点，立足于中国国情，对被遗忘权推行上的困境，进行分析与探讨。本文通过

41

对被遗忘权与公共知情权争议的梳理，分析探究新时代背景下存在的媒介伦理困境，梳理被遗忘权的概念与发展，探讨在大数据背景下被遗忘权与公共知情权的争议的成因，以及探讨媒体在此争议中应如何应对和规范自身行为。

二、研究评述

（一）媒介伦理研究

1. 媒介伦理 + 热点案例分析

国内关于媒介伦理的研究一部分是遵循着"理论指导实践，透过实践看理论"的原则，聚焦热点事件，观察事件过程中媒体的所作所为，进一步进行批判分析。赵禹桥通过对网络直播平台中的自媒体乱象进行分析，从媒介伦理视阈出发探讨了如何规范在网络直播中各方的媒介行为；何镇飚从传统媒体和网络媒体两个方面出发，思考新媒介伦理，同时通过对《南都娱乐周刊》"周一见"事件进行详细分析，探讨了包括媒体监督与媒介伦理、公众态度与媒体立场，以及真正被忽视的媒介伦理等问题，提出了启示与反思；而《剖析经典案例探索新闻伦理》一文借鉴了美国职业新闻工作者协会提供的六个经典案例，对美国当代新闻伦理困境进行归纳，并与中国新闻界的现状进行了纵横比较。

2. 媒介伦理 + 新时代特征

随着 web4.0 时代到来，媒介在社会生活中扮演的角色发生了前所未有的变化，而原有的理论该怎么进一步发展？在新时代又有了哪些特征上的变化？这些思考成了近年来媒介伦理研究的另一主流方向。郭镇之在文章中论述了中西方在新闻专业主义和媒介伦理这两者间的关系，并分析了中国引进新闻专业主义后的困境，阐述了媒介伦理受到公民参与报道后的挑战。在他看来，媒介伦理的研究可能促进政府的媒介关系以及中国新闻传播事业的发展；而在《第三种现实："后真相时代"的媒介伦理悖论》一文中，强调网络媒体的职业伦理尤其是对真实性的坚守，在举措上要不断调整对媒介伦理的认知模式和实践方式，加快提升社交平台中用户的媒介素养；《网络媒介生态的跨文化冲突与伦理规范》重点研究了网络媒介的跨文化冲突，提出了解决网络媒介生态跨文化冲突的伦理构建原则，以期实现健康平衡的网络媒介生态空间。

（二）被遗忘权研究

1. 被遗忘权的发展轨迹梳理

因被遗忘权概念较新，且在定义及各国具体应用上还存在着许多争议，因此国内部分学者的论文着眼于梳理被遗忘权的概念及发展历程，以便获得更加清晰的认知以便后续研究。就目前我国尚未推行被遗忘权的情况而言，借助对其他国家的经验进行总结和对比，对我国相关制度的建设和完善有着重要的借鉴意义。吴飞在《名词定义试拟：被遗忘权（RighttoBe Forgotten）》中较早详细阐述了这一概念；李艺梳理了被遗忘权的定义与意义，他指出中国应该借鉴欧盟和美国的经验，建立技术背后的法律规则，规避网络技术带来的局限与弊端，使被遗忘权本土化；《大数据时代"被遗忘权"的研究与思考》指出学界在探讨"被遗忘权"问题时，对其"删除信息"的作用没有争议。但对于"被遗忘权"的界定仍然存在差异。国外关于被遗忘权的研究大多集中于法学范畴，在新闻传播领域的研究相对有限。该研究主要可分为欧洲国家与美国两大流派，其中以欧洲国家的探讨为主。欧洲国家关于被遗忘权的研究侧重于个人权利视角，注重隐私保护的重要性。*The right to be forgotten* 一文认为法院是在要求一项被忽略的权利。而美国学者的研究更关注与欧洲国家的分歧和言论自由的重要意义，对被遗忘权的实际应用持更谨慎的态度。如 *Speaking of forgetting：Analysis of possible non-EU responses to the right to be forgotten and speech exception* 提到被遗忘权在美国应如何进行调整其适用范围。

2. 被遗忘权与隐私保护

在现有的被遗忘权研究中，大部分是关于数据时代该权利提出对个人隐私保护的积极意义。中国在快速迈进网络腾飞时代的过程中存在着两大矛盾特征，一方面是对个人隐私泄露的担忧，而另一方面则是在网络使用中对个人信息保护意识的薄弱。被遗忘权的提出很大程度上为个人信息保护提供了手段与方式，故成为该研究领域的热点话题。《从网络空间个人隐私规制角度浅析被遗忘权》一文从架构、市场、社会规范和法律这四个方面探讨"被遗忘权"这个新兴权利在隐私保护上是否能够顺利施行；顾理平与范海潮对网络隐私问题近十年的研究进行梳理，也提到了被遗忘权这一概念；甘馨月也提到"被遗忘权"目前已经在欧盟开始实施，这一权利作为隐私的延伸，的确能够在一定程度上平衡大数据时代表达自由与隐私的冲突。

3. 被遗忘权与其他权利的冲突

该研究领域也有不少学者对此提出担忧。在被遗忘权尚未被清楚界定的今天，数据的删除对言论自由及公共知情权是否会造成不同程度上的损害与影响，也是该研究话题的一个热点。但对言论自由的探讨往往更多，公共知情权的内容则相对有限。高荣林提出如果数字被遗忘权被严格实施，无疑会对网络言论造成不利影响，并在此基础上提出了缩限被遗忘权的权限范围等应对措施；《论数字时代的被遗忘权——请求享有"清白历史"的权利》也提出过要平衡信息主体要求删除信息的合法利益与社会公众要求获知信息的利益之间的冲突。

三、被遗忘权的产生与发展

（一）概念发展脉络

被遗忘权，也被称为"删除的权利"，这是隐私权在智媒时代延伸出来的一种新的权利。"被遗忘权"虽然早有提出，但欧盟首先将其以立法的层面进行考虑与定义，故在此采用欧盟的定义对"被遗忘权"进行解读。在欧盟的文件中"被遗忘权"的定义为"数据主体有权要求数据控制者将有关数据主体的个人数据永久删除，除非数据的保留有合法的理由，否则有权被互联网所遗忘。"世界现行的被遗忘权的法律制度主要分为美国和欧洲两大体系。美国法将被遗忘权看作是隐私权的一部分，通过对隐私权的立法及扩充来保护网络个人信息。欧洲源于对人格的重视历史，在个人信息保护上单独制定了相关法律，并率先提出"被遗忘权"这一概念。

到了2012年，欧盟委员会副主席、欧盟司法专员薇薇安于国际数字生活设计大会上正式提出"被遗忘权"的概念，并以欧盟为整体对该权利的概念进行定义。薇薇安将此项权利看作是数字时代对欧洲单一的个人数据市场进行共同的根本改革、管理与保护的最好方式。直到2014年，"被遗忘权"首次在欧盟司法实践中得以实施。英国于1984年修改《数据保护法》第24条，并提出删除权；荷兰于1989年《数据保护法》第33条提到删除权；日本于1982年制定《个人数据信息处理中隐私保护对策》等，均构成被遗忘权的制度基础；美国于1998年制定《儿童在线隐私保护法》等。从这些历史性条款来看，被遗忘权与数据保护法具有历史继承性，随着数字化时代的全面到来，个人信息保护意识的不断增强，被遗忘权的正式提出可谓水到渠成。

（二）国内的相关讨论

我国第一例与被遗忘权相关的案子是2015年的任甲玉诉百度案。因其曾与口碑不好的陶氏教育有过商业合作，于是该信息相关搜索词条始终能在百度上被搜索到。任某将百度告上了法庭，但法院从一审至三审，都驳回了他的诉讼主张。因国内没有被遗忘权的确切条例，任某分别以名誉权、姓名权等主张提起上诉，但法院对他的全部诉讼请求均不予支持。

我国在处理个人信息保护与被遗忘权相关案件，表现得比欧盟更为谨慎。通常是当该信息存在侵权行为或为证实虚假信息后，才可能实行删除。且由于我国没有被遗忘权的相关成文法律，则此类相关规定通常零散。目前我国已有包括《网络安全法》《侵权责任法》《电信和互联网用户个人信息保护规定》等多部法律、部门规章对个人信息保护做出规定。

四、冲突与悖论

(一) 被遗忘权与数据时代的公共知情权

1. 遗忘与数据时代的共享特征相悖

在"被遗忘权"的提出或许可以解决隐私保护问题的叫好声中，但依照"被遗忘权"进行的数据删除，也许会在一定程度上侵犯大众的公共知情权。智媒时代本质上是在共享的基础上实现了公共知情权的最大化，而被遗忘权的要求则与智媒时代信息采集与分享的特征相悖。被要求删除的信息通常要有以下三种：第一种是通过偷拍偷录等违法行为窃取的个人隐私，这类信息当以删除；第二种是经个人分享与上传，在经过他人转载后造成一定程度社会影响的信息。该信息的传播行为在法律允许范围内，仅仅出于信息主体的个人意愿进行删除，则违背了互联网的共通性和共享性；第三种是被新闻报道的合法的信息。这类信息通常具有思想宣传和反映社会现状的作用，此类信息的删除或将会损害新闻自由，破坏公共知情权。

2. 数据时代的公共权益需重新定义

在欧盟《2012数据保护原则》中对被遗忘权的适用范围规定为所有自然人。这一点就带来了新的实施难题，即公众人物该如何行使该项权利。明星逃税、企业生产劣质商品、官员贪污等这些具有示范性的负面行为与信息能否就此要求互联网遗忘。这些问题如果不谨慎对待，则揭露性的新闻报道将失去意义。当然，涉及个人隐私的数据与信息的删除显得更为合理，不过，对个人隐私与私人信息的认定，则缺乏统一标准。在面对被遗忘权所带来的种种争议下，我们提倡公共利益优先的原则。学界也给出了相应的操作条例，如被遗忘权不适用于公众人物，以及其他保障社会利益优先的条款。但实际上被遗忘权应用的问题依然没有解决，因为在新的时代和新的语境下，对公众人物和公共事件的定义或许将被重新改写。在粉丝经济的今天，一个事件造成的社会效益远远超乎我们的想象。互联网给了每一个人成为新的公众人物的机会，同时也模糊了公共事件的边界，这对于推行被遗忘权又造成了新的困扰。而由于互联网对事件的快速发酵能力，该事件随即涉及众多群体，单一的个人世界与公众事件之间仅仅一墙之隔。在推行公共利益优先的原则时，也更加难以预测。

(二) 被遗忘权与媒体的把关功能

1. 个人权利与公共权益的博弈

被遗忘权的提出与应用往往并不出于对公众利益的考虑，而更多的出于个人形象展示的需要。消除负面信息，保留正面信息，维持一个良好的网络形象，属于用户个人范畴内的权利。出于个人形象的诉求，是否会造成公共利益的缺失，还缺乏有效和明确的评价标准。被遗忘权的施行所保护的是信息主体，而对信息主体呈现负面评价的信息，评判标准将成为很大的问题。作为新闻媒体从业人员，报道大众应知须知的信息和保护个人权益必然会发生冲突。且在被遗忘权尚不成熟的阶段，对何时使用该权利还缺乏客观权威的判断。被遗忘权与公众的知情权的冲突实质上是两方利益的权衡，即社会公众要求获知相关信息的利益与用户要求删除自身信息的合法利益间的冲突。而作为其中重要的参与者与平衡者，这是媒体必然要面临的难题。

2. 媒体把关功能受到冲击

在传统的主流媒体时代，媒体从业人员通过职业素养与单位编辑标准进行信息的层层筛选，信息的发布以客观真实为最高价值标准。而信息的可被擦除，将筛选信息的部分权力从媒体分散到了个人的手中，也在一定程度上可能造成媒介主体放松把关人责任，修改信息的可行性愈高，发布信息的严谨性便相应地大打折扣。从另一方面来说，媒体筛选信息的标准必然会与个人有所不同，并且一条信息有可能与多个主体皆有关联，单独一方主体的信息缺失都可能造成事件原貌的改变，如若推行遗忘权，可能会牺牲事件中的其他主体的利益。目前被遗忘权的推行制度尚不完善，参考标准也有待商榷。但实际上被遗忘权给了用户第二次筛选信息的权利。

但如今，用户的媒介素养参差不齐，评价标准也各有不同。缺乏统一专业的价值取舍，而仅仅出于个人意愿的消除信息诉求，等同于在自媒体时代，媒体在向大众分享报道权力的同时，也向大众分享了自己作为把关人的权力。

（三）被遗忘权与未来的公共知情权

现在的信息往往是未来的历史。智媒时代大量的冗余性信息被储存在网络空间内，将筛选的标准交由个人，相关信息的全貌或将会造成一定影响，进一步影响后世人类对现在社会风貌的认识。人类正是在不断地反思中，避免历史的错误，找到正确的规律与道路，当一个事件中包含的负面信息全部清除并被互联网遗忘以后，该事件则难以以客观的原貌呈现在大众面前，信息的不对等必然会造成新的认知偏差。原本一个社会的共同记忆是由原始自然记忆力以及书籍等记录工具决定的，但书籍与图书馆等知识载体的记录特权掌握在特定阶层与一定群体中，当记录和清除的权力打开，让大众共同参与，或将影响对历史的真实记录，从而影响此后对现在的社会认知。

五、媒介困境探讨

新闻道德困境是一种特殊的新闻职业道德问题，在新闻职业道德规范的运行中有两种类型的问题：一种是新闻道德失范，另一种就是新闻道德困境。新闻道德困境问题并不是仅仅遵行道德规范和原则就可以解决。这类问题的广泛讨论往往出现在典型新闻事件发生后，当从业者在具体的采访报道情境中，受到两个及以上的冲突的道德规范所制约，在道德抉择中道德困境就出现了。因道德标准的差异，对道德评价方面往往争议不断、缺乏共识，经发酵成为争议性新闻道德问题。在西方的研究中，道德困境问题一直是媒介伦理研究的主要对象；而在国内的研究中，道德困境研究起步较晚，是伴随社会转型期从业者道德困境和悖论性难题而涌现出的研究方向，这一问题才逐渐成为媒介伦理和新闻伦理研究的主题。

（一）公域与私域界限日益模糊

随着网络技术的发展，网络社交的透明化使得个人场域与公共场域往往难以区分，界限模糊，公共事件与个人私事容易发生混淆和转变。普通使用者通常并没有意识到大数据背后真正的意义，于是大量个人数据的随意上传与发布，朋友圈、微博、短视频社区又常集人际传播、大众传播与个人记录于一身，用户的浏览痕迹与记录内容将不可避免地具备公共特征。同时，互联网上的文字视频等又可以被随意地截图转发，与朋友的私下对话被对方转发到其他平台甚至成为新的视频爆款、微博热门的现象层出不穷。总的来说，由于个人意识的薄弱导致信息大量上传，有以下几种方式：第一，为使用软件功能允许该软件获取和上传个人部分信息。通常出现在新应用的注册，和允许运用对用户进行精准推荐的信息获取。第二，个人生活资料的多媒体方式上传。随着分享生活的形式越加多样，个人展示往往伴随着信息泄露。第三，他人意识薄弱导致的二次或多次信息转载。互联网的共享性在使得信息经过多次转载后仍然可以保存其原始状态，这也从另一个层面带来了信息的隐患，即个人无法控制自身信息的流通与传播。

另一方面，对平台而言，资本逐利的本质与数据管控的缺乏使得大量个人数据被采集、分析甚至贩卖，经济效益导致的隐私侵权问题是现今网络隐私泄露的主要途径。在全民自媒体化的情况下，如何筛选出公众应知的消息成为专业媒体的困扰。与此同时，如何判断个人上传的信息是进入了公共场域或是私人场域也是大众的困扰。网络既是联系与交往的平台也是私人信息记录的空间，但目前两者间缺少一条明确的红线，甚至由于网络管控的漏洞，有意窃取个人隐私的行为更是加剧了这一现象。

（二）遗忘逐渐成为特权

由于互联网存储量大、传播范围广、信息保真度强等特点，遗忘——这一人类本能在新时代被改写。在人类发展进程中，从生理意义上而言的遗忘是一种常态，因此在漫漫历史长河中人类不断发明大量的记录工具和载体，期望以此来对抗原本的生理性遗忘。与此同时，人类还设立大量机构，如博物馆等寻找各种方法将记忆传承。但随着信息技术的发展，个人数据记录与储存变得易如反掌，被记录在媒介上的信息往往经过多次传播，个人意愿的遗忘在这个时代变得难以实现。在远古时代，由于记录工具的有限与珍贵，媒介记录与管理的往往是关乎社会的重大事件。但随着新技术的推行，尤其是区块链等难以进行修改的技术，一方面保障了信息真实，另一方面加剧了遗忘个人污点历史的难度。个人难以拥有清白历史与清白背景，也抹杀掉了人类知错能改的可能性。网络形成了新的"监视之眼"，这些被公之于众的信息满足了人类千百年来的窥探欲。正是这种恐慌推动着"被遗忘权"被一再提出，但是个人污点被记录且公示又常常代表着社会的需要。将个人的犯错记录装入档案或从档案中拿出，以此决定遗忘与否的时代发生了新的变化。现如今，是否将个人污点放入网络或从网络中删除，或将成为一种媒介特权。

（三）公众人物的重新定义

公共人物是指人们广泛知晓和关注，同时拥有一定程度上知名度与社会地位，与社会公共利益密切相关的人物。公众人物代表社会形象，其言行对社会起着一定的示范作用。但随着网红热潮的来临，公共人物也变得难以定义。互联网给予了每一个人拥有巨大影响力的潜在可能性，个人行为造成的社会效应通常越加难以预测。并且由于网红群体的特殊，使得他们并不像领导人、企业家等公共人物具备相对的稳定性，他们更新换代速度快，个人信息披露程度高，甚至部分网络红人依赖于披露个人信息的获得关注。社会进入分众化时期，每一个圈层都有其意见领袖，其粉丝和影响力通常对该圈子的影响力极大，无法用传统意义上对公共人物的评价标准来判断，公共人物的信息满足公共知情权与社会效益的成分更高，在推行被遗忘权时更难以判断。

网络用户在使用网络时缺乏明确的隐私保护意识，对于储存信息与分享信息缺乏明确的界限感，导致大量隐私披露来自用户自己的上传。但即便用户个人具备隐私意识，个人信息也难免不会经由他人的二次传播甚至多次传播进行披露，而这种内容不仅难以追根溯源，也无法核查其侵权行为。任何一个人都有可能在某一社交平台拥有大量粉丝关注，因此个人数据的披露程度也变得难以估量。个人隐私的侵犯已经由数据信息扩展到了生物特征，普通人的信息保护更难凭借一己之力完成。

六、对策及建议

（一）改善立法碎片化现象

我国目前对个人信息的保护尚未形成完备的法律体系，而通常零散分布于各类法律及法规中。而传统的隐私保护已经不适应新时代的特征，个人信息问题急需得到重视，推进立法，改善立法碎片化现象刻不容缓。对用户主动发布的个人信息以及隐私，运用保护隐私的法律规定进行保护也有较大难度。除了个人意识需提高以外，信息的二次甚至多次传播都将使得个人信息难以处于数据主体的掌控中。另外，也由于二次甚至多次传播现象的存在，隐私保护强调的告知与许可的两个前提变得难以实现。并且，侵犯隐私的行为往往难以确定明确的可诉讼对象，所以也难以证明在处理个人信息的行为时，对数据主体造成的确定实际的损害。因缺少更加具体且具有适应性的法规，仅仅按民事侵权行为处理，网络环境下的维权则十分困难。在目前，我国关于个人信息保护相关法律尚且不够健全，学界并不推崇盲目推行"被遗忘权"的实施，而是更应该推进我国个人信息保护法的设立，改善立法碎片化的情况。

（二）强化法律主体的隐私意识

提升法律主体的媒介素养，一方面要加强专业媒体的职业素养，不滥用权力，维护公众利益与保护个人隐私并重；另一方面受众作为互联网的使用者，同样不容忽视。尤其是在当今时代的网络环境下，同时具有传者与受者的双重身份的用户。由于其组成群体广泛，能力良莠不齐，无法以专业的角度解读信息、运用信息。这即为虚假信息提供了温床，也为个人隐私及他人隐私随意传播开辟了通道。在朋友圈晒娃、曝光他人图像与聊天记录的现象比比皆是，但少有受众对此感到警惕。因此，受众要提高媒介素养，提高筛选信息和独立判断的能力，才能够从源头解决问题，给予媒介受众双向保护，肃清氛围良好的网络环境。将筛选信息，对近期进行把关的工作在源头进行，而并非将信息推向互联网后再进行擦除。这不仅仅是媒体单位的责任，也是每一个媒体用户力所能及的举措。

（三）进行数据时间限制

在1972年，德国曾以三位罪犯为原型拍摄纪录片，罪犯中被认定为从犯的一名司机向法院提起诉讼。最终该影片被允许放映，但在20多年后，电影中将不再包含3名罪犯的名字和照片，且犯罪时间与影片的播出时间有多年的间隔。影片中对于犯罪事件本身的描述，一方面反应出对当时的社会现状的写照，另一方面也兼顾了对罪犯隐私的保护。这为被遗忘权的推行做出了很好的示范，对现阶段无法判断其社会公共利益的事件，或在预计内长期将对社会持有较高影响力的事件。通过对数据进行可保留时间的规定，既可以长时间内保留该事件的原始信息，以便挖掘事物内在逻辑和反映社会真实面貌，又能够为事件发酵程度留下观察时间，对该事件公共利益的判断保留缓冲空间。

参考文献

[1] 赵禹桥. 网络直播热的冷思考——"网络直播"现象的伦理探讨 [J]. 新闻研究导刊, 2016 (15).

[2] 何镇飚. 媒介伦理的新思考——以《南都娱乐周刊》"周一见"事件为例 [J]. 新闻记者, 2014 (5).

[3] 浦佳丽. 剖析经典案例探索新闻伦理 [J]. 管理观察, 2009 (11).

[4] 郭镇之. 公民参与时代的新闻专业主义与媒介伦理：中国的问题 [J]. 国际新闻界, 2014 (6).

[5] 江作苏, 黄欣欣. 第三种现实："后真相时代"的媒介伦理悖论 [J]. 当代传播, 2017 (4).

[6] 周庆山, 骆杨. 网络媒介生态的跨文化冲突与伦理规范 [J]. 现代传播（中国传媒大学学报）, 2010 (3).

[7] 吴飞. 名词定义试拟：被遗忘权 (Right to Be Forgotten) [J]. 新闻与传播研究, 2014 (5).

[8] 李艺. 大数据时代的被遗忘权 [J]. 当代传播, 2016 (2).

[9] 付筱竹. 大数据时代"被遗忘权"的研究与思考 [J]. 青年记者, 2018 (25).

[10] Weinberger, David. The right to be forgotten. KM World, 2014, 23 (7).

[11] Meg Leta Ambrose. Speaking of forgetting: Analysis of possible non-EU responses to the right to be forgotten and speech exception. Telecommunications Policy, 2014, 38 (8—9).

[12] 夏添. 从网络空间个人隐私规制角度浅析被遗忘权 [J]. 今传媒, 2017 (5).

[13] 顾理平, 范海潮. 网络隐私问题十年研究的学术场域——基于 CiteSpace 可视化科学知识图谱分析（2008—2017）[J]. 新闻与传播研究, 2018 (12).

[14] 甘馨月. 大数据时代隐私的边界及限度 [J]. 今传媒, 2019 (5).

[15] 高荣林. 数字被遗忘权的限制——以网络言论的自由表达为视角 [J]. 现代传播（中国传媒大学学报）, 2015 (7).

[16] 陶乾. 论数字时代的被遗忘权——请求享有"清白历史"的权利 [J]. 现代传播（中国传媒大学学报）, 2015 (6).

[17] 李涵. 网络环境下个人信息"被遗忘权"研究 [J]. 当代传播, 2016 (3).

[18] 薇薇安·雷丁. 2012 年欧盟数据保护改革：使欧洲的标准适应数字时代的数据保护规则 [G]. 慕尼黑：国际数字生活设计大会, 2012 年.

[19] 朱烨. 新媒体时代的"被遗忘权"研究 [J]. 新媒体研究, 2018 (7).

[20] 范明献. 新闻从业者道德困境问题研究综述 [J]. 当代传播, 2012 (1).

后疫情时代"洋网红"的跨文化传播现状与困境

——以"歪果仁研究协会"为例

李晓旭

【摘要】 在暴发新冠疫情之初,部分西方政客与媒体认为"中国是病毒发源地",甚至宣称"中国制造了病毒",纷纷将舆论矛头指向中国,攻击和污蔑中国,谣言愈演愈烈,华人甚至是亚裔的生活和生命都受到了极大威胁,中国形象受损。他山之石,可以攻玉。后疫情时代,有一群"洋网红"借助自媒体的东风搭起了跨文化传播的新桥梁,以"歪果仁研究协会"为代表的"洋网红"成为当下受到年轻人喜爱的新式网红。关注这座特别的跨文化传播之桥的新表现,以及在造桥铺路的过程中出现的问题,这对于认识和了解真实的中国文化与生活环境,促进中外友好的文化交流,从而塑造良好的中国形象具有重要价值。

【关键词】 洋网红;跨文化传播;自媒体;中国形象

一、后疫情时代跨文化传播现状

顺应全球化发展的浪潮,各个国家和民族早已不再满足于自给自足的状态,纷纷张开双臂与其他的国家和民族互通互融,以求更好的发展。在这样的大背景之下,多种文化之间的碰撞与磨合也随之而来。我国的综合国力与国际地位不断提升,因此国际社会对我国的关注前所未有,中国这头雄狮正逐渐苏醒,中国提出了"命运共同体"的全球价值观和"一带一路"的合作倡议。我国从国际社会中被动的"参与者"和"融入者"转变为"倡议者"甚至"领导者",也展现出以中国为核心舞台的外交辐射力,形成了中国话语的全球传播渠道。在这样的社会背景下,一个国家软实力的重要性逐渐凸显。

然而在2020年暴发新冠疫情之初,部分西方政客与媒体纷纷"甩锅"给中国,肆意歪曲科学事实、借此次疫情对中国进行妖魔化和污名化,认为"中国是病毒发源地",甚至宣称"中国制造了病毒",并纷纷将舆论矛头指向中国，攻击和污蔑中国。由于国外大多数人从当地社交媒体上看到了很多并不完全真实的，甚至是十分夸张、扭曲事实的信息，因而许多国家对中国的"恨意"与"敌意"有增无减，谣言愈演愈烈，这不仅损害了中国形象，而且华人甚至是亚裔的生活和生命都受到了极大威胁。

2021年5月31日，习近平总书记在主持十九届中央政治局第三十次集体学习时就强调"讲好中国故事，传播好中国声音，展示真实、立体、全面的中国，是加强我国国际传播能力建设的重要任务"。后疫情时代的当下，如何在多元的文化背景之下打破偏见、跨越不同文化之间的传播障碍，拒绝谣言发酵、恐慌蔓延、形象诋毁，要让中国故事传得出去、接受得了，这对我国在国际传播中塑造一个真实、良好的形象有着重要意义。

我国在国家形象与文化宣传方面已经逐渐抛弃以往生硬死板、自上而下的传播模式，从以国家为主体的宣传，陆续开始转向为人们自发的日常化生活宣传。想要让世界了解一个全面、真实而又立体的中国，就要人们各尽其才、各显其能，用"平民化""草根化"视角讲好中国故事。除此之外，还可以推进宣传主体多元化的发展，借助外国人或者外国媒体来扩大宣传效果。

二、以"歪果仁研究协会"为代表的"洋网红"的现实情况

"洋网红"脱胎于"网红"一词，属于"网红"的范畴之内，指的是能够在现实社会或者网络上，被国内广大网民所关注，从而在中国网络平台上走红的外国人，也就是来自国外的网络红人。[①]"洋网红"的首要标准就是外国人。依据第七次全国人口普查结果，截至2020年11月1日0时，居住在我国31个省，并接受普查登记的外籍人员有845697人。[②] 这些旅居中国的外国人可能是在中国留学、工作、定居，他们就以自身为传播主体与传播媒介，成为新媒体时代下跨文化传播的桥梁。

根据王国华等人的分类，"洋网红"可按照自身职业和身份的不同，划分为政要型、商人型、明星型和草根型等4类。互联网时代的来临，人人手中都有麦克风，人人手中都有摄像头，"洋网红"不再局限于以往以大山（本名马克·亨利·罗斯韦尔，Mark Henry Rowswell）为代表的能够说上一口流利的普通话的外国人，或者以贾斯汀·比伯（Justin Bieber）为代表的当红国外明星。互联网时代打破了传统的跨文化传播的模式，那些对中国有较多了解，甚至在

---

① 胡玉冰、樊淑娟：《跨文化传播中的话语力提升策略》，《甘肃社会科学》2021年第6期。
② 王国华、高伟、李慧芳：《"洋网红"的特征分析、传播作用与治理对策——以新浪微博上十个洋网红为例》，《情报杂志》2018年第37卷第12期。

中国生活或生活过的普通外国人,他们能够用自己手中的"麦克风"和"摄像头",也就是通过中国的自媒体平台,用较为熟练的中文展示自我,并进行具有中国特色、原创性、个性化的内容发布,如高佑思(Raz Galor,以色列籍)和李星悦(Lila,美国籍),都是在互联网平台上比较有传播力的KOL。借助互联网东风的草根型"洋网红"已经成为当下年轻人喜爱的新式"洋网红"。

歪果仁研究协会是由高佑思担任会长、星悦担任副会长的娱乐综艺视频自媒体,由中外团队合作产出内容,并已经形成了持续稳定的输出模式。"歪果仁"就是"外国人"的谐音,源于外国人在初学的中文时,常常将"外国人"的发音说成"歪果仁"。歪果仁研究协会从2017年1月就开始推出系列短视频,目前已经入驻了B站、微博、微信公众号。截至2021年10月13日,在B站上发布的392个视频播放量已有3.5亿,微博的视频累计播放量更是达15.54亿,呈现一定的规模化与栏目化。甚至有许多中国网友感慨:"这些外国人,怎么比不少中国人更懂中国?"

三、"洋网红"的跨文化传播现象

(一)差异与猎奇:跳出文化差异的局限

语言是交流与沟通的第一步,中外双方想要跨出文化差异的局限,首先就要过一道"语言关"。在万方数据知识服务平台中检索关键词"跨文化传播",除开"跨文化传播"一词和该词文本内的"跨文化"和"文化传播"二词,"翻译策略"和"翻译"这两个关键词出现频率极高,可以见得,摆在中外交流最前端的问题就是语言不通。"洋网红"们往往有在中国留学或者是生活过的经历,甚至有的人已经定居在中国,工作在中国,想要在中国扎根。他们的中文口语往往十分流利,能用中文来讲成语、歇后语,甚至是用当下网络流行语作为视频看点。以歪果仁研究协会的会长高佑思和副会长星悦为例,他们基本能够做到打破语言沟通障碍,在视频中主要使用的语言就是汉语。高佑思是以色列人,留学期间就读于北京大学国际关系学院,星悦是美国人,在美国时就已经在学中文了,后留学期间就读于北京大学艺术学院。星悦本人甚至参加过《奇葩说第六季》和《脱口秀大会第四季》,这两档节目不仅是需要能够用中文进行简单的对话,而且对掌握汉语能力要求极高,常常需要输出观点、使用语言上的巧妙之处才可以。高佑思与星悦二人普通话沟通基本无障碍,可以说是迈过了这道"语言关"。

由于地域与语言等之间的差异,各国的文化不尽相同,"洋网红"们借助自身是外国人这一最大标签与特征,在创作当中利用用户思维去展现中外文化的差异,给中国网友们呈现出多元化视角。歪果仁研究协会在B站中开辟单独的"读评论系列"视频栏目，不定期发布与中国相关内容的评论并加以简要分析，在栏目中已经做过的主题包含外国知乎上最火的中国评论、海外最火的中国歌曲、中国城市的海外印象等。与此同时，也会有反向内容发布，比如歪果仁研究协会在2021年8月30日所发布的视频《外国人都有什么奇葩中国问题？我在谷歌搜了一下"China"…》，里面就包含了在外国人常用的搜索引擎——谷歌上搜索了"How China"之后呈现的一些很火的问题，用更广阔和有趣的视角展现外国人对中国的好奇，从而满足中国人的猎奇心理。

不仅如此，在歪果仁研究协会的B站节目中有一个"歪了个UP"系列栏目，在这个栏目中视频的主题皆是歪果仁研究协会与中国的知名博主的互动，如和在B站首个拥有千万粉丝、获得"2020百大UP主"称号的UP主"老番茄"就有过一期合作视频。歪果仁研究协会就曾在2018年9月1日发布了一条标题为《老番茄网骗学院第一批歪国学员实训惨遭翻车？》的视频，在视频中记录了高佑思和老番茄的见面、一起打游戏发生的事情等，通过中外网红博主双方的互动亦能体现不同国家的人与不同文化间的多元与包容。

"洋网红"们并不是将娱乐作为视频传播内容的全部，与此同时也有许多"洋网红"在探索更深刻、更有价值的思想。在2021年1月14日，歪果仁研究协会发布了视频《自从这群歪果仁的国家被讨厌以后》，讨论各个国家人们之间的刻板印象，最后在视频的末尾用多国的语言打出了本期视频的主题："我们总是喜欢把国家的标签优先于个人，但是你看世界不是这样的"。B站用户"xierui2"在视频下留言：

> 这期的选题真的很棒！有深度，有态度，我们都需要跳出狭隘的偏见，用客观的眼光看待别人，首先要了解的是人而不是国籍。

一台摄像机、一只话筒，记录了中外文化与价值观的碰撞，互联网时代下，"洋网红"们做着新的尝试。尽管他们是以歪果仁的身份出现在国内的互联网当中，但也正是因为他们的身份是外国人，反而更能用真诚表达和多元交流去打破偏见。"洋网红"们努力打破跨文化交流中的误解和偏见，跨越不同文化之间的障碍，建立共通的意义空间。

（二）认知与认同："他视角"下的"镜中我"

外国人来讲述中国的故事，往往会让受众更易于接受和信服，不再让中国人陷入"自说自话"或者说"王婆卖瓜，自卖自夸"的困境当中，"洋网红"们就抓住外国人或许说得更客观的心理，持续创作其内容。从歪果仁研究协会可见，他们所创作的视频内容以街采在华的外国人为主，在B站所发布的392个视频中，有134个视频都是该"自从·街头采访系列"栏目，还会有"别见外·中国生活系列"和"番外系列"栏目等。视频的时长往往在5至15分钟，内容大多为外国人在中国生活的体验感想，涉及中国生活的方方面面。经典的街头采访《自从这群歪果仁在中国深夜觅食以后……》《自从这群歪果仁爱上中国外卖以后……》《自从这群歪果仁在中国狂飙共享单车以后……》等视频，它们的主题不仅包含了中式早餐、夜宵等饮食文化，春节、中国古诗词等传统文化，微信红包、移动支付、网购等中国新事物，还有大火国产电影《流浪地球》与《哪吒》，甚至还有中国高铁、共享单车、5G 等新科技等，主题多样且十分具有中国特色。整体来说，在这些视频中，他们大方展示新时代的中国繁荣、富裕、有文化，以及新时代的中国人积极向上、传统与创新等新象。他们没有给中国定下一个类似于人的"人设"一般的"国设"，都是通过自己的观察、体验而获得的，是一种多元的、积极的中国形象。

除了在中国可能遇见或发生的日常生活内容外，疫情发生之时，以及后疫情时代的当下，歪果仁研究协会也制作了多期与新冠疫情相关的视频。包括在 2020 年 1 月 29 日，也就是新冠疫情暴发初期，歪果仁研究协会发布了视频《从以色列找到 10 万只口罩直接送到湖北，湖北加油！| 新冠肺炎》，可以看出歪果仁研究协会团队初期的爱心援助，到他们后来在 2020 年 2 月 20 日发布的一则视频《疫情时期的海外华人到底经历了什么？| 新冠肺炎》，视频直面海外华人因疫情所遭到的歧视，再到 2020 年 4 月 9 日所发布的《美国疫情全景实拍，街头流浪汉在过怎样的生活？| 新冠肺炎》，这期的视频把镜头对准了美国几大主要城市的景点和医院现状，并且以一个美国人自己的视角去看待当地新冠疫情的现状，展现出对疫情下生活的思考。

歪果仁研究协会的会长高佑思从小便在香港读书，他还在"香港事件"之后，重返香港，将所见所闻以短视频的形式发布到在有较多海外受众关注的 YouTube 平台上，他在每条视频的开头都表明了视频会全程使用英文，因为要让全世界听到他发出的这些声音。这些介绍香港近况的系列短视频将当下真实的香港展现给国外网友，每一条点赞量都高达数千次，系列短视频也曾被《人民日报》关注到，并在《人民日报》的公众号上截图引用发布，使歪果仁研究协会引起更广泛的关注。

其中，"自从·街头采访系列"系列，一直是以"自从这群歪果仁……以后"作为标题的格式，从群体的角度来考察外国人对中国各个方面的印象。这些内容都是取材于真实生活的体验，并通过外国人的视角描述出来，如同美国传播学的研究鼻祖库利提出了著名的"镜中我"概念中的那面镜子，中国网民透过歪果仁研究协会的"认识"与"评价"这面镜子的照映来认识和把握自己。

不可否认中国网民对"洋网红"所拍摄的短视频抱有猎奇心态，但热衷于通过不同的视角重新看待中国文化和当下中国人的生活也是极为重要的，而歪果仁研究协会又是以外国人这样一个"他者"视角来看待与评价中国的重要载体，能够提升说服效果与信度。正所谓"群众的眼睛是雪亮的"，我们往往认为外国人以居高临下，抑或是冷眼旁观的姿态来看中国，然而当我们国人看到视频之后，通过外国人们平等客观的访谈，了解到更多元的思想，心中油然而生一股自豪感，强化了自己的民族自信与文化自信。

（三）背景与理解：降低传播中的"文化折扣"

文化折扣起源于经济学，在普通经济学中，它是指在确定娱乐产品交易的经济价值时，必须被考虑到的文化差异因素，而文化背景正是产生文化折扣的原因之一。[①] 不同的文化背景下，文化产品的传播价值势必会面临折损。当我们要宣传自己的企业成功，西装革履的企业家们被认为是西装领带的广告噱头；当我们要对美传播中国的电影时，由于美国民众对"少林"一词的陌生，《少林足球》经历了漫长的等待才得以上映。这让我们认识到，文化的根越深，我们需要讲述的源头就越复杂，因此对外国人的理解能力要求也就越高。我们中国人引以为傲的悠久历史文化反而成为对外传播中的一个"包袱"，产生了极大的文化折扣。很多富含中国传统文化精髓的文化产品，中国人能够了然于心，然而外国人不理解，而当代的新生活早已不是外国人了解的那样，是能够为外国人理解的，可外国人又因刻板印象而不愿理解，前后的路都难行。

无论是新冠疫情，还是香港事件，再或是东京奥运会，歪果仁研究协会往往关注当下社会中的热点话题，紧跟时代步伐，不断推出新的作品。以中英双语字幕或是在外网用英文播出表达的形式，"稳、准、狠"地戳中中国人内心。作品打破以往的刻板印象，以自身为媒介，以新媒体为桥梁，将"受者本位"作为传播原则，创新话语表达方式，化"硬"为"软"，使得内容入眼、入脑、更入心。

四、"洋网红"的跨文化传播困境

（一）受到疫情影响，产出受到局限

从2020年初开始暴发的新冠疫情使得许多人无法按往常一样及时返工返校，已经回到自己国外家乡的外国人更是如此，这就对"洋网红"们视频的制作产生了诸多限制，其中最大的就是地域上的限制，人在国外导致许多选题没有办法完成。歪果仁研究协会就曾在2021年1月12日发布了一则标题为《过气UP的2021规划，我们有很多想听粉丝说的话！》的视频，会长高佑思

[①] 闫玉刚：《"文化折扣"与中国对外文化贸易的产品策略》，《现代经济探讨》2008年第2期。

在视频中就谈及新冠疫情对作为博主的他们的影响。

"10月之前，我们有很多成员都回到自己的国家了，无法回到中国，所以没办法在中国现场进行拍摄，同时我们的选题讨论、拍摄、后期都需要跨越时差、地区进行远程协作，视频呈现受到很大的影响。10月后，回到中国以后，我发现大部分的留学生都没回来，难以找到足够多支撑我们内容的外国人，街头采访也变得非常困难。"

以歪果仁研究协会为例，他们所生产的视频内容大部分基于在华外国人的街采，需要采访者即博主本人和被采访者均在中国。疫情出现之后，客观条件的制约对"洋网红"们的内容产出造成了很大的影响，在这样的情况下，即使他们有意跳出"舒适区"、转变新方向，也需要一定的时间来给"洋网红"以及他们的制作团队用来探索，与此同时，更需要时间给喜欢原有主题和风格的网友们来接受。

（二）迎合中国受众，过分夸大吹捧

在追求高流量、碎片化的时代，不乏有一部分"洋网红"想要利用人们爱慕虚荣、追求面子的本性和心理来博网友眼球。他们发现，只要自己发布与中国正相关，也就是称赞中国的相关视频，就能够在评论区收获好评，自然就会努力营造一个"爱中国"的人设。在利益驱动之下，产生了一些"标题党"以及不实看法的内容，这些内容中往往会有过分夸大中国、吹捧中国的字眼和语气，以此来吸引流量、获得称赞。

同样以歪果仁研究协会为例，他们在2019年10月3日发布的一个标题为《自从这群歪果仁被中国速度吓到以后……》的视频评论区，B站用户"伊戈荏"曾评论道：

> 关于"歪果仁"被中国XX吓到了，感慨中国的XX厉害等诸如此类的标题及内容，建议你们慎重，因为太多次了，刚开始可能会让人有自豪等情感爆发，但如果次数太多的话真的会令人有些审美疲劳。希望你们可以客观看待中国的一切，从正面也好反面也好，我觉得我们需要的是一个"歪果仁"的客观视角，而不是一味地给人一种"阿谀奉承"之感。

评论中不乏提到"审美疲劳""阿谀奉承"等带有明显负面色彩意味的词语，尽管该网友也在评论中两次强调这只是个"不成熟的小建议"，但是截至2021年10月13日，这条评论也有高达9078的点赞量，可以见得也有许多网友认同这个看法。评论中还提出了"客观"一词，可谓点睛，中国人的肚量能够欣赏真诚的夸赞，也能接受中肯的批评，若一味纵容虚假的吹捧，势必将造成网络秩序的混乱。"爱中国"的这个人设能够吃得了一时的红利，却不是长期有效的传播策略，长此以往落下个"人设崩塌"的结局也可想而知。

(三) 运营团队账号，兼顾个人账号

在"洋网红"抢占互联网高地时，他们不仅开通了团队账号，而且还需要依靠个人账号来辅助团队账号的运营，做到预告团体账号内容、建立和维护个人形象、广告宣传等。这就要求"洋网红"们不仅要为团队账号上心，也要对自己的个人账号出谋划策。然而，人的精力是有限的，工作室掌管团队账号并不意味着"洋网红"个人就不需要在内容产出和账号运营上出力了，而是需要顾全双方，尤其是在初期团体或工作室没能成型之时。

以歪果仁研究协会的会长高佑思为例，在他的微博账号"@高佑思不是皮克"中大部分都是在记录他的个人生活，不乏制作精良的视频，包含向女友求婚、和未婚妻秀恩爱、家庭问答等内容。

团队账号与个人账号之间的运营往往是一个悖论，一直以来关于双方的侧重不乏讨论，平衡好双方，用团体账号产出优质内容，再用个人账号"立人设"、用"洋网红"自身的个人魅力加强用户黏性，辅助运营。

疫情能够阻断人员往来，但不能阻挡中国这上下五千年来传承下来的优秀文化的魅力。后疫情时代下，"洋网红"们想要在未来能够扎根在中国网络的这片土壤中，还需要做"根正苗红"的"新型洋网红"，既要有态度，也要有内涵，端正传播动机，把握表达尺度，拓展沟通领域，继续为网友们展示更广泛且多元的视角，搭建起世界各国跨文化沟通与展示的桥梁。

抗疫出版中的数据资源应用研究

张逸婷　潘秋艳　肖　谦

【摘要】 2020 年对世界人民来说是异乎寻常的一年，人类共同经历了一场惊心动魄的风险挑战。如何在突发性公共安全事件面前积极应对，不仅考验出版业的选题策划能力，更考验出版人在数据资源调用、整合、编辑、加工、分发和传播能力。本文以亚马逊网站售卖的抗疫图书为研究对象，分析国际出版界中数字出版的抗疫应急反应机制，以及产生的影响。在此基础上反观中国数字出版在走出去上可以借鉴的发展方向，以促进我国建立起主流出版型、融合发展型和国际出版型"三型一体"的出版企业。

【关键词】 数字出版；国际出版；抗疫图书

一、问题的提出

突如其来的疫情，牵动着全球出版人的心，各大出版社都积极行动起来，投入了"知识抗疫"的行列。国内，例如新华书店网上书城第一时间上线《新型冠状病毒感染防护》等 7 种防护手册和 500 万张电子书免费畅读券；世界图书出版有限公司出版《抗新冠肺炎心理自助手册》，在京东、当当、Kindle 等多个数字阅读平台上线电子书，供大众免费阅读。国外，例如 White LionPublishing 出版 *VicLee'sCoronaDiary*：*Apersonal illustrated journal of the COVID-19 pandemicof* 2020；ArminLearPress 出版的 *How the COVID-19 Pandemic Is Affecting Your Health and Your Health care* 等。

出版界的迅速行动对抗击疫情具有重大积极作用，甚至能倒逼危机的解决。随着大数据时代的到来，数据资源经常被喻为石油，而利用数据资源进行数字出版也是出版界中的常规操作，亦成为国际出版界在重大突发公共卫生事件中出版图书的一种强有力的支撑手段。我们可以瞥见国内国际出版界都在努力争取数据资源，意图在数据资源整合、编辑、加工、分发和传播方面拔得头筹。但是一方面，国内出版的这些图书主要的受众群体是一些专业人士或是高知人士，从当当网、新华书店官网等网站搜索，可以发现出版的书籍近九成都是如此，针对少儿的防疫图书很少。另一方面，虽然中国对全世界的疫情防控做出了巨大的贡献，然而遗憾的是，国内出版社并没有利用好这次风口，向国际传播中国的抗疫故事，宣传大国形象。以"coronavirus"为关键字，在亚马逊官网上检索，获得4星以上的图书共有1200余本，而这1200余本均为国外出版，我国的声音在此缺席。更遑论本来出版数量和质量就不高的中国童书了。

然而童书的出版是具有重要意义的。虽然成长于智媒时代的少儿从小接触新媒体产品，有机会获得更多的网上信息。但心智尚未成熟的少年儿童是不具备充分的媒介素养去主动搜索、学习防疫知识的。少年儿童最主要的知识获得渠道除了课堂和家长的言传身教，还是来自书籍。并且，孩子的成长关乎国家的发展大计，身处新冠疫情暴发并持续的特殊时期，出版界有责任和义务为少年儿童普及抗疫知识，增强少儿的防疫意识。

值得注意的是，在国际出版界，对少儿防疫图书的出版是受到重视的，并且产生了良好的传播效果。这对中国的童书出版具有积极的借鉴意义。因此，本文从国际出版的视角切入，分析亚马逊网站售卖的排名靠前的800多本抗疫童书，探究童书出版对新冠抗疫出版的反应，反观国内童书出版的不足，进而对我国的抗疫图书出版提出积极建议。在这样的分析框架指引下，本研究对"亚马逊"进行个案研究，聚焦两个问题。

问题一：2020年新冠疫情之际，国外数字出版界迅速行动，其童书出版也达到上千部。在国际出版中，童书出版的新冠应急反应机制是什么样的？其在抗疫过程中产生了什么样的影响？是否对提高少儿的防疫意识，对抗击疫情有积极作用？对中国有何借鉴意义？

问题二：在抗击新冠疫情中，中国为全世界做出了重要贡献，但是在国外的出版业中，已经出版的图书作者大多是外国人，即中国的声音没有传播到国外去。而童书出版作为国外出版社出版的重要方向，是否可以成为中国出版走出去的一条可行之路呢？

二、样本介绍

笔者以"coronavirus"为关键字，在亚马逊官网上检索与抗疫相关的出版童书图书为研究对象，对国际数字出版中童书出版的新冠应急反应机制进行分析。考虑到样本的数量与质量，最终选取自2019年12月至2020年12月（即新冠疫情暴发和持续传播的1年时间）以来亚马逊平台上评价4星以上的800余本抗疫童书为研究对象，用python抓取了800本相关图书的数据，包括作品名称、细分题材、出版社情况、作品页数、作者、作者身份、图书形式、出版日期、评分人数以及评论的具体内容，并对样本做了初步的描述性分析。发现电子书已经成为童书出版必不可少的部分，以往的童书出版以纸质为主，而数字传播时代，则是纸质和数字化并存，二者的出版率在分析的800本童书中都是100%。

从童书类型上看，儿童保健类的图书数量最多，为507本占比63.38%，其次是儿童教育类图书，占比为17.75%，再次则为儿童文学，占比为11.88%。

从书本页数上看，约86%的童书页码都在50页以下，51页至100页的童书约占9.63%，101—150页的图书约占4.38%，也即大多数与抗疫相关的童书都呈现出篇幅短小的特点。从出版日期来看，抗疫相关的图书，其出版时间集中在2020年7月至2020年11月，与新冠疫情的暴发时间相比有一定的滞后性。

在基本的描述性统计的基础上，将相关变量编码，以评论人数作为抗疫图书传播效果的衡量标准——评论人数越多，代表销量越好，传播效果也就越好。因此，本文具体的个案分析也以评论数量多的童书为主。此外，将页数、类型、出版日期、出版形式进行相关性分析，发现只有题材和出版日期这两个因素与评论人数呈显著相关，p值分别为0.007和0.021，因此笔者将题材与出版日期作为重点因素进行研究。另外，由于作者身份包括作者国籍背景等，涉及的隐私信息难以搜索，本文不将其作为研究因素进行考量。

三、国际出版中数字童书出版的新冠应急反应机制

（一）童书出版满足家长的实用性需求

国际出版界对抗疫童书出版的类型是多种多样的，涉及儿童保健、儿童教育、儿童文学、儿童心理学、儿童医学、儿童宗教等多种类型，且均是数字出版和纸质出版并行的，可见数字出版已经成为抗疫童书出版中的常态化出版形式。具体看来，在多元化的童书类型中，儿童保健类童书的出版数量是最多的，其次则是儿童教育和儿童文学。

儿童保健类的图书主要内容为普及防疫知识，以儿童喜欢的图文等形式告知儿童要如何保护好自己，为什么要这么做等，是典型的科普类读物。儿童文学则是在抗疫防疫的主题之下，以讲故事的形式告知儿童防疫的重要性。儿童教育虽然是童书出版的一种，但是其主要受众群体还是家长，内容上主要是告知家长要如何教育儿童做好防疫措施，为家长普及抗疫知识，再通过家长的二次传播提高儿童的防疫意识。

这一类图书之所以能大量出版并受到欢迎，归根结底还在于其实用性。不管是儿童保健、儿童教育还是儿童文学，其本质上都是在传播抗疫知识，提高

儿童的防疫能力和防疫意识。阅读这类书籍，是可以起到直接快速的传播效果的。此外，儿童教育类的书籍之所以受到欢迎，是因为很多家长虽然知晓防疫的重要性，但是缺乏相关专业知识，也难以用通俗的语言和孩子讲解防疫背后的原因、防疫的重要性等，无法回应孩子的"十万个为什么"，因此，教家长如何教育孩子的抗疫类图书就有了出版的必要性。这个道理和当下盛行的教育类图书，如"如何做一个好爸爸"等，背后的原因是一样的。

新冠暴发的大背景下，家长不仅有提高孩子防疫的意识和能力的需求，还有教孩子提高防疫意识和能力的需求，有了需求，这一类童书的出版自然也就有了市场。这种需求在国外如此，在国内也是如此。虽然新媒体的发展可以让家长们在网络上获得大量防疫知识，但是互联网的传播具有碎片化、易失真的特点，且网络平台的传播主要是以年轻人为主的，很多未必适用于儿童教育，因此在中国，这种普及防疫知识的童书也同样具有市场潜力。

（二）短小精悍且有趣，符合儿童的阅读需求

从出版的篇幅来看，近七成的出版童书都是在50页以下的，50页以上的童书中，也是以教育类童书为主，也即其对象是家长而不是少儿。这一点其实不难理解，儿童的注意力是有限的，长篇大论对儿童来说缺乏吸引力，会直接降低儿童的阅读兴趣。另一方面，以绘本、互动图书为主的童书形式也更贴合儿童的阅读特点和阅读喜好。短小精悍配以有趣的图文从来都是童书出版的不二法门。尤其是知识科普类图书，科学知识的传播本身比不上文学故事来的有趣，因此长篇大论是绝对不合适的。同时儿童的理解能力有限，图片、插画代替大量的文字传播更能取得良好效果。国际出版如此，中国的出版也是如此。我国的抗疫童书出版，也应注意篇幅安排的合理性以及表现形式的趣味性。

（三）出版具有滞后性，出版也需抢时效

从出版日期来看，抗疫童书的出版主要集中在6~12月。其中2020年5—6月，抗疫图书的出版呈现骤增，而2020年12月之后则出现了大幅度的下降，这背后与新冠疫情的发展态势息息相关。2019年12月，新冠疫情开始大规模传播，2020年2—4月是其暴发期，确诊、死亡人数呈指数式增长，5月之后新冠肺炎逐步得到控制，12月之后，新冠疫苗问世，疫苗接种工作也逐渐普及开来，疫情虽有回升但都得到了及时有效的控制。将童书出版与疫情发展进程进行对比，发现二者都是呈现"倒U形"发展的，只是在具体的时间点上，前者与后者相比有3个月左右的滞后性。这也不难解释，新冠疫情暴发来势汹汹，而童书出版是需要一定的时间成本的，其出版不能像新闻报道那样做到紧跟时事，但在总体发展态势上童书出版是牢牢跟随着疫情发展的，疫情的暴发期也是抗疫图书大规模创作出版的时期，只是最终问世需要一定的时间。而传

播效果也与之相对应，疫情暴发阶段，出版的童书数量多，再加上受众处于一种紧张、焦虑的状态，急需获得信息来缓解自身认知失调的状态，因此也会主动积极地关注相应的图书信息，这就形成了传播—接受，卖方—买方的良性传播链。但无论如何，"抢时效"也是在疫情发展的背景下，出版界需要努力做到的。此外，对中国的童书出版来说，虽然新冠的时效已经过去，但在未来的童书出版上，抓住时机抢占出版高地是一个加强传播力行之有效的办法。

四、数字童书出版在抗击新冠肺炎中的影响

互联网时代，数字童书的普及和消费者数字阅读习惯的培养赋予出版界新的生命力，新冠疫情的暴发给了"数字出版"一个新的契机。而读者作为图书传播过程中信息的接收者，其反馈也是我们研究数字出版的重要对象。虽然童书的主要读者群为儿童，但是作为购买者的家长及其发布在购物网站上的评论对我们仍具有重要的参考意义。因此，笔者挖掘了9654条用户评论分析读者们的态度，以进一步证实数字童书出版对于抗击新冠肺炎疫情，提高儿童防疫意识和能力具有积极的作用。笔者使用Antconc工具对读者评论进行词频分析，共获取到2351个词频，找到动词、形容词等带有情感色彩的词频，我们拟通过对读者评论的经验分析来进一步检验传播效果。本章节讨论的传播效果指的是传播者的行为对社会文化所造成的影响及媒介功能的发挥程度，即新冠肺炎童书的数字出版是否对抗击疫情产生了积极的影响？产生了怎样的社会影响？

（一）读者态度：肯定远超否定，社会反响良好

在英语的写作中，形容词被赋予了修饰一般积极或消极性质的能力，通常与取向、评价、判断有内在的联系，可以被视为预测态度的指标，因此，本节重点关注形容词词频。通过筛选，共得到142个形容词样本，研究发现，积极、肯定的声音大过批判、否定的声音，社会反响极佳。

表1 亚马逊网站四星以上童书中的重点词分析

词性	排名靠前的单词	词频总数量	占比
一般性赞成	great、good、interesting、enjoyed、fun、well written、perfect、wonderful	88866	40%
具体指代赞美	encourages、wise、vivid、meaningful、helpful、brief、confidence、available	82938	37.4%
负面态度	disappointed、sick、terrible、low	9841	4.4%
其他	old、dark、hard、familiar、uncertain	40100	18.2%
总计		221745	100%

一般性的评论指的是比较笼统的评论，例如很棒、好极了、值得推荐，并不能传达实质意义的评价，这一类通常也是轻型评论，它更加短小精干，很多时候仅用一个字、词甚至一个标点符号来表明自己的态度。① 具体指代赞美的评论指的是具体的、清晰的评论，例如有教育意义的、博闻强识的、例证翔实之类的，这样的评论往往是经过读者认真阅读后，感受颇多的一类，代表着读者内心真实的想法。从以上图表中，我们可以看到，赞美性的评论总共占据了77.4%，负面的评论仅持有4.4%，表明在现有的图书中读者反响很好，满足了用户的需求，取得了良好的传播效果。其中，前十个形容词词频分别是great（2705次）、good（1703次）、easy（940次）、interesting（727次）、enjoyed（985次）、fun（633次）、important（618次）、well written（611次）、excellent（590次）、amazing（561次），排名前十的均为正面的赞美之词，与负面态度排名第一的disappointed（148次）形成了鲜明的对比。

（二）社会意义：安抚家长焦躁心理，提高儿童防疫意识

新冠肺炎疫情暴发以来，国际上各大出版单位开始不断组织相关选题图书发行，从2020年5月开始涌现大量有关疫情病毒、儿童、宗教、养生、心理健康等领域的电子出版物，甚至有人在疫情期间出版如何制作简历的书籍。这些出版物的背后显现的是社会大众产生的焦虑不安心理状态——疫情时代对病毒的焦虑、后疫情时代对经济复苏、个人发展的焦虑。这种情绪体现在亲子关系上，则是家长对孩子生命健康的一种焦虑。而一部好的童书作品，对帮助儿童树立正确的人生观、价值观是具有重要意义的，这是出版界的共识②。疫情时代，数字童书的出版扮演起家长身份，代替家长对孩子进行防疫知识的普及，教会儿童如何在疫情之下保护好自己。这一方面提高了儿童的防疫意识和能力，另一方面，儿童防疫意识和能力的提高，对家长也起着安抚作用，对缓解家长的焦躁情绪是具有积极意义的。在相关童书的评论中，具体指代赞美的词语：激励人心的（inspired、encouraged、powerful）、有帮助的（helpful、hopeful、useful）、光亮的（vivid、colorful、bright）、发人深省的（insightful、spiritual、apocalyptic、thought provoking）频繁出现，表明这些童书给家长带来了正能量，安抚了其焦虑的心情。这一点体现在少儿图书中，就是随处可见的精致插画、温柔的传播口吻，向儿童解释新冠病毒、教导他们如何面对困难的情绪。例如 *What Can I Do About the Coronavirus? A Resource for Young Children*，

---

① 张林、钱冠群、樊卫国、华琨、张莉：《轻型评论的情感分析研究》，《软件学报》2014年第12期。

② 王澍：《做好原创科普出版的现实意义》，《中国新闻出版广电报》2020年第3期。

这本书正视孩子在这场流行病中所面临的情绪和困难，同时帮助他们理解如何保持健康和安全。

美国的 br andJan 评价：This is a very well written book explaining this virus, howtostay careful, and taking worries away. My grandchildren opened up with their questions and fears while reading this book together. I highly recommend this book！还有 Outside, Inside, 这本书记录了外面，医护人员、社区志愿者在共同面对全球新型冠状病毒肺炎的挑战；在内心，我们笑，我们哭，我们祈祷，我们保护我们爱的人，爱那些保护我们的人。传达的人生观就是当外面的世界改变时，我们的内心要变得更强大，相信春天很快再次来临。有人评价：The words in the book are so simple yet powerful. It made me tear up just flipping through the first couple of pages. Along with the illustrations, the words closely capture different aspects of 2020. It was dark and gray but full of warmth. It resonates with young and old. Highly recommended！2020 年是抗击疫情图书出版数量最多的一年，引发了国内外的热切关注。不仅是童书出版，整个出版业的公益精神往往在社会重大突发事件中表现得很突出，而从出版业的本原来看，公益精神乃是这个行业不可或缺的精神，是出版业社会价值的主要部分。[①] 尤其是当民众处于焦虑的状态中，更需要及时行动起来，传递正能量，这是出版界在抗击疫情中发挥的积极作用。对童书出版来说，则是缓解家长的焦虑情绪，保护少儿的身心健康。

五、后疫情时代中国数字童书出版走出去的措施

（一）充分利用数据资源提高童书的选择或然率

数据资源一词最早出现在互联网领域中，和大数据技术联同出现，后运用于医疗、数字图书馆建设、管理等领域。在出版业中，更多指的是推行以数字平台建设为中心的渠道整合，运用以产业联盟为基础的主体整合等维度[②]对各种数字资源进行整合，最直白的体现就是数字出版。在读者们的评论中，有两个单词引发了笔者的注意，分别是 available（可获取的）和 kindle。联系在一起就是，可以在 kindle 上直接获取的图书，例如 you can get it free for the Kindle、I read the kindle version of this book 等。这些评论说 kindle 的电子书作为数据资源，受到国外读者们的喜爱。随着电子设备的普及，数字阅读的门槛降低，获取电子图书的时间缩短、难度降低，费力程度减小，大大提高了用户的

---

① 王澍：《做好原创科普出版的现实意义》，《中国新闻出版广电报》2020 年第 3 期。
② 聂震宁：《论出版的公益精神与社会担当》，《科技与出版》2020 年第 11 期。

选择或然率，这或许是数字出版的一大优势。童书出版也不例外，虽然专门针对儿童阅读的童书仍离不开纸质书的插画和漂亮精致的图片，但是以家长为主要受众群的儿童教育类图书是数字童书出版的有效出口。我国各大出版单位则要牢牢抓住数据资源这个抓手，优化数字童书出版的产业布局，利用数字出版提高国内外用户的选择或然率，在提高儿童防疫意识和能力的同时也提高我国对外出版的影响力和传播力。

（二）通过数字出版实现童书的具身传播

国内研究具身阅读的相关学者认为，具身学习方式对儿童阅读有积极的促进效果，比如使用手部运动辅助来描述抽象的理解过程，将会增强阅读策略的教学效果。[1] 这一点体现在数字童书出版上，就是借助技术，加强书本内容与儿童的互动，比如在说明新冠病毒的强大扩散力时，儿童点击电子书的病毒图像，病毒就会迅速地扩散开来，这种直观的视觉冲击以及互动的立时反馈可以加深儿童对病毒传播力的理解。而这种互动也只有数字传播才可以实现。这种传播形式无论是在国内还是国际出版界，都是未曾试水的领域，而相比于其他类型的书籍，童书的具身传播相对而言制作较为容易，内容也相对简单。因此我国的对外出版何不大胆尝试，打响具身童书传播的第一枪。

（三）扩大有声童书的国内外市场，优化数字出版布局

虽然亚马逊网站的童书出版几乎全是纸质书和电子书，仅有 2 本有声读物。但是反观国内市场，有声童书一直是童书的热门类型，尤其是作为儿童睡前读物的有声童书。并且在国际有声读物的出版上，根据瑞典有声读物公司 Storytel 的统计，在不同国家市场中有声书的增长都非常快，市场的平均增长率为 30%—40%。目前美国仍是最大的有声书市场，2020 年的总销售额为 15 亿美元，比 2019 年增长了 25%。而在北欧国家，消费者对数字、订阅、服务的需求正在迅速增长，3 个主要的媒体类型就是音频、视频和文本，在瑞典家庭当中，音频是最常见的数字订阅形式，有声书就占据了很大的份额。

国际有声读物的市场发展和亚马逊网站有声童书的出版无疑形成了鲜明的对比。这一点对我国国内童书出版的启示是，要加强有声童书的出版，通过音频这种更通俗易懂更有趣的形式扩大防疫知识的传播力。对我国出版走出去来说，则是要牢牢把握有声童书的海外市场，在贴合他国传播语境的前提下，利用有声读物扩大我国出版的国际影响力。

---

[1] 刘洋：《具身认知视角下的儿童阅读研究》，《第二语言学习研究》2020 年第 2 期。

（四）抓住特殊时机与读者心理，兼顾公共效益

新冠对全人类来说都是一次生存与发展的危机，但是危机的背后也存在着不少转机，对出版界来说也是如此。从之前对亚马逊网站的童书出版分析中可以看到，其出版的童书不仅产生了良好的经济效益，同时也具备很好的社会效益，对于缓解家长在新冠期间的焦虑情绪，提升儿童的防疫意识和能力等都起到了积极的促进作用。这归根结底是因为童书的出版抓住了新冠期间民众的紧张焦虑情绪，满足了家长教育孩子防疫的急切需求。从中可见，及时抓住时机对于扩大出版影响力来说是具有重要意义的。虽然新冠疫情的发展在国内趋于稳定，但是在国外其形式仍然不容乐观，所以目前仍然是我国出版走出去一个很好的契机，在此背景下，以互动性、具身式、数字化的童书出版为主线，借受到欢迎的童书作为对外出版的有效类型来加强我国国际出版的影响力，不失为有效的传播方式。

六、结语

总的来说，反观亚马逊平台的抗疫童书的出版现状，我国国内的抗疫童书出版是被忽视的。并且，对中国出版走出去来说，海外出版的童书市场是具有巨大的市场潜力的，而这也恰恰是我国图书出版所忽视的点。另外，虽然亚马逊平台的童书电子书数量众多，然而有声图书少之又少，但在声音经济的时代，有声书目具有巨大的市场前景，倘若以此为抓手，我国图书的对外出版或可以有新的发形式和方向。除了有声读物，从童书对外出版上看，具身化的童书传播也是当前海外童书市场所缺乏的，倘若我国出版能抓住先机，未尝不是走出去的一个突破口。

但无论如何，童书的对外出版有两个方面的问题是至关重要的，一是国际发展形势尤其是版权输出地的政治、经济、文化发展状况，以及出版地的读者阅读习惯等，童书出版若是能紧跟国际形势贴合输出地的国情，会大大促进传播效果。二是对时机的把握，诸如新冠之类的全球公共卫生事件，是危机也是转机，在我国抗疫成果显著，但国外疫情仍不容乐观的当下，抗疫出版仍然我国出版走出去一个行之有效的选题。在此基础上，从童书着手，我国出版可以逐渐打造主流出版型、融合发展型和国际出版型"三型一体"的出版企业，承担起打造中华文化品牌 IP 的责任，做到三个"精准"——精准选题、精准定位、精准运营，做更优质、高效的出版，实现发展和效益双赢，[①] 充分利用数据资源，为我国的出版走出去提质增效。

[①] 向芝谊：《融媒体时代主题出版数字化的资源整合》，《出版广角》2020 年第 7 期。

马克思主义新闻观视域下县级融媒体基于"直播+"的服务理念重构研究

——以"柯小微云带货"为例

常纪超 付兴红

【摘要】 县级融媒体作为基层治理的媒体平台，肩负"引导群众、服务群众"的重要责任。作为媒体融合"最后一公里"，县级融媒体于脱贫攻坚之际取得如"长兴模式""爱安吉"等显著成绩，但同时也存在服务理念急需重构的问题。笔者以马克思主义新闻观为理论指导，以柯桥传媒集团的"柯小微云带货"为例，运用内容研究法对其疫情以来利用直播平台服务群众的理念做出分析，从而对县级融媒体基于"直播+"的基层服务理念重构做出研究。本文认为通过对此个例的研究，可以为当下其他地区的县级融媒体中心开展基层服务提供一定的借鉴意义。

【关键词】 马克思主义新闻观；县级融媒体；直播+；服务

一、引言

"郡县治，天下安"。县是我国基层治理最重要的单元，一方面联结城市，一方面紧贴农村，是城乡、工农之间的纽带，是最接近基层、最接近群众、最接地气的地方。对县级融媒体中心而言，其核心竞争力便是贴近群众，而这也是马克思主义新闻观人民性的体现。县级区域同其他地区媒体相比较而言，群众数量有限，更易推行精准化推送，更好通过便民服务体现融媒体价值。按照中宣部要求，2020年底基本实现县级融媒体在全国的全覆盖。在此目标下，县级融媒体发展如火如荼，但从实际来看，县级融媒体中心并没有将自身的优势发挥出来，在国家顶层设计"引导群众、服务群众"的要求上存有发展困境。引导群众并非意味着县级媒体将宣传作为信息传播的主要角度而忽略自觉为群众和用户服务的意识，这两者应当是互为依托、相辅相成的关系。因此，县级融媒体目前审视其运行是否真正完成使命，关键看融媒体中心是否在群众中有舆论引导力,是否切实为群众提供了服务,这两点是紧密联系、互为依托的。但目前,县级融媒体服务理念大多还停留在提供信息、宣传思想层面,更贴近引导群众而背离为群众服务。这一方面是因为马克思主义新闻观在指导层面的缺失,另一方面是实践过程中基层下沉手段的不足。因此,县级融媒体中心的服务理念要顺应时代变化,以新时期马克思主义新闻观为指导,从宏大叙事中抽身出来,以新的技术等手段投身于老百姓的家长里短,为其带来实效服务。

从马克思主义新闻观角度来看,县级融媒体中心服务基层理念的重构中蕴含着马克思主义新闻观新发展的现实需求,这是新时期"两个喉舌"需要新的行动纲领,包含"信息服务"与"公共服务"的"两个服务"是新时期"密切联系群众"的行动指南,它的本质是"两个喉舌"在当下的实现方式。新时期,要把党的理论和路线方针政策变成人民群众的自觉行动,需要通过"两个服务"来实现。[①]

从实践过程中基层下沉手段来看,直播作为新的媒介生态迅速在县级融媒体的服务实践中起到重要作用。2020年疫情期间,县区"直播+"已经深入到农产品售卖、区县级绿色田园云旅游等领域中,并创造出巨大的社会效益和经济效益。以"柯小微云带货"为代表的"直播+"方式为县级融媒体服务理念的重构提供了很好的借鉴意义。

二、文献回顾

两年以来,随着县级融媒体的不断发展,学界有关县级融媒体的研究涉及多个方面,但关于其中"服务"群众理念的研究数量有限。笔者通过梳理相关文献,发现有关县级融媒体"服务"群众的相关研究主要体现在以下几个方面。

(一) 总体功能研究

在相关文献中,县级融媒体"服务"理念相关的总体功能研究数量较多,其基本特点是将服务理念作为县级融媒体总体功能中的一部分同其他功能综合起来开展研究,主要内容多为发展策略和建议。闫君瑶从包括服务在内的四个方面研究"长兴模式"县级融媒体综合服务功能的实现。殷陆君和李振军通过对湖州地区县级融媒体的调研得出湖州地区县级融媒体做法的优势,总结出全国范围的县级融媒体侧重于服务群众功能的发展建议。解玉升从县级融媒体

---

① 曾培伦、毛天婵:《技术装置"多棱镜":国家治理视域下的县级融媒体中心建设研究——基于71篇县级融媒体中心挂牌新闻的分析》,《新闻记者》2020年第6期。

中心的架构组成和宣传优势方面出发，探析其在化解群众忧虑、引导群众、服务群众方面发挥作用的功能机制。刘文静从因地制宜、整合资源、改革创新、服务群众四个方面功能作为切入点，探究县级融媒体中心建设路径。由此可见，针对县级融媒体服务功能的研究，大部分是作为一种依附研究，即并非作为个体研究对象展开具体研究。

（二）服务基层策略研究

服务基层策略研究在县级融媒体"服务"理念相关的研究中占比量巨大，主要是从服务基层群众入手提出现有问题和策略建议。刘韶林以星沙时报融媒体为研究对象，分析其如何成为长沙县基层群众信赖的互联网入口。欧阳丽娟和杨继祥以厦门海沧区融媒体中心为例，从上接天线、下接地气和彰显地方特色三个方面对如何发挥县级融媒体中心引导、服务群众功能做出探究。姜润平以南昌县"掌上昌南"手机 App 的推广使用为例，从专业人才、内容设计、功能服务和推广载体等方面对其如何服务基层群众提出建议。这些都是在县级融媒体功能中细分化提取出服务功能，并将其作为单独研究对象，对县级融媒体服务基层具有宏观层面的指导意义，但这些多为平铺直叙的建议而缺乏个例内容深度探究，同时也缺乏时代结合性。

（三）疫情服务相关研究

基于疫情的特殊情况，在县级融媒体"服务"理念相关的研究中有关抗疫的研究也有所体现，多为实际经验总结。李阳阳从浅析温州 12 家县级融媒体中心"疫"线战绩出发，分析当地县级融媒体的抗疫服务状况。祝青通过浙江安吉新闻集团"融媒在先""智创在前"的实践，分析其在做好新闻传播"最后一公里"的基础上，发挥硬核智创技术优势，为科技助战、科技惠民提供支持。总体而言，这是在疫情的特殊情况下，一批走在群众前列的县级融媒体通过紧急措施对当地群众做出临时的、快速的、高效的基层服务，这对后疫情时期县级融媒体基层服务理念的转变和实践开展将具有示范作用。

此外，有关理论应用方面的文献少，最具代表性的是栾铁玫从"两个喉舌"和"两个服务"的马克思主义新闻观当代新发展的角度研究县级融媒体如何更好实现服务功能的落实。

综上所述，关于县级融媒体"服务"群众的相关研究主要呈现两个特点。一是多整体宏观功能研究，少具体细分领域探索。二是实践应用建议为主，理论结合分析较少。一定程度上而言，这种特点反映了现阶段县级融媒体的相关研究角度多、策略多却细分化不足、更替性滞后等问题。智媒时代是在信息洪水中寻求个性化需求的时代，凸显的是传播的细分化、垂直化、精准化。这样的背景决定了县级融媒体服务功能处于一个和社会各领域交织且不断变化的状态，相关研究基于实践又反哺实践，在将重心放在整体功能和策略建议的同时，也应注重结合时代背景下的新形势、新特点。直播作为智媒时代的媒介已经深入社会多个领域，而基于"直播+"服务理念的相关县级融媒体研究却寥寥无几，比较具有代表性的是祝丽以高邮市融媒体中心坚持为人民服务的工作理念为切入点，对接该市"12345政府服务热线"直播节目内容进行分析，探究其如何利用直播新平台向受众提供形式多样、内容丰富、全面实效的政务服务。

但该研究选取案例中强调的服务更多是集中在利用直播提供信息服务层面，对基层群众生活的直播带货解决生活困难、通过直播介绍田园旅游等类型的新型服务理念缺少研究。基于此，笔者以柯桥传媒集团的"柯小微云带货"为案例做出分析，从而对县级融媒体基于"直播+"的基层服务理念重构做出相关研究。

三、服务理念重构的个例分析

2016年被称为直播元年，2019年直播带货兴起，而县级融媒体对直播的应用在2020年疫情的特殊时期发挥了独特作用。笔者运用内容研究法，通过对"柯小微云带货"的内容研究，总结出其利用直播平台服务基层理念的重构方式。

（一）依托民意策划直播和宣传

县级融媒体服务理念是依托在党性和人民性的基础之上，既要保持引导人民的正确方向，又要依托基层民意需求做出有效服务。在新冠肺炎疫情的影响下，县级融媒体在贯彻马克思主义新闻观中的正常信息服务和公共服务理念的过程中受到极大挑战。针对县级农民售货、社区生活困难等情况，此前的服务形式多以县里广播电视新闻平台播出或公众号等新平台帮助宣传以及时传递信息，提供相关服务。但疫情的暴发毫无征兆地加大了用户正常生活中的服务需求，县级区域下农产品滞销、农民工失业现象呈增长态势，这对县级融媒体服务理念和形式的转变提出了新的要求。

在此情况下，柯桥传媒集团对如何继续贯彻"服务+新闻"的理念宗旨展开头脑风暴式的选题策划会议讨论。正如有学者所言："新时期，要把党的理论和路线方针政策变成人民群众的自觉行动，需要通过'两个服务'来实现。"[①] 从这个意义上讲，县级融媒体中心服务理念的重构是"两个服务"的

---

① 栾轶玫：《从"两个喉舌"到"两个服务"——马克思主义新闻观的当代新发展》，《南京政治学院学报》2018年第6期。

具体实践，因此要坚持"两个喉舌"新闻观，并以"两个服务"的行动纲领来指导。在策划选题过程中，柯桥传媒集团以马克思主义新闻观为指导，一方面继续将党性和人民性两个喉舌观作为大方向指导；另一方面从信息服务和公共服务两个领域寻求疫情下选题的突破。

例如：漓渚镇作为中国的兰花之乡，但因疫情无法顺利开展线下活动，因此大批优质兰花无人问津而陷入滞销困局。在得知兰农想要为兰花做广告的消息后，柯桥传媒集团编委会将此体现民意的新闻线索纳入选题当中，集团全媒体记者在充分借鉴带货直播经验的基础上，提出组建公益直播平台，迅速调派会主持、会视频直播操作等人员，组建视频直播小分队，由此诞生"柯小微云带货"。在此之后的直播带货行动中，均有媒体人员反复复盘、网上了解民意、提前线下踩点、拟写直播提纲、确认直播平台和设备保障等播前策划工作以保证直播服务效果。此外，在宣传上，编委会将"柯小微云带货"在报纸、电视、广播、新媒体等平台做到全媒体推广，从直播消息的预告到现场直播及直播效果等关键节点，都采取全媒体宣传，最终取得了良好的社会效果和经济效益。如第一次策划的兰花直播带货活动便取得优良交易额，仅是直播前的微信集客就达到1000多人，短短1小时的直播时间里共计成交150余单，销售额达1万多元，线下的交易更高达数万元。这份极富"含金量"的销售成绩单让花农们直呼意外。

可见，由信息为主的服务转变到公共为主的服务，由新闻宣传平台为主的服务转变到直播带货为主的服务，这是在选题策划上充分结合民意需求的结果。此外，背后更反映出县级融媒体服务理念重构是马克思主义新闻观从"两个喉舌"观到"两个服务"行动纲领的转变，也是"两个服务"在智媒时代下多变的社会舆情中如何具体落实的一次成功实践。

（二）直播媒介化实践带货

马克思主义新闻观的"两个服务"实际上也是创新新闻理论的体现，与时俱进是马克思主义的重要新闻发展思想，将其放在县级融媒体服务观念上看，其实就是直播媒介化实践带货的过程，也是服务理念经实践而重构的过程。加拿大传播学者伊尼斯在划分媒体时，将其分为"空间偏向"和"时间偏向"两种主要类型。时间偏向型媒体在时间维度上进一步传输信息的能力十分突出，而空间偏向型媒体则在更改信息的空间运动能力上比较突出。

以往县级融媒体提供信息和公共服务主要利用报纸、广播、电视、微信公众号等时间偏向型媒体，而"柯小微云带货"所利用的直播平台则为空间偏向型媒体，尽管它可以在时间维度上存储和重放信息，但其实际应用价值在于它将信息空间扩展到日常行为的空间，利用"在线状态"赋予离线空间新的通信实用价值。"柯小微云带货"最大限度利用了直播在空间上信息传递的延展性，融媒体的带货员深入农区现场，通过理性与非理性相结合的劝服方式和体验性的活动快速建立和观众的纽带关系，以这种人性逻辑构建了具有临场感与空间感较强的线上消费场景，赋予了县级融媒体助力农产品销售生态的一种新的交换与售卖规则。这种服务方式其实是一种对以往服务理念的颠覆式重构，以往线上开展的信息为主的服务理念更多是对传统媒介的依附，而利用直播开展服务其实是把直播本身媒介化，在这种社会实践过程中把服务做到效果最大化。

按照学者喻国明的观点，直播的媒介化分为延展、替代、融合与适应四个层面。① 例如 2020 年 4 月 3 日，"柯小微云带货"走进平水镇同康村，助农促销同康笋。在帮助当地种植竹笋的农民售货时，记者们在抖音、淘宝发起直播带货活动。同一般网络主播带货不同的是，记者们拿起锄头进入竹林挖笋，边挖笋边为网友解读，亲切又到位。而这种体验式的直播带货方式，更加赋予了受众的临场感和现场感，仿佛自身处于真实情境中，使得其接受信息的空间得到延长，这便是直播的第一个过程——延展。而替代则是对无法开展线下活动的一种弥补，受疫情影响原本无法开展的竹笋售卖借助直播来完成，且同线下售卖相比，线上的直播能够打破地域用户局限，以县级融媒体的身份发挥超出县级用户流量的作用，能够使带货具有更广泛的行动意义，这对提升县级区域的用户和基层群众在社会中的实践自由度都大有裨益。"柯小微云带货"从疫情暴发至今，走过一个又一个村庄，开展一场又一场直播，基层群众和用户在常态化的直播服务中对其渐趋熟悉，这就使线下生活与媒介生活的区隔逐渐模糊，也就是融合阶段，最后在融合过程中，基层群众感受到县级融媒体通过直播助力基层服务的优势，久而久之便对此媒介实践的依赖性增强，由此，"直播+"的服务理念存在感与重要性日益增强，进而变成县级融媒体服务的典例方式，而人们也更会主动或被动调整自身以适应这种媒介逻辑。

由此可见，"柯小微云带货"的直播实践带货过程严格遵循了直播媒介化的过程，在此基础上实现了服务理念的重构，也实现了对马克思主义新闻观在县级融媒体发展上的应用和创新。

（三）直播媒介化 IP 打造

"贴近实际、贴近生活、贴近群众"的三贴近原则作为马克思主义新闻观在中国特色社会主义的当代发展的成果，是以马克思主义新闻观为内核的科学

---

① 栾轶玫：《从"两个喉舌"到"两个服务"——马克思主义新闻观的当代新发展》，《南京政治学院学报》2018 年第 6 期。

方法论，也是新闻工作开展基层服务的指导思想。而"柯小微云带货"在直播媒介化社会实践中牢牢遵循"三贴近"的原则，通过直播+IP 塑造活动重构着服务基层的又一重要理念，践行着又一创新服务方式。

柯桥作为中国的"中国珠茶之乡"，其珠茶品质上乘，销量可观，尤其是平水的日铸茶更是享誉全国，但受到疫情影响销量大大下降。面对这一现状，"柯小微云带货"组织了茶叶节的 IP 品牌宣传活动，以"云"方式对茶叶进行推介推销。节日 IP 的打造需要体验者最大限度地在互动仪式中感受到文化的魅力，这便很依赖于贴近性的交流和互动，在疫情特殊情况下，"柯小微带货"直播的媒介化实践便起到重要作用。英国人类学家维克多·特纳认为："仪式的过渡成分离、阈限和聚合三个部分，过渡需要通过这三个阶段，才能达到仪式性的转化。"①

在此过程中，用户首先是和茶叶节现场的基层群众、记者处于相互分离状态。而后依托直播平台的媒介，记者和用户还有现场的基层群众处于同一时间，基于互联网运作的媒介技术，所有人都处在同步交流、共享的沟通情境中，但并未通过互动或交流产生情感共鸣和仪式性，这是处于阈限状态。在此基础上，同步性传播为受众仪式参与提供了更为便利的技术条件和更为宽阔的交流场域，他们通过留言、刷礼物、下单等行为参与到 IP 文化建设当中，而这种情绪体验便成为互动仪式的驱动力，观看者在这个时候不再是被迫接受信息的受众，他们充分拥有了选择性体验、参与乃至影响直播内容的权利。即"柯小微云带货"举办的这场基于茶叶节文化的 IP 线上直播体验打破了时空限制的壁垒，实现一场跨屏互动，最终实现了聚合。在茶叶节现场，通过长达 2 小时的直播，共吸引了浙江新闻、凤凰网、抖音、淘宝等平台流量 203 万人次。其中，抖音直播观看 115 万人次，抖音同时在线人数峰值 13460 人，淘宝线上直接下单 862 人，累计下单 1371 次，销售金额达 21.5 万元。②

可见，"柯小微云带货"直播媒介化 IP 打造是成功的，这个过程既是马克思主义新闻观中"两个服务"的一次成功实践，又是"三贴近"原则的贯彻落实；既是利用"直播+茶叶节 IP"服务基层理念的大胆重构，又是取得再一次探索取得显著成效的典例示范。

四、发展启示

县级融媒体在服务基层方面一方面要坚持马克思主义新闻观的指导，牢记

---

① 维克多·特纳：《象征之林》，赵玉燕、欧阳敏、徐洪峰译，商务印书馆，2006，第45页。
② 绍兴网：《开直播 云服务！第三届"平水日铸"茶叶节玩转互联网》，[EB/OL]. http://www.shaoxing.com.cn/p/2800193.html，2020-04-08。

"两个喉舌"和"两个服务"根基理念；另一方面要与时俱进，利用直播等平台加快服务理念重构，最大程度利用好现有资源，服务好基层群众，发挥引导和服务作用。"柯小微云带货"利用直播媒介的成功实践了从非理性传播、价值变现、媒介素养三个层面，为县级融媒体在利用直播平台开展基层服务的理念和方式上提供了有益启示。

（一）注重非理性传播

县级融媒体利用直播开展服务要注重摆脱传统线上传播的理性思维，注重非理性因素的符号化运用，并将其灌输到传受双方的信息互动过程当中。也就是说，县级融媒体在利用直播开展信息传播服务时，要转变传统的理性化、严肃式的报道方式和话语模式，转变到非理性、适用于直播场景化的传播方式，积极开展互动式解说和报道。例如"柯小微云带货"中的记者播报滴渚兰花芳香、鲜艳、物有所值等信息时，是将传统的记者身份和"新晋网红主播"的身份相结合。一方面他们使用着同传统记者不同的带货主播口吻，以知心朋友的亲切方式在高密度的信息空间中引导用户建立真实可信任的亲密场景。这是以非理性的活泼身份快速建立同用户的情感基础。另一方面，他们又通过在直播场景中采访当地兰农而保持着传统的记者身份，在这个过程中，他们通过采访同兰农互动交谈，又转身对线上用户的点赞、评论、下单等符号化的互动方式而改变自身在直播过程中的互动方式。在这种不间断的体验式采访和直播互动过程中，观众沉浸其中并产生强大的共情能力，这是在情感基础上更进一步的情感共振。因此，这种非理性的介绍产品的信息方式使得传播超越了传统方式所禁锢的界限，在满足用户感官同时带来了更大的情感化空间。

（二）关注价值变现

价值变现是一种追求效益的服务方向，意在指出在重构服务理念过程中不仅仅要追求形式改变，更要注重效率的实现。许多县级融媒体在服务理念上的改变是以浪费资源、忽略效果为代价的，因此价值变现是开展直播服务以推进理念重构的核心要义。而价值的实现需要基层群众、记者、受众同时处于这种临场化的场景，只有在这个场域中才能让三方处于一个交流、信任的状态，这就要求县里融媒体开展直播服务一定要搭建具有临场感和信任感的真实环境。记者在进行广告劝服之前，要和基层农户达成场景共识，首先要保障原始场景的真实，包括农户正常劳作的场景、相互分工合作的状态等，这是搭建临场感的前提。其次要保证线下最常态化的互动，互动会拉近受众的注意力，注意力集中的情况下更容易融入场景当中，进而促进交易。最后要保证平台的便利和解说的适度，平台的便利是指选择受众广泛、易操作的直播平台以减少交易中注意力的流失，记者解说要以客观性为根本，减少浮夸的话语表达方式，这是保证价值变现的重要一关。一定程度上讲，保证场景化的真实性、采访和解说的客观性，这也是马克思主义新闻观对新闻真实性的基本要求，也恰恰是和价值变现密切相关的重要组成部分，值得县级融媒体开展直播服务时所留意。

（三）培养基层群众媒介素养

马克思主义新闻观不仅对新闻工作者提出了新的工作要求，对用户来说也具有与时俱进的要求。县级广大基层群众由于受教育水平有限、接收信息能力不足等同广大城市地区的群众比起来难以快速适应智媒时代媒介工具的使用，对直播等平台利用能力较差，使用率较低。其实，在智媒体时代，人人都能利用新媒体平台自由发声，利用直播等实现自己的价值。因此，对县级融媒体来说，开展基层服务的同时，也应该注重理念变换中的数字鸿沟问题。县级融媒体可以在利用直播开展服务的同时，通过定期下乡针对新的传播媒介工具开展授课等方式提高基层群众的媒介素养，这有利于缩短基层传播的空间距离和降低表达门槛。在此基础上，群众的媒介素养会在一定程度上得到提升，以更快的速度接受信息和完成基层工作，一定程度上可以节约县级融媒体服务的资源、时间、人员等成本，这有利于缩小城乡间的数字鸿沟，有利于县级融媒体引导和服务工作的开展，并且也会反哺县级融媒体，促进工作顺利开展。

五、结语

县级融媒体中心作为"综合服务提供者，受众参与传播的驱动者、协同治理的鼓动者"能有效对接政务服务平台，创新基层社区化沟通服务，最大程度地实现"大众"参与社会治理，共管共治。[①] 但不可否认目前服务性的问题仍然存在，笔者认为接下来县级融媒体在服务理念上将继续重构，一是发展过程中必须要贯彻落实马克思主义新闻观，且要以马克思主义新闻观的新发展为方向。二是在此基础上以"柯小微云带货"等典例为学习模式，探究"直播＋"的新的服务模式。未来的相关研究可以从纵深化的视角，进一步探究县级融媒体在智媒时代如何做好"两个服务"，如何进一步深入基层并反哺马克思主义新闻观。

---

① 邵荣英：《县级媒体直播带货凭什么获央媒点赞 "柯小微云带货"让农户与平台互相成就》，《传媒评论》2020年第5期。

历史战争电影《长津湖》的符号解码
——基于格雷马斯符号学理论

孙慧慧　康　金　汪　漪

【摘要】作为中国历史战争电影,《长津湖》可以称得上是一部"现象级"影片,总票房超过《战狼2》,成为中国影史票房冠军。结合格雷马斯的符号学理论工具,从行动元模式分析表层结构、叙事结构和人物关系,从符号矩阵分析深层结构,深入探究该片的内涵主旨和精神价值。研究发现该片通过强化核心的二元对立关系来提高传播效果,巧妙地利用了叙述篇幅和重点,以美军帝国主义的野蛮侵略反衬中国人民志愿军的集体英雄主义和家国情怀,弘扬了中国的主流价值观,从中方视角还原长津湖战役以此让世界铭记这段历史的血与泪,向世界展示中国反对战争、渴望世界和平的决心和愿望,继而为同类母题的影视创作提供了很好的借鉴经验。

【关键词】《长津湖》;历史战争题材电影;格雷马斯;意义矩阵

一、引言

电影《长津湖》于2021年9月30日正式上映,成为2021年国庆档的一部"现象级"影片,并于11月24日凭57.6亿人民币的票房超过了《战狼2》,成为中国影史票房冠军。该片以抗美援朝战争第二次战役中的长津湖战役为背景,讲述了当时在极寒条件下,中国志愿军以钢铁般的意志和英勇无畏的战斗精神以弱取胜,为抗美援朝胜利作出重要贡献的故事。

中国战争题材电影要做出具有时代思考价值的新作品,挖掘战争的多面性,确立人的精神情感的表现重心。[①] 近年来,《战狼2》《红海行动》等中国

---

① 李楠:《动作军事电影成功的原因及发展趋势探究——以〈战狼2〉和〈红海行动〉为例》,《戏剧之家》2018年第12期。

主旋律电影的火爆充分证明这类电影有广阔的前景,①但中国历史战争题材电影很少有这样的爆款。直至今年,《长津湖》登上历史战争片全球影史票房排名第一宝座,成为这类电影的最新爆款。因此,本文试用格雷马斯符号学理论来分析战争历史电影《长津湖》,揭示战争历史电影如何通过故事和人物塑造来建构叙事的表层结构,探究影片如何表达深层的主题思想和深刻内涵。

二、格雷马斯的叙事学理论

语言学家、语义学家格雷马斯（Algirdas Julien Greimas）是结构主义叙事学的主要代表人物,他将文本分析分成两个层次,即表层结构和深层结构。表层结构指的是在义素层上的行动模式,其核心是叙事语法。深层结构即意指整体的"形态"结构。形态是由"义子"组成的内在世界,而其"句法"即其组织形式则是意指活动的基本结构。在此逻辑下,他提出了"行动元模式"和"符号矩阵"经典理论。②前者用来分析表层结构,包括叙事结构和人物关系;后者从整体上探究深层结构的意义。

（一）表层结构

1. 行动元模式

格雷马斯在《结构语义学》一书中,按照二元对立原则,将行动元提炼为主体与客体、发出者与接受者、辅助者与反对者,即"行动元模式"。③其中,主体与客体是最重要也是最基础的一组动素。

主体,即发出行动的人,是故事的主要人物,追求某种目标;客体就是这个目标。发出者,即主体行动的发出者,可能不是一个人,而是引发主角行动的抽象力量;接受者是获得客体的最终受益者。④辅助者和反对者很容易辨认,前者在于提供帮助,可能有利于主体实现目标;后者则相反,他们制造障碍,可能阻碍主体实现目标。辅助者和反对者可以是一个人或多个人,都只是主体本身的行动意志及其想象中的阻力投射,这些阻力是吉还是凶,则视主体的目标而定。⑤

格雷马斯指出这六个行动元是围绕主体欲望的对象（即客体）组织起来的,客体处于发送者和接受者的中间,主体的欲望则投射成辅助者和反对者。具体关系如下图：

---

① 周星：《战争电影的辨析——关于中国军事题材电影创作的思考》,《解放军艺术学院学报》2014年第3期。
② 刘小妍：《格雷马斯的叙事语法简介及应用》,《法国研究》2003年第1期。
③⑤ 格雷马斯：《结构语义学》,吴泓渺译,三联书店,1999,第189—190页。
④ 王为维、武计涛：《从格雷马斯的叙事学理论解析〈十月围城〉》,《新闻世界》2010年第12期。

```
发送者 ——→ 客体 ——→ 接受者
              ↕
辅助者 ——→ 主体 ←—— 反对者
```

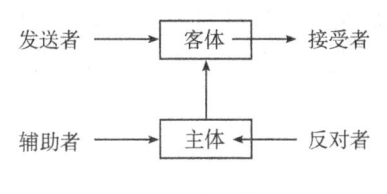

图 1　行动元模型

2. 行动模态

俄罗斯形式主义者普洛普（Propp）通过研究分析俄罗斯民间故事，提出了基本叙事"功能"。在此基础上，格雷马斯总结了普洛普提出的 31 种"功能"，把行动模态划分为四个，即产生欲望、具备能力、实现目标和得到奖赏。其中"实现目标"是核心。

"实现目标"指一个使状态发生转换的行为，实现目标有两种类型即从拥有到失去或从没有到拥有。如果写成函数形式，则是：

F(S) = >[(S∧O)—>(S∨O)] 或 F(S) = >[(S∨O)—>(S∧O)]

如果一个行为能让状态发生转换，那必定需要一定能力，同时也需要一个推动者使施动者产生了实现目标的欲望，这个过程就是发出者对施动者施加的影响。最后，需要通过得到奖赏来判断实现目标这一行为是否发生，对主体与客体之间的关系的真实性进行评判，产生四种判断结果：真实、虚假、秘密和谎言。①

（二）深层结构：符号矩阵

格雷马斯以索绪尔语言学为基础，从二元对立原则发展出"符号矩阵"，认为深层语义学的基本结构应该是由一个对立的义素类别的逻辑展开。这两个对立义素形成"语义轴"，组成意义的基本结构，存在一种基本的对立关系，即绝对否定的反义关系：

（黑）S1 ←——→ S2 （白）

图 2　反义关系

义素之间还有矛盾关系，也就是说这两个对立义素分别还有各自矛盾的义素，如下图：

（黑）S1 ←——→ $\overline{S1}$ （非黑）

（白）S2 ←——→ $\overline{S2}$ （非白）

图 3　矛盾关系

---

① 刘小妍：《格雷马斯的叙事语法简介及应用》，《法国研究》2003 年第 1 期。

这两个新出现的矛盾义素又各自与原来的反义相形成预设关系，即蕴含关系。因此，这6组关系形成了一个以二元对立的义素为基础的意义矩阵。具体关系图如下：

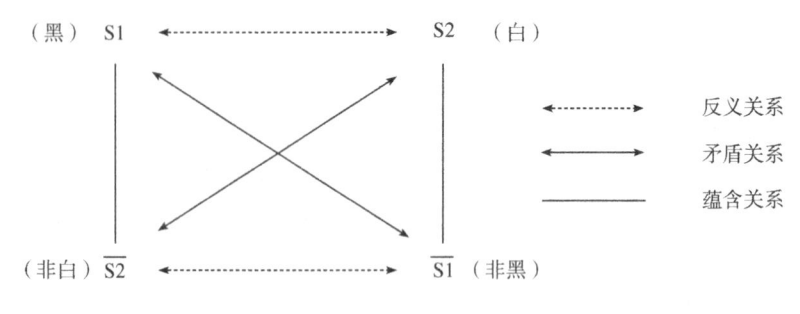

图4 符号矩阵

格雷马斯的经典叙事学理论给很多学者提供了有力的研究工具，特别是符号矩阵被广泛运用。通过使用这些理论工具，能够厘清故事中的叙事结构和人物关系，在复杂的叙事中探究出深层语义意义。

三、表层结构：信念与贪念的驱动

电影《长津湖》以抗美援朝第二次战役中的长津湖战役为背景，主要从七连从东线打到主战场的作战视角切入，讲述他们从中国出发到朝鲜长津湖发动总攻这一路上的艰苦奋战经历，以点带面来串联起整个抗美援朝第二次战役的真实历史。因此，这部分主要围绕着以伍千里为代表的七连作战情节展开，借助格雷马斯的行动元模型和行动模态理论来分析影片的叙事框架和人物关系等表层结构。

（一）《长津湖》中的行动元模型

这部影片涉及的行动元较为清晰，可以分为两大类：一类是以七连为代表的中国志愿军，另一类是美军。其中，中国人民志愿军包括以七连、其他一线作战部队、以毛泽东主席和彭德怀司令为代表的上级部门、后勤保障部队等。由于影片中的主要人物是以伍千里为主的七连，下文将以七连代表中国志愿军这一方。《长津湖》中构成的行动元模型如下图所示：

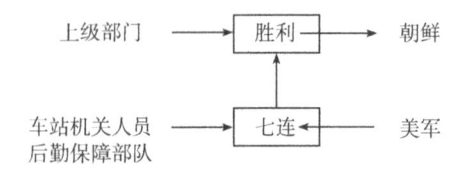

图5 《长津湖》中的行动元模型

1. 主体与客体

按照格雷马斯的行动元模型,《长津湖》叙事文本中的主体是以连长伍千里为代表的七连部队。全片叙事大部分以七连的作战路线展开,以连长伍千里、炮排排长雷唯生、火力排排长余从戎、七连指导员梅生、战士伍万里、狙击手平河、七连所属营营长谈子为等多个主要人物的言行、情感为叙述视角,即非聚焦型视角,全方位体现七连各司其职,以军人精神进行集体作战。影片对七连的七位主角都进行了细致刻画,彰显的是集体英雄主义,而不是个人英雄主义,所以主体不是任何某一个人,而是这一支连队。

客体,即主体追求的目标。七连发出作战行为的最终目的是为了取得长津湖战役的胜利,击退美军的侵略行为。影片伊始,1950年10月4日,美军进驻台湾已经侵略中国领土,同时在朝鲜完成集结,严重威胁中国安全。在这天的领导会议上,毛主席认为"这一仗真的不想打,但为了将来国家几十年、一百年的和平发展,又不得不打。洋人看不起我们,尊严,只能在战场上取得。"军令下达后,打赢长津湖战役,阻止美军侵略,渴望和平也成了主体七连追求的目标。

2. 发出者与接受者

作战动作的发出者是以毛泽东主席和彭德怀司令为代表的上级部门。毛主席在会上明确指出美军跨过三八线,就要压向中国鸭绿江,要打得一拳开,免得百拳来。由此,彭德怀总司令提出东线有一支部队(包括七连),可以在长津湖地区与美军一战。志愿军第九兵团司令员宋时轮授命,在七连所在地正式发布直接命令:"毛主席、朱总司令,命令我们,北上抗美援朝,保家卫国!"

接受者比较隐晦,是全片只提到但未出现的朝鲜方。抗美援朝是朝鲜向中国发出求助而开始的,这次长津湖战役是抗美援朝的第二次战役。长津湖战役的胜利推动了抗美援朝战争的胜利,有利于在主战场朝鲜阻止美军的侵略,这个客体的直接受益者就是朝鲜。

3. 辅助者与敌对者

整部影片中,辅助者出现得不多,时长也较少,主要有中国边境辑安车站的机关人员和上级部门交谈中提到的后勤保障部队。影片中,美军侦察机突然出现,想在车站领棉服的七连立刻跳上火车,准备出发去前线,却来不及拿上棉服。在火车起步后,车站的机关人员每人拎两袋棉服追着车跑,边追边往车上扔,甚至把身上的围巾、棉服都扔过去,尽力多给他们一些保暖御寒衣服。这是对主体来说有利的辅助者。而由于中国没有制空权,火车又被炸了,作为辅助者的后勤保障部队虽一直授命努力,但还是很难给一线作战部队供上补给,因此并没有起到辅助作用。

电影中的反对者最为明显，主要是侵略者美军。美军主动对朝鲜发起侵略行为，并且态度傲慢自大，"我们率领的是训练有素的军人，不是农民"，甚至扬言要在感恩节前就结束战争。在主体实现目标的过程中，美军是最大的敌人，只有打败了这个反对者，才能取得胜利。

（二）《长津湖》中的行动模态

格雷马斯提出的行动模态包括产生欲望、具备能力、实现目标和得到奖赏。《长津湖》在叙事时间上是从1950年10月4日到12月24日，在情节发展上从交代抗美援朝的原因、赴朝作战的经过到获得胜利的结果，既按时间顺序发展，也按事情发展顺序展开，可见行动模态的发生也是同样的顺序。

产生欲望。影片开始交代了中国抗美援朝及派出一支部队沿东线赴朝作战的必要性，由上级领导下达的军令是主体发出行动最直接、最重要的动机，即从接受命令开始产生抗美援朝动机及获胜的欲望。同时，家人或战友们的牺牲、战争带来的创伤、对和平的渴望、保家卫国的责任感、对美军侵略行为的愤怒，都让主体决心要誓死抵御，顽强抗战，在精神上产生坚定信念。

具备能力。七连作战经验丰富，由于战绩显赫被称为第七穿插连。在影片一开始，"还要走啊？还要打仗？""仗都打完了，没仗打了。"从这段伍千里与父母的谈话中可以看出，伍千里有过作战经验。而且，连长伍千里与炮排、火力排、指导员、狙击手等战友非常熟悉，默契配合，曾率连队在陈官庄战役中立一等功，体现出这支连队是一支成熟、有能力、战斗力十足的优质队伍。在行动前，宋时轮在动员中说："我晓得你，我们九兵团的战斗英雄嘛，你们七连的名气很大，号称第七穿插连，党委本来要给你们颁面旗子。"可见，伍千里及这支连队受到上级领导的认可、赞扬，证明了他们具备应战能力。

实现目标。这部影片符合格雷马斯实现目标的符号函数公式 $F(S) => [(S \vee O) -> (S \wedge O)]$。S是主体，行动是F，O是客体，$S \vee O$指没有拥有客体，$S \wedge O$是拥有客体，意思是主体通过行动拥有了原来没有的东西。对这部影片来说，七连（S）通过赴朝完成东线作战任务（F）取得了长津湖战役胜利（O）。

得到奖赏。从真实性评判，"实现目标"阶段中"取得长津湖战役胜利"是真实的，在形式和内涵上都是肯定判断。在影片的最后，七连进攻北极熊团指挥部，击倒团长麦克里安，意味着新兴里战斗的胜利，粉碎了美国"王牌团"的番号。于是美军前锋开始撤退，在南逃过程中看到了我军一整连呈狙击姿态冻死在雪地里，"面对如此有决心的敌人，我们永远无法战胜他们"，可见我军赢得了对手的尊重。最后，第九兵团在东线主战场上取得了重大战略成果，与西线战场的重大胜利共同击退了帝国主义的侵略，把以美国为首的

"联合国军"从鸭绿江边打回了三八线，扭转了朝鲜战争的局面，为抗美援朝战争最后的胜利奠定了基础。可见，主体实现了击退美军、获得长津湖战役胜利的目标，从而得到了获得"洋人的尊重"、为抗美援朝战争助力的奖赏。

四、深层结构：正义与罪恶的较量

格雷马斯的符号矩阵从故事中最基本的二元对立关系出发，推演整个叙事结构。从符号矩阵分析来看，《长津湖》中最核心的二元对立关系是正义（X）与罪恶（反X），另一组对立项就是非正义（非X）与非罪恶（非反X）。从这两组对立项出发，形成意义矩阵，来完整把握所有人物关系，探究整个影片的深刻内涵。该片的符号矩阵如下图所示：

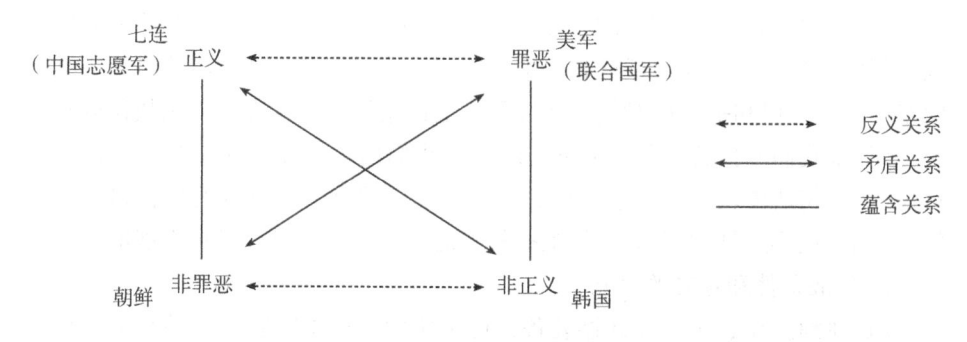

图6 《长津湖》中的符号矩阵

从这个矩阵可以看出，以七连为代表的中国志愿军和美军分别代表了正义与罪恶这组二元对立项；而朝鲜和韩国代表了非罪恶与非正义。由这四个语义义素可以衍生出三组关系，即对立关系、矛盾关系和蕴含关系。

（一）强弱明显的对立关系

影片中，最核心的对立关系是七连和美军，整个故事也由这两方作为主角来展开。七连代表着正义，因为这是一场以"抗美援朝，保家卫国"为口号的抵御之战，而美军代表的是罪恶，因为他们主动挑起朝鲜战争，发起野蛮侵略战争。另一组的对立关系较弱，即朝鲜和韩国，分别代表了非罪恶与非正义。

1. 作战动机和目的的对立

首先，美军是朝鲜和中国台湾的侵略者，是中国国土安全的威胁者。首先，美军介入朝鲜战争，看似是帮助韩国，实则是介入他国内战的侵略行为，大力阻止朝鲜统一，就是为了通过对韩国的控制而在东亚地区保留自己的势力，从而牵制住苏联、中国等社会主义国家。其次，影片中毛主席提到"美军跨过了三八线，前面就是鸭绿江，若是置之不理，国内外就会认为我们软弱可欺"，美军在朝鲜战争中，迅速攻占北朝鲜，越过了三八线，意味着要把朝鲜冲突扩大化，甚至可能会压进中国境内，可见其野心勃勃，给处于刚结束多年战争、成立不久的新中国造成了巨大的威胁。最后，在武装干涉朝鲜的同时，美军派兵侵入中国台湾海峡，已造成侵略事实，让不利于中国新生政权巩固的因素大大增加，给了当时在台湾的国民党政权反击的机会，在最后一刻打断了中国统一进程。由此可见，美军的侵略本质是帝国主义的政治扩张，是由美国利益贪念驱动的，是罪恶的。①

而以七连为代表的中国人民志愿军被迫支援朝鲜，既是保卫自己的家园，也是支持朝鲜的民族解放和统一。第一，美军主动入侵中国台湾，干涉中国内政，中国有权保卫自己的领土安全；第二，美军率先侵略朝鲜，介入朝鲜内战，"朝鲜的同志们向我们求助"，作为朝鲜的邻国，中国出于人道主义也应该去帮助邻国，拯救邻国于危难之中；第三，中国抗美援朝的本质是为了维护国家尊严，求得和平，反对侵略和战争。七连指导员梅生在新兴里战役胜利后说："如果我们不打就是我们的下一代打，我们出生入死，就是为了他们不再打仗。"这句话体现了中国志愿军抗美援朝真正的意义。可以看出，以七连为代表的中国志愿军是正义的，是维护和平的，是有利于世界长远发展的。

2. 作战条件和意志的对立

《长津湖》中，美军在武器装备、行军伙食、冬季军服、后勤补给等作战条件方面有着绝对优势。美国的空军战机、坦克、激光枪等先进武器在火力上大大压制了七连；美军伙食丰盛，感恩节时在营地吃火鸡、腌肉，但七连只能在极寒的雪地里吃硌牙的冻土豆，一人一天只有一个，还要想办法省出来给伤员；出发匆忙，七连的棉服不够用，后勤补给一直难以供上，而美军却有着不断支援的后备力量。

"我们将要面对的，是世界上装备最好的美国军队，战斗会非常艰苦，但我们要争取胜利。"在极寒极难的条件下，七连始终抱着保家卫国的必胜决心，英勇无畏地挑战敌方强大力量。雪地里的"冰雕连"更是让敌军都肃然起敬，可见中国人民志愿军的坚定信念是任何反对力量都无法动摇的。而美军领导人态度傲慢自大，认为登陆朝鲜"小菜一碟"，扬言在感恩节前就能攻下朝鲜；美军的士兵在巡逻时轮番轰炸扫射，是对生命的极度不尊重。

3. 作战立场的对立

影片中核心对立双方的作战立场由另一组对立关系体现，即朝鲜和韩国。

---

① 章百家：《"抗美援朝"与"援越抗美"——中国如何应对朝鲜战争和越南战争》，《世界经济与政治》2005 年第 3 期。

相比前面的核心对立关系，这组对立关系比较隐晦。就朝鲜战争来说，这是一场朝鲜和韩国的内战，无法评断哪一方为正义或罪恶。但韩国先引入了第三方势力，即美军，让第三方势力以他国军队的形式侵入朝鲜，将国家内战的性质扩大化、严重化，并认同美军的侵略行为是合理的，即使认定韩国行为不是罪恶的，但也是非正义的。而后在发生的长津湖战役中，朝鲜作为被侵略的一方，作为被帝国主义侵害而被迫发出求助的一方，是在韩国的对立面的，因而是非罪恶的。

从对立关系上来看，影片通过中美双方的强对比与朝韩双方的弱对比，明确了中国志愿军的行动是正义的。无论在作战动机和目的、作战条件和意志还是作战立场上，以七连为代表的中国志愿军保家卫国，支援邻国，反对侵略，渴望和平，在艰苦的作战环境和悬殊的装备条件中以强大意志获得敌方的敬畏，最终在长津湖战役中战胜罪恶方。

（二）隐晦的其他关系

由于影片主要叙述了七连和美军的故事，朝鲜和韩国这两个语义义素在电影中只出现在双方领导人的发言中。因此，影片的矛盾关系、蕴含关系都较为隐晦，需要结合历史背景来进行深入理解。

在矛盾关系中，美军与朝鲜的立场相矛盾，以七连为代表的中国志愿军与韩国的站队也相矛盾。影片中，中国人民志愿军在长津湖战役中的立场和朝鲜一致，与美军直接对立，也让没有参与这场战役的朝鲜与美军产生矛盾关系。同理，韩国让美国介入朝鲜战争，显然支持美军，与朝鲜对立，自然与中国志愿军形成了矛盾关系。

在蕴含关系中，非罪恶蕴含着正义，非正义蕴含着罪恶。在长津湖战役中，中国志愿军和朝鲜的立场是一致的，通过抗美援朝来支持朝鲜的反侵略和民族解放的愿望，长津湖战役是其中一战，即抗美援朝战争蕴含着长津湖战役，意味着朝鲜的愿望蕴含着以七连为代表的中国志愿军的愿望。而美军和韩国的帝国主义本性是一致的，韩国的行动意义范围比美军更广，而且同样处于非正义范畴，美军侵略的性质比韩国许可侵略行为的性质更为严重，甚至达到了罪恶的程度。这组关系可以从交代支援对象的性质来间接判断核心对立关系的正义方和罪恶方。

由于韩国、朝鲜并没有在影片中直接出现，这两种关系也被弱化表达。可以看出，影片通过隐晦的矛盾关系和蕴含关系，梳理了中国人民志愿军和美军的立场、动机、目的和作战，侧面构建起中国人民志愿军保家卫国、支援邻国的正义形象和美军傲慢强势、破坏和平的罪恶形象，进一步深化了影片的主题。

总体上，《长津湖》全片主要围绕着七连和美军这一组二元对立关系展开，虽然由此衍生出了三种关系：对立关系、矛盾关系和蕴含关系，但明显弱化了另外五组关系。影片通过这样特殊的叙事方式，使核心对立双方处在最明显的位置，减少人物关系的复杂性来叙述清楚这段复杂的历史，给这部影片留出了大篇幅的空间来讲好核心故事。

五、总结

通过格雷马斯的符号学理论工具分析，影片叙述了七连部队（主体）在上级部门（发出者）的命令下想要战胜美军（反对方）实现取得长津湖战役胜利的目标（客体），中间有车站机关人员和后勤保障部队（辅助者）的帮助，为抗美援朝（接受方）胜利做好铺垫，在叙事框架和人物关系上明确了七连行动的合理性。在深层结构上，影片存在对立关系、矛盾关系和蕴含关系，但全片几乎将篇幅都集中在七连和美军这一组核心对立关系上，其他五组关系明显弱化，重点突出了以七连为代表的中国人民志愿军的正义形象与美军的罪恶形象，以美军帝国主义的野蛮侵略反衬中国志愿军的集体英雄主义和家国情怀，弘扬了中国的主流价值观，从中方视角还原长津湖战役来让世界铭记历史的血与泪，向世界展示中国反对战争、渴望世界和平的决心和愿望，树立起我国良好的国家形象。

总而言之，作为一部成功的历史战争题材电影，《长津湖》把相应的历史事实再度重现，引起国内外的热烈反响。影片通过强化核心的二元对立关系来提高传播效果，巧妙地利用了叙述篇幅和重点，为这类母题的影视创作提供了很好的借鉴经验。

融媒体时代政务新媒体延展性情感空间的探讨
——以疫情中"美丽浙江"微信视频号为例

夏如意　陈　楠

【摘要】"延展性"概念在融媒体时代下契合于政务新媒体以及视频号的发展,且可用于阐述更强的内容传播方式。本文以2021年12月"美丽浙江"视频号发布的《浙世界那么多人》视频为例,对相关评论等进行内容分析,结合问卷调查及访谈等研究方法,深入解读此次政务新媒体的延展性情感传播基调,论证出政务新媒体延展性情感空间的搭建趋于正向,且用户的情感体验与政务视频号发布的内容基本一致,偏向于传播积极情感。本研究旨在为"美丽浙江"等政务新媒体延展性空间的建设与政府社会治理提供参考借鉴。

【关键词】政务新媒体;延展性;情感传播;突发性公共事件;传播机制

一、研究缘起:《浙世界那么多人》爆款出"圈"

2021年12月初,浙江绍兴、宁波、杭州三城多地被调整为疫情中风险地区,并实施风险区域管控措施。15日,由"钱江视频"出品,"美丽浙江"转发的《浙世界那么多人》在朋友圈刷屏,凭借改编经典歌曲、动人的同期声以及暖心的画面,迅速获得了"10万+"的点赞,9.4万的评论,引发广泛共情。

在"双重风险社会"语境下,政务新媒体承担着信息发布、辟谣科普、情绪缓解的作用。瑟瑟冬夜里,该作品有效地促进了国家治理体系的畅通,助力浙江省城市形象的建设,体现出浙江乃至全中国人民的团结一致,助力政府形象修复以及社会治理。[①]

---

① 朱丽萍、陈旭:《重大公共卫生安全事件的消极社会情绪及其治理》,《重庆大学学报(社会科学版)》2021年第10期。

一方面，本研究将证实，疫情下政务新媒体发布的积极内容有利于网友情绪的积极应对、社会治理的有效进行以及政府形象的建设与修复；另一方面，本文将以《浙世界那么多人》为个案研究，结合问卷调查、访谈和文本分析的方法，深入剖析"美丽浙江"视频号的创新与扩散，扎根政务新媒体视频号的情感传播以及情感空间建设，分析其延展性、延展模式和传播效果维度，探讨政务新媒体适应新传播生态环境的创新路径。[①]

二、政务视频号与延展性情感空间研究综述

作为政府官方账号，"美丽浙江"转发的《浙世界那么多人》引发广泛情绪共鸣，体现了抗疫情感在数字空间的传播与凝聚。针对政务新媒体及延展性情感空间，国内外相关学者进行了研究。

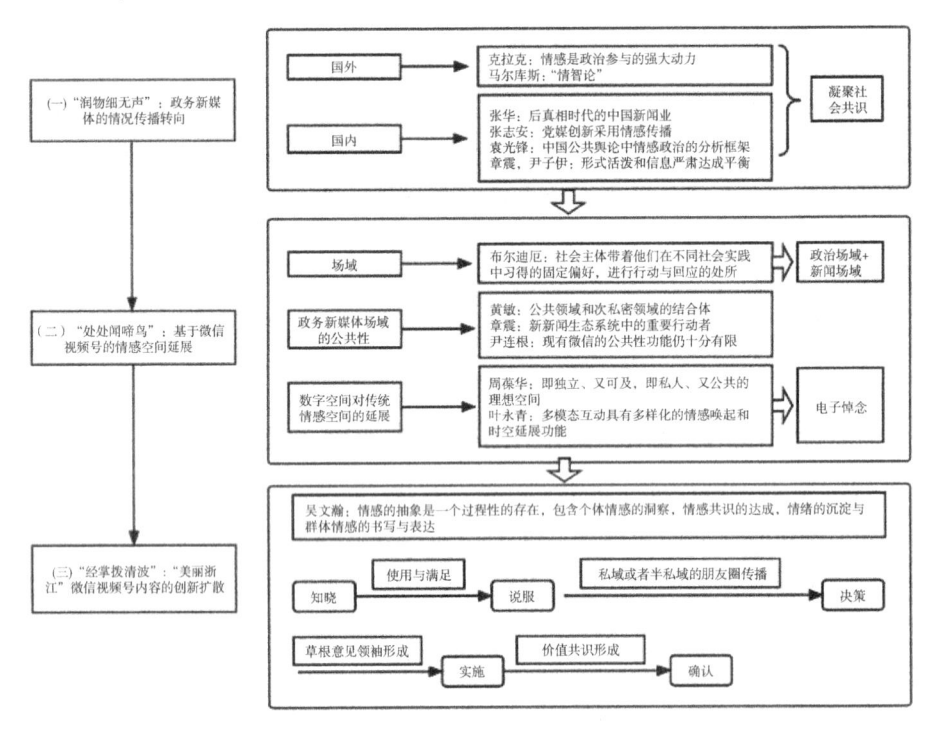

图 1 文献综述结构示意图

---

① 邓元兵、范又文：《政务短视频对城市形象的建构与传播——以"上海发布"等政务抖音号为例》，《中国编辑》2021 年第 11 期。

（一）"润物细无声"：政务新媒体的情感传播转向

"政务新媒体"是提供公共服务、与民交流和网络问政的在线平台。[①] 克里斯多夫·库克里克认为："现代社会是'微粒社会'，个体在情感层面呈现出群体'无着落'的状态，而情感传播策略在政务短视频领域正在复兴。"[②]

国外，克拉克等学者认为情感是维持政治行动的关键。[③] 马尔库斯等提出"情智论"，认为情感在政治领域能影响人的政治和道德判断。同时，情感和理性的互动，能保持一定的平衡。[④]

放眼国内，当下网络舆论场体现"成见在前、事实在后，情绪在前、客观在后，话语在前、真相在后，态度在前、认知在后"的后真相特征，越来越多的政务机构媒体开始借助情感传播治理舆论。[⑤] 张志安等认为，党媒正采用情感传播的方式创新和深化宣传效果，并以此提高网络传播力和舆论引导力。[⑥] 袁光锋认为情感结构会塑造认知，反过来公众认知也会重塑基调情感和状态情感。[⑦]

同时，政府信息发布和短视频之间的平衡，官方和公众的长期情感互动仍需探求。作为官方和民众沟通的桥梁，政务视频号借由情感传播放大社会主流声音，凝聚社会共识。

（二）"处处闻啼鸟"：基于微信视频号的情感空间延展

后疫情时代，相关政府部门纷纷进驻互联网，既优化了政务机构媒体生态，也壮大了其媒体矩阵，实现场域创新。

布尔迪厄认为，"场域"是不同地位之间诸多客观关系所形成的网络或结构，也是社会主体在不同社会实践中习得的固定偏好，作出行动与回应的处所。[⑧] 在行政隶属上，政务新媒体属于政治场域；从外部形态而言，它属于新

---

① 袁芳：《政务视频号的情感传播研究》，硕士学位论文，江西师范大学，2020。
② 克里斯多夫·库克里克：《微粒社会：数字化时代的社会模式》，黄昆、夏柯译，中信出版集团，2017。
③ ClarkeS, HoggettP, ThompsonS. Emotion, Politicsand Society, Palgrave Macmillan, 2006：4—21.
④ MarcusGE, NeumanWR, MacKuenM. Affective in telligence and political judgment, University of ChicagoPress, 2000：1—2.
⑤ 张华：《"后真相"时代的中国新闻业》，《新闻大学》2017年第3期。
⑥ 张志安、黄剑超：《融合环境下的党媒情感传播模式：策略、动因和影响》，《新闻与写作》2019年第3期；袁光锋：《公共舆论中的"情感"政治：一个分析框架》，《南京社会科学》2018年第2期。
⑦ 章震、尹子伊：《政务视频号的情感传播研究——以13家中央级单位政务视频号为例》，《新闻界》2019年第9期。
⑧ 黄时进：《论科学传播受众的网络时代特征——基于布尔迪厄场域理论的视角》，《学术界》2008年第2期。

闻场域，诠释了新闻与政治场域之间的复杂性。①

有学者在探讨政务新媒体的公共性。黄敏等发现，政务新媒体建构了百姓生活顾问式的次私密领域，成为形似公共领域和次私密领域的结合体。② 张志安等则认为政务机构媒体动摇了传统媒体在公共传播中的稳固地位，但其公共性与专业性尚呈现出非常态、不确定性等特征。张涛甫、徐亦舒认为现有微信的公共性功能有限，舆论、民意等理论上从属于新闻逻辑而实际上听命于官僚逻辑，这印证了关于政治逻辑与新媒体传播逻辑之间的制度调适之说的合理性与必要性。③

另有学者聚焦虚拟数字空间对传统情感空间的延展，如在电子悼念等方面。周葆华认为在线社交媒体实现了虚拟在场，构建了一个既独立又可及，既私人又公共的理想空间。电子哀悼延展出了记录、互动、社交等功能，长时间的纪念性活动在空间上通过沉浸式的哀悼体验被强化，多模态互动化的情感唤醒时空延展功能。④

从传播学角度看，政务视频号结合微信传播特点，为大众提供了情感表达的虚拟空间，并根据行政需要进行定位，依靠微信强连接的情感延展空间传播政务信息，与民众建立亲密关系。

（三）"红掌拨清波"："美丽浙江"微信视频号内容的创新扩散

20世纪60年代，美国学者埃弗雷特·罗杰斯提出创新扩散理论，认为每种创新事物的传播过程要经历认知、说服、决策、实施、确认五个阶段，同时把信息的采纳者分为创新者、早期采纳者、早期大众、后期大众、落后者。⑤《浙世界那么多人》在互联网上引发转赞评的热潮，展现出独特的扩散过程。

吴文瀚认为，自媒体应培养与塑造自媒体个体书写的情感化抽象能力，实现个人书写与表达的情感共识与情感再造。⑥《浙世界那么多人》以群体情感动员的方式，实现了对社会机体自我疗愈的创新，其创新扩散过程大致如下：

---

① 尹连根：《博弈性融合——政务微信传播实践的场域视角》，《国际新闻界》2020年第2期。
② 尹连根、黄敏：《政府官方微博：形似公共领域和次私密领域的集合体》，《国际新闻界》2016年第5期。
③ 张涛甫、徐亦舒：《政治沟通的制度调适——基于"澎湃新闻""上海发布""上海网信办"的考量》，《中国地质大学学报（社会科学版）》2018年第2期。
④ 叶永青：《互动构建的时空延展和情感变迁——电子哀悼多模态语类特征》，《天津外国语大学学报》2020年第1期。
⑤ 陈晓：《政务微博创新扩散：过程与意义》，《人民论坛》2013年第33期。
⑥ 吴文瀚：《情绪消费与情感再造：互联网的情感空间治理》，《郑州大学学报（哲学社会科学版）》2020年第5期。

第一，认知阶段。作为"把关人"，"美丽浙江"主动设置议程，并基于受众的"使用与满足"心理，通过微信大众传播和人际传播机制引起受众的选择性注意。

第二，说服阶段。"早期采纳者"的劝服，会使受众更有热情关注创新。《浙世界那么多人》具有地理位置和心理距离的接近性、形式上的创新性，能使受众以更大的热情参与转发、评论等，并通过朋友圈传播的方式为内容带来更高的触达。

第三，决策阶段。从个人的需求和愿望出发，运用"使用与满足"心理突出受众自身主导地位。"早期大众"在转发视频内容时附有积极评价，潜移默化地成为积极宣传"美丽浙江"政务视频号的草根意见领袖。

第四，实施阶段。基于"两级理论"，"早期大众"作为草根"意见领袖"，通过视频号点赞、朋友圈转发、社群分享等传播方式，吸引了"后期大众"，成功将对政务视频号的积极态度传播到同类群体中。

第五，确认阶段。根据霍夫兰的休眠效果理论，随着信源性影响减弱，主体价值观声音的壮大，会助推网络环境的净化，帮助形成价值共识，给受众留下关于该政务号的积极印象。

三、研究问题与研究方法

（一）问题提出

根据前文概念界定与国内外文献综述，结合《浙世界那么多人》抗疫MV传播效果及其传播者"美丽浙江"视频号情感传播策略，提出以下研究问题：

《浙世界那么多人》发布之后，"美丽浙江"传播效果如何？受众情绪走向如何呈现？以《浙世界那么多人》为个例，政务视频号如何利用情感传播策略协同社会治理？后疫情时代下，政务视频号这一既公开又私密的场域能否成为"延展性情感空间"？

（二）研究方法设计

本研究以问卷调查法和深度访谈为主，辅之文本分析，总结影响抗疫MV《浙世界那么多人》的传播效果因素。

1. 问卷调查法

根据研究问题，本文从态度、认知、行为等三个维度，结合ELM—SEM模型和已有较为成熟的研究设计问卷，收集政务视频号传播影响因素。采用线上发放的方式，共收回问卷540份，有效问卷504份。有效样本的性别、专业、地区的具体情况如表1所示：

表 1 问卷样本基本情况

	类别	N	%
性别	男	344	68.25
	女	160	31.75
年龄	18 岁以下	3	0.6
	18～30 岁	231	45.83
	31～45 岁	199	39.48
	45 岁以上	71	14.09
所在地	浙江省	468	92.86
	非浙江省	36	7.14
籍贯	浙江省	412	81.75
	非浙江省	92	18.25
是否为新闻传播相关专业或职业	是	137	27.18
	否	367	72.82

2. 深度访谈

为研究《浙世界那么多人》抗疫 MV 的情感性原理，分析政务新媒体社会治理协同作用，本文采用结构式与半结构式访谈，以新闻从业者、传媒类高校教师、学生（新闻传播类专业与非新闻传播类专业）为类别选取访谈对象，按姓氏首字母编码，基本信息如表 2：

表 2 受访者基本信息

受访者类别	受访者	性别	年龄	所在地	职业
新闻从业者	W1	男	28	浙江杭州	余杭区新媒体从业者
	T	女	24	浙江杭州	央广网采编记者
	X	女	29	浙江杭州	浙江之声记者
	F	女	25	山西	新媒体从业者
	W2	男	33	浙江杭州	新闻从业者
高校教师	J	男	41	浙江杭州	浙江传媒学院副教授
	W3	女	51	浙江杭州	浙江传媒学院讲师
	L1	男	36	浙江杭州	浙江传媒学院教授
	Z	男	43	北京	中国传媒大学教授
高校学生	G	女	23	浙江杭州	浙江传媒学院硕士研究生
	M	女	24	上海	上海财经大学硕士研究生

续表

受访者类别	受访者	性别	年龄	所在地	职业
非新闻从业者	L2	女	38	浙江杭州	社区主任
	S1	女	46	浙江杭州	书店老板
	S2	女	43	浙江杭州	自由职业

3. 文本分析法

本文数据选取了《人民日报》和"钱江视频"微博官方博文评论，选取的时间段为 2021 年 12 月 15 日至 23 日，并利用词性信息、统计信息和时序信息对数据进行处理，主题词提取具体步骤为：切词→词性标注→关键词权重计算→基于时间窗的关键词优选。根据文本主题信息中起到的关键作用，笔者对微博文本数据进行切词、去除停用词后，使用词性标注的方式得到文本中包含的名词和动词短语，作为候选主题词。

四、研究发现与分析

2013 年，在《可延展的媒体：在网络文化中创造价值与意义》一书中，亨利·詹金斯等学者提出"延展性"概念，旨在阐述当下流行度较高、参与度较强的内容传播方式。该模式适用于新媒体平台上开展的跨文化传播活动，当下，"延展模式"证实了人与人之间社会联系的重要性，正如《浙世界那么多人》通过微信传播得到放大效应，收获较好的传播效果。此外，传播延展能力的具体指标分为内容吸引力以及传播延展性；内容吸引力的具体指标为粉丝量和播放量；而传播延展性又体现在点赞量、转发量以及评论量。

基于此，本研究根据主题将其主要归纳为四个维度：议题设置、叙事结构、传播策略、情感延展，并将问卷调查的内容和用户选择从认知、态度、行为意愿等方面进行归类编码。此外，本研究同时以深度访谈进行补充，访谈对象涵盖新闻从业者和非新闻专业从业者，并将访谈内容通过 Nvivo12 进行分析，旨在更好地分析政务新媒体协同治理的作用，探讨"美丽浙江"微信视频号延展性情感空间的发展。

政务新媒体的"升温"发展取决于"共情力"，基于情感分析，本研究选取《人民日报》和"钱江视频"相关评论，并进行数据清洗，对筛选后的数据进行分词、去除停用词等操作，为下一步的情感词典分析做准备，以深入研究政务视频号的宣传效果。

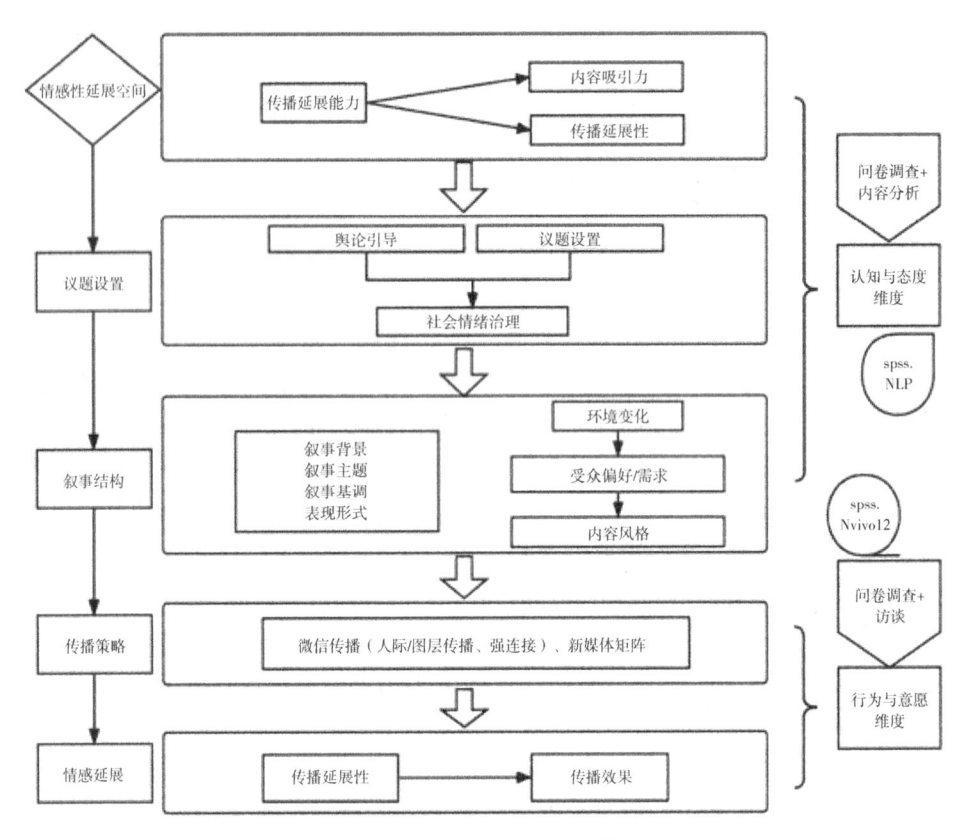

图 2　政务新媒体延展性情感空间维度框架图

（一）"沾泥土"：政务短视频的情感传播以及总体特征分析

议题设置：舆情应对消解消极情绪，协同社会治理。

疫情暴发初期，公众对病例的通报、病例详情权威信息需求量较大。"美丽浙江"公众号及时宣发该视频。一方面有利于引导舆论导向，助力社会治理；另一方面也通过暖心的画面，给予人们心理安慰，传递政府和抗疫人员积极处理相关问题的信心和决心。

根据清博大数据的 NLP 工具对于挖掘的文本进行分析，并针对#浙世界那么多人#这一话题进行词云创作。政务新媒体在利用政务短视频进行协同治理的同时，也体现出其在引导公众舆论、调动社会资本方面发挥着协同治理的作用。

在对词云生成的关键词进行筛选后，发现情感类词语"求求、能够、永远、好、希望、一定、相信、过去"等表达了网友们在疫情中的恳切，这说明"美丽浙江"的做法成功掌握了舆论的引导权和话语权，强化了联动传播以及协同治理的作用，鼓舞了士气。

图3 议题设置下的词云图

图4 进一步分析后的词云图

空间分布：共克时艰不分你我，省内省外携手同行。

本研究根据问卷结果进行交叉分析，自变量 X = 目前所在的省份、家乡（籍贯），因变量 Y = 是否会主动关注、转发政务新媒体视频号、是否会查看微信视频号中的其他视频、疫情期间，更愿意刷到哪类视频等。本研究假设"相比于省外的人而言，处于浙江省内的人更愿意进行认知以及通过转发表示自己付出了行动"。针对问题"通过这个视频，是否对您了解浙江防疫情况有所帮助方面"，91.8% 籍贯和所处地点都是浙江省的用户表示肯定。在提及

"您是否会主动关注政务类视频号"的时候。85.85%籍贯和所处地点都是浙江省的用户表示肯定。数据表明,在空间分布上,人们对政务新媒体账号的关注与所在省份无必然联系,在疫情背景下,人们更多聚焦于某一事件而不止于某一个省市的近况。因此,政务新媒体可以适当扩大传播受众,扩大传播范围。

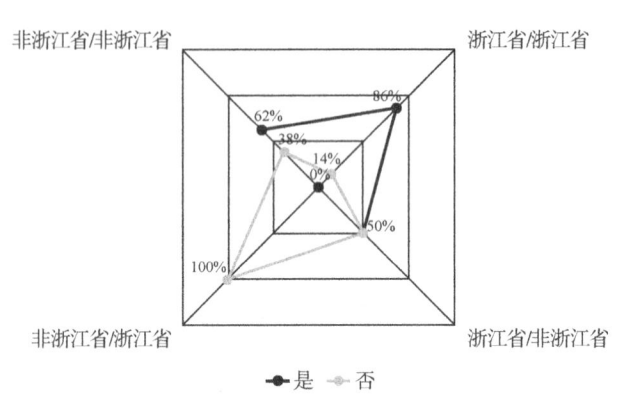

图 5 样本中籍贯与所在地比例

(二)"带露珠":"美丽浙江"视频号的创新扩散以及内容吸引力

1. 叙事结构:由小见大展现人间真情,积极内容扩大延展空间

基于问卷和深度访谈,在交叉分析中,自变量 X =您认为影响政务视频号内容发展的因素有哪些?因变量 Y =主动转发、分享以及进去点击视频号进行分享与传播。

结果表明,影响政务视频号内容发展的因素有大众接受新闻的习惯、短视频新闻的内容质量、新闻传播的管理政策、相对欠缺的媒介素养等。就接受新闻习惯而言,大众较为关注有较高点击量、浏览量以及内容有用有趣的视频。此外,就大众接受新闻的习惯而言,67.98%的公众倾向对视频进行评论、转发或点赞。在访谈中,针对政务新媒体的运营,部分访谈对象访谈内容整合如下:

表 3 部分受访者意见

内容类别	情感类表达	情感类态度关键词	受访者
制作形式	有些视频号的形式不太符合当代受众的视听习惯,比较严肃官方。	比较严肃官方	L2
	其次是自身的调性还是过于传统,要喜闻乐见一些。	过于传统	Z

续表

内容类别	情感类表达	情感类态度关键词	受访者
话题吸引度	我很讨厌的一点在于，他们有时候就是又红又正，没有办法表达真正的人民群众的诉求，自己在那边自我感动，然后宣扬自己做得有多好，这种我是非常不喜欢的，我喜欢他切实关注到我们面临的痛点和需求，然后来解决我们的问题。	自我感动、没有关注群众痛点	M
	现在政务新媒体的内容可能会去强调一些更宏观的信息，比如一些领导讲话，但互联网本质是与个人有关，如果个人不在场，都体现领导意识，那就很难搞。	强调宏观信息	L1
题材	一个是缺乏共鸣，没有从普通的群众视角讲述，另一个是同质化比较严重。	缺乏共鸣 同质化严重	S1
	缺少特色，同质化严重。	缺少特色 同质化严重	X
	很少有自己的特色，比较单一化，这很难让受众耳目一新。	较为单一化	W2
宣传运营	目前的问题就是"以宣传口吻为主"，我对它的刻板印象就是"宣传"，会觉得"政府发的东西比较官方"，所以吸引力是不足的。但如果做得好，内容很吸引人的话，我也会去看。	较为官方	G
其他	它的定位和它具体去做的事情，其实并不匹配。	定位不匹配	T

将抗疫细节进行展示，反而会比展现疫情防控措施更有影响力，MV 在小而美好的暖心事件中让大家看到防疫人员的辛苦和努力，体现出浙江人民共抗疫情的坚定，这其实会提升整个城市群众的这种幸福感和满意度，形成积极向上的舆论引导，稳定社会情绪。①

2. 传播方式：集群传播促进联动效应，搭建信息级联

基于互动仪式论，该视频的转发通过"浙江疫情、共克时艰"这一主题进行情感分享以及交流互动。数据显示，针对该视频的传播方式，网友进行评论、转发或点赞占 73.38%，和家人、朋友们等分享视频占 55.19%，在别人

---

① 朱丽萍、陈旭：《重大公共卫生安全事件的消极社会情绪及其治理》，《重庆大学学报（社会科学版）》2012 年第 2 期。

转发的视频下方点赞或评论占 9.61%。从侧面说明：事件的展开，不仅是舆论建构的过程，也是情感激活以及情感共鸣的过程。①

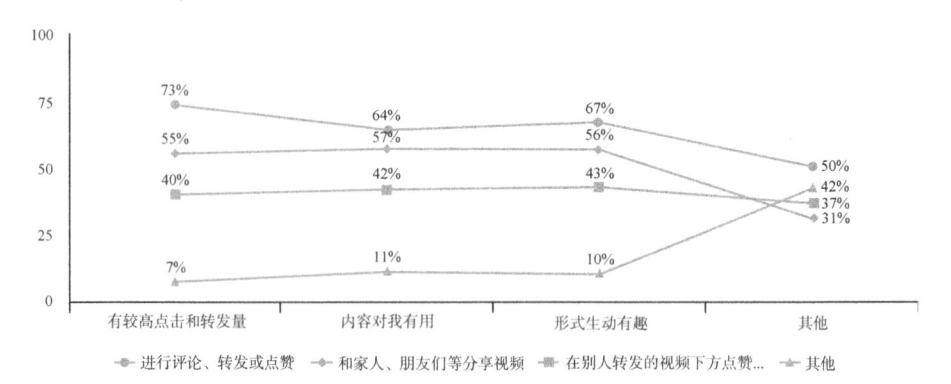

图 6 受访者观看后行为

在问卷中"看完这个问题的时候，您有以下哪些行为"一栏，67.53% 倾向于进行评论、转发或点赞，57.22% 的人倾向于和家人、朋友等分享此视频，36.08% 在别人转发的视频下方点赞或评论等。从新媒体矩阵的角度，此次视频素材由浙江卫视、中国蓝新闻客户端等多家媒体供稿，形成了上下联动、横向协同的集群传播的新媒体矩阵。

第一是刷屏跟风，周围很多人转发对我会有影响，我也会想加入他们。第二是视频本身做得不错，从旁观者视角，我的转发或许也能帮助到别人，给他们一些隔空的掌声，鼓励他们（一线工作者）等！我和朋友圈其他转发这条视频的人，可能都不是与疫情直接相关的人，但是会希望通过转发来互相营造出一种氛围，比较正向的氛围。

《浙世界那么多人》通过多平台的联动传播，及时、有效地安抚民众对疫情的恐慌情绪、焦虑心理，营造出正向的情感空间。②

（三）"接地气"：共鸣共情引发转发互动参与

1. 场域与"惯习"：传者本位，引导媒介传递以及受众互动

问及"您如何看待政务视频号的内容和表现形式？"，76.98% 的人选择了简单直接，59.33% 的用户选择了内容生动有趣，问及"您认为影响政务视频号内容发展的因素"，75.6% 的用户选择大众接受新闻的习惯。问及"您当时

---

① 阳长征：《网络空间中情感扩散、信息级联与舆论偏差的内生影响效应研究——基于 2015—2020 年突发事件面板数据动态分析》，《情报学报》2021 年第 5 期。
② 姚鹏、柳圆圆：《政务微博在突发公共卫生事件中的传播——以河南省新冠肺炎疫情应对实践为例》，《青年记者》2021 年第 22 期。

为什么会想到点进去看这个视频",40.08%的用户选择了"大家转发了,跟风点击观看并转发"。场域理论中提到:"当一个人进入某场域时,深陷场域中的实践信念并非是一种单纯的自我体验,也不是机械被动地遵从外界灌输的教条,而是被各种社会秩序社会化过的主观性——惯习。它偏重于刻画行动者的心理方面,成为一种持续的、不断变化与开放的性情倾向(dispositions)系统"。

> 我是在我的朋友圈里面看到这个视频,因为身边的好朋友们大部分都是浙江人,所以转发的比较多,这本身就关系到我们自己所在的城市和身边的人。而且我觉得这个视频除了浙江省之外,还涉及很多县市,比如绍兴、上虞这些地方,就更加会辐射到我们,然后大家的归属感和共情就会更加强烈,所以转发的人就比较多。

网络空间中,受众的潜意识在主动和平等互动中形成,"美丽浙江"的短视频破圈,也恰恰说明了受众的"主动"特征。超越二元对立,受众因为共情等对该视频进行转发、评论和分享。布尔迪厄认为,惯习是一种人们后天获得的各种生成性图式的系统,对社会性结构而言,场域构造了惯习,在此视频转发及分享中搭建了一个温暖且又美丽的世界。

传播效果:传播延展能力反映用户主动意愿。

传播延展能力的指标维度由内容吸引力和传播延展性构成。在访谈中,延展能力的指标维度进一步指向粉丝量、播放量、点赞量、评论量以及转发量。在"美丽浙江"视频号中,该视频在每个维度都有"10万+"的流量。通过浙江传媒学院视频检测与分析系统进行褒贬值的检测,结果发现,评论——"虞"你一起"越"过寒冬,"柯"服万难"嵊"券在握,"诸"事顺利"昌"盛繁荣,让疫情到"浙"结束,"加油,绍兴!加油,浙江。"本句褒贬值为1.25。"不是浙江人,但是音乐一响我就哭了,希望大家都能平安过年啊!全中国的人为这个疫情付出了太大的代价"本句褒贬值为0.5。浙江人永远可以相信浙江~宁波加油~绍兴加油~杭州加油~浙江一定会好的~本句褒贬值2。去除干扰项、重复项之后,其余评论褒贬值为0。问卷层面,82.83%的用户表示"会主动转发政务号发布的短视频",58%的用户会选择"有较高点击量以及转发量且内容有益的视频",82.56%的用户在查看该视频之后还会观看其他视频。

数据表明,"美丽浙江"视频号的情感建构呈正向状态,且用户在认知、行动等方面展现出来的意愿是积极正向。

总体而言,政务新媒体延展性情感空间拓展在议题设置、叙事结构、传播方式、传播效果等方面体现在以上数据中,用户均流露出主动性。这也说明,政务视频号的内容想要顺利"出圈",需要传播环境、传播"惯习"、传播内容以及媒体的联动效应共同促进。

图 7 文本关键词相关性

五、政务视频号情感延展空间探讨

(一) 仪式引领与感染:情感共鸣构建身份认同

从文化角度而言,传播仪式观更注重事物发展过程中的引领,它通过符号所代表的意义角度来阐释事物。[1]《浙世界有那么多人》使受众产生情感共鸣和身份认同,既来自政务视频号中仪式的权力性和权威性,也来自视频号本身的程序性,只有按照人群认可和习惯接受的程序规定才算得上是仪式。[2]

视频号本身就是一种仪式。政务视频号进行内容生产时,工作人员的分工合作、信息的采集采编及审核都需要遵循程序。但程序本身不能直接引发情感共鸣和构建身份认同,因此,在保障媒体调性的同时,政务视频号也将仪式价值赋予其中,传递喜闻乐见的大众性意义。"美丽浙江"以及其本次出圈的作品相当于政务视频号的程序标杆。受众通过 MV 的内容体会出其工作程序的严谨,感受到信息传播的仪式感。如其中的"全景现场"突破了传统新闻的单

---

[1] 詹姆斯·W. 凯瑞:《作为文化的传播》,丁未译,华夏出版社,2005,第 4 页。
[2] 彭兆荣:《人类仪式的理论与实践》,北京民族出版社,2007,第 68 页。

一文字模式，加入图标、表格等数据信息和动态图片，体现出传播仪式观的程序引领性。用户在接收和解读信息的过程中，达到身临其境的效果，这种体验将会增强阅读和理解新闻的程序，即凯瑞所说的通过符号意义产生的仪式感。视频中所选取的场面宏大严谨，却又不乏温情，受众能够从音乐、画面、节奏中综合感受到现场的庄重感，从细节上突出现场仪式的庄重和严肃，阅览时的仪式感油然而生，产生情感认同，进而在被程序节奏引领和感染中实现身份认同。这为政务视频号在运作程序上如何引领和感染受众，在实现情感共鸣和构建身份认同给予启发。

（二）角色转变与互动：共同编码积聚情感力量

政务视频号中，传者和受众角色具有极强的交互性，这能够为推动受众和传者共同编码积聚情感力量。现实中，不同民族和不同时代的文化更迭都具有过渡性，而这种过渡性作为传播仪式观应用的重点也将在政务视频号中体现出来。

英国人类学家维克多·特纳认为："仪式的过渡成分离、阈限和聚合三个部分，通过这几个阶段才能达到仪式性的转化。"[1] 以《浙世界有那么多人》为例，它的生产就是一个共同编码的过程，由多种感官体验融入其中，视频中所发生的事件、所体现的人物由共同情境架构。基于这样的场景和共情，受众在下方评论时也承担着传播者的角色。特纳认为，在仪式的过渡中，原有受众会从被动接收信息者的角色中分离出来。第二阶段为阈限，在该阶段中的参与者处于未知态势。此时的受众处于阈限状态，在评论区进行转发并提问时，不知道新角色是否转变成功，即在未得到对方回应和网友点评时产生的未知感和朦胧感，他们期待交互的仪式感。最后一个阶段用聚合来表示仪式的最终完成，此时参与者认识到自己的角色正享受着仪式带来的快感，受众接收到回复或评论，表示仪式已完结。

政务视频号应掌握信息传播过程中"过渡礼仪"这一要素，并将仪式感融入角色转变之中，将受众稳定在该平台上。实现受众到传播者的身份转变，才能真正实现互联网政务新媒体在传播中的角色互换仪式，增强受众的黏性。

（三）价值趣缘与塑造：集体转发共筑城市形象

价值实现属于文化学发展的重要目的之一，它更忠于人的本性和经验。政务视频号的价值塑造和其宣传仪式是相承接的，而这种承接在人际交往中的应用前提是趣缘群体的存在。

这些在某方面相接近的群体在政务视频号中集合，达到某种社会联系与人

---

[1] 维克多·特纳：《象征之林》，赵玉燕、欧阳敏、徐洪峰译，商务印书馆，2006，第45页。

际互动的循环。"美丽浙江"一直以来都标榜"此将聚焦浙江美食美景、浙江风俗人情、美丽乡村建设、浙里能人挖掘等领域，全面展示'两美浙江'建设所取得的丰硕成果"。这既是它在宣传口号上仪式感的迸发，又是在自我价值塑造上的精准定位，使得它以极强的"正统性"和"接地气"的双重价值信号脱颖而出，传递给用户更深的媒体内涵，并吸引以浙江本地为主的网络趣缘群体，而这个群体也自发地对该视频产生情感共鸣的仪式感。

　　基于此，"美丽浙江"视频号利用抗疫实况、人心凝聚等制造情感引爆点，驱动阅读者产生观看的情感仪式感，推动更大的意义生成。一方面，它作为官方账号，反映了发布者试图传播的城市文化、城市理念与形象等要素。另一方面，它成为人们信息交流和社会交往的场域，为社会关系的建构和交往提供空间和表征社会关系的平台，整合不同主体间的多元传播关系。基于以上媒介特质和传播特点，政务视频号的文化景观发挥着延伸空间边界、承载公共信息与城市记忆、建构城市形象与身份认同、推动交往与互动展开的媒介功能。

　　当前，"美丽浙江"已经拥有了庞大的用户群体，这些粉丝具有较高的文化程度和综合素质，也有着较强的凝聚力和组织纪律性，同时还为视频号发展起到仪式上的宣传作用（如口碑传播等）。由此可见，政务视频号要在用户情感的维护上用功，以传播仪式观融合新闻内容、传播形式、媒体价值观等要素来"拴住"用户的心，更好实现政务视频号的多样化发展。本文结合疫情当下人文关怀和健康传播的视角，选取典型个例进行研究。本研究并在政务新媒体延展性情感空间的搭建和用户的情感体验进行分析探讨，也存在一些不足：一方面，由于时间有限，本研究访谈对象类别还需更加丰富；另一方面，视频号中的评论量过大，未能全部展开各项指标分析，完整性有限。此外，选取个例研究，未能再寻找其他政务视频号展开对比分析，研究视角可能有所受限。但本文旨在为政务新媒体视频号内容延展性等提供建设性意见，也将为政务新媒体在社会治理的内容发布上提供借鉴。

怀旧的未来：后疫情时代中国院线经典复映现象研究

周　霓　俞　静　朱玉琴

【摘要】 新冠肺炎疫情给电影业尤其是实体影院带来了"至暗时刻"。在全球疫情尚未被全面控制的情况下，经典复映成为影院主流，成为打破寒冬推动电影复苏进程的"开路先锋"。在电影行业，经典影片重映一直居于"尾部"，现如今"尾部效应"凸显，其"小众细播"的长尾市场开始展现出极大的发展潜力与开发价值，潜藏的"大多数"推动了这一利基市场走上分众时代的大舞台。本文主要以后疫情时代中国影院经典影片复映为研究对象，探索经典重映的价值与意义，并借鉴经济学领域的长尾理论，通过长尾理论的视域透视影院经典重映的现象，同时分析目前我国推动影院经典复映常态化所面临的问题与挑战，以期在怀念旧时经典时找寻到行业发展的未来。

【关键词】 后疫情时代；经典复映；长尾理论

一、电影产业发展现状

随着互联网不断发展，数字技术不断革新，新媒体携着精准的算法推荐技术刷新着人们的生活，"全媒体"时代迈入历史大舞台。纷至沓来的机遇与挑战冲击着影视文化产业，尤其是传统影院。放眼 2019 年，在产业和市场调整的大背景下，中国电影产业处在结构深度调整时期。《2019 年中国电影产业备忘录》通过数据调研得出结论，中国电影市场票房增速、观影人次增加都明显放缓，电影产品数量也有所减少，高速发展已经进入低速的常态发展期，增量经济逐渐转向存量经济。[①]

就在这个亟待自我突破的转型时期，未等传统电影院发力，突如其来的新冠疫情又带来了电影产业"至暗时刻"。在防控疫情的政策下，全国电影院暂停营业，制片和宣发基本停滞，电影业全面停摆，直接经济损失巨大，2020

---

① 尹鸿、许孝媛：《2019 年中国电影产业备忘》，《电影艺术》2020 年第 2 期。

年4月29日，国家电影局召开电影系统应对疫情工作视频会议，指出目前估算全年票房损失将超过300亿元。① 2020年5月27日，中国电影家协会发布的《电影院生存状况调研报告》选择了经营相对成熟、较有活力和市场竞争力的影院为调研主体，调研数据显示，2020年第一季度全国总票房22.38亿元人民币，同比2019年下降88%。2000座以上规模影院同比下降87.7%，500—2000座规模影院同比下降88%，500座以下规模影院同比下降91.3%，小规模影院受创程度最大。② 新冠疫情对影视文化产业的灭顶式影响是辐射全球的，国外的电影业情形也不容乐观。英国创业集团（Creative UK Group）一份报告显示，英国电影、电视、广播和摄影行业在Covid-19大流行期间损失了约26亿欧元的GVA（总附加值）。③

遭受了"休克式打击"的电影业在全球疫情尚未被全面控制的情况下，经典复映成为影院主流，成为打破影业寒冬推动电影复苏进程的"开路先锋"。2020年3月17日17时，中国电影股份有限公司北京电影发行分公司发布发行通知，称通过与《中国合伙人》《狼图腾》《战狼2》《流浪地球》以及《何以为家》相关出品方（版权方）协商后决定，将这5部影片以公益发行的方式上映，不收取任何分账，全部让利给影院，以0%：100%的票房分账比例取代原有的43%：57%分账比，以支持影院复工后的经营活动。2020年6月19日经过与美国电影公司、独立机构和活动影院运营商的广泛讨论，英国电影发行商协会Film Distributors' Association Ltd（FDA）已经筛选建立了一批包含好莱坞经典影片、独立电影作品和现代大片等共计450部影片的庞大资料库，名为"重启电影院：内容恢复"Relaunching Cinema：Content for Recovery。这个片库包括有史以来最经典的电影、获奖电影、最佳英国电影和大银幕作品，是英国电影发行协会和英国电影协会通过跨行业团体Cinema First组织的一个重要的电影业恢复计划的一部分。且为了填补影院复工后的空白期，英国电影发行协会将支持影院重映包括《回到未来》《黑暗骑士》和《黑客帝国》三部曲等系列经典大热电影，以及《哈利·波特》《速度与激情》系列。同时最近的奥斯卡获奖影片《寄生虫》《1917》和《好莱坞往事》也将与经典影片

---

① 中国电影报：《国家电影局召开电影应对疫情工作视频会议》，https：//www.chinafilm.gov.cn/chinafilm/contents/141/2355.shtml，访问日期：2022年3月27日。
② 王丹：《疫情影响下的电影产业对策研究（二）电影院生存状况调研报告》，http：//chinafilm-news.cn/Html/2020-04-22/3662.html，访问日期：2022年3月27日。
③ BENDALTON. UK film and TV industry has taken a £2.6bn hit during pandemic, says report [EB/OL]. (2021-06-21) [2022-03-28].

《绿野仙踪》《卡萨布兰卡》《阿拉伯的劳伦斯》《音乐之声》等一起重映。①

二、价值重构：经典复映的选择

自 2020 年 3 月国内各大影院复工复产直至 2021 年 11 月，以具备一定票房的复映影片为标准进行不完全统计，从数量上看，国产复映影片数量达到 22 部，海外电影复映影片为 20 部。从类型上看，国产喜剧类复映影片 8 部，主流战争复映影片 5 部，动画类影片 5 部，剧情类商业片 4 部。海外复映影片主要以奇幻特效类电影为主，科幻类影片达到 7 部，动画类影片 4 部，其余 9 部为爱情现实主义题材类型（集体统计信息见表1）。针对排片量较少但依旧有着上座率的国内红色经典影片重映票房进行不完全统计，截至 2021 年末，共有 23 部在影院重映。

表 1　后疫情时代国内经典影片重映票房不完全统计

（备注：数据统计截至 2021 年 12 月 31 日）

序号	重映地区	电影片名	首映日期	重映日期	重映票房（万元）	重映总人次（万人）
1	中国大陆	《流浪地球》	2019/2/5	2020/3/20	15.6	0.9778
2		《战狼2》	2017/7/27	2020/3/20 2020/7/20 2020/6/1	951.3	39.1
3		《中国合伙人》	2013/5/17	2020/7/20	194.9	9.9
4		《狼图腾》	2015/2/19		60.7	2.5
5		《何以为家》（黎巴嫩）	2019/4/29	2020/7/24	205.5	10.6
6		《红海行动》	2018/2/16	2020/3/25 2020/7/24	73.7	4.3
7		《湄公河行动》	2016/9/30	2020/6/1	41.4	2.2
8		《误杀》	2019/12/13		12614.2	474.8
9		《寻梦环游记》（美）	2017/11/24		1770.4	80.7
10		《哪吒之魔童降世》	2019/7/26	2020/7/20	2200.1	100.5
11		《风声》	2009/9/29		1194	60.9
12		《当幸福来敲门》（美）	2008/1/17		388.4	18.4
13		《白蛇·缘起》	2019/1/11		1299.9	64.5

---

①　MICHAEL ROSSER. UK cinemas given access to 450 films to boost recovery [EB/OL]. (2020-06-19) [2022-03-27]. https://www.screendaily.com/news/uk-cinemas-given-access-to-450-films-to-boost-recovery/5150813.article

续表

序号	重映地区	电影片名	首映日期	重映日期	重映票房（万元）	重映总人次（万人）
14	中国大陆	《大鱼海棠》	2016/7/8	2020/7/20	971.4	48.7
15		《夏洛特烦恼》	2015/9/30		625.7	25.5
16		《超时空同居》	2018/5/18		322.1	14.1
17		《美人鱼》	2016/2/8		492	20.6
18		《北京爱情故事》	2014/2/14		114.7	3.9
19		《大闹天宫》	1965/12/31		104.9	/
20		《一条狗的使命》（美）	2017/3/3		81.9	4.1
21		《捉妖记》	2015/7/16		148.6	6
22		《疯狂动物城》（美）	2016/3/4		419.3	21.7
23		《大话西游之大圣娶亲》	2014/10/24	2020/7/24	920.9	689.9
24		《大话西游之月光宝盒》			552.5	26.2
25		《一条狗的使命2》（美）	2019/5/17		76	4.1
26		《超能陆战队》（美）	2015/2/28	2020/7/31	89.1	4.3
27		《星际穿越》（美）	2014/11/12	2020/8/2	12188.7	400.2
28		《哈利·波特与魔法石》（美）	2002/1/26	2020/8/14	19230.4	544
29		《雪人奇缘》	2019/10/1		579	28.9
30		《盗梦空间》（美）	2010/9/1	2020/8/28	3417.9	113
31		《菊次郎的夏天》（日）	大陆未上映	2020/9/25	906	26.9
32		《崖上的波妞》（日）	大陆未上映	2020/12/31	2841	89.8
33		《阿凡达（美）》	2010/1/4	2021/3/12	37569.1	1077.1
34		《金刚川》	2020/10/23	2021/4/1	367.8	18.9
35		《指环王：护戒使者》（美）	2002/4/4	2021/4/16	6080.2	159.7
36		《指环王：双塔奇兵》（美）	2003/4/25	2021/4/23	5054.9	130.4
37		《指环王：王者无敌》（美）	2004/3/15	2021/5/14	3374.9	84.5
38		《情书》（日）	1999/3/1	2021/5/20	6516.7	192.3
39		《天堂电影院》（意）	大陆未上映	2021/6/11	1999.7	52.8
40		《永不消逝的电波》（黑白转彩色修复故事片）（苏联）	/	2021/10/6	302.4	14.4
41		《入殓师》（日）	大陆未上映	2021/10/29	6622.6	203.9
42		《天书奇谈4K纪念版》	/	2021/11/5	2779.3	75.6

通过对上述重映电影类型分析可以看出，在复映影片的选择上更加注重价值的重构。率先公益发行的五部电影《中国合伙人》《狼图腾》《战狼2》《流浪地球》以及《何以为家》，与后续复映的主流军事战争题材电影，均围绕了一个中心——家国情怀，当群众走进影院情怀被激发，意识到个人命运与国家民族命运息息相关，这在疫情之初对凝聚民众信念，加固集体主义精神十分重要，通过艺术的跨时空对话唤醒人们内心深处的爱国主义之情，众志成城，共克时艰。

经典的艺术性经久不衰，复映影片的选择需考量其经典性。"考察文艺作品的经典性，在于其内在构成与外部制约，内部的文学价值与美学价值构成，外部的文化权利意识形态、历史语境等的制约"。① 习近平主席曾对文艺经典进行过全新的解读，赋予其崭新的时代意义和鲜明的中华美学色彩。他指出："经典之所以成为经典，需要有跨越时空的生命力、历久弥新的共情力、震撼心灵的穿透力、响应时代的号召力。将这四力与我国深厚的传统文化相结合，形成经典所包含的隽永的美、永恒的情以及浩然之气"。② 在重映影片中，《战狼2》《湄公河行动》《红海行动》《金刚川》等这类军事题材电影都塑造了"英雄"，并将英雄形象在时代流变下进行再塑造；爱情类型电影《超时空同居》也以其奇幻的故事构想，叙述了爱情这一情感需求是不会被时间、空间束缚；《流浪地球》《何以为家》也把"家"放置于时代长河中，不论是当下还是未来，存在于幻想中还是边缘化地带，"家"——这一古老的社群单位均意义深刻，超越时空。

与此同时，经典重映也注重挑选那些将当代审美趋向与中华传统文化相结合的影片，《哪吒之魔童降世》《大鱼海棠》《白蛇·缘起》等这类极具"中国风"审美的动画电影被列入了复映名单中，《哪吒》与《白蛇》均是对我国传统文化中的神话人物再塑造，在传统文化中融入了后现代文化，两种文化的结合与碰撞，迸发出了新的审美趋向，"我命由我不由天""不妨不妨，来日方长"这两句经典台词均在影片初映时"出圈"，也极度符合重映时的文化环境，是对疫情期间焦虑困苦的大众们的精神慰藉，映射出经典重构的重要意义。随着观众审美水平的扩展以及对动画艺术形式包容度的提升，《大鱼海棠》的重映使人们深入影片背后的文化意义，重新审视起这一当年的爆款巨作，然而作为国产动画电影的"投石探路者"，影片初映时曾被认为是"宫崎

---

① 吴玉杰：《经典性的内在构成与作品的艺术生命》，《辽宁大学学报（哲学社会科学版）》2013年第6期。
② 张晶：《习近平关于文艺经典理论的美学诠解》，《中国文艺评论》2018年第7期。

骏、新海诚日本动画电影的忠实模仿者""一味的画风唯美主义,剧情内容不太行"等。《大鱼海棠》的创作其实极具诚意,影片中的中华传统文化渗透进了方方面面,无数的意象凝聚出了中华古典意蕴,从主角选名"椿、鲲、湫"开始便是对《庄子》《山海经》《诗经》等文化著作的致敬,环形封闭式福建客家土楼的建筑风格选取构建团结一心、众志成城的家园感,将"儒释道"——"仁者爱人""天人合一""善恶有报"的人文思想融汇艺术创作,诠释了人与自然和谐共生这一主题,也让人们反思当下的新冠疫情。

"电影重映文化的历史论要义就是——以不断生成的未来视角诠释历史记忆,不断赋予流变与生成的历史论角度"。[①] 站在时间维度和空间维度,可以看出艺术作品自身的经典性超越了它当下所属的这个时代,艺术生命在历史长河中存续,经典影片的复映立足当下社会,裹挟着过去的情感意志,对当代文化进行反思,不断生成着新的价值判断,从而与不同时代的人们产生精神上的共鸣。

三、价值与意义:经典复映的被选择

(一)怀旧消费中的情感认同

美国作家斯维特兰娜·博伊姆在其著作《怀旧的未来》一书中指出:"怀旧是对某个不再存在或者从来就没有过的家园的向往。怀旧是一种丧失和位移,但也是个人与自己的想象的浪漫纠葛。怀旧的电影形象是双重的曝光,或者两个形象的某种重叠——家园与在外漂泊。过去与现在、梦境与日常生活的双重形象"。[②] 经典电影以重映的形式与大众重逢,并促使大众为其票房买单,无疑是因为怀旧这一情感氛围,人们怀旧所"怀"的是过去的特定时间和特定空间的某一个人、某一个物或是某一件事。"大话西游系列"作为爱情类重映影片在疫情期间再次被搬上了大银幕,至尊宝与紫霞仙子的动人心魄的经典爱情故事让无数观众感动不已,其中的爱情台词"曾经有一份真挚的爱情摆在我的面前,我没有珍惜,等到失去的时候才追悔莫及,人世间最痛苦的事情莫过于此。如果上天能够给我一个重新来过的机会,我会对那个女孩子说三个字:我爱你。如果非要给这份爱加上一个期限,我希望是,一万年"也是口口相传,它满足了影迷们对以往脍炙人口经典影片的拥簇,对港片繁荣时期的向往,很多人影迷一定不会是第一次观看这部经典影片,但也许是第一次去影院观看,这也迎合影迷对偶像"星爷"的致敬之情。

[①] 孔朝蓬、李忆农:《后疫情时代中国影院电影的重映现象:文化意义与产业机制》,《当代电影》,2021年第12期。

[②] 斯维特兰娜·博伊姆:《怀旧的未来》,杨德友译,译林出版社,2010,第2页。

新冠肺炎疫情给大众的生活带来了翻天覆地的变化，为了全面防疫抗疫，人们不得不牺牲原有的自由生活，公共场合的"口罩礼仪"使人与人之间竖起了一道无形的屏障，焦虑感、不安感时刻萦绕在人们身边。在多元消费时代下的茫然、忧郁、期盼、记忆等不断地交织出现，对过去的留念和怀旧心理是社会转型时代中消费者行为的重要组成部分。① 国外影片的复映多选择情感类，如说出励志又鼓舞人心的台词"我不要似是而非的人生，我要自己做的每一件事都刻骨铭心"的《当幸福来敲门》；以及诉说陪伴的"一条狗的使命"系列，均能唤醒人们对疫情之前的自由生活的眷念以及反思当下，更加珍惜生活。"银幕即镜子"，人们抱着怀旧心理走进影院，期待着与自己再一次"重逢"。

（二）媒介记忆与集体记忆的转换重叠

分众时代，消费者的行为特征逐渐呈现差异化、主动选择成了大众的最新诉求，为此电影产业也必须将目光锁定在精细化、定制化上。一直以来院线排片会注重"头部"，选择大成本大制作的电影，从而忽视了高评价、高质量的腰部或是尾部的影片，低排片率往往使部分受众还未观看，影院便已没有档期，这使得影迷深感遗憾，但那些忠于去影院观影的消费者的需求被捕捉到，由此诞生了众筹点映模式。

"当人们被划入同一场域时，共同的现实空间或话语空间会在无形中产生一种压力，使身在其中的成员展开互动、相互感知到对方及共同元素和相似诉求的存在，激发群体成员的共同感，在无意识的情况下形成有形的群体和集体记忆"。② 2015年作为国内首个尝试众筹点映模式的平台，遵循着让好的电影终归与对的观众相遇的宗旨的"大象点映"横空出世。消费者需要关注大象点映的微信公众号，在被筛选出的影片中挑选一部想要点映的影片，筛选时间、地点，匹配出相应的影院，此时有两个选择，可以作为发起人发起点映也可以加入已经审核通过的点映小分队，一旦匹配成功，一个象征性空间便也形成了，拥有同样怀旧经典的情怀、以特定媒介为中心的群体不断扩大，此时一个聚合型的媒介记忆平台使得受众注意力的"再凝视"，这种类似仪式性的传播加之影院空间审美唤醒消费者的观影热情，形成群体意识，推动集体记忆整合，促成专属于经典复映的影迷群体的形成。

（三）数字技术赋能加持电影情怀

通过重映影片上映后的名字如《天书奇谈4K纪念版》可以看出，这一上

---

① 孙明贵：《怀旧消费研究：起源、成果及其核心问题》，《浙江工商大学学报》2010年第10期。
② 张庆园．《传播视野下的集体记忆建构——从传统社会到新媒体时代》，中国社会科学出版社，2016，第47—48页。

海美术电影制片厂1983年出品的动画长片,为了凸显情怀性和话题性,采用了4K技术转化赋能翻新。《哈利·波特与魔法石》《阿凡达》以及"指环王系列"的重映版都是借助了3D转制技术、"数值化呈现"等数字技术使得经典影片被赋予了新的生命力,加之影院视听全面升级,3D、IMAX巨幕、4K影厅的投入,经典影片再诠释,情怀与科技形成微妙的化学反应,也让走进影院的观众大呼过瘾。

四、困境与生机:挖掘长尾价值

2004年美国科技杂志《连线》主编克里斯·安德森提出了著名的"长尾理论",他表示:"我们的文化和经济重心正在加速转移,从需求曲线头部的少数大热门(主流产品和市场)转向需求曲线尾部的大量利基产品和市场。在一个没有货架空间限制和其他供应瓶颈的时代,面向特定小群体的产品和服务可以和主流热点具有同样的经济吸引力。"①

安德森还在《长尾理论》的开篇提到了一个现象,在二十一世纪初期,乔恩·克拉考尔的一本关于登山的悲剧书《走进空气稀薄地带》引起了轰动,读者们在亚马逊网站上发表了书评指出这本书与早前出版的《触及巅峰》有相似之处,并且十分值得一看。当"意见领袖"发表观点并获得一部分人的支持后,舆论影响力的扩大使得"涟漪"不断扩张,越来越多热情洋溢的评论以及亚马逊网站的阅读配套推荐,带动了乔·辛普森的《触及巅峰》再次热销,其实这本书在刚刚出版时虽然评价不错但是不太畅销。强大的正向反馈使得"旧书翻红",无人问津的"小众"也通过这一契机走进了大众的视野。克里斯表示:"是网上书店改变了这一切,他们将两种东西结合在了一起:一是无限的货架空间,二是有关购买趋势和公众观念的实时信息。"② 当互联网创造了无限的选择空间时,以往那种强大营销手段下推行出的大一统文化现象正在逐渐消弭,亦步亦趋的文化流行不再是规则,消费者随之衍生出了更加多样性的需求,当看似主流的文化在大行其道之时,拥有自己品味的少数人的需求呼唤也有机会被认真聆听,一旦抓住了"小众细播"这一长尾,价值的创造便也随之而来。不再忍受大众流行文化的专制,不再把大银幕让渡给时下良莠不齐的影片,推动经典影片大银幕重映也是一种社会呼唤,是大规模定制化的实践。

但如今,流媒体迅猛发展并全面入侵人们观影环境与秩序,Netflix、"AppleTV+""Disney+"抓住疫情期间被限制居家的人们,往往会选择在线上观

---

① 克里斯·安德森:《长尾理论(第三版)》,乔江涛、石晓燕译,中信出版社,2012,第9页。
② 克里斯·安德森:《长尾理论(第三版)》,乔江涛、石晓燕译,中信出版社,2012,第9页。

看电影这一现象，纷纷大展身手力图在制作、发行等方方面面重构人们的观影模式。2022年3月28日，第94届奥斯卡获奖名单公布，《健听女孩》（CODA）获得了奥斯卡最佳电影片奖，AppleTV+去年初在圣丹斯电影节以2500万美金买下《健听女孩》的全球独播权，这一次获奖将被载入历史，AppleTV+成为首个获得奥斯卡最佳影片奖的流媒体平台。同时互联网的发展带动了自媒体平台的蓬勃发展，视频编辑软件的普及使得例如哔哩哔哩、抖音、快手等自媒体平台上经典影片剪辑被无数人再创造，深度解读等短视频的出现，并进行了精准算法推送，竖屏短视频提升了电影消费者的主体性，与此同时，"弹幕电影""互动电影"的出现，也正以崭新的美学特征重塑着电影理论。

针对这些困境，影院唯有抓住"经典复映"这一长尾，充分发挥其价值深耕，加速推进利基市场，建立可持续发展的老片重映机制，加强对重映老片的审核与选择，加速推进老片重映技术的研发与运用，遵循满足受众怀旧心理，并且创新运营宣发模式，充分借鉴众筹观影模式的经验，与互联网众筹平台深度合作，通过线上的自媒体矩阵和网络口碑传播"获客"在发展到一定程度后可能会出现用户增长乏力的情形，可以和线下实体影院开展合作，鼓励部分影院主动推广众筹观影模式，在影院内部的宣传物料、会员手册和营销活动中主动加以宣传，甚至影院也可以在众筹平台主动发起影片观影活动。乘上"互联网+"的东风，影院重新焕发生机。

五、结语

"福兮祸之所倚，祸兮福之所伏"。传统影院必须在这个"寒冬"中蛰伏，以冷静的态度去深入反思，如何让观众的影院观影热情不被流媒体"蚕食"，抓住长尾，分析中国影院经典复映当下所处的运营环境，探寻开发这一长尾市场持续发展的最优策略，建立长效运营机制，以在流媒体时代下找到自己的"立锥之地"。

框架·语境·符号：后疫情时代抗疫国家形象建构策略

——以《人民日报》海外版为例

鲍开妍　郎曼丽

【摘要】 后疫情时代，国家形象与国家安全和发展关系密切，为考察后疫情时代下中国外宣的国家形象建构策略，本文以话语建构理论为支撑，通过语料库和话语分析方法和对《人民日报》海外版的抗疫相关报道进行定量和定性分析。研究发现，《人民日报》海外版通过建构话语框架、设置语境和中国特有文化符号的传播等策略，生动讲述中国抗疫故事，积极呼吁国际合作并推动打造人类命运共同体，实现了负责任抗疫大国的形象建构和宣传。

【关键词】 中国抗疫形象；话语建构；话语分析；语料库

关于"后疫情时代"，喻国明曾提出这一议题的关注重点，即疫情之后的社会发展，强调"后疫情时代"传播治理的难点在于重拾信任。这一时代背景下，国家形象与国家安全和发展的关系日益密切，关系到国家利益的维护。阮建平认为，通过一定的话语方式进行自我认同和利益表达，是现代政治参与和国际秩序建构的必要环节。[1] 此时世界的目光聚焦于中国，面对部分污名化报道，亟须用"中国话语"让西方世界更准确地认识中国。

《人民日报》海外版自1985年创刊以来，已逐渐成为中国外宣最权威的综合性中文日报，笔者认为其在外宣研究中具有一定代表性和典型性。本文以《人民日报》海外版的抗疫相关报道为研究对象，使用语料库分析软件和话语分析方法，试分析这些报道在组织"中国话语"和建构"抗疫国家形象"方面的策略，并提出后疫情时代国家形象传播的新思考。

---

[1] 阮建平：《话语权与国际秩序的建构》，《现代国际关系》2003年第5期。

一、理论背景

福柯认为，人类的一切认识都是通过"话语"获得。其话语建构理论已经阐明，话语作为社会实践的产物，参与意义的生产和建构。庄琴芳根据福柯的观点总结："话语"有助于创造"知识系统和信仰系统"，有助于确立"社会关系"，有助于建构"社会身份"。[①] 美国学者甘姆森的建构主义媒介话语分析理论曾提出"新闻不再是简单的媒体对客观世界的映射，而是一个复杂的社会建构过程"[②]。新闻媒介呈现的报道并不是对客观世界的完全映射，而是基于各自的立场，利用话语建构的世界、生产的真理。这些理论强调话语的功能性，笔者也把对媒介话语的研究重点从"谈论什么"转移到了"谁在谈论"和"怎么谈论"。

二、研究设计

（一）语料库技术

对大样本量的研究，语料库技术能提供定量方面的帮助：弥补小型研究中可能被忽视的语言型式，强化、反驳或者修正研究者的直觉，识别重复的语言来帮助辨别隐含意义。语料库技术和话语分析的结合是定量与定性的有机结合，适用于大样本量的研究，既提供了量化分析的技术和数据支持，让研究者从整体上看到词频、词丛和共现，又能让研究者深入索引行和语篇背景进行细节分析。本文中，笔者将综合运用语料库技术和批评性话语分析，借助 AntConc 这一软件，对《人民日报》海外版在后疫情时代发布的抗疫相关报道进行分析。

（二）语料样本说明

参考国务院新闻办公室在 2020 年 6 月 7 日发布的《抗击新冠肺炎疫情的中国行动》白皮书第一部分——《中国抗击疫情的艰辛历程》：2020 年 4 月 29 日起，全国疫情防控进入常态化。[③] 基于此，笔者试将此次研究中"后疫情时代"的起始点设置为 2020 年 4 月 29 日，并通过慧科数据平台搜索相关报道，设置结束时间为 2021 年 10 月 29 日。为避免检索出的内容与抗疫相关性较低，检索原则限制为标题中出现"疫情""抗疫""战疫""疫苗"这几个关键词，仅在内文中出现相关词的不进行收集。最后收集"疫情"相关文章

---

① 庄琴芳：《福柯后现代话语观与中国话语建构》，《外语学刊》2007 年第 5 期。
② 刘立华、童可：《中国特色话语体系的内涵与建构策略研究》，《外国语言与文化》2019 年第 2 期。
③ 《中华人民共和国国务院新闻办公室·抗击新冠肺炎疫情的中国行动白皮书》，http://www.scio.gov.cn/ztk/dtzt/42313/43142/index.htm，访问日期：2022 年 3 月 15 日。

223 篇,"抗疫/战疫"相关文章 292 篇,"疫苗"相关文章 187 篇,共计 702 篇。

三、建立话语框架,全方位建构"负责任大国"抗疫形象

新闻作为一种再语境化文本,往往通过选择、省略、凸显和编辑过程的诠释性结构来构筑故事。① 新闻话语的生产者往往通过报道主题、体裁、词汇和修辞等来建立话语框架并进行文本意义的建构。② 后疫情时代,《人民日报》海外版的疫情相关报道也通过这些手段展现了其作为重要外宣媒体的立场,全方位建构了一个"负责任大国"的形象。

(一)主题

表1 专用语料库的高频实词分布

关键词	疫情	中国	国家	肺炎	全球	国际	病毒	合作	美国	经济
频次	7850	5467	2176	1764	1727	1565	1489	1455	1449	1373
关键词	工作	我们	疫苗	健康	我	社会	世界	人民	发展	卫生
频次	1367	1340	1219	1183	1174	1147	1137	1109	1097	1097

查看原始语料并参考这一高频词表及高频词的共现情况,可将后疫情时代《人民日报》海外版的疫情相关报道主题分为以下几类:

1. 领导人讲话

主要包括对国内抗疫工作和经济恢复发展的阶段性总结,以及在后疫情时代对国际友好合作的呼吁。这一主题表明了中国对疫情防控工作的重视,展现了领导人强大的领导力和社会主义集中力量办大事的优势。领导人在讲话中频频呼吁国际合作也表明了中国推动建立人类命运共同体的决心。

2. "以人为本"的国内先进抗疫事迹报道

在人民同心一体抗击疫情的生动案例中,其报道视角主要包括医护人员、患者、志愿者等。多视角的选择使文章讲述的故事更加真实,更加贴近读者。笔者查看高频词"中国"的共现情况,发现最高频的搭配为"中国人民",具体语境多为"中国人民和中华民族……",其次才是"中国政府"。大量的报道以"人"为单位,强调"人"在抗疫中的作用,突破了国家外宣的原始框架,展现了普适的价值,更能引发共鸣。

---

① 黄敏:《新闻话语中的言语表征研究》,华东师范大学出版社,2012,第144页。
② 孙发友、陈旭光:《"一带一路"话语的媒介生产与国家形象建构》,《西南民族大学学报(人文社科版)》2016年第11期。

3. 对国际社会的关切和国际合作的呼吁

查看共现可以发现，在关系到国际社会的表达时，报道尤其强调对非洲国家的支持和援助，以及对加强国际合作的呼吁。查看高频词"国家"的共现情况，最高频的搭配除"国家卫健委"之外就是"非洲国家"。原文中表述主要有这几种："尊重非洲国家意愿""加大对非洲国家支持""率先惠及非洲国家""向非洲国家提供物资援助"……由此可以看出，尽管后疫情时代存在许多不确定因素，中国依然希望和非洲国家保持友好来往和密切合作，并积极为非洲国家及其他发展中国家提供帮助。除此之外，"全球""国际"这两个高频词与同是高频词的"合作"存在较高黏性，详见表2。

表2 "合作"的五词词丛

词丛	频次
合作战胜疫情共同构建	15
推进国际抗疫合作	15
推进全球抗疫合作	12
合作共克时艰	10
积极开展国际交流合作	10

在"合作"一词的共现考察中，"警民合作"这一搭配作为国内合作的代表也在前列，但作为词丛考察时，其黏性远不如"全球合作"和"国际合作"，表明中国呼吁国际合作的力度与决心。

4. 针对某些西方媒体的"污名化"报道表明立场

《人民日报》海外版的多篇文章对某些西方媒体的"中国病毒""武汉病毒"等称法进行了反驳，在文章中逻辑清晰地铺陈了西方媒体的表述和用以证伪的依据，立场鲜明且坚定地揭露其谎言。"散布""所谓""炒作""政客""证据表明"等词在这些文章中的高频使用既表明了中国不接受污蔑的立场，也展现了有理有据、据理反驳的大国风范。

（二）体裁

本研究收集的702篇语料样本涵盖了包括消息、通讯、评论等在内的多种新闻体裁，既有冷静克制、开宗明义的说明，也有慷慨动人、值得细细品味的讲述。体裁的丰富性使抗疫话语的呈现兼具简明和深刻，也让中国的抗疫国家形象成为一个多面体。

（三）词汇

在抗疫话语生产和意义建构上，词语使用是小而不可忽视的单位。《人民日报》海外版的抗疫相关报道用词具有强针对性，致力于服务主题、建构形象。例如前文提到的"合作""人民"等词，服务于"以人为本""人类命运共同体倡导者"的国家形象建构。在抗疫话语生产中，许多通讯的标题都使用了更加亲切的民间话语风格，如"与时间赛跑"。"热干面"等象征着希望的生动形象隐喻也在报道中多次出现，一定程度上摒弃了刻板抽象的官方话语风格。除此之外，褒义词、中性词、贬义词的选用也隐含了媒介的态度，在不同语境下对这些词义色彩进行选择也会影响报道的价值和情感传达，这一点将在下文详细论述。

（四）修辞

古典修辞学理论认为修辞旨在说服与劝导，从这一视角来说，《人民日报》海外版的抗疫国家形象建构实际上是一种通过说服与劝导达成认同的过程。根据亚里士多德关于"修辞"的观点，笔者在本文中将《人民日报》海外版的说服与劝导策略分为伦理、情理、论理三个方面。

伦理层面上，《人民日报》海外版作为创刊 30 余年的官方外宣窗口之一，在国内外都具有一定权威性。在收集的 702 篇文章中，355 篇来自要闻版，展现了媒体对疫情相关报道的重视。且大部分报道的新闻来源都是本报和新华社。这些因素都为文章提升了信誉度，从而增强了说服效果。

情理层面上，《人民日报》海外版利用受众的心理来产生说服效力。根据趋近化理论，空间趋近化是指对话语空间的外围实体（ODC）在物理空间上不断向中心实体（IDC）侵占过程的识解。[1] 在抗疫话语生产中，IDC 即所有抗疫主体，而 ODC 主要指病毒或疫情本身。

通过高频词表（表1）可知，"国家""人民""我们"等抗疫实体出现的频次要大于"疫情""肺炎""病毒"本身。考察语境，笔者发现表示 IDC 积极采取行动克服 ODC 的动词词组明显多于表现 ODC 威胁影响 IDC 的动词词组。即这些文章中虽然不乏对疫情肆虐、影响社会安定和经济发展的报道，但更多展现的是中国政府、中国人民在疫情面前的同心合力、并肩作战、积极奉献、不畏牺牲。这一策略不仅有利于稳定社会情绪，还有利于通过共情效应打动国内外读者。以"人民"的高频搭配词为例，相比描述疫情对人民健康的打击，报道更集中展示了中国人民众志成城、风雨同舟抗击疫情的形象，参见表3。

---

[1] Cap, P. 2005. Language and legitimization: Developments in the proximization model of political discourse analysis, Lodz Papers in Pragmatics (1): 7-36.

表3 "人民"的高频搭配词

搭配词	频次	搭配词	频次
众志成城	280	风雨同舟	130
抗击	3470	敢于	175
奉献	325	负责	1150
伟大	735	坚韧	120
并肩作战	80	顽强	150

论理层面上，《人民日报》海外版的许多报道中都展示了大量疫情相关数据，作为抗疫实绩的支撑，且多次引用国外专家媒体的言论，在面向国外受众时更有说服力。例如引用世界卫生组织新冠肺炎联合专家考察组外方组长布鲁斯·艾尔沃德称赞中国的讲话，包括对联合国秘书长古特雷斯讲话的直接引语："向中国所有无法过上正常生活、为遏制疫情蔓延付出巨大牺牲的人们表示感谢，他们正在为全人类作贡献，为国际社会抗击疫情赢得了宝贵的时间。"

间接引语显示了叙述者（编辑、记者或媒体）的态度和对引语的概括，而直接引语能在一定程度上抹去叙述者的声音，使观点更加真实。翔实的数据和外方评价的引用可以形成循环论证，增强报道的理据性和可信度，从而加强说服效果。这些言语表征展现的客观性和权威性也体现了媒体的策略，投射的是报道者的诠释，[①] 实际上体现了媒体的意义选择和建构。

四、设置语境，实现有效说服

批评性话语分析理论认为语境包含文化、社会、意识形态等，一方面语境制约着语言的使用，另一方面语言也可以建构语境。[②] 本文表述的"设置语境"，是指媒介通过话语建构一定的语境，从而影响接收者的心理语境模型，进一步引导话语的理解过程，即完成说服。

（一）积极用词塑造正面场景

从高频词表中可以发现，"中国""国家""人民""我们"等词都是常用的施事主体词，这些词存在的具体语境往往代表中国政府和中国人民的作为。观察它们的搭配词和具体语境可以发现，与这些施事主体相关联的基本都是"始终""坚持""团结""希望""有劲"等表明积极态度的用词和"风雨同舟""并肩作战""顾全大局"等展现民族精神的褒扬之词。这些用词建构了一个疫情当前仍然稳定且充满积极情绪的社会语境，塑造了不屈不挠、同心抗

[①②] 黄敏：《新闻话语中的言语表征研究》，华东师范大学出版社，2012，第59页。

争且展现出中华民族传统美德的国民形象。

(二) 犀利用词表明坚定立场

在建构国家形象方面,《人民日报》海外版不只是使用积极的词语和表达来展现中国在抗疫方面的积极性。面对西方媒体的"污名化"报道和恶意制造的谣言,《人民日报》海外版不卑不亢,以犀利的用词揭露其谎言,表明自己的坚定立场。以高频词"美国"(1449次)为检索对象考察共现,"政客"(930次)一词位居第二,进一步检索"政客"的共现时可以发现,"政客"和"美国"存在极高黏性,即凡是出现"政客"必出现"美国"。"政客"一词解释为玩弄政治权术的投机分子,本身带有贬义,查看"美国政客"的词丛后可以发现海外版对其的严正指责和辛辣讽刺,详见表4。

表4 "美国政客"的5词词丛

美国政客醒醒吧	美国政客反智主义
美国政客一直没有消停	美国政客向中国甩锅
美国政客不但不干正事	美国政客们噼啪作响
美国政客不思反省反倒	美国政客就罔顾世卫
美国政客不顾全球共同	美国政客多听听
美国政客戏精	美国政客没有反省自新
美国政客又大搞政治	美国政客漠视生命的
美国政客又转口指责	美国政客炮制甩锅

针对某些西方媒体滥用负面情绪词和贬义词对中国进行事实歪曲报道的行为,《人民日报》海外版也给出了回应和反击,直指某些政客面对自己国家内部的疫情乱局,仍沉迷"甩锅",不知反省。《柳叶刀》主编理查德·霍顿的话在多篇文章中被引用:"将疫情归咎于中国的根本企图是重写历史,以掩饰自己在疫情应对时的失败表现",这一直接引语以其权威性增强了话语的反击力度。

(三) 人类命运共同体的文化语境

《人民日报》海外版的抗疫话语在建构国家形象的过程中,不可忽视的是人类命运共同体的话语生产模式。近年来,中国的发展引起了部分国家的顾虑,"中国威胁论"等说法开始传播。中国政府提出打造人类命运共同体,就是为了寻求对话与合作,促进世界的共同繁荣和发展。后疫情时代,全球疫情都还在反复波动,中国更希望国际社会能加强合作、守望相助。

在介绍报道主题时,笔者已经对"合作"的词丛进行展示。考察"国际""全球""社会"等词后,也能通过"抗疫国际合作""国际援助用于支持发展中国家""国际社会团结合作""全球人道主义"等高频词丛感受到中国在呼吁国际合作方面的力度和诚意。这些报道通过人类命运共同体的话语生产模式，建构了一个高层次的文化语境，即中国在取得抗疫实际成效的同时不忘兼济天下，不遗余力地推动打造人类命运共同体和"天下大同"的理想社会。

五、多重符号，充分展现文化自信

在抗疫话语的生产中，《人民日报》海外版通过中国特有的文化符号书写抗议故事，充分展现了强大的文化底蕴赋予我们的文化自信，建构了中国独特的抗疫文化和国民形象。

（一）中医抗疫

在疫情防控工作方面，习近平总书记多次强调要坚持中西医结合、中西药并用。《人民日报》海外版充分领会总书记重要讲话精神，将"中医抗疫"作为疫情防控的特点和亮点，在收集的702篇文章中，"中医"共出现371次。卫庶、喻京英、彭训文的研究表明，《人民日报》海外版的中医药抗疫相关报道做到了及时传达中央精神，反映中医药"国家队"的主力军作用和有代表性的工作成果，展示中医药专家的权威观点和中医药的独特性，宣传中医药的战疫成就，反映国际社会对中国抗疫经验的肯定。[①] 中医作为中华民族的文化瑰宝，是中国独有的文化符号和重要载体，承载着中国古代人民同疾病作斗争的经验和理论知识。重视对中医药抗疫的宣传也是对文化自信、民族自信的着力提振。

（二）平民英雄

对平民英雄的塑造和故事书写也是中国抗疫报道的特点和亮点。以"英雄"为关键词检索共现后出现的高频搭配词有"致敬""人民""推选""平凡""凡人"等。

查看索引行可以发现，《人民日报》海外版对人民英雄的塑造存在倾向性，这一类表述往往与"武汉"共现，例如："武汉不愧为英雄的城市，武汉人民不愧为英雄的人民"。针对部分西方媒体对武汉和中国的妖魔化报道，《人民日报》海外版通过塑造武汉的抗疫英雄典型进行侧面回应，"致敬""人民""推选"等词都在说明西方报道中"自私""无人权"的虚假性。

从"平凡"的共现情况可知，报道多次强调这次疫情中的英雄来自人民，每个平凡人都是英雄，每一位英雄都平凡而伟大。因此许多报道不仅歌颂了钟南山、张伯礼等同志，还歌颂了千千万万参与疫情防控工作的人，从环卫工人、快递小哥到生产防疫物资的工人……《人民日报》海外版通过"平民英

[①] 卫庶、喻京英、彭训文．向世界讲好中医药抗击道有声有色［J］．新闻战线，2020（12）：46—49．

雄"这一符号，将中国"伟大出自平凡，平凡造就伟大"的精神气质展现在世人面前。

（三）中国疫苗

在"疫苗"的共现情况中，"发展中国家""分配""全球"等搭配词排在前列，分别列举索引行如下。通过"中国疫苗"这一符号的打造，中国再次向世界传达了自己希望加强全球合作、共克时艰的声音，同时也塑造了一个兼善天下、有大国担当的全球抗疫贡献者形象，生动诠释了人类命运共同体的理念。

  中国向80多个有急需的发展中国家提供疫苗援助，向43个国家出口疫苗。

  中国倡议设立疫苗合作国际论坛，由疫苗生产研发国家、企业、利益攸关方一道探讨如何推进全球疫苗公平合理分配。

  中国向世界承诺，中国新冠疫苗研发完成并投入使用后，将作为全球公共产品，为实现疫苗在发展中国家的可及性和可担负性作出中国贡献。

六、思考与总结

暴发疫情至今已逾三年，仍在世界范围内不同程度地影响着各个国家，甚至埋藏潜在危机，为全球合作及人类命运共同体的打造带来挑战。如今是百年未有之大变局，我们尤其不能忽视疫情对中国国家形象带来的冲击，只有通过中国话语充分准确地表达真相，才能重拾国际信任，提升国际话语权，有效应对国际新闻舆论场中可能出现的风险和挑战。

在后疫情时代的抗疫报道中，《人民日报》海外版通过建立话语框架、设置语境、利用中国特有文化符号等策略进行对外宣传。在生动讲述中国抗疫故事和呼吁国际合作、推动打造人类命运共同体的同时，面对某些西方媒体不合理的质疑和污蔑据理反驳，进行了立场表达和自我澄清，建构了一个负责任、有立场、以人为本、心怀天下的抗疫大国形象。

中国形象和中国声音与国际秩序和话语权的建构息息相关，只有改进和加强对外宣传、在国际舆论场上及时发声、讲好中国抗疫故事、揭露粉碎别有用心的造谣抹黑，才能让国际社会看到更真实的中国。尽管"跨文化"语境的差异有时会带来交流的隔阂，但《人民日报》海外版可以继续通过中国特有的符号，融入国际表达，从"小切口"带入"大格局"，用共情消除海外受众的心理壁垒，增强国际社会对中国的国家认同。

多种类型综艺节目中花字的传播价值分析

李 琳 傅平航 何 睦

【摘要】 解释画面内容、提供娱乐、传输节目价值以及把控剪辑节奏——综艺中的文案花字越来越扮演着重要的角色。在国内，花字经历了九年的发展历程，在时间的流逝中花字也逐渐形成了自己的体系和制作规范。花字作为一种媒介符号，其内涵和外延意义在不同的时代背景之下也有不同的理解方式，研究分析不同类型的综艺节目当中花字的类型和传播价值，能够为将来花字更好地改进自己，成就节目，承担社会责任引领走下去的方向。

【关键词】 综艺节目；花字；人设

自从2012年《快乐大本营》中开始效仿日韩综艺借助花字对节目内容进行辅助和解释之后，时至今日，综艺节目中花字的作用依然不容小觑。本文对综艺节目花字的定义为：出现在综艺节目当中，由节目制作方依照节目定位和当下热点，为了配合画面所创作的短小节目文案。

近年来，综艺节目的种类愈发多样，例如职场观察类真人秀《令人心动的offer2》，纪实类旅游综艺《恰好是少年》以及偶像经营类《潮流合伙人2》、选秀类综艺节目《乘风破浪的姐姐2》。对综艺中出现的花字——归类后，可以发现，根据节目组对节目的风格定位，以及通过节目所传达的思想调性不同，花字的风格、频率和尺度也会随之不同。

在对一家大型综艺后期制作公司进行田野调查之后可以发现，一档综艺的后期制作流程是固定的，DIT整理素材之后，由剪辑师将整期节目内容按照一定的故事发展逻辑抑或是时间顺序厘清，并且塑造剪辑出故事线，至此便定下了当期节目的大概走向和氛围。再由剪辑递交给花字文案组，给其在不破坏原有故事逻辑线的基础上，进一步用文案的方式推动故事剧情，增加笑点，固牢嘉宾人设。之后递交给动画、调色、混音和交播组。每一期节目的播出，背后都有一条井然有序的流水作业线，在这个过程中，花字文案师扮演着非常重要的一环。

花字作为一种媒介符号，在大众传播的过程当中会承担一定的社会传播价值，用符号自身承载意义，作为娱乐抑或是社会遗产传承。如今媒介形态的变迁令受众愈发眼花缭乱，在庞大的媒介体系当中，综艺花字的存在或许微不足道，但作为符号载体，其对节目制作、受众理解、娱乐价值、商业发展都有不可或缺的价值意义。

一、节目制作：补充镜头语言，强化受众记忆

花字在节目当中的出现时长、出现频率以及文案风格，会根据不同的叙事风格和剪辑点而随之做出改变。因此，从节目本身的视角出发，文案花字的传播价值也会有所不同。根据类型大致划分，综艺节目的花字可分为传递信息、提供娱乐、强调价值以及把控节奏。

（一）信息文案：补充画面信息，侧重于向导

波兰哲学家沙夫说过，人类传播过程是经符号的中介而传递明确的意义。信息，即能够减少熵的符号。传达给受众信息，也就意味着减少了受众在观看综艺节目时的不确定性。例如在节目中，嘉宾信息板一般会在艺人嘉宾第一次出场时给出，此类信息就属于如果不刻意按下节目暂停键去搜索，很难得知的信息。

在《乘风破浪的姐姐2》中，无论是真人秀部分还是比赛部分，信息文案频繁出现，例如姐姐们在练习室培训时，通常在右上角都会出现花字向观众解释此时画面中出现的是哪一组，在分组的过程中，花字也尽量用最简单的文字解释本场赛制，帮助受众在观看节目时对其规则了然于胸。举例来说，在《乘风破浪的姐姐2》第一期（上）中，姐姐们在第一次演出评级之前的妆发环节，一群人提着行李箱推门而入，花字配合"30组姐姐专属化妆师入场"，如果没有这句花字来打配合，此时受众很难能明白此镜头的目的是什么，画面中出现的三十多个黑衣人又是从何而来。可见，花字作为信息文案，在当下的节目制作当中愈发不可取代。

（二）娱乐文案：欢快之下的力量涌动

在受众传统观念中，综艺节目花字主要作用为"传达娱乐"。本文对娱乐性花字定义为非信息类文案，并非不可或缺，但也很难传达更多有用信息，主要作用为配合节奏音效，为当下的综艺剧情做戏，从而理顺这一部分剧情的逻辑，以及为剧情增加笑料。

1. 搬梗还是造梗？

一个好的综艺花字师总是善于捕捉网络热点，他们会大量地阅读社交网络

流行词，横扫各大平台榜单，溯源出一个热梗的起始来源，才会真正放在节目当中使用。这便是借梗，借助网络上目前最流行的词，放置于节目当中，让节目本身更加融入时代，从而赢得年轻群体的喜爱，这在当下的花字制作常用的方式。例如在《戏剧新生活》中，修睿为了偷吃饭而被逼翻窗，摔倒在草丛里，花字打趣其为"卧草"，使用一个谐音梗并配合网络流行词，得到了弹幕的广泛重复，实为借助了网络的东风。

然而，有更多的节目组和花字师，不仅仅满足于借助网络的东风来让自己的文案出圈，而是希望能够引领网络的风潮。虽然如今的互联网时代，新鲜事物、新鲜词层出不穷，用一个典故就是猪都能飞上天，只是没有人在意这只飞上天的猪最后的结局是摔下来，还是继续翱翔。这也是当今互联网为人诟病之处，热搜与流量来得很快，去得也快，一个当红流量或许下个月就会被其他新人盖住风头，一个人人都在议论的社会热点事件或许只需要中午一顿饭的工夫，就会被绝大多数人遗忘在信息爆炸的角落。但依旧有人想要在这爆炸的废墟之中站稳脚跟，即使是昙花一现也想要站上舞台。因此，在有些综艺节目当中，依旧会出现出圈的词和热梗，多数是来自花字师的反复强调和巧妙的时间点放置，使观众看到了、理解了并且记住了。例如最近热播的《向往的生活5》，花字师给彭昱畅增加了"莽夫"的个人标签，该标签由于时间点安排恰到好处，且极其符合人物的人设，调侃得也十分可爱，得到了观众甚至是彭昱畅粉丝的认同和接受，成功出圈。这时，"莽夫"这个词便成为一个新的流行梗，其不再是单纯为了辅助节目画面的一个词语，符号背后便拥有了新的内涵。同样的，在《说唱新世代》这样偏小众的亚文化圈层中，选手生番的口头禅"真漂亮"，在其自身的不断重复和节目制作方剪辑以及花字师的不断重复当中，也成功出圈，成为网络流行词。

无论是搬梗还是造梗，都是为了更好呈现节目形态。在综艺节目的定位愈发垂直的今天，通过埋梗造戏的方式让节目内容和价值更为出圈，才是花字师在思考文案时首要考虑的要素之一。

2. 内心戏实为强加？

在综艺节目的花字制作中，观众对描述人物的内心戏文案的娱乐性花字接受程度是较为模糊的。在绝大多数情况下，综艺后期制作组还是希望能够尽量规避人物内心OS的出现，尤其是偏向于纪实类的综艺，例如《恰好是少年》，或者是竞技类色彩较强的综艺《令人心动的offer2》等。

人物内心OS类花字实际上与写剧本的思路是大致相仿的，例如电影剧本当中也很少采用人物内心在想什么的叙事手法，原因是这样的人物内心戏没办法通过演员的外在表演表现出来，而是要通过旁白画外音的形式来呈现——人的所思所想是不会自己形态化的。相同的道理，在综艺的剧情当中，无论是素人嘉宾还是明星偶像，其内心究竟在想什么，他人很难得知，并且不排除存在说一套做一套。后期强行给嘉宾附上内心戏，实际上并非嘉宾本身意愿，而是节目制作方根据自身的意愿来对嘉宾的行为做出的外部控制。

然而，并非人物内心戏的花字就会被综艺节目完全排除，一些好的梗依旧会存在于节目当中，比如在嘉宾的意向十分明显时，花字也会用人物内心 OS 的形式补充人物，甚至是在人物内心 OS 时配合当下的热门流行梗如"那我走？"，来加强综艺的喜剧效果。

3. 人设是自主还是被动？

在看一档节目时，受众通常会不由自主思考，这个嘉宾在屏幕上所呈现的自我，究竟是不是真正的自己，嘉宾的台前台后人设是否吻合？后期在多大程度上都够左右一个嘉宾的外在表现形象呢？

实际上，综艺的后期也都是在把嘉宾本身往更容易受到观众喜欢的方向塑造，因为这是一个两全其美的结果，嘉宾艺人的好评度得到提高，节目本身的点击率和好评也会随之提高。虽然综艺节目有时候喜欢制造冲突，但是冲突之外，还是会将嘉宾冲突之外的另一面呈现出来，多角度诠释人设，让人设更加鲜活、立体。

而在为嘉宾塑造人设时，花字的作用可谓不容小觑。甚至花字能够让弹幕对艺人的风评转向，因此如何把握尺度，能够用插科打诨的方式将艺人本来并不讨喜的做法，混淆成可爱的风格，这就是花字师需要动脑筋的地方。例如在《潮流合伙人2》中，飞行嘉宾赵小棠和固定嘉宾范丞丞的互动，遭到了很多观众对赵小棠的不满，认为其不礼貌，即"深感不适"，花字打出了"但实际是爱你的啦"类似的字样，把赵小棠或许会引起弹幕评论新一轮攻击的点化解掉，使观众理解为这一幕是赵小棠跟其他嘉宾是因为关系好才会开玩笑。而在《哈哈哈哈哈——很高兴遇见你》中，王勉的人设为卑微但倔强的小王。在重庆篇中，分组部分花字围绕王勉给出了一系列的描述来递进嘉宾的人设形象：摆事实讲道理、怕是逃不掉了、被迫加入、蹭妆是有代价的、卑微小王回归。

因此，人设的形成，有嘉宾艺人自身主观流露出来的真实样貌。另一方面，花字的存在也让嘉宾人设的铸就有了新的路径，嘉宾的人设从主观变为了主观自我和客观加持的双方力量角逐。

观众对明星人设的认定，某种程度上也是心中自我的反应。法国精神分析学家拉康在其镜像理论中指出，刚开始，婴儿认为镜子里的是他人，后来才认识到镜子里的就是自己。在这个阶段，婴儿首次充分认识到自我。而在此之前，婴儿还没有确立一个"自我"意识。从镜像阶段开始，婴儿就确立了"自我"与"他人"之间的对立。观众从节目嘉宾身上认知到的性格，也是观众自我人格一部分的体现。

（三）增美文案：价值导向的高效传达

综艺节目除了娱乐功能外，作为大众传媒的产物，也拥有规范社会的价值输出的功能。美文的存在就是综艺节目价值输出的强有力武器，在快节奏的镜头拼接之中寻求一些慢下来的瞬间，在空镜和升格镜头上添加美文内容，用轻言轻语传播强有力的道理，以谋求观众共鸣。

较为出名的美文有吴梦知的一系列美文写作，在2013年的《快乐男声》主题为"自由歌唱"的一场表演，吴梦知在文案中写到"我知道如何从一个贫穷的孩子变成偶像，知道如何隐藏巧妙地活出灿烂千阳"。在《花儿与少年》中写"爱不是彼此凝望，而是看向相同的远方"。最掀起公众广泛议论与共鸣的，是吴梦知在自己导演的《乘风破浪的姐姐1》中的开篇开场文案，文案中运用"三十而立""三十而骊""三十而励"三个概念，将女性的坚守融入八个字中，成为节目播出期间，甚至是延续到现在的一句共鸣话语——"一切过往，皆为序章"。

可以看到，无论节目本身定位是如何，即使是像《哈哈哈哈哈——很高兴遇见你》这样的目标受众为老中青三代的户外搞笑类综艺，导演也想通过一些环节的设置来表达某种主题，例如离别、思念的愁绪。文案也会在适当的时候将情绪推上高潮，在娱乐产出的同时也将导演组、制作方的价值编码，传达给观众。

（四）新型文案：调节故事节奏

随着花字在综艺节目当中的重要性愈发上升，剪辑也开始留出空白黑场给花字，让其在一档节目当中承担调节剪辑节奏、划分节目章节的作用。此种处理方式，以一种戏剧化的形式出现，颇具艺术性和创新性。

例如在《戏剧新生活》当中，章节的划分格外明显，花字文案将大概二十分钟的戏归纳总结为一个主线主题，然后用诙谐调侃、偏戏剧性的语言风格呈现，恰到好处地让观众对这一部分的主题内容有所了解，且也应了"戏剧"这个主题，将综艺节目沉浸在戏剧的风格之中。例如在《戏剧新生活》中的几个小章节黑场花字"戏剧是一种病"等，都是后期花字师将文案放置在戏剧的调性当中创作出来的，而花字后面紧跟的剧情以及剪辑节奏、人物设定也是在围绕"戏剧是一种病"这个主题所进行的，花字本身成为小标题，最大程度上控制了综艺节目的编排走向。

其次，类似的黑场文案也出现在《乐队的夏天》《乘风破浪的姐姐》当中，但是和《喜剧新生活》所不同的是，在这几个节目当中所出现的黑场文案更加侧重于调侃而非提纲挈领的存在，例如《乘风破浪的姐姐2》当中，黑场更像是从节目组的视角对姐姐们的所作所为进行的第三方描述，或者是回答，通常将文案的身份设定得唯唯诺诺，以此来衬托姐姐们的强势风格，筑牢嘉宾们的人设。

以上，可以发现这种新型的黑场文案，也是跟随不同节目的调性而变化的。但是归纳来看，此类文案更多地承担着调节剪辑节奏的作用。并且，文案花字师有时候还会颠覆剪辑师本身的逻辑线，当其用文字铺线时，发现上一个环节当中剪辑的逻辑并未理顺或者存在歧义时，就会打回到上一个环节，用花字师的逻辑来呈现这一环节。

二、相对自由：配合节目调性发力

底层逻辑的不同，决定了上方搭建的节奏如何。或为了传达轻松生活的美好，唤醒当代都市青年对"慢下来"的渴望；或为了将一种职业去陌生化，在传达职业神圣的同时尽可能地唤起更多受众的共鸣；或为了社会价值，表达女性话题对社会发展的着重之处；或以商业导向为主，在流量中浮沉而谋求更多的关注。

本文选取不同类型综艺节目（《令人心动的 offer2》《乘风破浪的姐姐2》《潮流合伙人2》《哈哈哈哈哈——很高兴遇见你》）的其中一期内容，对其花字出现的频率和类型进行了分类和统计。其中，对节目每分钟内出现的花字频率进行了平均，如表1所示。

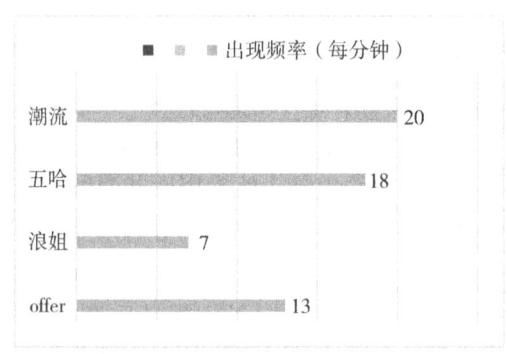

表1 不同类型节目花字出现频率表

节目	出现频率（每分钟）
潮流	20
五哈	18
浪姐	7
offer	13

由表1可以清晰直观得出，不同类型的综艺节目，即使是出自同一家后期制作公司的同一批花字制作师之手，其出现的频率和间隔时间也是不尽相同的。深入来说，这和每一档综艺节目自身想要传达的理念、目标定位受众都存

在关联性。

（一）降低真实感的花字：节目纪实性越强，花字频率越小

从表1可看出，在《潮流合伙人》这种需要密集排布笑点的综艺之中，花字的出现频率最多，平均为一分钟20次，也就是3秒钟一个，更加确切来说部分高潮片段甚至达到了一个画面上一组花字。从《潮流合伙人2》的底层逻辑来看，其导演车澈也制作过《中国新说唱》，导演的作品定位一直是比较潮流和贴合年轻群体的。从《潮流合伙人2》所邀请的固定嘉宾团队即"FOURTRY"中也可见端倪：陈伟霆、刘雨昕、范丞丞、欧阳娜娜、周扬青，每一位都是当今比较潮流的偶像艺人，他们的穿衣风格和流行趋向往往能够带动大众的跟随。因此，在这种风格的蔓延之下，花字制作的风格也都朝着"潮流不low"的方向走，少了许多老套的俗语和描述，而是用许多类似"成都限定""潮流混搭"的词语来划定节目风格。其中娱乐文案运用较多，并且密集输出以配合剪辑间奏。

而在偏向于竞技类综艺节目当中，花字的出现明显减少。尤其是在出现争议性画面抑或是大段抒发情感的片段时，有时连续5分钟都不会出现花字。因为这类节目更加强调的是纪实性，不用后期节目组的主观想法去带动观众的思考，也不用花字来站队。这是后期制作方保护自己团队不受粉丝谩骂的一种手段，但更加偏向于纪录片角度的客观陈述。

（二）严肃与对抗性越强，花字主观情绪越抽离

正如前文所提到的，综艺节目中出现争议性画面或者是大段抒发情感的片段时，花字出现的频率会陡然下降，甚至是全部消失。这时，综艺节目的制作理念有些贴近新闻的制作方法，即客观性、真实性，不用制作者的主观思想控制受众的思考角度，即口语中的"不站队"。（这里的不影响，针对的研究对象为综艺节目中的花字，至于剪辑是否运用拼贴来混淆受众视听，本文暂不做讨论。）

单独拉出两个代表的综艺《令人心动的offer2》以及《哈哈哈哈哈——很高兴遇见你》，这两部综艺一个是对抗性质的成长类观察真人秀节目，通过对实习生入职以来的一系列行为考察对他们进行评级，来决定最终留下的两个名额花落谁手。而《哈哈哈哈哈——很高兴遇见你》则是嘉宾们的穷游活动，通过任务的完成，加深对一座城市的了解，是一档典型的老少皆宜类型的大型户外真人秀节目。随机抽取节目中的一些片段，对其出现的花字进行拉片和分析。如表2所示，为《哈哈哈哈哈——很高兴遇见你》当中，在山城重庆，嘉宾邓超体验滴滴司机的节目片段。表3则为《令人心动的offer2》当中带教发布任务，实习生分组之前的讨论片段。

表2 《令人心动的offer2》片段

时间轴	文案内容	类型
14：10	前方车辆掉头	信息文案（画面模糊，解释画面）
14：55	司机邓某热心疏导＋5H头条：深夜街头大巴故障导致路口交通堵塞	
15：00	热心的哥老邓头	
	沿路提醒车友掉头	
	热心疏导有奇效后来车辆及时离去	
	人间有真情感谢老邓头	作梗，推动邓超老年人人设
16：09—20	抢单失败	
	疑似乘客	
	大批客源	
16：25	生意都是别人的	没有生意的剧情
	熟练掌握科目三	跟随艺人唱词作梗"我是来练车的吗今天"
17：08	潜在乘客	
17：10	为您停车	

表3 《哈哈哈哈哈——很高兴遇见你》片段

时间轴	文案内容	类型
1：01：29	实习生选择队长中	信息文案
1：01：57	对不住了	娱乐文案（实习生内心os）
1：01：58	李晋晔组控方（受害方）刘煜成	信息文案
1：02：01	收到第一封邮件	信息文案
1：02：27	各收到三封邮件	信息文案
1：02：35	辩方（被告人）：王骁组王颖飞詹秋怡何旻哲	信息文案
1：02：41	控方（受害方）：李晋晔组刘煜成朱一暄赵南希	信息文案
1：03：06	分组完成	信息文案
1：03：11	即刻开工	信息文案
1：03：22	现在时间11：45距离辩论6小时45分钟	信息文案
1：03：30	鼓舞士气	
1：03：40	毫无头绪	
1：04：48	在白板上写上时间规划	
1：04：58	带领组员布置时间安排	推动李晋晔领导能力提升的人设

通过表2和表3的对比分析可以看出，《令人心动的offer2》（以下简称"offer"）和《哈哈哈哈哈——很高兴遇见你》（以下简称"五哈"）这两档综艺在花字制作上的不同之处：

五哈将更多的花字内容集中在铺梗造戏上，很少有描述画面抑或是信息类文案，而是根据当下不同的故事线，设定一个有趣的场景，在这个场景之中创作花字文案，来增强这一整段内容的趣味性、可观看性。例如表 2 当中所分析的这一段内容，为嘉宾邓超体验滴滴司机的生活，但是很难拉到客人的窘境，在开车的过程还遇到了道路拥挤。这本来是一个气氛较为消沉的段落，但是花字将其设定为老邓头热心助人的新闻播报场景，通过一连串的情绪递进，将这一段做成了妙趣横生的片段，颇有苦中作乐的感觉。这种文案风格也刚好符合五哈"老少皆宜综艺"的节目定位。

而 offer 则是将更多的花字内容集中到传递更多信息，解释画面上。通过 offer 的镜头运用就可以看得出，节目多为固定机位拍摄，几乎没有游击镜头，以客观的视角尽可能地减少工作人员对拍摄人员的干扰，秉持客观严肃的节目制作理念。因此，相应的花字文案内容也相当客观谨慎。在随机选定的对象片段当中，除了最后对李晋晔成长线的人设塑造文案之外，基本全部都是信息文案，花字最大可能地抽离了主观情绪对情节的侵入，呈现给观众更加简洁的观看体验、更加深入的自我思考过程。

可以看出，综艺节目的花字风格是随着节目制作方本身的调性做出切换的，并非一个团队永远都是一种风格。节目本身的定位就像一个大网罩住了节目制作的角角落落，无论是剪辑节奏还是花字的内容归类、出现频率，全部都在这张大网之内保持相对自由的活动。越是严肃类的综艺，其对花字的要求就越是谨慎，能不上花字就不上花字。并且在一些强调记录感的综艺节目，例如《同一屋檐下》当中，花字更是被全线拿掉，整个综艺里动画和花字都不存在，这也是当今综艺花字行业的一个典型。

三、社会的观望者：花字对现象的反应

综艺节目虽然以娱乐大众为主，但是在制作过程中也存在主观制作者想要传达的内涵意义，某种程度上也是一种艺术作品。而花字则是这件艺术作品当中最为直观易懂，最能够减少传达过程中信息"噪音"的媒介体，因为其所承载的意义所给人的想象空间较之具体的画面更为窄化，所以才能够更为直接地传达含义。

（一）对社会当下热点的拷贝

花字想要打破圈层，在更广的社会范围内广泛传播，总会带有一定的流行因子，即能够触动公众自发参与传播的因素。所以大部分的花字融合了社会当下的流行因素，才能够广为传播，作为关键词登上话题热搜榜单。

例如《乘风破浪的姐姐 2》当中的花字文案给那英贴上的人物标签"英

子"。"英子"这个名字如果倒推二十年，即使有像如今这样广泛传播信息的媒介载体，也很难为观众主动传播。原因是"英子"这种称谓在当时的年代本身就具有普遍性和广泛性，在一群××子的称谓当中，"英子"不存在独特的亮眼之处，因此很难脱颖而出成为热门词。而在今日，很少有人称呼他人为××子，"英子"这样的称谓一瞬间就成了复古回潮，作为一种时尚的轮回固牢了那英莽撞的可爱形象，提高其国民喜爱度。

可以说，花字的运用并非是随机的，而是花字制作者通过一系列的思考和斟酌，敲在剪辑时间线上的成果，其要并非只是考虑到的这一段剧情是否通顺，还包括对艺人的影响，可能会收到的观众反馈和对时代热潮的传承等因素在内。因此，在未来观众回看综艺的文案花字时，也能够通过文案来推敲时代背景，挖掘词语符号背后的内涵和外延意义。

（二）美文：价值的输出工具

综艺人对社会的观望和反思，集中体现在美文的写作当中。通过简单的一两句话，拟合镜头语言和前面剧情，抒发引人深思的道理，这是美文最直接的作用。因此，花字制作者需要在日常的生活中始终保持对社会的观望和反思，不断习得知识，体会感情，才能够准确拟合镜头，写出合适场景的文案。

此处的工具并非一个贬义词，而是一个中介，通过美文最大程度把综艺的后期制作者和观众的心灵进行联结，实现"遥在"，即遥远的在场。美文的存在，能够让本身不处于同一个时间、同一个空间的人联结起来，共同领会关于人际交往，关于生死存亡，关于社会责任。

四、坚守与进步

（一）坚守主流价值观，沿袭风格

节目定位是一张大网，在此之下的花字都会尊重节目本身的定位进行文案的写作，以此作为统一的作品基调。在这张大网之外，花字还应该在主流价值观之内进行创作和自由扩散，始终保持相对自由的状态。

花字的制作者应该意识到，节目是开放的，观看节目的受众除了拥有辨识是非能力的成人之外，还有心智发育尚未完全，世界观和价值观尚未形成的少部分群体，因此引导正确价值观也是花字应该尽的社会责任之一。花字也可以通过文字的方式，在吸引受众注意力的同时，潜移默化为青少年树立正确的价值取向，这也是所有传媒业应该坚守的。

（二）坚持内容导向

热点层出不穷的时代，花字在拷贝热点的同时也应该有自己的思考和创新，而非一味盲从。观众的反馈固然重要，但是也要注意不要被观众的注意力所牵住鼻子。在了解到受众喜好之后，适当地调整花字的风格，也不要一味地谄媚受众，失去自己的内容创作初衷。

综上所述，花字文案在一档综艺节目中的重要程度愈发重要。传递信息、提供娱乐、倡导价值以及调整节奏等都是花字能够传播的价值和意义。而对不同类型的综艺而言，由于节目组对节目的策划风格定位、受众群体、效果反馈等因素的不同，花字的频率和风格也会随之做出改变。但无论是抛梗造戏，还是塑造嘉宾的立体人设，抑或是把控受众的关注方向等价值，花字都能够用符号的方式承载意义。在未来的综艺节目领域，花字或许能够以更多的作用形式出现。本文是基于某种领域内流行综艺的个案探析，在未来，或许能够出现新类型综艺，那时花字所承担的作用又会有所扩宽，但其基本的传播价值将会成为底层逻辑经久不衰，花字的变与不变才是传媒业所期待的。

参考文献

[1] 唐朱勇，陆梦鑫. 观察类真人秀节目的花字类型和功能分析 [J]. 西部广播电视，2020（22）.

[2] 李丹丹. 例谈电视综艺栏目策划文案写作要点 [J]. 应用写作，2014（11）.

[3] 奚瑞媛. 电视综艺类节目文案创作方式分析 [J]. 记者观察，2019（5）.

[4] 蔡可君. 综艺花字文案的"加法叙事"——以《中餐厅2018》为例 [J]. 今传媒，2019（2）.

[5] 包益曼. 浅析花字设计在综艺节目中的创新运用 [J]. 传播力研究，2019（3）.

[6] 卞合江. 浅析综艺节目中花字的创新运用——以《我想和你唱》为例 [J]. 现代视听，2017（8）.

[7] 厉小逸. 浅析媒体创意在电视综艺节目包装中的应用与效果——以浙江卫视《奔跑吧兄弟》为例 [J]. 新闻研究导刊，2016（10）.

[8] 李欣. 接受美学视角下偶像养成类综艺探析——以《乘风破浪的姐姐》为例 [J]. 北方传媒研究，2021（2）.

[9] 冯页迪. 综艺节目的编剧技巧分析 [J]. 传媒论坛，2021（6）.

[10] 全媒体时代电视综艺节目"泛娱乐化"探究 [J]. 新闻前哨，2021（3）.

[11] 王艺轩. 综艺流行语"梗"文化传播模式探析 [J]. 传媒论坛，2021（5）.

[12] 郭同希. 室内文化类综艺节目的发展管窥 [J]. 视听，2021（5）.

[13] 梁颖茵. 浅析当下综艺节目如何实现社会价值传递 [J]. 戏剧之家，2021（14）.

[14] 袁佳琦. 探析选秀类综艺节目现状及未来发展 [J]. 传媒论坛，2021（8）.

基于 TRA 理论的微信信息流广告效果影响因素分析

张曦兮　苏梦杰

【摘要】 本文基于理性行为理论，以微信信息流广告为研究对象，分析微信信息流广告的投放效果及其影响因素。通过问卷调查和文献调查法，利用 SPSS 软件进行实证研究，为相关假设提供数据支持。通过实证研究发现用户态度、主观规范和群体一致意识对用户通过微信信息流广告购买产品的行动意愿具有显著影响。且主观规范和群体一致意识的影响高于用户态度对行为意愿的正向影响。基于研究结果，提出了在未来，微信信息流广告运营投放需提升互动性，增强用户参与；紧跟热点，进行话题营销；打造精品，丰富广告表现的建议。同时，本研究存在样本代表性及结论普适性需进一步验证的不足。

【关键词】 TRA 理论；微信信息流广告；投放效果；影响因素；运营策略

绪论

经过互联网二十余年的变迁，最初以粗放式大面积曝光为典型特点的传统广告模式开始朝着更追求个性化和广告效果的精准广告模式转变。在人工智能和算法技术的推动下，以信息流广告为典型代表的新型广告形式应运而生。而以微信为代表的社会化媒体，依托社会化网络结构下组织、个人的内容互动与共享兼具媒体属性与社交属性。镶嵌于其朋友圈中的信息流广告则天生具备了契合微信社交模式的独特的社会化属性。微信信息流广告自推出以来，获得了业界和学界的广泛关注。随着近年来算法技术的不断成熟，越来越多的广告主、企业、媒体主体开始重视微信信息流广告的作用，寻求微信公众号、微信视频号的联动合作，将其作为新媒体运营的一大版块来布局自己的全媒体版图。微信信息流广告投放效果及其影响因素成为运营策略规划重要的考量与指导因素。

一、相关文献研究概况

信息流广告（NewsFeed Ads）最早出现在著名社交网站 Facebook（现为 Meta）上，随后中国的新浪微博、微信上也相继推出。信息流广告属于原生广告的一种类型，其基本运行原理是在数据库分析的基础上，定义目标消费人群，描绘用户画像，在用户所分享信息中插入广告。微信官方于 2015 年 1 月 25 日正式推出移动信息流广告，与商家或个人在朋友圈、微信公众号等发布营销广告的方式不同，该广告类型属于定向传播，针对性更强。

（一）国外研究概况

作为一种全新的营销推广形式，信息流广告在国外的研究发展较早，研究成果较为丰富，主要分为信息流广告实现技术研究和信息流广告的实践研究两部分。其中关于信息流广告的实践研究主要涉及隐私关注、用户的接受与行为、企业的运营策略研究等方面。徐文建为移动用户研发了一个基于地理位置感知的信息流框架，结合用户的兴趣属性信息。实证研究证明：与原有形式的信息流广告相比，基于用户地理位置推送的信息流广告效果更鲍杰基于信息流决策模型设计出了能感知地理位置的信息流推送系统，及时反馈用户询问最多的问题，并提供广告信息最佳解决方案，使得信息流广告的推送与用户的实际需求相契合。此类研究进一步发展了信息流广告的实现技术，为实现更精准的受众定位提供了一定指导。克里斯托弗等学者以 Facebook 为研究对象，调查用户对隐私问题的态度，结果显示，虽然 Facebook 中信息流广告提供了便利的信息访问，但仍有大部分用户认为自己的隐私在一定程度上遭到了侵犯。此外纽曼和杰瑞德等的研究也证明信息流广告对用户造成了隐私困扰。博滕等通过定量分析研究消费者对社交媒体广告的态度与消费者行为之间的关系，得出公司声誉对两者关系有调节作用，指出公司可通过树立正面的品牌形象，促进广告投放取得更好的效果。

（二）国内研究概况

国内的信息流广告起源于 2013 年，由新浪微博率先发布。本文以"信息流广告"为主题词，在"中国期刊全文数据库（CNKI）"上进行检索，截止到 2021 年 5 月，共检索到含"信息流""新媒体"等关键词的相关文献共 688 篇，以"信息流广告"为主题，以"微信信息流广告"为主要主题词检索，共检索到相关文献共 109 篇。

从文献发表的年度趋势（图 1）来看，"信息流广告"这一概念相关论文在 2012 年以前的文献研究中出现较少。在 2013 年大幅增加。从时间点可看出国内"信息流广告"的相关研究与新浪微博的推出息息相关。

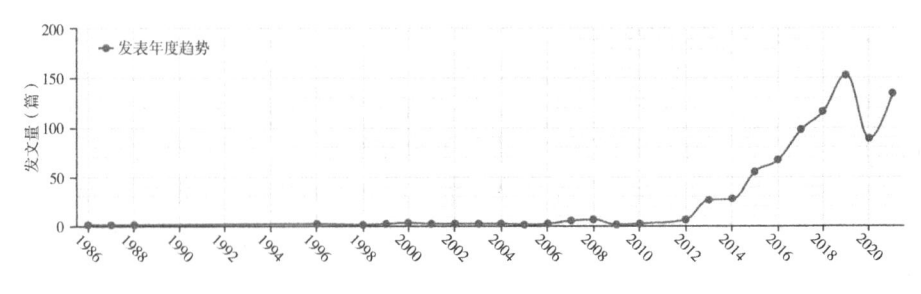

图 1 "信息流广告"文献发表年份分布

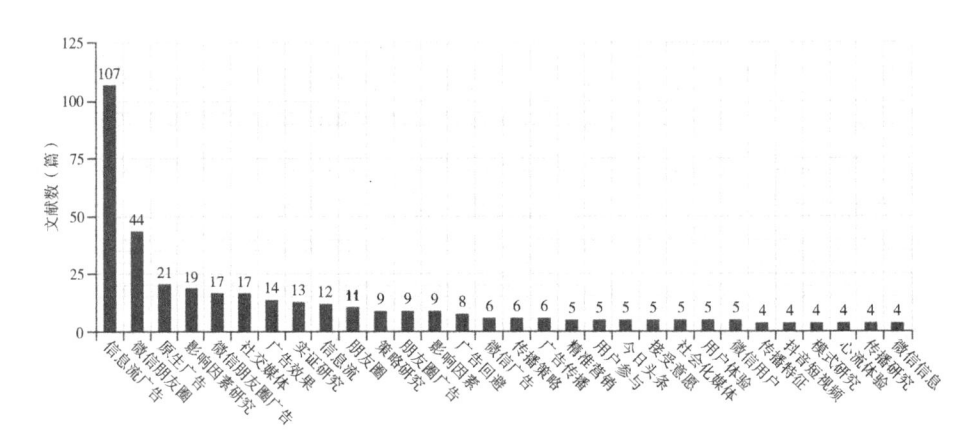

图 2 "微信信息流广告"文献主题分布

图 2 显示了以"信息流广告"为主题，以"微信信息流广告"为主要主题词相关的文献所在的主题分布。国内的信息流广告相关研究起步较晚，主要集中于信息流广告的概念及特征研究、信息流广告的传播策略研究、用户的接受行为与参与研究等。

在国内，信息流广告的研究对象主要为微博和微信朋友圈。韩杰指出了信息流广告的定义以及微信朋友圈信息流广告基于强关系链的属性，认为微信应该立足于自身特性，打造更注重用户体验、努力维持朋友圈私密性与互动性、更加契合微信生态圈的商业模式。陆小凡梳理了国内信息流广告的发展现状，对微博、微信信息流广告进行了比较分析，指出了微信、微博信息流广告的广告定位与表现形式的不同，提出微信目前的广告效果测量体系尚不成熟，需要建立综合测算模型。陈艺妮等的研究结果显示，感知有用性、感知易用性、感知风险及主观规范显著影响着消费者对移动短信广告的接受意愿。张艳从传播学角度出发对微信营销分析后得出，在更加细分的市场或产品区域内，对某些特定群体进行密集的信息传播将会得到高效的营销效果。王佩佩从新浪微博信息流广告中的平台、注册企业用户、普通注册个人三个主体着手，提出了用户体验受损的问题和企业需要配合互动营销、降低对用户体验损耗的建议。余梦醒提出了信息流广告回避的问题以及在信息流广告中加入创意干预的可行性。

针对微信朋友圈的信息流广告，贺珅指出了微信朋友圈信息流广告整体性延伸的节点传播和事件化营销的话题传播的传播特征，认为微信信息流广告持续关注度高但是传播焦点模糊。郑真通过实证研究指出，消费者品牌态度、消费者参与度、消费者创新性、广告要素喜好度与信息针对性对微信信息流广告效果产生正向的影响。黄超基于扎根理论从受众的角度再次验证了信息流广告推送的精准性、受众的网络接受状况、信息流广告内容的趣味性与形式的创新性、品牌知名度、受众的参与性、消费偏好等都会对信息流广告的效果产生重要影响，李进华等基于TAM理论构建受众信任模型，指出感知易用性、感知精准性、感知风险和主观规范对受众信任有显著影响。

综上所述，信息流广告的崛起引发了学界和业界的广泛关注，而国内针对信息流广告的研究起步较晚，研究也集中在现象描述和特征归纳方面。同时，学界采用了一些既有理论对微信信息流广告展开了用户接受行为的定量研究，探讨了用户信任、用户隐私关注、用户回避行为等。当前，随着传者中心向受者中心的传播环境的改变。受众在微信信息流广告接受中的角色与地位越来越对广告的投放效果起着重要作用，对平台、企业、创作者而言，并非精准定位用户爱好或者嵌入用户生活场景就能取得预期效果。在微信朋友圈这个复杂的社交场域，除了隐私关注与信任，受众的接受行为还受到很多因素的影响，因此，受众接受行为的研究仍是可以突破的重要方向。

（三）理论线索

对一个新兴产品或新的广告形式的消费者接受。学者们已提出理性行为理论、计划行为理论、顾客满意理论、关系理论、价值理论、线索利用理论、交易成本理论、预期效用理论、用户特征理论、用户创新性理论、技术接受模型等一系列理论。在这些理论中，顾客满意理论和关系理论适于解释重复购买意向，价值理论、线索利用理论、预期效用理论和交易成本理论都只是提供了单一的解释维度，不能反映微信朋友圈信息流广告覆盖多种关键特征的复杂社交情景，缺乏对制定运营战略的直接指导价值。用户特征理论为用户细分提供了完善的建议，但对于基于算法和人工智能为用户推荐的信息流广告而言，用户细分已经较为完善，不需要针对不同的用户需求去寻找划分标准。技术接受模型是在理性行为理论的基础上研究计算机技术的接受行为而提出的，认为新产品的感知有用性和感知易用性决定消费者购买意向，但是产品有用性和易用性都是通过影响消费者对产品的态度和感知行为控制进而影响消费者购买意向的,而且产品的感知有用性和感知易用性反映的是情景本身,是基于产品视角的研究结果,与本文基于消费者研究的视角不同。聚焦于消费者本身,消费者的行为受到了认知、态度、情感、外部等多重因素的影响,由此,要建立能够有效指导消费者接受信息流广告行为的意向理论工具,就应当多维度地综合考虑各种可能的影响因素,那种基于单一因素理论的研究视角,无法实现这一研究目标。

相比较而言,理性行为理论立足于消费者本身,以态度和主观规范解释消费者的行为意愿,对消费者态度本身以及微信信息流广告存在的特殊的社会情景等多种因素的影响都具有一定的解释力,能够为微信信息流广告的营销与运营提供具体的路径指导。因此,本文以理性行为理论(Theory of Reasoned Action, TRA)为研究的参照与线索,具有理论应用的创新性和理论适用的可能性。

二、模型构建与研究假设

在营销学研究中,菲什拜因与阿耶兹的理性行为理论(Theory of Reasoned Action, TRA)是影响范围最广的理论之一。该理论来源于社会心理学,经常被用来预测多个领域的行为与行为意向。它充分地说明了动机和信息对行为的影响,认为个体倾向于按照能够使自己获得有利的结果并且也能够符合他人期望的方式来行为。自我和个人和个人所处社会的普遍观念是该理论考虑的两个主要因素,其基本原理就是态度和主观规范是其他变量对行为意向产生影响的中间变量,行为意向是态度和主观规范对行为产生影响的中间变量。针对微信信息流广告引导消费者群体进行消费的情景特征,研究三个可能的解释变量——态度、主观规范、群体一致意识对行为意愿的影响,识别主要解释变量及其形态,最终建立既嵌入微信信息流广告的投放情景,又能对获取微信信息流广告投放最大效果的消费者行为意愿理论模型。

(一)态度对行为意愿的作用机制和影响

态度是通过对给定的对象(如产品、品牌、服务广告等)一贯性喜欢或不喜欢的方式所表现出的一种通过学习或经验所获得的倾向。作为通过学习或经验习得的倾向,态度具有动机性质。态度和动机可以驱使消费者形成或者抵制某种行为。已有的大量研究都发现,态度是影响购买意向的重要因素。理性行为理论将态度置于首要决定因素的位置。因此,本研究以前人的研究范式为参考,结合研究对象,提出假设:

H1:对通过微信信息流广告购买产品行为的态度显著影响通过微信信息

流广告购买产品的行为意愿

（二）主观规范和群体一致性对行为意愿的作用机制和影响

主观规范是理性行为理论和计划行为理论均包含的行为意向主要影响因素。而在以理性行为理论为基础的研究中，有大量研究者发现，不同文化背景下，人们的价值观、重要他人等心理特征存在差异，导致了主观规范影响的显著性不同，如罗梅洛等发现，发达国家消费者相较于发展中国家消费者有较强的主观规范效应。因此，本研究参考了学者李东进根据中国的文化环境与文化心理提出的面子意识和群体一致意识，增添了群体一致意识这个对中国的消费者而言相较于主观规范更具解释力的影响因素。提出了如下假设：

H2：主观规范显著影响通过微信信息流广告购买产品的行为意愿

H3：群体一致性显著影响通过微信信息流广告购买产品的行为意愿

综合上述分析，本文提出如图 3 所示的中国文化背景下通过微信信息流广告购买产品的消费者行为意愿的操作模型：

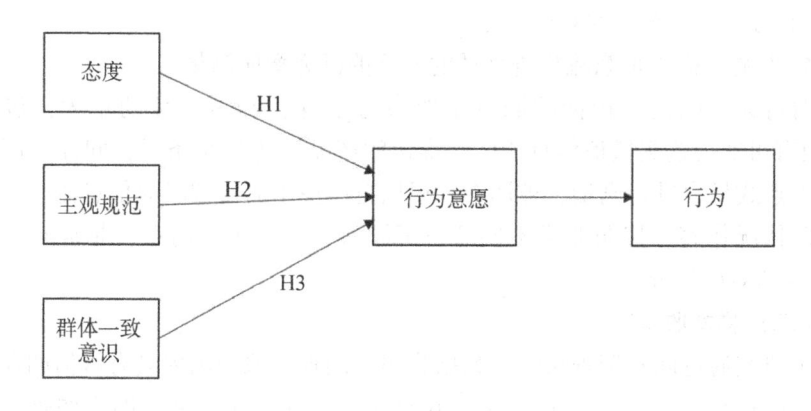

图 3　TRA 理论模型图

三、问卷设计与数据收集

（一）量表与问卷设计

本研究所有维度的测量均参考了学界的相关研究，再结合本研究针对的微信信息流广告特定的社会情境特征予以局部针对性调整，形成测量量表。

1. 对购买微信信息流广告推送的产品的行为的态度测量

本研究根据美国心理学家奥斯古德等人提出的一种态度测量技术的态度语义差异量表将人们对购买微信信息流广告推送的产品的行为的态度描绘成 5 对形容词，用 –3、–2、–1、0、1、2、3 分别表示两种截然相反的态度程度，数字绝对值的大小表示符合程度，正负号表示方向，回答问卷者对形容词进行评价。

2. 对购买微信信息流广告推送的产品的主观规范的测量

对"主观规范"这一指标测量主要参考了巴戈兹研究消费者优惠券使用的问卷，量表题目包括"对你很重要的人都认为你应该购买微信信息流广告推送的产品"等4个条目，采用李克特（Likert）五点式量表进行测量，被调查者根据自己使用朋友圈时对信息流广告认知的实际情况作答，按照非常不同意、不同意、不一定、同意、非常同意进行1—5分的对应打分。

3. 对购买微信信息流广告推送的产品的群体一致性的测量

对群体一致性这一指标的测量主要参考了李东进基于理性行为理论，结合中国情景发展的群体一致性的量表题目，包括了"如果周围的人认为你应该购买微信信息流广告推送的产品，你就会购买微信信息流广告推送的产品等两个条目，采用李克特五点式量表进行测量，被调查者根据自己使用朋友圈时对信息流广告认知的实际情况作答，按照非常不同意、不同意、不一定、同意、非常同意进行1—5分的对应打分。

4. 对购买微信信息流广告推送的产品的行为意愿测量

对行为意愿这一指标的测量主要参考了森普和考沃什的量表，包括了"你很有可能会购买微信信息流广告推送的产品"等两个条目，同样采用了李克特五点式量表进行测量，被调查者根据自己使用朋友圈时对信息流广告认知的实际情况作答，按照非常不同意、不同意、不一定、同意、非常同意进行1—5分的对应打分。

（二）样本收集

本研究通过问卷调查法进行数据收集，调查对象为国内具有微信朋友圈参与经验的社交媒体用户，在2021年6月间，通过"问卷星"网络调查系统进行问卷录入与数据的收集，在多个高黏着度的社群发放问卷，以方便样本以及滚雪球的方式，共收集问卷196份，并通过人工甄别的方式剔除了回答时间过短或过长，回答过于集中，以及没有微信朋友圈信息流广告参与经验的23份无效问卷，最终回收173份有效问卷，问卷回收率为88.3%。

四、数据分析

（一）描述性统计分析

在本次调查中，共回收有效问卷173份，其中男性被调查者29名，女性被调查者144名，样本人口统计信息如图4所示，本次问卷主要回收到学历为本科及以上的人群，可视为面向大学生群体的学历变量控制。

表1 样本特征

项目	分类	样本数（人）	占总样本比例（%）
性别	男	29	16.8
	女	144	83.2
学历	高中及以下	1	0.6
	专科	1	0.6
	本科	71	41
	硕士及以上	100	57.8
购买行为	已经购买过	20	11.6
	没有购买过	153	88.4
购买次数	1次	10	5.8
	1—3次	10	5.8
	3—5次	0	0
	5次以上	0	0

（二）信效度检验

信度（Reliability）用来衡量量表的可靠性或一致性，所以信度检验有时也称作可靠性检验或一致性检验，通常用 Cronbach's Alpha 系数来测量。一般认为，Cronbach's Alpha 值 > 0.8 时，表明量表信度非常好，0.7—0.8 表明信度较好，0.6—0.7 可以接受。本研究 SPSS 软件对收集到的数据进行信度检验，各因子 Cronbach's Alpha 系数值如表3所示：态度、主观规范、群体一致性以及行动意愿四个维度 Cronbach's Alpha 系数值均大于 0.8，表明量表的信度较好。

效度（Validity）指量表在多大程度上能有效地表示所要表达的含义，主要用来测量指标的有效性。效度检验分为内容效度和建构效度两种。本文量表由他人量表参考改编而来，具有一定的内容效度。且通过 SPSS 软件进行建构效度检验，结果如表2所示，KMO 值为 0.893，Bartlett 球形检验值在 0.001 水平下显著，这些数据说明量表适合做因子分析。同样用 SPASS26.0 进行主成分分析，采用最大方差法进行因子旋转，旋转8次后迭代，4个因子的累计方差解释率为 89.3%，各题项在其所属变量下的因子载荷均大于 0.5，交叉载荷均小于 0.5，说明量表的效度较好，能有效地测出想要测量的问题。

表2 KMO 和巴特利特检验

取样足够度的 Kaiser-Meyer-Olkin 度量		0.893
巴特利特球形度检验	近似卡方	1975.092
	df	78
	sig.	0.000

（三）验证性因子分析

为了进一步验证量表的收敛效度与区别效度。本文通过计算因子的标准负载，说明维度对题目解释力大小的 AVE（平均方差萃取量）以及因子之间的皮尔逊相关发现。各因子的 AVE 值都大于 0.5，表明量表具有较好的收敛效度。如表 3 所示。各因子的 AVE 平方根（对角线上的值）均大于与其他因子之间的相关系数（下三角上的值），说明因子之间有较好的区别效度。

表 3 信效度分析

维度	信度 Cronbach'sα	收敛效度 AVE	区别效度 ATT	GF	QT	YY	平均值	标准差	个案数
ATT 态度	0.943	0.778	0.882				0.086	1.307	173
GF 主观规范	0.864	0.630	0.391	0.794			2.496	0.785	173
QT 群体一致意识	0.915	0.530	0.355	0.741	0.728		2.630	0.925	173
YY 行动意愿	0.823	0.628	0.400	0.678	0.720	0.792	2.465	0.921	173

注：对角线粗体字为 AVE 的开根号值，下三角为维度的皮尔逊相关

（四）回归分析

本研究以行为意愿为因变量进行多元线性回归分析，将态度变量、主观规范变量以及群体一致意识变量逐步放入模型进行回归分析，ATT 态度（B = 0.087，β = 0.123，$p < 0.05$），GF 主观规范（B = 0.336，β = 0.286，$p < 0.001$），QT 群体一致意识（B = 0.462，β = 0.464，$p < 0.001$）对行为意愿具有显著的正向影响。其中共线性统计不大于 5，表明所测自变量没有共线性，因变量总方差的平方和为 0.578，所有变量共同解释了 57.8% 的行为意愿。通过 SPASSmodeler 软件分析得到 ATT 态度、GF 主观规范、QT 群体一致意识对因变量行为意愿的重要性排列如表 4 所示。

表 4 路径分析的参数显著性结果

DVIV	非标准化系数 B	标准误	标准化系数 Beta	t	显著性	B 的 95.0% 置信区间 下限	上限	共线性统计 VIF	R 方
YY（常量）	0.405	0.169		2.400	0.017	0.072	0.739		0.578
ATT 态度	0.087	0.038	0.123	2.255	0.025	0.011	0.163	1.193	
GF 主观规范	0.336	0.089	0.286	3.766	0.000	0.160	0.511	2.312	
QT 群体一致意识	0.462	0.074	0.464	6.206	0.000	0.315	0.609	2.241	

五、结论与讨论

经过以上研究结果分析。本研究假设检验 H1、H2 均成立，用户对通过购买微信信息流广告推送产品的行为的态度、用户的主观规范以及群体一致意识与用户通过微信信息流广告购买产品的意愿呈正相关。其中，用户受主观规范与群体一致意识的影响显著高于用户对行为的态度。早期社会心理学家认为态度能够决定一个人的行为。然而后来很多的研究结果以及本研究结果表明态度对行为意愿的影响并没有主观规范以及群体一致性显著。由此也可以观察到，环境影响与社会参考对受众的接受行为产生了更大的作用。聚焦于本研究的研究对象，微信信息流广告的投放效果在微信朋友圈这个社交属性极其凸显的场域除了要了解受众本身的需求与兴趣，不断改进广告的内容、丰富广告形式来赢得受众的积极态度与正面认知外，尤其还要注意受众社交圈的影响，增加广告的社交属性与互动属性，带动用户社交圈的活跃，从而获得更好的传播效果。

六、运营对策

针对问卷调查的结果发现，在回收的 173 份问卷中，由于样本主要来源于大学生群体，我们能够发现大学生通过微信信息流广告采取实际购买行为的样本数极少，而实际采取了购买行为的用户也只是进行了偶尔的购买，这在一定程度上反映了微信信息流广告在大学生群体中的投放效果并不理想。既有研究也表明，出于对品牌形象认知、个人隐私保护的考虑，高学历人群会对朋友圈信息流广告进行回避。结合上述对微信信息流广告效果影响因素的结论分析，在当前互联网环境下，90 后、00 后的大学生群体作为互联网原住民的新需求对运营者而言是新的机遇，同时也成为微信信息流广告如何实现最大效益的巨大挑战。在未来，在平台不断加大推进朋友圈信息流广告的创新发展，联动微信视频号打造新生态的新风口，为平台对朋友圈信息流广告的运营优化、媒体或企业的微信朋友圈信息流的公益或商业广告的投放提供如下建议：

（一）提升互动性，增强受众参与度

互动性包括广告内容本身与用户的互动，也包括了用户与用户之间的互动。根据实证研究结果可知，用户的行为意愿受到群体一致意识的影响较大，对微信信息流广告的内容提供和内容运营方而言，在微信信息流广告的多样形式中，增添促进群体互动的内容，比如增加类似于微信公众号的好友关注提醒、微信视频号的好友点赞提醒，微信朋友圈信息流广告可以增加已有多少好友已购买的标签引起用户的关注。由此，这种方法一方面能够促进广告内容对

用户的吸引，增强受众的参与度；另一方面，还能够通过微信朋友圈私密群体的活跃互动，使得用户在群体一致意识推动下加速破圈。

（二）紧跟热点，进行话题营销

微信朋友圈具有很强的分享性和即时性。这也是微信信息流广告运营与投放与其他类型的广告平台依托最显著不同的特性。从微信广告助手公布的微信朋友圈信息流广告的成功案例来看，紧跟热点，引发广泛讨论是广告成功的关键一环。例如在公布的2020年度最受喜爱的微信朋友圈信息流广告中，位于榜首的央视新闻发布了"邀您一起360度全景赏樱"。该广告紧跟疫情结束后全民对武汉的关切，用武汉标志性的景物樱花激发用户的情感共鸣，搭载微信朋友圈全景式贴片信息流广告，引发了朋友圈赏樱热潮。央视新闻紧跟时事热点，搭载技术快车进行运营策划，通过话题营销引发全民讨论，获得了极佳的传播效果。这是微信朋友圈信息流广告运营与投放的重要参考与借鉴。

（三）打造精品，丰富广告表现

"内容为王"历来是新媒体运营中的不二法则。这条准则在微信信息流广告的内容设计中也非常重要。用户对微信信息流广告的态度普遍存在评价较低的状况，很重要的一个原因是目前信息流广告内容与形式同质性较高，以基础的贴片式广告为主。虽然信息流广告是迎合用户需求推送，但是广告品质也会直接影响到用户的态度评判，嵌入微信朋友圈这一私密场合，一些内容价值低的广告极易引发用户的反感，从而产生持续一段时间的负面评价。因此，为了修正用户对朋友圈信息流广告的刻板印象，必须从内容入手，用精品打破偏见。比如同样作为商业性质的广告，故宫在2020年推出的故宫视频号推广计划联动微信信息流广告，将精品内容、深厚的历史文化底蕴用镶嵌在朋友圈的短视频呈现给用户，在短时间内迅速破圈，好评如潮，也荣登2020年度最受用户喜爱的朋友圈广告第三名。

七、研究不足与展望

本研究探讨了通过微信信息流广告购买产品的行为受消费者的态度、主观规范的影响，一定程度上解答了微信信息流广告投放效果及其影响因素的问题。但是样本中绝大多数的问卷来自高校学生，年龄和学历比较集中，范围还不够广，不能完全代表全体微信用户的行为。

此外，在微信广告助手发布的2020年度十大最受欢迎微信信息流广告中，除了引导商品购买的商业广告外，还有以宣传为主要目的的信息流广告投放。在探究微信信息流广告的投放效果时，用户的购买行为并不是唯一衡量标准，还可以考虑其他维度的微信信息流广告的投放效果测量。其次基于TRA理论探求微信信息流广告的效果影响因素较少。在未来，可以通过理论间的结合和发展不断增添新的影响因素进行研究考虑，从而对微信信息流广告的用户进行更为全面的了解，为实现微信信息流广告投放效果最大化的新媒体品牌运营提供更多、更有效的建议。

参考文献

[1] Wenjian Xu, Chi-Yi Chow, Man Lung Yiu, QingLi. MobiFeed：A Location-Aware News Feed Framework for Moving Users Geoin-formatica [J]. Media New York 2015, 19 (3)：633—669.

[2] Bao J, Mokbel M F, Chow C Y. GeoFeed：A Location Aware News Feed System [J]. IEEE, 2012, 41 (4)：54—65.

[3] Christopher M. Hoadley, Heng Xu, Joey JLee, Mary Beth Ros-Son, Mary Beth Rosson. Privacy as Information Access and Illusory Control：The Case of the Facebook News Feed Privacy Outcry [J]. Electronic Commerce Research andApplications, 2010, 9 (1)：50—60.

[4] Newman, Jared. Facebook's Sandberg Offers Apology for News Feed Experiment [J]. Time. com, 2014－07－02.

[5] Boateng H, Abednego O F. Consumers'attitude towards social media advertising and their behavioural response：the moderating role of corporate reputation [J]. Libtech Conference. 2015.

[6] 韩杰. 微信朋友圈的信息流广告研究 [J]. 新闻世界, 2015 (4).

[7] 陆小凡. 微博和微信信息流广告的比较研究 [J]. 新闻研究导刊, 2017 (11).

[8] 陈艺妮, 金晓彤. 影响消费者接受手机短信广告的因素研究 [J]. 消费经济, 2012 (2).

[9] 张艳. 传播学视角下即时性营销模式与战略实现——以微信营销为例 [J]. 中国出版, 2013 (16).

[10] 王佩佩. 新浪微博的信息流广告—"粉丝通"的营销策略研究 [D]. 上海：华东师范大学, 2014.

[11] 余梦醒. 网络广告回避与创意干预 [D]. 上海：上海师范大学, 2017.

[12] 贺翀. 微信朋友圈广告的传播特征及效果 [J]. 青年记者, 2015 (20).

[13] 郑真. 微信信息流广告效果影响因素的实证研究 [D]. 广州：暨南大学, 2016.

[14] 黄超. 基于扎根理论的微信信息流广告效果影响因素研究 [D]. 广州：广东外语外贸大学, 2017.

[15] 李进华，王凯利．基于TAM的微信信息流广告受众信任实证研究［J］．现代情报，2018（5）．

[16] 肖海林，张术丹．中国绿色变轨型高技术产品第一批消费者的购买意向模型——基于汽车产业的多重比较研究［J］．管理评论，2021（1）．

[17] Fishbein M, Ajzen I. Belief, Attitude, Intention, Behavior. Addision-Wesley,［M］. Reading, MA, 1975.

[18] 希夫曼，卡纽克．消费者行为学（第10版）［M］．北京：中国人民大学出版社，2011．

[19] Romero C. B. A, Laroche M, Aurup G. M, et al. Ethnicity and Acculturation of Environmental Attitudes and Behaviors: A Cross-Cultural Study with Brazilians in Canada［J］. Journal of Business Research, 2018, 82: 300—309.

[20] Osgood, C. E., Suci, G. J. &Tannenbaum, P. H. (1957). The measurement of meaning. Urbana［M］. IL: University of Illinois Press.

[21] Bagozzi R P, Hans B, Yi Y. State versus Action Orientation and the Theory of Reasoned Action: An Application to Coupon Usage［J］. Journal of Consumer Research, 1992 (4): 505—518.

[22] Fitzmaurice J. Incorporating consumers′ motivations into the theory of reasoned action［J］. Psychology & Marketing, 2010, 22.

[23] 李东进，吴波，武瑞娟．中国消费者购买意向模型——对Fishbein合理行为模型的修正［J］．管理世界，2009（1）．

[24] Shimp T. A., Kavas A. The Theory of Reasoned Action Applied to Coupon Usage Journal of Consumer Research, 1984, 11 (3): 795—809.

[25] Nunally J C. Psychometric Theory［M］. New York: McGraw-Hill. 1994: 261—262.

[26] Kaiser H F. An Index of FactorialSimplicity［J］. Psychometri-ka. 1974, 39 (1): 31—36.

[27] Bagozzi R P, Yi Y. On the Evaluation of Structure Equation Mod-els［J］. Journal of the Academy of Marketing Science, 1998, 16 (1): 74—94.

[28] Fornell C, Larcker D F. Evaluating Structural Equation Models with Unobservable Variables and Measurement Errors［J］. Journal of Marketing Research, 1981, 18 (2): 39—50.

互动仪式链视域下的融媒直播分析

——以"我家住在黄河边"全省联动直播为例

张丽娜　王一宁

【摘要】融媒体时代，各级省市电视台开始进行融媒转型升级，山东电视台齐鲁网·闪电新闻客户端就联动山东省内县级融媒体中心，联合电视、广播、网络、移动端等多媒体的力量，打造全媒体矩阵，发起一系列融合多种平台的融媒体联动直播。针对此，本文在互动仪式链视域下，以山东电视台的"我家住在黄河边"这一融媒直播为例，分析在这一个过程中受众与主播、受众与受众、受众与平台之间的互动，同时通过多样态新媒体矩阵的直播、主题设限、全省融媒体联动、分享共同的情绪和情感体验来揭示全省联动直播在互动仪式下通过情感共鸣所形成的身份认同。

【关键词】互动仪式链；融媒直播；矩阵传播；情感能量

一、融媒背景下新闻报道的创新实践——大型融媒联动直播

电视媒介一直重视直播在新闻播发中的重要作用，其现场感强、时效性快的特点一直是电视媒介播报重大突发事件的有效手段。随着传媒技术的不断进步以及媒体融合进程的快速发展，新闻媒介机构传播新闻的方式也逐渐发生了重大改变。由于社会群体接收信息的方式变得碎片化且愈来愈重视新闻的时效性，因而更多的人转向新媒体来满足自己的信息需求，传统媒体的受众逐渐减少。技术落后、内容单薄、形式单调、流程固化、题材局限等问题同时困扰着地方广电媒体，他们迫切需要改革提升。

在这种背景下，各级电视台为了适应融媒体的发展开始进行直播的创新实践改革，纷纷进入融媒改革浪潮，与新媒体进行联合创新实践，从传统的新闻现场直播向融媒联合直播不断推进，并最终摸索出一条适应当下的一条路径：融媒直播。这类型直播内容不仅局限于公共突发事件和重大活动或者会议的报道，还会播报一些和人民群众密切相关的重大新闻事件。数字技术时代，"人

们通过网络技术，在与人互动的过程中获得彼此想要的东西而不再通过企业这种传统渠道获得。"① 由此可见，人们获取信息的方式获得了重大改变，人与人之间的互动成为获取信息的重要方式来源，而融媒联动直播给人们提供了一个良好互动的途径，直播的即时在线沟通让人们获取信息更加快速且方便，在这一过程中，传播信息、传播形式在各方各面逐渐形成互动仪式的基本要素，运用融媒体的方式方法完成了互动仪式的流程，并最终形成了互动仪式的结果。

在这股融媒直播改革浪潮过程中，山东广播电视台融媒体资讯中心在技术、人才、直播内容等方面进行了良好的改革以及尝试，已经初步具备了大型融媒联动直播良好的条件，并且在省内各地用不同的题材、不同的形式进行了多种融媒联动常态化直播尝试。② 2021年9月17日上午，山东广播电视台"闪电新闻"客户端联合区县融媒策划推出"我家住在黄河边"全省联动直播，学习强国、《人民日报》、新华网、央视频、视频号，以及山东广电新媒体矩阵等20多家平台同步直播，全方位、多角度、立体式讲述黄河故事的"山东篇"。截至17日17时，直播全网观看量突破580万。本文就以其为例分析其融媒直播过程中的互动仪式。

二、融媒联动直播的互动行为

（一）互动形式

以往传统电视新闻直播没有用户的反馈环节，受众只能被动的接收信息，无法反馈自己的观看感受、表达意见建议等，因而他们的互动参与感非常弱，无法获得参与感与满足感。而融媒直播不同，不仅有更多的移动端收看直播，满足随时随地观看新闻直播的需求，同时融媒直播界面为用户参与信息反馈提供了有效途径。直播界面分为上下分区，上区为直播画面区，下区则为用户互动区。正是这个互动区满足了融媒直播的互动行为。

1. 用户与主播之间的互动

用户与主播之间的互动主要来自用户的点赞与评论，主播在直播间内会介绍直播的主要内容，并筛选用户在评论区的问题进行解答，不同于以往的延时反馈，在融媒直播中，主播能够即时回答互动区提出来的相关问题，进行交流互动。于此之外，用户也会根据直播间的主题在互动区发表个人对此的看法，

---

① 查伦·李、乔希·贝诺夫：《公众风潮：互联网海啸》，陈宋卓涵译，机械工业出版社，2010，第5页。

② 韩信、池鹏、费斐：《大型融媒联动直播的常态化实践分析——以山东广播电视台融媒体资讯中心大型融媒联动直播为例》，《新闻战线》2021年第22期。

从而输出个人的情感与价值问题，线上的虚拟情景使得主播与用户双方的互动参与需求都得到满足。

2. 用户与用户之间的互动

用户之间的互动也是在直播间的互动区来进行，他们大都通过评论的方式进行思想交流。由于互动是在匿名的情况下进行的，因而用户交流时更容易表达自己的真实情感，同时由于用户之间的互动评论所有人都能看到，因而在大多数时刻这种互动不会针对某一个用户个人，而是面向在直播间的整个群体，因而这种互动是一种群体间的互动。

3. 用户与平台之间的互动

平台是融媒直播提供的一个与用户接触的媒介，用户若想进入直播，需要在平台入口选择进入，根据直播标题以及直播封面选择自己感兴趣的方向进入融媒直播进而参与互动。于此之外，平台方提供的虚拟点赞礼物也都是用户与他人进行互动的基础。平台给予用户更多互动体验，从而在一定程度上提高了用户参与度。

（二）互动特征

1. 互动交流即时快速

融媒直播的同步播放让参与直播的用户都可以体验与主播的即时交流，在互动区，用户与用户之间的交流也是即时交流的，不同地域的用户只要在同一事件通过网络达成交往就可以进行即时交流。但是这些评论的即时快速地出现在屏幕上，如果没有得到即时回馈，这些评论互动会很快消失在其他评论下的互动过程中。

2. 用户互动泛众化

因融媒直播中的用户会形成群体，群体众多的情况下，用户在直播间发出的消息其实是面对群体中的所有人，并不会固定于直播间的某个用户个人，因而在直播中的互动可能会同时得到众多人的回复互动，逐渐形成"一对多"或者"多对多"的交流互动，这种泛众化的交流互动更容易促进群体内的情感联结，形成仪式互动。

三、融媒联动直播中互动仪式的构成要素

柯林斯的互动仪式链主要有四大构成要素：其一是两个或者两个以上参与者的身体聚集；其二是对局外人的仪式设置边界；其三是仪式过程中有共同的关注焦点；其四是仪式过程中分享共同的情绪或情感体验。[1] 虽然柯林斯的互

---

[1] 刘昱：《互动仪式链视域下慢直播的互动传播研究》，硕士学位论文，山东大学，2021，第32页。

动仪式的界定主要集中在人与人之间面对面的现场沟通场景中，但是随着网络、媒体技术的发展，媒体融合时代下的技术赋权给网络用户一个虚拟线上"面对面"沟通的桥梁，这种虚拟的线上"在场"与线下的身体共在之间差距也在慢慢缩小，因而融媒时代的联动直播依然具备了互动仪式的构成要素，这种形式展现了一种新的互动情景。

（一）多样态新媒体矩阵直播造就参与者虚拟在场

不论是互动仪式理论的先驱法国社会学家涂尔干，还是集大成者的柯林斯，都将物理空间身体的"共同在场"视为互动仪式链必备的要素。[1] 柯林斯认为，个体间的亲身在场可以使情感能量及时进行反馈，充分的身体接触才能够为参与者提供共享的关注与情感，进而产生群体向往、成员意识与尊重感。[2]

群体中个人的亲身在场是确保互动仪式链构成的基本前提，个人无法亲身在场的话，会使得群体中的个人情感态度无法与他人进行互动获得及时反馈。与此同时，柯林斯认为大规模的、相对正式的仪式相比小规模的自然仪式而言，远程的交流效果会更好一些。在以前，远程交流互动性较差，且面临着用户无法亲自参与的问题，而现在由于网络技术、社交媒体的发展，使得人们可以通过互联网创建虚拟账号，通过网络实时传输达到虚拟"亲身"在场的效果，在不同平台上的用户可以通过在线、留言、弹幕等实时评论实现与他人的互动，保证互动仪式的"亲身"在场。

"我家住在黄河边"的这场融媒直播在形式上采用了沉浸式直播、慢直播、双视窗、Vlog 等，这种多元呈现的方式带给网友"黄河岸边游"的深度体验。此次直播是集山东省内 9 家区县融媒共计 11 路记者，进行协同生产、接力直播，同时内容多媒体矩阵分发，不仅可以在山东卫视等大屏进行互动，也可以通过手机端等小屏互动，受众可以选择在 20 多家平台中的某一个直播端口聚集到这一虚拟平台，通过虚拟身份入场，并通过发送实时的弹幕、评论来与屏幕的另一端用户进行互动。在这场互动仪式中，用户之间通过直播在线的方式进行实时互动的交流，一起共同感受山东省在推进黄河流域生态保护和高质量发展做出来的新成就、新变化，从而在互动中产生情感共鸣。人与人之间虽然有着物理上遥远的距离，但是通过"融媒直播"这一传播方式，使得用户形成虚拟在线，增强了受众的体验感、互动感、沉浸感。

---

[1] 潘曙雅、张煜祺：《虚拟在场：网络粉丝社群的互动仪式链》，《国际新闻界》2014 年第 9 期。
[2] 兰德尔·柯林斯：《互动仪式链》，林聚任等译，商务印书馆，2009，第 87 页。

（二）主题能动设限，明晰仪式边界

作为一种仪式媒介，传播可以唤醒或重塑共同体的价值与文化记忆，吸引受众参与到文化共同体的建设中。[①] 在互动仪式链中，其中一个必要因素是要对局外人设限，仪式参与者可以了解到谁在参加这场互动仪式，以及谁又被排除在这场互动仪式之外。这种对局外人设限，可以在一定程度上减少"噪音"传播，保证互动仪式的稳定发展。只有在参与者和局外人之间设置一定的门槛，才能保证互动仪式能够高效准确运行。在一定的媒介情境下，用户必须通过一定的互动行为来确认参与者的身份，而没有加入这个互动闭环的用户就会以局外人或旁观者的身份被排除在外。

在融媒直播中，当网络用户一起进入同一个直播间时，就形成了相互之间的虚拟的身体共在场域，这一个个独立的直播间的主题就形成了虚拟界限来阻挡不感兴趣的人进入，直播间外的人被排斥于这个界限之外，成为局外人，因而直播间里面的人就拥有了局内人的身份认定。直播间内的用户通过观看互动区的留言以及参与其他交流活动，了解到谁在参与这场互动仪式，没有参与的人员会被排除在外。与此同时，这场互动仪式的边界其实是由直播间的主题决定的，用户进入直播间时通过选择直播主题从而决定进入与否，这是融媒直播所主动设限制造的界限，因而明确了这场互动仪式的边界，促成了局内人的互动。

就此次《我家住在黄河边》这场全省联动直播来说，直播间基于对"黄河两岸周边的生态实践"这一主题明确设限，吸引了对这一主题感兴趣的人们来参与互动，明确了在这场"黄河边"直播间的局内人与局外人的边界。

（三）全省联动直播打破地域限制，关注共同焦点

柯林斯把共同关注的焦点看作是互动仪式启动的重要因素，只有当受众拥有共同的关注焦点，才会产生针对共同焦点的思考和交流，进而产生更深层次的互动行为，引起更大范围内的互动传播。[②] 融媒体时代，由于网络技术和传播手段的发展，媒介凭借自身的算法程序把海量用户的行为进行数据化整理，深入挖掘每个用户各自的兴趣点，使得当前媒体给互动仪式的参与者找到关注共同的焦点提供了便利，算法的推荐以及用户的自我选择，使得越来越多的用户开始逐渐关注同一事件，当这一事件关注的人多了就慢慢成为一个群体的关注焦点。与此同时，信息的碎片化也需要媒体提供一个共同的焦点问题来吸引

---

① 托马斯·弗里德曼著：《世界是平的》，何帆、肖莹莹、郝正非译，湖南科学技术出版社，2006，第73页。

② 高丽华：《基于社会化媒体平台的互动仪式传播》，《中国出版》2014年第14期。

人们参与其中进行探讨，因而在融媒体时代里，互动仪式的共同焦点要素很容易成型。

闪电新闻客户端联合区县融媒走进山东沿黄 9 市，推出的"我家住在黄河边"全省联动直播，从多个视角报道黄河两岸生态大保护、产业大转型、文化大传承等方面的生动实践，给想要了解山东境内黄河故事的人们创造了一个现实情景，这便是此互动情景参与者所共同关注的焦点。此次融媒直播全时长 102 分钟，在这 100 多分钟的直播中，贯穿了全省 9 个市 9 路直播方向紧紧围绕黄河流域生态保护和高质量发展的主题，参与者在世界各地收看这场直播，打破了地域界限，在互动中逐渐形成群体身份，从而在直播中获得一定的情感满足。

（四）分享共同的情绪和情感体验

在互动仪式组成要素中，共享关注焦点与共享情感是相伴相生的关系。共享情绪是互动仪式启动的重要元素，人们对共同关注的焦点事件会进行相互的交流和互动，在这一过程中，一旦产生情感共鸣便会催生强烈的表达欲望，希望与同一群体中的成员共享情绪，在互动仪式中获得情感体验以及情感满足。当群体共同关注的焦点事件内容刺激到群体中的成员，便会激发群体个人对群体内成员的分享欲望，[①] 当整个群体中分享的情绪和情感体验到达一定的成果，那么互动仪式的结果也就产生了。

在这场融媒直播互动留言过程中，用户之间的匿名性使得用户之间会积极地与他人互动进行情感表达，比如在"父子俩扎根滩区教学、长大后我就成了你""5 年拍摄 2 万张照片、乡村教师记录滩区迁建"中，用户在评论、留言区下发表对此强烈的感动，从而形成强烈的共鸣。于此之外，直播过程中，许多网友在直播间为黄河流域生态保护和高质量发展点赞、当直播镜头切到济南平阴聚焦"小玫瑰'绽放'大产业"时，网友直接喊话"能不能上链接""希望能买玫瑰产品"，这些都是在这个群体中进行情感表达所形成的成果。

四、融媒直播中互动仪式的结果

（一）情感共同体带来的文化认同

互动仪式带来的第一个结果是群体认同。情感共同体通过长期的情感互动将这种能量作用于群体成员后，有利于凝聚群体内成员、让群内成员获得归属感，并最终带来文化认同，形成群体团结。

在这场关于"黄河故事"山东篇的直播中，大多数参与者不是在直播开

[①] 郭森、马威：《互动仪式链视域下的"慢直播"分析》，《新闻与写作》2020 年第 6 期。

始前有关于黄河或者齐鲁相关的文化记忆,就是在进入直播后产生了黄河有关的文化记忆,最终处在直播间的人都是拥有同一"文化记忆"的情感共同体。各地县融媒体的记者与用户间的情境也会以一种分层式的互动仪式来实现交流,形成一种整体的参与团结感。集体的情感往往会储藏着巨大的群体集合力量,在群体中获得的情感体验所形成的情感共同体,能够增强个体成员对整个群体的依赖度,促进成员的群体认同。在这场全省融媒联动直播中,分享与黄河流域生态保护和高质量发展的主题相关的故事,传递文化精神符号,从而催生了情感共鸣的互动仪式链的形成,发挥了舆论引导的正向传播功能。

(二) 焦点关注演进为情感能量

互动仪式带来的第二个结果是个体的情感力量:一种采取行动时自信、兴高采烈、有力量、满腔热忱与主动进取的感觉。情感在互动仪式链中的地位是非常重要的,它在仪式传播过程中并不是短暂的,而是一种作用于个体间的情感能量,这种情感能量是基于人们之间的共同关注焦点,产生了仪式互动行为,并且在这个过程中不断积累与强化这种情感,达到了一定程度的集体兴奋,并最终获得了情感能量。

每一次融媒联动直播对于参与直播的用户来说,都是一次互动仪式的开始,用户对直播中主持人的发言以及展现的黄河流域生态保护和高质量发展实践产生情感时,就会进行点赞评论来进行互动,并在之后形成个人对家乡建设以及黄河流域发展变化等有关的情感能量,这种情况下积累起的情感能量能够推动黄河流域继续向前发展。在这一过程中,参与者积极主动地投入每一次的互动过程中,获得情感互动的满足、强烈的群体归属感和身份认同感,并会在之后出现的每一次仪式互动过程中都发挥作用。

(三) 仪式边界带来群体性符号共享

互动仪式带来的第三个结果是代表群体的符号:这种符号标志或其他的代表物可以使成员感到自己与集体息息相关,这种符号的存在能够延长群体成员之间的团结,增强用户对群体的认同。科林斯对群体间互动产生的符号做了一定的阐释,他认为符号是凝聚群体中成员的纽带,是成员之间的情感联结,因而只有在一个群体中有着共同关注焦点的人们才更容易获得延长群体团结与夸大群体情感能量的符号,这种符号可以是现实生活中具象的呈现形式,也可以是虚拟的形象化图标样式等表现形式。这种在群体中各个成员之间带有象征性的符号,不仅可以强化群体成员之间的身份认同以及集体归属感,还能够与群体间其他成员间产生一定的情感输出,促进成员间的情感互动。

这个交换信息符号以及情感能量的空间是融媒直播给参与用户提供的互动平台,这个平台为用户建构了与他人共享与联结的情感体验情境。在这一情境中，参与者带有的群体性符号，让成员可以感受到自己和群体有关，每个人都在讨论与直播间主题相关的话题，每个人都可以在群体中进行信息符号的共享。

（四）凝聚式道德体验

互动仪式带来的第四个结果是道德感：维护群体中的正义感，尊重群体符号，防止受到局外人的侵害。在仪式互动过程中，群体间的情感能量不断积累并积聚，仪式过程中人们的集体认同感逐渐强烈，群体成员逐渐产生一种道德感并为了维护群体不受他人侵害，群内成员会自发捍卫群体的尊严，尽力阻挡有关于损害集体利益的事。

在该联动直播中共有十一位主持人，他们在面对镜头时会遵守作为媒体工作人员的职业素养，这种情感会逐渐凝聚成在面对受众时的道德感，对主持这场有关山东推进黄河流域生态保护和高质量发展的觉悟有了更深刻的认识，同时也在感召收看这场直播的用户能够对山东境内黄河流域附近的发展抱以更多的期待以及努力。在这同一个虚拟的直播场域中，每一个参与用户都会在这场互动仪式过程中，通过与他人的互动获得良好的情感能量，共享彼此之间的情感体验，从而达到凝聚力量、鼓舞士气的作用。维护这场融媒直播的正向主题，对参与这次直播的人员来说充满非常多的道德意义。

五、结语

融媒体时代，由于互联网以及传媒技术的发展，使得当前的信息生产与传播系统发生巨大的改变，技术的赋权使得全国各地的人可以通过网络参与线上虚拟互动，使得互动传播不止局限于线下的面对面交流。全国各级电视台就是在这种背景下开始逐渐挖掘融媒直播这一形式，融媒体技术的应用能够使更多的人感到情绪感染力，增强受众的线上参与感，通过注重用户的互动，提高用户黏性，从而扩大信息的传播力度。

与此同时需要要注意的是，在这种互动仪式过程当中，当群体中对排除在外的"局外人"设置了一定界限后，可能会在一定程度上又在这个群体中间营造了一个相对封闭的互动环境，这是未来融媒发展仍需要关注的问题。

智媒时代背景下基于用户个性化需求的数字化文创研究

——以"云游敦煌"小程序为例

傅平航 王慧勤 陈宇杰

【摘要】 随着智媒时代的来临，一批基于文物保护和开发的数字化文创产品蓬勃发展。这些数字化文创产品在纵向发展中总体呈现了从技术化开发应用到针对用户个性化需求传播的特点。笔者以"云游敦煌"为案例，分析其传播过程中的用户个性化需求满足的倾向。首先阐述智媒时代背景下媒介与用户关系的重构，接着借鉴约瑟夫·熊彼特的创新理论分析"云游敦煌"的创新设计策略，然后探究其内容传播策略中针对用户个性化需求的体现，最后以智能技术为依托展望数字化文创的未来发展。本文认为通过以用户个性化需求满足的视角研究"云游敦煌"，可以为智媒时代数字化文创精准化开发、生产提供一定借鉴，以促进文物保护和文创产业发展。

【关键词】 智媒时代；数字化文创；云游敦煌；个性化需求

一、引言

文物保护的任务随着时代变迁也有不同的要求和形式，但创新无疑是继承最好的方法，文物保护的创意化和产品化随着我国文化产业进入市场经济而迅猛发展。自2013年中国台北故宫"朕知道了"的文创出现以来，以博物馆为主题的实体文创蓬勃发展。但在智能时代，以数字化为技术手段结合各类文化推出的创意产品越来越受到市场上用户的欢迎，这类文创产品被称为数字化文创。2018年于天津召开的文化遗产数字化保护利用高峰论坛暨创意大师工作坊拉开了"数字化＋"文创产品开发新趋势，融合各类文物的数字化文创在数量与种类上不断丰富。2020年，随着5G应用逐渐普及，具有场景化、交互化、个性化等特征的文创不断涌现，发展以人体感应技术、大数据分析、云计算等为代表的线上智媒文创产品已然成为文物保护和开发的共识。

在媒介内容生产逻辑转变和媒介与用户关系重构的智媒时代，数字化文创面临着极速的转型周期，其着眼点已从设计开发、生活融入、大众传播转变到用户个人需求的满足。数字化文创的过程是文物保护开发的过程，更是不断适应时代特征，更新技术应用和适配用户个性化需求的过程。2020年初，敦煌研究院联合腾讯推出"云游敦煌"小程序，上线短短十几天的时间，用户量就突破了百万。它通过个性化呈现和私人定制的方式承载了敦煌石窟丰富的壁画、彩塑和石窟建筑，使得用户在疫情期间通过移动端随时随地感受到敦煌文化的美妙。现阶段，敦煌文化的开发并没有故宫博物院那么完善，但其在数字化开发速度和用户需求满足上十分突出。从"数字敦煌"到如今的"云游敦煌"，敦煌数字化文创在短短几年时间内快速满足智媒时代用户不断更替的文化需求，从壁画应用到智慧导览，虽技术手法同故宫文创相似，但在内容和形式上有着自身独到之处。如今，文创市场随着经济发展、科技进步和人才投入早已经红海一片，但问题是大多数文物开发过程都千篇一律、过分雷同。这也导致了用户的审美疲劳和相关资源的浪费。从信息资源匮乏到信息洪水泛滥，用户个性化需求的增长成为智媒时代的特征之一。如何利用数字化技术快速打造精品文创以适应时代变迁和用户心理变化，这是亟待解决的问题。在文创市场的红海中，"云游敦煌"正在以数字化为技术手段，以用户个性化需求为着力点打开数字化文创的蓝海之地。本文以"云游敦煌"为案例，探究其数字化文创中满足用户个性化需求倾向，一定程度上可以为其他地区文物数字化开发应用提供和用户需求结合方面的借鉴。

二、文献回顾

智媒时代的到来使得文创产业迎来新的生机，"智媒+文创"成为当下文创发展和研究文创产业的关键。但目前数字化文创仍处于快速发展阶段，关于数字化文创研究的覆盖面并不是十分完善。笔者通过梳理近年来有关数字化文创研究的文献，发现相关研究数量并不多，基本上可以分为以下几个方面。

（一）设计开发

数字化文创研究的主题关于设计开发上数量最多，选取对象博物馆占比居多，研究切入点多为技术呈现方式，论文主体内容多为提出相关建议。牛禄青以博物馆为开发对象，认为博物馆文物开发应该借鉴欧美数字化思维，在此基础上依托云计算、物联网、互联网、3D打印、增强现实等技术，打造博物馆互联网文创云平台。[1] 这其实是从观念上对国内博物馆类文物开发提出相关建

---

[1] 牛禄青：《博物馆"文创蓝海"》，《新经济导刊》2015年第3期。

议，应该由传统应用转向数字化应用。而在具体数字化设计、开发方面，大多数学者从个例入手开展研究和建议且多次提到3D打印技术。高文宇等对东北抗战文创数字化设计提出建议，提出将文物通过数字化建模或者扫描结合移动端进行导览，同时通过建模和3D打印增加产品的科技附加值以吸引游览者。[1] 王冠同样以3D建模为技术突破口，对杭州岳王庙岳飞黄杨木雕文创提出数字化设计开发建议。[2] 邱雅丽等以南通蓝染文化为研究对象，在数据分析基础上设计以3D打印为主的开发方法。[3] 可见，目前数字化文创研究的重心在于数字化观念和技术的应用上，即顺应智媒时代的新发展理念，从过去旧有的实体文创转变到新数字化文创行列当中。

（二）推广传播

数字化文创研究在推广传播方面的内容上多是借助智媒时代的新媒体快速融入用户日常生活。最具有代表性的是李晶等以"汉仪字库陈体甲骨文"衍生产品为例，在设计开发的基础上，提出开展"文化代言"的宣传形式。[4] 如与明星合作线上开展"鹿晗愿望季"甲骨文活动，借由微博发布甲骨文应用创新短视频，与QQ社交媒体合作开发甲骨文QQ装扮，形成话题讨论等。鲁睿在数字化文创推广上提出打造混合式数字文创体验推广方式，[5] 即把以微信、微博、抖音等平台为代表的新媒体和线下场景相结合，以带来沉浸式体验，从而为顾客留下深刻的印象，在此基础上强化文创产品的核心价值，实现价值积累与塑造。经笔者研究发现，关于数字化文创的推广研究大多是建立在设计和开发基础之上的，即在论文的谋篇布局上多附庸于设计开发的基础，鲜有单独作为主体研究。另外，即便是单独研究数字化文创推广方面的文章，在发表时间上也基本晚于设计开发类的文章。可见，关于数字化文创的研究具有一定的时间性、逻辑性、层次性。

（三）理论应用

数字化文创的相关研究文献呈现重实操式的落地发展，轻理论指导应用的特征。笔者在对相关文献分类筛选过程中，基本难以见到运用理论指导数字化

---

[1] 高文宇、霍楷、滕小涵：《东北抗战文化创意产品数字化设计与推广》，《艺术教育》2019年第6期。

[2] 王冠：《非遗视野下的旅游文创产品数字化设计方法研究——以杭州岳王庙岳飞黄杨木雕刻文创产品设计为例》，《科技与创新》2019年第24期。

[3] 邱雅丽、汤鹏程、陆雨涵等：《南通蓝染的文创衍生品数字化设计》，《黑龙江纺织》2016年第6期。

[4] 李晶、李青松：《数字化时代文创产品的开发创新——以"汉仪字库陈体甲骨文"衍生产品开发为例》，《出版广角》2020第18期。

[5] 鲁睿：《文创产品的数字化呈现与品牌传播推广浅析》，《出版广角》2020年第13期。

文创发展的相关研究。因此，有关数字化文创研究的相关理论少之又少，具有代表性的是：解学芳和张佳琪运用赋权理论，讲述了新文创产业数字化与智能化从技术赋权到技术赋能的变革。他们认为新技术赋能文化创意产业，推动了以科技创新驱动的 IP 内容产业现代化生产体系的形成，也意味着数字化与网络化时代从技术赋权到技术赋能的转变，从娱乐至上到价值至上的变革。[1] 这一点其实是将赋权理论化用到数字化文创和网络文化当中，进而讨论技术在其中的赋能作用。此外，周荣庭和周宏远用熊彼特的创新理论提出数字化时代科普文创产品的创新设计模型并提出相关传播策略。[2] 可见，理论应用方面在数字化文创的相关研究中显得较为薄弱。

综上所述，对数字化文创的研究主要呈现两大特点。从内容上看，大多以设计开发和传播推广为主且多是以建议性的策略为主体；从研究的形式上看，对理论方面运用较少，多与具体实践操作相关联。在此特点下，数字化文创的相关研究一定程度上来说是不完善的。智媒时代的背景决定了数字化文创发展的速度十分迅速，如今市场上的相关产品已经成功从实体转型到数字模式，但与此相关的研究同社会该领域的发展现状有所脱节，形成滞后的状况。现有研究学者更多地关注到数字化文创开发的意识、方法、传播策略，却未对现有数字化文创当中的具体内容进行深度探究，已经开发的数字化文创在智媒时代运作成功与否同其本身的内容特色是否突出具有很大关联。在开发过程当中，技术应用、设计方法、传播策略、成果转化固然值得关注，但同时不能忽略数字化文创从传统文创转型后在内容上的经营和在社会上引起的反响，从这一点上出发，用户针对产品内容和服务本身方面的反馈就变得尤为重要。在国内文献中，关于数字化文创内容和服务的研究极少，具有代表性的是：孙鹏对数字化文博创意产业中的知识产权问题做了探究；[3] 王巍将数字化非遗中有关内容设计对教学方面的影响做了分析。[4] 此外，周娟娟[5]、刘彦[6]等在数字化文创开发方面提到了内容设置上要突出智媒时代线上产品的交互性、场景化等，但并未当成主体研究对象从内容角度深度挖掘内容和用户的关系。基于

---

[1] 解学芳、张佳琪：《技术赋能：新文创产业数字化与智能化变革》，《出版广角》2019 年第 12 期。
[2] 周荣庭、周宏远：《数字化时代科普文创产品的设计与传播研究》，《自然科学博物馆研究》2019 第 1 期。
[3] 孙鹏：《数字化文博创意产业中的知识产权问题探析》，《遗产与保护研究》2016 年第 3 期。
[4] 王巍、刘正宏、孙磊：《数字造型基础——"非遗"数字化应用》，中国轻工业出版社，2016，第 4—12 页。
[5] 周娟娟：《"互联网+"文化遗产保护传承路径》，《福建农林大学学报》2019 年第 22 期。
[6] 刘彦、王倩、刘俊哲：《非物质文化遗产数字化生存与文创产业下的创新》，《艺术科技》2019 年第 5 期。

此，笔者以时下火爆的数字化文创个例入手，试从其内容设置和产品服务角度为切入点，探究其内容究竟如何满足用户个性化的需求进而取得成功。

三、研究方法

本文运用了网络民族志和观察法对"云游敦煌"小程序做出研究。互联网民族志是观察和理解人们如何在网络上进行社会交往和意义建构的民族志研究方法。[①] 在综合考量研究目标和研究对象特征的基础上，本文采用网络民族志的研究方法，以"云游敦煌"小程序为田野场所，通过沉浸式的参与观察和梳理分类，解读小程序当中智能化、互动化、娱乐化过程和满足用户个性化需求的目标。首先，笔者利用两周时间深度观察小程序内部的每一个功能和每一部分内容，思考其如何呈现数字化文创创新性。其次，笔者在知网等相关平台上查找相关文献，利用一周时间将文献分类并完成参考文献工作。在参考文献基础上，笔者将小程序中的内容和不同分主题及各种链接、功能区按照不同个性化的种类分类。接下来根据创新理论并结合上述分类工作做出数字化文创的创新模型。最后，依据前期工作展开论文结构安排和写作。除此之外笔者还观察和记录了市场上现有的数字化文创的不足，通过对比研究为"云游敦煌"小程序个性化效果研究提供资料。

四、研究典例："云游敦煌"小程序

信息化时代，万物皆可联。2020 年 11 月 30 日，文旅部联合多部门提出发文意见，其中指出要深入推进文化领域数字化、网络化、智能化转型升级，加强技术赋能，培育发展新业态新模式。"云游敦煌"小程序在此意见下更能代表新的文创发展走向，以此为典例论述其背后文创市场的大发展、大变局具有深远意义。

（一）背景：媒介与用户关系重构

近年来，随着智能移动端的电子设备不断普及和新兴技术的不断发展，两者结合推出的带有指纹解锁、声音控制、面部识别、智能推荐等功能的媒介产品成为主流。由此，用户使用媒介的习惯、体验程度、互动呈现等方面同以前相比得到明显改变。

第一，这种新媒介的出现和普及推动了用户媒介使用习惯的改变。从报纸、广播、电视到电脑、手机的媒介变化中，用户在时间和空间上呈现出由被

---

① 曹晋、孔宇、徐璐：《互联网民族志：媒介化的日常生活研究》，《新闻大学》2018 年第 2 期。

迫等待到主动寻求，由固定接收到自由选择，由单一渠道获取简单资讯到多媒介共享多样信息的总趋势。例如，以前用户只能在家里等固定场所收看广播电视，后来利用台式电脑在网吧等地根据个人需求找寻有效信息。现在用户可以随时随地借助智能媒介工具实现技术、信息共享，从"固屏时代"转变到"智屏联动"，真正实现了在空间和时间双向维度上的媒介全场景覆盖。第二，用户媒介使用体验度随着智能技术的发展得到优化。例如移动手机在用户感官系统方面不断优化，从最初的文字联想到按键屏、滑盖屏再到手写屏和全面智能屏。人机交互得到极大提升，用户体验实现了从单一的 OCR 文字识别技术应用体验到声控、指纹锁、人脸识别等全感官系统融合体验质的飞跃。此外，现在的 5G、VR 等技术也为用户带来新的沉浸式的体验。第三，用户和媒介间的互动呈现越来越明显。例如苹果的 Siri，微软的小冰都可以通过人工智能技术的加持使得用户在使用媒介产品过程中与其亲切互动，这种类人化思维的人工智能技术在与用户的智能化互动中彰显了现代化媒介使用思维的先进性。

可见，媒介和用户之间不再是用户寻求信息、媒介满足用户需求这样的简单关系，而是逐渐共融，媒介成为用户生活的一部分，从信息传播工具逐渐演变为生活必需品。这样的背景为"云游敦煌"小程序智能数字化文创的开发和应用提供了重要的用户基础和技术支持。

（二）理论：创新理论赋能

熊彼特的创新理论认为产品创新包括新产品或新质量、新生产方法、新市场、新材料供给源、新组织形式等五个方面，他在此基础上提出了著名的创新模型。[①] 在模型中，产品创新经历了一系列不断递进的创新、进化和发展的过程，具有十分严谨的逻辑思维。首先是技术的发明，这为产品的创新提供了技术支持；其次是经过企业活动加工成新的生产模式，最终进入市场成为新产品并获利。

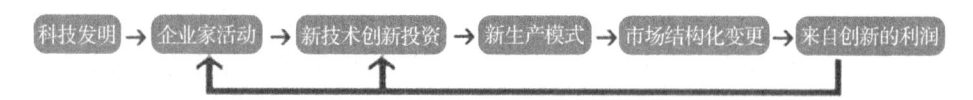

科技发明 → 企业家活动 → 新技术创新投资 → 新生产模式 → 市场结构化变更 → 来自创新的利润

图 1　熊彼特创新理论模型

实际上，数字化产品同样也是遵循着这样的创新模式，不过数字化文创在其中多了一些需要融合的因素和创新设计、策略形成、外部合作等关键步骤。

---

① 约瑟夫·熊彼特：《经济发展理论》，何畏、易家详等译，商务印书馆，1990，第 42—73 页。

笔者在熊彼特创新理论的基础上参照"云游敦煌"小程序构建了数字化文创产品的创新设计模型。在此理论模型当中，数字化文创的创新同样和其他产品一样，需要技术发明的支持；企业要利用新兴技术开展创新投资，其中需要关注到市场需求的变化，根据市场导向展开企业活动；企业活动在现代化创新形势下需要更多的外部合作来实现创新共享，最终指向创新利润实现共赢。但同一般产品创新不同的是，数字化文创的创新在智能时代背景下需要在媒介与用户关系重构的基础上寻找内部创新机制和发展方向。于是，智能时代背景下数字化文创在智能化上做出内部优化，从智能角度让文化创意更加生动形象；在智能基础上加强文化同用户间的互动性，让文化真正附着在人的生活中；这种创新还打破了传统媒介传递信息的单一功能，在传播仪式和使用性能上融入趣味性，实现文创的娱乐化，最终旨在满足用户的个性化需求。在模型外环，创新利益和用户个性化的满足是相辅相成的关系，创新利益的实现会进一步促进数字化文创创新的动力，有助于增强个性化需求的满足力度；而用户个性化需求的满足会使得数字化文创产品进一步打开市场和发展空间，促进创新利益增收，两者依托创新机制实现良性互动循环。

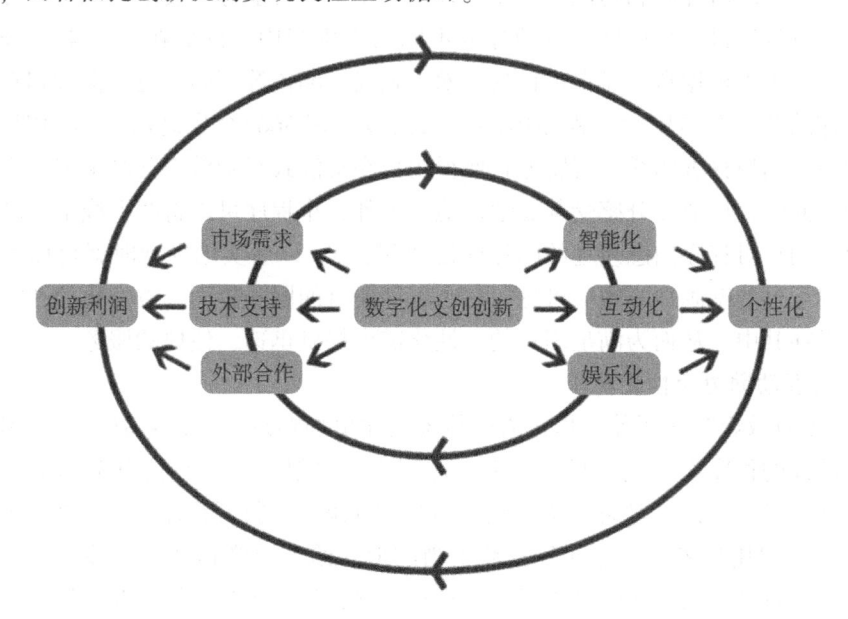

图 2　数字化文创创新模型

（三）表现：个性化需求满足

数字化文创在智能时代绝不是将智能技术形式与传统文化内容的简单拼凑，而是一种基于用户需求的再创造，是一种全新的文化生产与传播方式。在对"科技+文化"如何实现新思考的问题中,"云游敦煌"小程序延伸了数字化文创在满足用户个性化需求上的想象力,将创新理论应用在智能时代数字文创领域,创新了新时代文化符号IP思维。

1. 智能助力个性化需求

"云游敦煌"乘借数字化技术和传播手段的热潮,实现了智慧文创的新想象。"云游敦煌"小程序作为敦煌研究院和腾讯联合开发的数字化文创产品,它主要依托微信平台使用智能搜索引擎面向用户,十分便捷。这让敦煌文化冲破时空限制,利用智能化技术将跨地域的人们联结在一起,形成更加深广的"文化盈余"效应。程序首界面在用户个人感官上实现了智能化服务,例如听觉上自动设置了播放古典音乐功能,用户可根据个人喜好选择暂停或播放;视觉上设有首页、探索、游览、保护、新文创五个分主题链接和一个私人定制特色专栏,这种设置其实是利用智能跳转技术将参观石窟场景、文创内容、保护活动等进行了分类呈现和深入的解读。此外,在每个分主题内部,"云游敦煌"都以"查看导览""了解详情"等跳转口智能引导用户进入石窟相关的线上体验。敦煌研究院和腾讯在制作过程中采用壁画智能分类技术,成千上万的壁画和场景通过芯片记忆被自动分入不同的类别当中。例如在"探索"分主题,用户可以根据自身需求选择从艺术、朝代、颜色等不同分类中探索到自己感兴趣的敦煌石窟壁画。程序内的场景大多采用360°全景高清可移动图像,这种根据用户移屏的线上展览方式使得用户在沉浸式感知敦煌壁画中丰富文化内涵的同时,也能充分感受其美学价值。另外,小程序可以将线上线下活动相结合,用户对程序内感兴趣的图片标记"想去",以后实地参观时就可以着重了解标记过的壁画和彩塑。可见,在小程序所有的服务界面,数字化的智能运用都贯穿其中,从而为满足用户的个性化需求提供迅速、便捷的服务。

2. 互动助力个性化需求

"云游敦煌"为了使敦煌优秀的传统文化更加贴近用户,采取了一系列具有互动性的程序设置,而互动性主要体现在信息触达上。在信息触达的问题上,其实最为关键的是要解决"看得到"的问题。[①] 打开程序首页,"云游敦煌"就以"用户名字+您好"直截了当的形式给人以亲切感,仿佛一个学识渊博的讲解员向用户作今日讲解前的礼貌问候,具有极强的线上互动氛围。通过这种看得到的问候形式,用户容易在最短时间内进入程序核心内容,接触敦煌信息,由此实现互动性的目的。此外,首页还设置了每日"私人定制"的

---

① 喻国明:《跨文化交流中的三个关键性节点——关于减少和消除"文化折扣"的传播学视角》,《新闻与写作》2020年第3期。

分主题小链接，点击"打开今日画语"每天就会看到不同的壁画故事和与之契合的智慧妙语，仿佛一位智者在向用户送出今日的祝福。赋予社交生活更多仪式感。在视频区的敦煌探索领域，用户不仅可以观看，还能在视频下方也可以彼此留言互动。这赋予用户互动剧的属性，让用户感受到其中个性化的满足。值得期待的是，"云游敦煌"目前在敦煌研究院和腾讯的进一步努力之下正在部署沉浸式的虚拟现实技术，旨在通过真实线上动态场景的打造为用户克隆一个真实存在的线上敦煌。"虚拟现实技术（Virtual Reality，简称VR）被认为是21世纪最重要的发展学科以及影响人们生活的重要技术之一，综合了计算机图形学、传感器技术、人机接口和人工智能技术等多领域的成果，其目标是模仿显示的三维空间，达到真实的视觉、触觉、听觉和嗅觉体验效果，进行更深入的人机交互。"[①] 因此，通过虚拟现实技术，"云游敦煌"可以使得用户在与虚拟场景和人工智能交互中自由选择开展何种线上活动，这进一步为敦煌景区打造了一种完善的"创意者经济"生态，引领出新的一轮数字化文创行业的互动性模式。

3. 娱乐助力个性化需求

文创产品一般来说应该同时具备文化性、创意性和趣味性，数字化文创当然也不例外。实际上，早在2018年敦煌研究院就和腾讯联合推出了世界上第一款取材于壁画的游戏类文创产品——《王者荣耀》杨玉环飞天敦煌壁画创意皮肤，这种电子竞技中的娱乐性文创引起玩家极大的关注，市场上反响强烈。在飞天皮肤为《王者荣耀》吸引了近一亿新用户之后，"云游敦煌"小程序进一步将这种娱乐性放大，即在娱乐性当中融合了个人化创意。小程序当中有一个分主题为新文创，在这里用户不仅可以观看相关壁画做成的动画剧场，还能参与动画剧的配音并分享给亲朋好友一同合作，在其中体会到为传统文化剧配音以及和他人合作的乐趣。此外，这一主题还通过智能搭配技术为观众提供自己动手创造敦煌文化的功能。例如用户在"为壁画填色"当中可以定制专属的敦煌色彩、敦煌石窟主题内容。"敦煌诗巾"提炼出敦煌藻井元素作为设计素材，用户可以自由选择各类素材，设计DIY图案、定制生产丝巾，这种即时设计、即时下单、即时送达的强大功能提供了一条龙服务，上线一个月即有三百万用户参与。由此可见，"云游敦煌"通过娱乐化的创意、文化共享的逻辑抓住了用户个性化需求，而敦煌的数字内容产品也得以下沉到更广人群。通过"云游敦煌"小程序的创意解读，诸多建筑、服饰、音乐、舞蹈、饮食等历史美学和意趣在云端为用户们所欢迎，这是令人耳目一新的文化体

---

① 刘建德：《虚拟现实技术教育应用的潜力、进展与挑战》，《开放教育研究》2016年第4期。

验,是用户需求的最大化满足,更是智慧文创数字生态的自我更新。

(四) 未来:文化生产机制变革

"云游敦煌"小程序服务智能化、互动化、娱乐化助力用户个性化需求的满足,这种基于个人兴趣爱好的体验深度化,正在慢慢渗入敦煌文化体系,使之拥有持续自我"造血"的能力。它借由敦煌元素的可塑性和符号传递的可视化,打造出数字化文创新的创造方向,这既是对重燃热爱的传统文化号召,也是对潮流文化生产机制的反思。

因此,笔者认为未来数字化文创将持续以优秀传统文化艺术内容为挖掘对象,在满足用户个性化需求的方向上探索智慧解说、商品支付等创新体验。为此,数字化文创将依托5G、VR等信息技术的智慧文旅,对线上线下的方方面面展开从内到外的迭代。例如在线上打造新概念、新模式、新链接的集合体,发挥媒介和催化的作用,扩大对文旅资源的数字化供给。同时,它也会助推线下消费场景的创新,更大程度上满足用户的即时性需求、碎片性需求、互动性需求,重建实体的交易架构,变革景区的服务体系。为此,国内的其他数字化文创应该参照"云游敦煌""数字故宫"等文创模式,将原本"文化——商业——大众"的闭环式产业逐步转变为"文创——智能——共享"开放生产的产业平台。在未来,用户和数字化文创的联结可能会像智能手机融入生活当中一样必不可少。数字化文创在创新和经营上势必要更多关注用户个人需求,以此来创造价值同更广泛的主体联结,覆盖更全面的线上线下场景,进而推动文化价值和产业价值的互相赋能,最终实现更高效的数字文化生产与IP构建。这将有利于破解优秀传统文化资源难以替代、体验难以复制、需求难以预判等发展难题,将重构文创产业的供应链,有效盘活当地产业布局,催生文旅融合新业态,开拓发展新空间。

五、结语

"云游敦煌"小程序的实践表明,数字化文创对用户个性化需求的满足是其成功的重要因素,文物数字化也是对传统文化最有效的保护措施和创新方式。它的问世,不仅进一步印证了数字化文创在文化遗产保护工作,传承、活化传统元素,增加公众的认识度等领域里大有可为,也表明文化发展和数字经济的有机融合势在必行。尤其在当今智媒时代,数字化文创精准化开发、生产需要借鉴敦煌模式,用技术造福文化,用智慧满足需求,促进文物保护和文创产业发展,满足人民需求和社会多元化发展之需。这不仅是数字化文创的主旨,也是所有智能时代文化产业发展的使命。在"科技+文化"的双擎推动中,相信优秀传统文化的新生意识、移动互联网造就的社会环境、企业灵活的文化生产能力会化成合力，对博大精深、源远流长的中华文化做出有效的守望和创新。

本文通过网络民族志和观察法对"云游敦煌"小程序中针对满足用户个性化需求进行分析；其中融入了智能时代、用户与媒介关系重构的背景，借鉴了熊彼特的创新理论并重新设计了数字化文创创新的相关模型；在参考有关数字化文创的论文、期刊的基础上完成此篇论文。但由于笔者知识水平所限，未能对"云游敦煌"小程序的发展脉络、背后的技术机制等做出更为全面的研究。在论述其个性化表现方面，虽已举例论证但缺少更精准的数据说明。最后，本文谨希望能从智能时代的背景出发，对数字化文创的相关研究和文创产业实践贡献出一份微薄力量。

中国单口脱口秀节目中的女性文化现象研究

高思妍　赖泓睿　傅雨丹

【摘要】 长期以来女性就被社会规训成与幽默无关的性别，但随着社会经济文化的发展，女性也开始突破这一性别偏见，展现出女性另外一面的美。无论是在社交平台抑或是影视作品中，我们都能看到女性段子手活跃的身影。她们不仅只以搞怪扮丑的形象出现，也以一种犀利的、自信的、独立的形象出现在观众眼前。这一变化凸显了当下女性意识的觉醒与发展。本文将以女段子手作为研究对象，探究女段子手的形象与话语转变并进一步探析影响这一变化发生的因素有哪些？

【关键词】 女性主义；女性段子手；脱口秀

在《中国俗文化研究》中杜伟伟和姜剑云将段子分为了广义和狭义两个概念："广义的段子，指的是个人或集体创作的、或雅或俗或雅俗共赏的、简短自足的或长篇中可独立出来的短篇文学艺术作品，可以是寓言、故事、笑话、小品，也可以指戏剧中的唱段。狭义的段子，指的是人们日常生活中常说的'笑料'，尤其指近年来广泛流行的幽默类故事、笑话、脱口秀、顺口溜……通俗简短、口耳相传、幽默搞笑，是其基本特征。"而本文中所指的段子，则是将这两个方面合并在一起，去探讨在小品、相声、脱口秀等段子文化场域中，女性作为段子的创作者，其形象与话语发生了何种变化。

长期以来父权制作为社会的基础结构，渗入社会的方方面面。女性作为"第二性"被由男性为主导的社会文化规训着。波伏娃在其著作《第二性》中从生物学、心理学、历史学及文学等方面，解释了女性气质形成的实质是在由男权文化所主宰的"文明"的规约下，"洗涤"和"内化"的结果。而纵观从古至今中国社会对女性的要求也确实如此，女性要"温婉贤淑"，要"温柔似水"，而一旦女性跳出了既定框架则会被贴上各种各样的标签。"女性与幽默无关"就是父权制社会给予女性的一层建构。英国的喜剧作家康格里夫曾说："幽默属于理性的表达，在男性身上是常有的事。"另外早期关于性别的幽默研究也认为，幽默存在着性别差异，男性要比女性更显幽默。加州大学伯克利分校的语言学教授罗宾·洛克·夫在他的著作《语言和女人的地位》中写道："女性不说笑话。"而这类研究的出现无疑会造成一种男性比女性天生要更加幽默的刻板印象。

随着 20 世纪女性运动的发展，女性主体意识不断提高，开始有女性加入喜剧的行列。在中国，我们最早熟知的女性段子手，则是出现在春晚舞台上的女性们。比如赵丽蓉、宋丹丹、高秀明、蔡明等。随着老一代女段子手们的离去，一批年轻化的女性段子手开始出现在舞台上，比如贾玲、马丽等。到现在喜剧类综艺节目的发展中，像杨笠、思文、傅首尔等女性段子手也出现在大众的视野之中。她们用其犀利且幽默话语和多元化的女性形象向父权社会发出反抗。一代又一代女性段子手的发展与变化，让我们看到了女性意识的不断崛起。

一、女性段子手的形象流变

美国著名的女性喜剧表演者菲利斯·狄尔（Phyllis Diller）曾在自述中谈到她的喜剧表演技巧："对一个喜剧演员来说，在有些地方出错是很有帮助的——龅牙、没有下巴，或者是五百磅的体重，又或者是滑稽的头发，又或者是骨瘦如柴或者特别高等。"在生活中，她是一位漂亮优雅且拥有绝佳身材的女性，但是到了舞台上则会变得臃肿和浮夸，穿着厚重臃肿的衣服，带着色彩斑斓的假发和夸张的假睫毛。纵观中国有名的女性段子手在舞台上的表演似乎也是如此，以自我丑化的方式来逗乐观众。像宋丹丹塑造的"白云"，通过自我丑化，塑造了一个不可理喻、蛮不讲理的老太太形象；作为上过春晚次数最多的蔡明是以其塑造的毒舌形象被大众记住；而贾玲则是以强壮能吃塑造了一个女汉子的形象。从这些女性段子手塑造的形象可以看出，她们都割舍掉了一部分自我的女性特征，通过建构与传统社会所要求不一样的女性形象，而逐渐在由男性所主导的喜剧行业中站住脚跟。

随着脱口秀节目在中国的发展，女性段子手的形象也逐渐开始发生了变化。女性不再需要去隐藏或者故意丑化自身的特质，而是仅仅运用语言的起承转合以及文本精妙表达幽默，来赢得观众们的喜爱。其中涌现了大量的优秀女性段子手，她们凭借自己对生活的细微观察，用幽默的方式来消解和解构社会对女性的歧视与束缚，展现了多重的女性形象。有经历了家庭生活但依然犀利且独立的女性，如傅首尔、思文等，她们用自身的经历展现出女性在婚姻生活中不仅只有家庭妇女的这一种身份。还有高学历的知识型女性，如 Norah、詹青云等，她们向我们展示了知识女性的魅力与独特。以及李雪琴、杨笠、颜怡、颜悦、赵晓卉、鸟鸟等年轻的单身女性，她们用自己的生活经历作为段子展现出了在这个时代下女性的多样性。

从只能依靠丑化自身、掩盖女性特质去进行喜剧表演到如今女性可以以多元化的女性形象站在舞台上。女性不再仅只是通过扮丑恶搞进行幽默的表演，而是让观众注意到了女性本身的幽默特质。女性段子手这一形象的变化从侧面说明了整个社会女性力量的崛起，也打破了"女性与幽默无关"这一社会刻板印象。

二、女性段子手的话语转向

著名的哲学家、思想家福柯曾在《话语的秩序》一文中提到了"话语即权力"的概念。他认为话语从来不只是简单的表达，而是根据特定的社会文化而创造出来的，其背后被一定的社会权力结构所控制。从早期的女性段子手来看，其话语权力被掌握在了男性手中。尤其是相声这类传统艺术，女性更是缺席。但是根据近些年来看，女性段子手的话语权力开始发生了变化，其主要凸显在两个方面：一是以女性的中心角色开始出现，二是女性不再只是被调侃的对象。

首先是女性的中心角色开始凸显。在以往的小品中，女性多以故事中的边缘人物出现，常被作为故事中男性的附庸或者是麻烦角色。在春晚的小品舞台上，男性角色多以经理、老板、总监、干部、导演、演员、商人、警察、厨师、军人等形象出现，而女性角色则是经理、老板、居委会主任、售货员、保姆、秘书、护士等。且在众多的节目中女性领导出现的次数仅仅只是个位数，而男性领导出现的次数却是女性领导的好几倍。除了职业外，许多在故事中未曾被交代的女性角色，她们的身份也常被局限为妻子、母亲、女友、女儿、姑姑、老板娘、退休人员以及邻居大姐。而没被交代职业的男性角色只出现过姐夫、姑父、父亲、前夫等，出现的次数远少于女性。这一现象表明了男性在小品中多居主体地位，而女性则是以一种他者话语存在在舞台上。

随着越来越多的女性段子手崛起，也开始出现了许多以女性为中心的小品故事。像贾玲的《女人的N次方》以及前年大火的《你好，李焕英》等作品，都是将女性角色放在故事叙事的中心，从女性角度去进行喜剧创作。而随后兴起的脱口秀节目更是将女性的中心地位凸显出来，这与脱口秀表演形式脱不开关系，但是从女性段子手的文本内容来看，也能明显看出女性段子手们的女性力量的觉醒。

在以往的内容中女性多是被调侃的对象，而在脱口秀中女性不再只是被调侃，她们也开始用自己的话语去抵抗社会对女性的建构与制约。例如在面对女性身材和容貌焦虑时，女段子手鸟鸟在段子里说："20世纪80年代，在我国西部，出土了两具3800年前的人类遗体，人们把它们命名为楼兰美女，和干尸二号。"而在观众们笑完后又立马说："这事其实是我编的，但是你们是不是觉得特别合理。"不仅在讽刺社会对女性外貌的凝视外，也反映了当下社会中人们被不断物化的过程。在面对女性生育问题时，思文作为当时舞台上唯一经历过婚姻生活的女性说："当女性结婚后，身边所有人都在催你生孩子，这让我感觉我像一只母鸡，所有人见了你都会问，欸，下蛋了吗？好像结婚后，女性事业腾不腾飞已经不重要了，蛋都不下还飞什么飞。"用这种类比的方式，反讽了社会对女性生育的要求。面对女性婚恋问题时，杨笠说："我只想主动追求别人，我只想和我配不上的人谈恋爱。""希望大家看到我们的时候，先沉默，然后过了几秒钟说，啧，这个女的，有点东西。"她用这种幽默的自我表达的方式，去强调当下女性在婚恋关系的自我主导权。除此之外，还有许多其他的女段子手像颜怡、颜悦、李雪琴、赵晓卉等，她们从社会中女性的方方面面进行表述，把一些习以为常的现象作为自己表演的文本，在表达幽默的同时引发人们的思考。

从小品故事中的边缘人物，到以女性为核心的故事，再到女性仅依靠幽默文本在舞台上表达自己对生活的看法。女性们在"段子"表演的舞台上越说越多，她们通过这些作品，让女性不再拘泥于家庭、恋爱，而是开始关注到社会中每一个女性个体的自身权益，让家长里短的表达延伸至了女性个人的喜悲上。这些变化无一不在体现着当下女性意识的成长。

三、女性段子手变化动因

从以上梳理的两个方面的变化可以看出，随着时代的变迁，女性段子手在舞台上表演的形象和话语权力有了明显的变化。而这一变化的动因除了喜剧表演形式的多元变化外，背后还有一些令人深思的社会变迁带来的原因。

（一）性别平等政策发展提供思想基础

新中国成立以来，妇女解放成为国家一项重要的工作。国家出台了许多政策来支持和促进女性个体的发展。1949年颁布的《共同纲领》指出"中华人民共和国废除束缚妇女的封建制度"，要求"妇女在政治的、经济的、文化教育的、社会的生活各方面，均有与男子平等的权利"。"妇女能顶半边天"成为当时社会的时代主题，女性也如同男性一样投身于建设社会主义新中国的运动中。这不仅促进了女性参与到社会劳动以争取性别平等的积极性，同时也提高了女性对自己身体主体性的认知。女性自身拥有了主动选择的权力，可以通过自身的努力去塑造和构建自己理想的女性形象与生活。另外《婚姻法》《选举法》《民法典》等法律的颁布以及完善，更加进一步的使女性权益获得了保障。这些政策的颁布与实施为性别平等思想的发展奠定了政治基础。

随后，1995年第四次世界妇女大会首次在中国举行。这一大会的举办使得当时西方其他国家的性别平等实践和成果展示在了中国人民的眼前，对我国性别平等思想的发展具有积极的推动意义。其中最具有里程碑意义的是江泽民同志在大会上提到要将男女平等作为促进我国社会发展的一项基本国策。这一基本国策将妇女的发展权益提到了相当重要的位置，同时重视性别差异的存在，强调对女性给予关爱和援助，强调了两性在历史贡献上的平等，提出要从妇女与社会协调发展的高度来认识妇女的发展。两性平等基本国策的实施，对女性权利的提高和正确理解性别平等提供了非常重要的指导。我国的性别平等思想也在进一步地深化和推进。

国家政策的推出在一定程度影响着人们生活和思想的变化，也进一步促进了人们社会实践的变化。中国女段子手的变化发展就是伴随着中国性别平等政策的深化而不断地在变化与发展。

（二）"她经济"发展助推女性力量崛起

随着数字时代的到来，女性群体逐渐成为数字经济消费的主力军。在2019年上半年中国消费者洞察系列报告显示，中国近4亿20岁至60岁的女性消费者每年掌握着高达10万亿元的消费支出。波伏娃在其著作《第二性》中说："石器时代女性因其生理结构特点和对新增人口的巨大贡献占据社会优势。"而在当下社会，女性通过其消费能力的提升成为社会发展的主要动力之一，女性力量成为不可忽视的一部分。"他者"由此转变成为了"她经济"。

与此同时，在美国国家劳工部网站2012年发布的"国际劳动力对比图表"中显示，中国女性劳动参与率高达68%，我国女性劳动群体规模远远超过其他国家，甚至还超越了一些国家男性劳动力。2022年阿里研究院与中国就业形态研究中心课题组发布了《数字经济与中国妇女就业创业研究报告》，在报告中显示数字经济已为5700万女性创造了就业机会，数字经济所创造出的数字性别红利，扩大了女性在劳动力市场的价值，减少了女性在劳动力市场的弱势地位，为女性开创了新的就业空间和领域。女性在经济上愈发独立自主，消费需求和消费能力也愈发旺盛。女性经济地位的提升也意味着女性群体的利益受到了市场的重视。女性自主消费能力的提升，也让更多的女性注重自身的需求。

因此在段子创作中，创作者为获得更多的关注，必须要把握住主要消费群体的喜好。女性群体成为创作者需要去关注的对象，越来越多的"女性向"内容开始涌现，同时女性段子手也愈发注重自身内容的表达。女性经济独立为女性意识以及女性力量赋能，助推女性力量的觉醒。

（三）互联网发展助力女性意识凸显

互联网的发展促使整个社会的权力结构以及社会关系发生了变化。传统媒体不再像过去一样主导和建构社会舆论和社会话题，新媒体平台成为舆论发酵的主场地，并且赋予了个体表达自我和实现自我赋能的机会。这表明了过去以父系社会为主导的话语权力正在不断被弱化，多元化的话语权力逐渐出现。这为提高女性话语权力，保障女性权益提供了机遇和平台。

以当前最受欢迎的社交媒体平台，同时也是舆论发酵场所的微博为例。2020微博用户发展报告的数据显示微博女性用户达54.6%，男性用户达45.4%。另有研究数据显示关注女性话题的自媒体账号的性别比例为女57.47%，男42.47%；关注男性话题的自媒体账号为女49.13%，男50.57%。从这些数据中都可以看出女性对新媒体平台的使用率要高于男性，且更加积极地去关注两性话题。这即是女性主动构建媒介形象的展现，也是主动去掌握话语权力的体现。

2020年是女性主义元年，许多女性话题在网络舆论场中得到激烈讨论。《脱口秀大会》第三季正好乘着女性主义元年的东风，在其话题的选择和设置上出现了一些两性相关的话题，并且由于女性单口喜剧表演者们的文本也都开始凸显女性意识，因此节目在播出期间不少的两性话题都冲上了微博热搜，得到了广泛的讨论。杨笠甚至成为两性话题的中心，出现了性别站队的状况。从数据上看，微博上与《脱口秀大会》第三季进行互动的女性占比68.35%，男性占比31.65%，这可以表明《脱口秀大会》第三季的女性观众占比较大，并且其节目话题在女性群体内得到了广泛的讨论。

互动人群画像

图1 《脱口秀大会》第三季微博用户性别比例

通过从艺恩数据对《脱口秀大会》第三季开播日7月22日到10月22日的热搜数据爬取可以看出，这段时间内的热搜数共有72条，而其中涉及女性话题的热搜有32条。从热度来看，思文程璐离婚、雪国列车CP这两个话题给节目贡献了不少热度，同时杨笠和颜怡、颜悦的女性主义话题也让节目的讨论度大大增加。如杨笠黑寡妇的技能是寿命长、不想当小公主想当小富婆、身材平是对男人的不屑一顾，以及颜怡、颜悦的催婚脚本等话题，都让女性话题在网络平台得到了大范围的讨论。

四、总结

女段子手经历了从配角到主角，从形象固化到形象多元，从他者话语到自我表述的历程。这一变化历程表明了中国社会的女性地位正在逐步崛起，女性的权益开始受到重视，这与我们社会的进步与发展脱不开关系。国家政策的支持，使得性别平等的思想逐渐深入人心，越来越多的人开始重视女性的诉求和权益。同时改革开放以来，女性经济地位逐渐上升，女性自主消费能力以及消费水平的上升使得女性成为消费市场不可忽视的力量，女性的话语权力也随之上升。加之互联网的助推，给女性提供了更多的话语表达空间，让越来越多的女性开始自主寻求表达空间。这些因素都在影响着女段子手们当前的内容创作以及职业发展，这也是我们能够看到越来越多优秀的女性段子手的原因。

当然目前的崛起也仅仅只是一小步，女性段子手还面临着许多问题，如行业中的女性比例依然占比较小，在中国的传统相声行业中的女性更是屈指可数；女性段子手的创作容易被资本控制，最终还是沦为被"异化"的女性等。这些问题都是在未来需要我们一步一步去攻克的。

参考文献

[1] 杜伟伟，姜剑云. 段子管窥 [J]. 中国俗文化研究，2008.

[2] 赵思奇. 论西蒙娜·德·波伏娃的"女性气质"——从《第二性》谈起 [J]. 山东社会科学，2016（5）.

[3] 康格里夫. 论喜剧中的幽默Ⅱ [M]. 北京：知识产权出版社，2010.

[4] 陈亨明，杨冠强. 从性别平等到论域转换：社会主义女性体育观的嬗变 [J]. 体育与科学，2021（3）.

[5] 张炜. 当下中国女性文化研究模式解析 [J]. 唐山学院学报，2010（1）.

[6] 张喜华. 后现代视野中的女性主义文化研究 [J]. 社会科学辑刊，2010（5）.

[7] 周启云. 女性文化研究的三个层面 [J]. 湖湘论坛，1991（2）.

[8] 李敏. 女性主义视域中的媒介研究 [J]. 新闻与传播研究，2005（2）.

[9] 戴雪红. 英国女性主义文化研究：关键人物与重要思想 [J]. 国外理论动态，2018（3）.

[10] 杰基·斯泰西,段慧.女性主义文化研究在英国[J].中国图书评论,2013(3).

[11] 陆扬.女性主义与文化研究[J].文艺争鸣,2011(9).

[12] 肖剑.安吉拉·默克罗比与伯明翰文化研究[D].北京:北京语言大学,2004.

[13] 丁晨琦.默克罗比女性文化理论研究[D].长沙:湖南师范大学,2021.

[14] 郝玉满.当代中国单口脱口秀:新喜剧范式与话语意见性[J].上海文化,2021(12).

[15] 刘永昶."女性"话语、他者叙事与集体展演——对于脱口秀节目《听姐说》的"话术"观察[J].中国图书评论,2021(11).

[16] 李娟.解构性表达下的正能量赋权:《脱口秀大会》的文化批判分析[J].浙江学刊,2021(14).

[17] Sharon Lockyer, Brett Mills, Louise Peacock. Analysing stand-up comedy[J]. Comedy Studies,2011,2(2).

探索与重构：小众综艺粉丝互动新探究

——以《乐队的夏天》为例

曾馨漫 李 琳 李丽青

【摘要】 目前国内大多数综艺都是以明星效应来带动圈层粉丝从而提高它的收视率，这种"当红流量明星+飞行嘉宾"的模式会更考验粉丝的稳定性，形成一种收视率依赖流量明星带动，粉丝数量直接影响收视率好坏的困境。但《乐队的夏天》作为小众乐队参与类节目，在没有当红爱豆和偶像的情况下引发剧烈反响，研究发现此综艺以多元角色的参与、演出模式的创新和情感认同的延续方式形成了自己的粉丝圈层，甚至在节目结束后创作团队仍然在推动商业逻辑。希望借此研究以探析小众综艺如何构建自己的传播网、扩大圈层、引发互动。

【关键词】 小众综艺；粉丝互动；实践之路

一、音乐类综艺发展现状

我国的音乐类综艺节目虽然起步较晚（20世纪八九十年代左右才开始兴起），但是发展快速。刚起步阶段国内的音乐类综艺节目仍以大型晚会类节目为主，但是1984年CCTV举办的青年歌手电视大奖赛打破了以往一直以来的晚会形式，成为中国音乐选秀类综艺节目的开端；2004年《超级女声》的兴起鼓励了所有喜欢唱歌的女生报名，这场全新的综艺玩法里更是取消了音乐选秀对唱法的要求与限制，从这时起音乐类节目开始引发全民选秀的热潮。从此绝大部分卫视都开始争先恐后地效仿，继而推出自己的音乐类综艺节目。比如《花儿朵朵》《我是歌手》《中国好声音》等。

互联网的发展加之技术不断地成熟让网络综艺也搭上了快车。网络综艺在互联网的加持下减少了载体的约束且拓宽了传播渠道，所以网络作为视频载体的平台是离用户最近的最接地气的传播媒介，无论是传播还是反馈，网络都有着绝对的优势，所以互联网的变现自然也是最快的。比起电视剧、电影等庞大的制作团队和投入，网络综艺投资会相对更少，于是在目前的网络环境下"喷涌而出"，在这种情况下也涌发出了更多现象级的综艺节目。

在网络综艺蓬勃发展的同时处于同一时空的传统综艺，其实也在努力应对这一情况，不断探索并完善自己的节目。尤其以综N代为主，《中国好声音》就是一个典型的代表。它当之无愧可以称为音乐类综艺节目的前辈代表，刚出现时轰动一时，从2012年开播延续到现在已经发展N代，并且培养了成千上万的杰出音乐人。作为当之无愧的综N代的代表，但如今我们从收视率的角度来看这档节目仍然也是在经历着缓缓下降的局势。比如节目组也在努力调和这种下降趋势，偶尔更换导师，甚至请了周杰伦坐镇，节目模式从导师旋转座椅"I WANT YOU"到更戏剧化的导师"高空战车冲刺"。但这些好像都没有从根本上解决现在受众对节目的观看疲劳，至此综N代也陷入了僵局。除此之外节目邀请的嘉宾大都是红极一时的流量明星，其中的困境来源于作为导师带领素人选手参加比赛的模式似乎也成为综N代的主要模式。这种模式起初可能希望利用某个明星的粉丝参与来提高节目的收视率，起步时这种模式还奏效，但是这种模式一旦长久使用就会发现这种粉丝互动是被动的、是很容易丢失的。节目结构自然陷入固定框架思维，综N代陷入情感逻辑的束缚。观众观看可能更多出于情怀或是基于某个明星的粉丝圈层，这种时候的综艺就具有相当的"惰性"，观众会看，但随时可能会丢弃。

二、《乐队的夏天》节目内在逻辑新探索

《乐队的夏天》作为爱奇艺S级综艺是携手米未传媒打造的一场2019年青年音乐盛事，通过和摩登天空、太合音乐集团、草台回声，以及最大的音乐交流平台街声合作，节目组挖掘了全球华语圈最优质的乐队并打造了一场浩大的音乐盛宴。

（一）选手—嘉宾—观众：多元展现

无论是选手还是嘉宾都有着丰富的多样性，正因为这样才能更好地在互联网这个百花齐放的时代充分带动粉丝的互动性与积极性。

选手由31支风格各异的乐队组成，多样化的音乐模式契合不同观众口味，可能大家不喜欢太激昂的音乐，那就来听一首舒缓的民谣；可能大家又觉得民谣过于缓慢，但摇滚过于嘈杂，那就来一首可以舞动着的欢快的放克音乐。无论哪种形式，总会找到你喜欢的。有些乐队的类型观众甚至没有听说过，这样一来无论是不是出于好奇，都可以成为观众继续观看节目的一大原因，也让小众音乐更好地走入观众的世界。就以摇滚乐队新裤子来说，他们风格是欢快的、带动气氛的。主唱在舞台上舞动跳跃都是与观众互动的象征。歌词："你

你你要跳舞吗?"又有谁不想一起舞动起来跟着节奏摆起双手点一点头。风格各异在此时就能体现,刚听完一首令你摇头晃脑的音乐马上你就能看到舞台上摆上了两个凳子,两个青涩的女生用清澈的声音唱出少女的朦胧美,唱出少女的娇羞感。他们将家乡话融入歌曲中,仿佛他们就是你身边的朋友,带着你回忆,享受宁静。每个选手风格各异,他们表现出来的代表自己的符号也截然不同。①

可能旋律一响起,你就能感受到他是属于哪个组合、哪个类型乐队的歌。这也为小众乐队赋予了鲜活的生命并有了更加丰富的表现形式,让人感受到他们的真实。

对嘉宾组成,从不懂音乐的马东;音乐"老炮"朴树、张亚东;流行音乐的代表吴青峰;到新生代音乐人欧阳娜娜等,都表现着节目嘉宾的多元。马东本就不属于音乐人的群体,他的出现代表了普遍的主流大众。对小众乐队的种种展示观众在观看时候自然存在疑问,这时便可以借马东的口吻提出。当节目中乐队突然带有惊喜时他的表现也会显得非常自然,同时也给节目带来喜剧效果。其余的音乐人则代表专业角度,他们可以从专业出发提出自己的感受。嘉宾年龄上的分层组成不同的年龄跨度也使得评价更加鲜活,更能和不同类型的观众形成共鸣。② 用多元的视角展现出了多元的世界。正因为多元也吸引了更多面的观众,在这个乐队世界里,虽然小众,但总有一款会是你所喜欢的。

(二) 过去—现在—未来:情感共鸣与身份认同

纵观小众乐队,除了以新裤子为代表在节目开始前就很有名气的老炮乐队外,其余乐队几乎就是平常百姓,他们在参加节目之前甚至一贫如洗(就连老炮代表新裤子等乐队,在节目前和主流歌手相比存在感也并不高),更别提那些在上节目前就不知名的小乐队,他们在参加节目前没有一点粉丝基础。举一个实在的例子,九连真人的选手只是一个平常的美术老师。刺猬乐队的子健是一位程序员,经常带着电脑参加巡演,这对很多的"社畜"来说一定不会陌生。摇滚乐手在现实中是工程师、设计师、学生……这种普通人的身份消解了乐队和观众之间的界限。让本没有粉丝基础的节目却能带动粉丝之间的互动,有可能很多只是路人却能在节目中路转粉。

而对现场中不同主题的演奏,乐队总会有各种惊喜。因为每个乐队都有

---

① 王焕驰:《透过〈乐队的夏天〉看音乐综艺如何创新》,《北方传媒研究》2020 年第 4 期。
② 陈新珑:《网络综艺的符号建构与互动研究——以〈乐队的夏天〉为例》,《视听》2020 年第 5 期。

着自己的阅历让他们对主题的理解、音乐的改编都会有各自的个性体现。使演出的主题不再只是几个冰冷的文字，而是演活了它。乐队各有风格，改编对他们来说本就不陌生。在节目提供的音乐中结合自己的特点，将之形成自己的代表，大家听到这首歌就能感受到，这是属于他们的世界。每个乐队给予观众视听刺激的同时，也打造着他们自己的音乐盛宴。嘉宾们打破传统风格，不再只是评论员，甚至变成了超级乐迷。跟随自己支持的乐队达成与乐队在品位上的认同与节目风格的统一。吉他、灯光、音乐，甚至火焰，完全带动了现场观众的激情。和音乐节一样的舞台设计仿佛这已不是一个比赛，本就是来享受乐队的演出。在现场之外，乐队的音乐经历、编曲灵感、工作生活与幕后访谈，穿插切入表演前后。多重蒙太奇手法，将现实与虚幻、过去与当下的影像进行对比映照，塑造出两种时空并拓宽了乐队的展示面。[1]这样的表现形式让原有的乐迷基础得以维持，过去的乐迷会觉得乐队还是过去的样子。而对路人观众能因为一首歌与乐队联结，正如音乐是一条纽带，因此将过去的歌和过去的事，与现在的风格和技术融合，迸发出了观众的情感共鸣。从而增加了粉丝互动，在小众的节目中《乐队的夏天》杀出一条血路。

（三）规则—突发—灵活：灵活调整下圈走路人粉

《乐队的夏天》在整体节目编排、设计和策划上独出一格，与以往我们所看到的音乐类综艺都有所不同，这也是它能吸睛的主要原因之一。节奏轻快，不会拖泥带水，让观众沉浸在节目的节奏中，各个赛段的设计既考验了乐队的合作与创作能力，也照顾了观众的不同喜好。在初期节目就对各个乐队进行了刻画，不仅有乐队的首秀表演，也对每个乐队进行了访谈和介绍。这使大家可能刚开始并不了解小众的乐队，但在节目播放过程中也不至于突兀，从而加强代入感和互动性。通过第一印象，也让每个观众可以体会到乐队鲜活的一面。在初赛的复活赛中，节目就曾迎来一次小高潮，罕见的复活赛乐队平局，在极具戏剧性的情况下导演组直接在现场气氛到达火热时改变游戏规则，继续设定题目直至双方分出胜负，这样的收尾产生了极大的话题性，也为《乐队的夏天》接下来的火爆奠定了基础。导演组对规则的灵活把控在节目中经常出现，一定程度上也能说明节目组十分了解观众喜欢什么，想要看到什么，掌握了大众的舆论喜好与动向，这样的灵活调整让《乐队的夏天》毫无疑问"引爆"，并且频上热搜。

我们除了能感受到节目组赛制的灵活外，节目后乐队与超级乐迷的问答也

---

[1] 陈琪：《乐队类综艺节目〈乐队的夏天〉的策划与创新浅析》，《戏剧之家》2020年第14期。

是展示乐队形象的重要手段，拉近了乐队与乐迷之间的距离，让观众觉得他们从前台走向了后台，更加具有代入感和存在感，每一次采访都能够挖掘到更多节目背后的故事，包括乐队在演出前的情感，一定程度上更像是一个彩蛋。这种多方面的叙事方式，让乐队的形象更突出、更鲜活，与乐迷的联结更密切，互动更强烈。作为粉丝的乐迷就更愿意成为节目的忠实观众，提高互动以及黏性。节目中许多出圈的精彩桥段也是在问答中呈现出来的，比如大张伟和盘尼西林主唱互怼，这种台前台后的反差感也生动地展示了乐手台下的另外一面，可能你不是乐队粉丝，但你也会被圈粉。

（四）乐迷—乐队—平台：节目后，是音乐节延续下的狂欢

说到音乐节，不得不普及一下关于音乐节的小知识。国内第一个原创音乐节是2000年举行的，当时是小众的、摇滚的甚至是反叛的，作为一个稀奇的节目形式它发源于地下并且横空出世。摇滚风在当时有着一定程度的引爆并有了追随的乐迷，随后接连出现一些平台开办音乐节，当时的音乐节更像一个交流的平台，每个乐队因为喜好巧合地组合在一起，但互相又有着自己的本职工作，大家在休闲时间展现自我、抒发自我。现在细想，当时的音乐节与其说是举办一场场演出，更像是一个与大众交流的平台。音乐节如今也有蓬勃发展之势，几十年的发展让大家越来越喜欢这一种能让人蹦起来并且无厘头开心的表演模式，至此乐队变多了，甚至部分乐队人员专门以此为生。小众模式走向大众一定离不开商业模式的逐步成型，音乐节也有了更多配套设施，大家可以聚在一起喝喝小酒，戴上属于自己乐队乐迷的发带等。泛娱乐的不断出现，也使音乐节有了新的发展，成为一个休闲娱乐的新场所。

场景有了，也就有了音乐节作为一个平台，搭建了一个小众表现自我的地方。但是怎么让市场进一步扩大则是我们需要思考的问题，《乐队的夏天》就以此建立了一个通道，民谣之风、嘻哈之风、摇滚之风在前几年盛行，大家对这一类小众圈子本身就充满了好奇，这是一个好的氛围。氛围有了后我们就需要考虑如何使他们出现在大众视野里，也就是所谓的"亮相"，《乐队的夏天》就是很好地搭建了群众与音乐文化桥梁的通道，这也是节目的运气所在，除此《乐队的夏天》之所以能够红极一时，和同类型节目的开阔分不开关系。同类型节目已经培养了一系列的受众基础，他们有听过乐队演出但可能没有变成粉丝，但是起码是略知一二并且不讨厌这个形式。观众已经培养好了，那对产品又该何去何从呢？[①] 我们可以看出乐队本

---

① 萨百灵、徐敏：《从〈乐队的夏天〉看小众音乐综艺的大众化传播探索》，《采写编》2021年第1期。

身就是以音乐节和巡演为依托，就算不参与节目，他们的谋生方式也是如此，但是《乐队的夏天》这档节目后，给予乐队的是商业化发展的产业优势，更加助推了线下模式的成功。乐队本身就具有大量受众，在节目播出更是得到了巨大的反响，于是《乐队的夏天》后延伸的关于他们的主题巡演也随之而来，几乎处于一票难求的状态，后期即使由于种种情况无法线下举办音乐节，他们线上的演出也十分火热。这样的商业化成功不会让观众觉得节目就是为了变现，一定原因便是主持人的"自嘲式"主持，不避讳赞助商的广告，观众也愿意买单，完整的商业模式运作下成就了《乐队的夏天》，让更多的人了解这一档节目。虽然小众，但是节目中所积累出来的路人缘也可以在延伸出来的音乐节中继续狂欢。

三、小众综艺的传播之思

（一）切实做好联结受众

无论是哪种类型综艺，最核心的都是和受众之间的关系，只是《乐队的夏天》作为一个网络综艺更有着天然互动上的优势。网络综艺本身更加接近年轻人的日常生活，通过手机端和平板端等，更活泼、局限性更小的传播内容，也更具互动性。如此互动下也使综艺变得更加接地气，从而拉近和观众之间的距离，更容易和粉丝进行相互影响，粉丝互动促进综艺的良性发展，综艺也会带给粉丝更好的观感回馈。但是如何联结受众？尤其是小众的节目可能本身的粉丝量就不多的情况，随之而来的更多会是"凑热闹"的路人群体，这一部分群体我们就需要抓紧机会争取最大程度地转换粉丝。通过在节目中不断"造梗""用梗"，加入网络的流行元素引发槽点、热点以及爆点，以此更容易获得粉丝群体的喜爱，也更容易提高路人缘。大多数综艺，无论是网综还是电视综艺，更多的都是倾向于选择人气偶像，这样吸引的大多就是粉丝群体，但是综艺一旦某一方面出现问题（包括对某个流量明星镜头把握度欠缺等）就很容易遭到谩骂从而一落千丈。所以我们在制作综艺时，无论是不是小众综艺都需要注意提高自己的综艺质量，联结综艺受众，最好转化路人缘而不要过于依赖流量明星所拥有的粉丝群体，自己"活化"粉丝从而制造适合自己节目的互动模式。互联网的发展为各个不同领域都提供了一个开放的、交流的、互动的、个性的平台，它可以包容万象甚至还可以吸引同样兴趣、志同道合的伙伴，提高受众的归属感并形成自己的圈层文化。而在这种情况的联结下就不在于一个IP、一个偶像，它更多是受众自发产生的，他们会有着更高的积极性，对节目会更加拥护，不会很脆弱地和节目"断崖"，并且如果联结受众有效的话，还会激发受众高度的创造力与积极性，会因为热爱而对节目进行二次创造与传播，尤其对小众综艺，起到更好的传播效应。①

（二）过去与现在（情感与现实）寻求平衡

以用户情感归属为内在逻辑进行社群运营，随着受众主体性地位的提升，情感成为媒介传播的主导因素，注重情感体验过程的情感传播范式开始对传统的注重效果和目的的信息范式造成冲击。②"体验"这两个词仿佛成为各大商业的宣传用语，用户都希望在体验中放大自己的情感，甚至联结起以往的情怀，而音乐节便运用了情感和情怀这两巨头。以往音乐节更多的是一种派对，免费让志同道合的人聚集在一起，吹吹牛、喝喝酒，听着乐队演唱。可能乐队也不是专业的，乐队成员在休息时间聚一起，他们有着相同的精神世界作为联结。这是音乐节的过去，也因为这样的过去，所以他们有着相同的情怀，慢慢地音乐节开始有了大公司进行操办，甚至加入跨公司的合作，音乐节进入了主流大众视野，所以有些乐队是一直存在的，代表着那个年代的记忆、那个年代的青春。这些乐队一出现，本身就是一种记忆，一种噱头，只是在过去一直没有很好的载体来表现。

而现在我们发现，有了各种不同的综艺节目作为载体后各种小众风格也在不断涌入大众视野。无论是《乐队的夏天》，还是其他小众节目，比如嘻哈类小众节目《说唱新时代》或是戏剧类小众节目《戏剧新生活》。他们代表的都是小众群体，但是都无意外火了起来并成为"爆款"，而在这之后的小众音乐（以嘻哈为首）则收益了更多。这里我们看到了综艺的力量，综艺的热播肯定能圈粉，而音乐节的举办更是能激起大家的好奇，无论是不是真正的粉丝都想去体验它所带来的氛围感。再者便是资本的入场，情感和现实下变现是我们必须考虑的一个问题，③尤其小众类型节目更加需要维持预热。就拿小众音乐综艺为例，音乐节肯定是线下延伸产业模式的一个主要的方式，但是我们也要考虑的一个问题是音乐类综艺孵化了很多音乐人，在节目的带动下他们形成了自己的流量，有了自己的乐迷，但是这类"乐迷"可能喜欢的不只是音乐本身，而是音乐人本身的性格特点，而这一类受众对个人IP的依赖度就极高，所以我们也需要考虑怎么留住他们，因此对情感和现实中我们需要找到平衡点。

（三）市场上保持余温

这就可以提到一点：粉丝经济，粉丝经济就是运用粉丝打造的一种商业关

---

① 陈维超、皮月新：《价值共创视角下哔哩哔哩网站社群营销创新策略》，《湖南工程学院学报（社会科学版）》2020年第4期。

② 刘小波：《〈乐队的夏天〉如何在"后选秀时代"乘风破浪？》，《中国艺术报》2020年第6期。

③ 阿儒晗：《网络时代粉丝文化与粉丝经济的利弊及对行业的影响分析》，《商展经济》2021年第6期。

系，基于粉丝互动，他们会心甘情愿地为产品买单。粉丝经济在音乐领域里最为常见，而最常见的便是艺人粉丝，他们会购买 CD、购买演唱会门票，甚至愿意购买所代言的周边产品，给市场带来了很大的经济效益。①

《乐队的夏天》则广泛运用了粉丝经济带来的效益，除了综艺正片本身之外还自制了《乐队我做东》等配套节目，以访谈的形式"揭露"节目背后的故事，使之在舞台外构建了一个"后台"的场景，意在维持受众基础，维持粉丝热情。微博上的山寨版《乐队的夏天》也充分利用网络传播的裂变效应，将节目中的桥段创意性地植入自己的节目中，通过解构进一步扩大影响力。而节目结束后如何维持余温，需要我们更加具备商业思维，需要广泛地利用好、发展好延伸产品。

首先第一点，我们可以针对小众音乐不断丰富音乐节表现形式，提高演出的质量。演出本质上，最核心的在于音乐，而音乐最核心的在于人，音乐表演者赋予音乐节意义与氛围才能真正带动起观众，这样一来才能使观众转换成粉丝群体，调动粉丝积极性，提高盈利的机会，才能够维持节目当时所形成的观众缘。音乐节要做的不只是简单地举办节日，而更多地要与前期粉丝基础联结，不能让粉丝失望。提高音乐节观感质量的方式有很多，可以邀请本身有粉丝基础的乐队前来助阵，有些乐队可能也不错，但是前期因为种种原因淘汰了，这就会成为观众的"意难平"，这个时候就是一个很好的维持市场余温的方式。与此同时灵活地变化音乐节舞台风格也是一种很好的选择，将内容变得丰富，将观众的体验感变得多彩，基础设施的建设也需到位，好的设备带来好的视听才能更好地留住观众。粉丝的力量是强大的，所以我们能看到很多产品都有着衍生的 IP，无论是综艺还是如今火热的电视剧，甚至有些电视剧还出了主角的巡演，这些都是运用好市场发挥余热的典型。乐队是小众的，但是音乐节是一个非常完美的载体形式，所以我们一定要明确一点，粉丝的力量是强大的，我们一定要善于利用粉丝群体（无论是已成为粉丝的群体还是路转粉的群体），我们一定要维护他们。这样有好的经济效益同时还能在他们的帮助下扩散我们的品牌效益。② 无论哪种方式都离不开宣发，我们也可以开设公众号、微博等方式，通过赠送门票、抽奖带动粉丝互动，这些都是利用好粉丝散发活力的一种表现形式和手段。这些措施在我们延伸市场上都是可取的，这样才能真正地做到将综艺作为线上舞台，将演出作为线下舞台，线上线下两开

---

① 张菁、闵靓：《粉丝经济视域下的淘宝直播营销策略及模式研究——以李佳琦的淘宝直播为例》，《产业与科技论坛》2021 年第 7 期。

② 熊琴：《音乐节中粉丝经济带来的盈利之路》，《北方音乐》2016 年第 15 期。

花，在市场上保持余温。

四、总结

粉丝经济对社会发展是把双刃剑，对粉丝文化已经成为社会关注的一大热点问题，研究发现很多音视频平台也都在争夺粉丝文化所形成的粉丝经济。如今的综艺，我们更需要摆脱流量艺人带来的暂时的流量圈层逻辑，从综 N 代发展困境与局限中我们能看出一时的流量陷阱并不能形成持久的效益，要想形成良心的媒介生态环境，更需要打造我们自己的内容形式，爆款内容绝不是复刻而成的。我们更需要针对市场进行定位，针对受众做好划分，用优质的内容加之匠心精神来制作节目。《乐队的夏天》就是一个成功的案例，它向大家证明，小众综艺也能够取得巨大的粉丝互动成就。

粉丝控评之火蔓延背后的舆论失焦与理性追逐

——以滴滴下架舆情事件为例

杨 敏 郭芷璇

【摘要】 7月4日,国家互联网信息办公室发布通知称,"滴滴出行"App存在严重违法违规收集使用个人信息问题。国家网信办依据《中华人民共和国网络安全法》相关规定,通知应用商店下架"滴滴出行"App。滴滴下架登上微博热搜之后,网友们一如既往开始了"评论大战",但是诋毁过激的言论一度占据评论区的半壁江山,本文以新浪微博为主要阵地,以滴滴下架为案例所产生的粉丝"控评"现象,以粉丝文化理论、受众理论为指导,通过Python爬取了微博热搜下网友们对滴滴下架的评论进行数据分析,探究控评现象中存在的人与媒介的关系,透过这一现象的深层背景和原因,理解新媒介技术下舆论发展态势;并且通过对控评现象的影响分析,提出规范和治理对策。

【关键词】 网络舆情;舆情管控;情感分析;公关;数据挖掘

一、研究缘起

(一)滴滴下架事件回顾

2021年7月2日,国家网信办就曾针对滴滴发布公告对"滴滴出行"实施网络安全审查。为配合网络安全审查工作,防范风险扩大,审查期间"滴滴出行"停止新用户注册。[①]

随后在7月4日晚,国家网信办发布"关于下架'滴滴出行'App的通报",国家网信办依据《中华人民共和国网络安全法》相关规定,通知"应用商店下架'滴滴出行'App,要求滴滴出行科技有限公司严格按照法律要求,参照国家有关标准,认真整改存在的问题,切实保障广大用户个人

---

① 《规范化程度低、侵权风险高App隐私协议现状调查》,齐鲁网。

信息安全。"①

滴滴下架这一事件曾一度占据微博热搜榜，网友们对这次事情褒贬不一，评论中看到的更多是诋毁、过激的言论，而理性的声音却在寥寥无几。从这些表面现象可以猜测出滴滴出行这一事件可能存在着粉丝控评的现象。同时对比微博上的评论可以发现，滴滴内部员工使用的是一款 D – Chat 的办公社交软件，该软件的功能和微信微博有着相同之处，在 D – Chat 的交流区以及匿名区，滴滴下架也一度占领该区的榜单，在这榜单下面的评论都是由滴滴的内部员工发表，这些评论多是"等待调查结果"等等比较正向理性的言论，其中诋毁的言论极少。这一现象也和微博热搜下的评论形成了鲜明的对比，相比之下，微博热搜下的评论大多都是负面消极的评论，是通过对微博热搜下的评论进行搜集整理对比，可知微博热搜可能存在着粉丝"控评"的现象。

（二）控评现象概述

所谓"控评"常出现在粉圈，指粉丝或亲自上阵留下对明星有益的评论，或给粉丝认为的正面评论点赞留言使其上热评，或将粉丝认为的负面评论忽略甚至举报，避免其出现在前列，以此来控制明星相关新闻下的评论走向。② 滴滴下架事件的粉丝控评现象的研究文献相对较少。该部分的文献主要锁定两个主体，分别是粉丝控评的现象以及滴滴下架事件。

对粉丝控评，相关的文献主要集中在以下几个部分进行研究。

基于文化视角对粉丝控评的因素分析，在《文本盗猎者》一书中，詹金斯认为粉丝文化模糊了优等文化与劣等文化的界限，从而构建出一种丰富复杂的参与式文化。参与式文化作为一种视角融入粉丝控评的因素当中，粉丝控评成为参与式文化的产物。③ 学者们主要从群体认同感、情感劳动、身份认同、微博传播机制等因素分析了控评产生。

基于粉丝控评引发的现象分析：目前粉丝控评产生的现象尤其明显，饭圈控评行为通过集体行动引发撕架谩骂、恶意投诉、网络暴力、人肉搜索等现象的产生。④ 同时粉丝借控评把握评论话语权，⑤ 容易带偏舆论的导向，使得舆

---

① 魏蔚：《严重违法违规收集个人信息滴滴出行被下架》，《北京商报》2021 年 7 月 5 日。
② 蒋力：《新浪微博明星粉丝"控评""轮博"现象研究》，硕士学位论文，广西大学，2019。
③ 沈天洁：《微博粉丝控评引发的圈层对立现象浅析——基于参与式文化视角》，《声屏世界》2021 年第 8 期。
④ 赵芸、张紫翌：《基于新浪微博的"饭圈社群"治安风险探析》，《公安学刊（浙江警察学院学报）》2021 年第 4 期。
⑤ 李林静、张倩雯、张攀：《话语权视角下的粉丝控评策略研究》，《新闻前哨》2021 年第 1 期。

论失焦，加剧舆情的演变趋势。

基于粉丝控评的后果与措施分析，相关的文献集中于"粉丝控评"的传播效果，从而探究"粉丝控评"对信息空间造成怎样的影响。其中刘香茗[①]中着重分析了"粉丝控评"的传播效果，并且根据"粉丝控评"的传播效果对其日后的发展提出了反思与规范的相关措施。张少彤[②]从粉丝群体，粉丝群体之外的社交媒体用户，娱乐产业三个角度分析了控评的社会影响，并提出应客观、理性地去看待粉丝的控评行为。

对滴滴下架事件，学者们的研究主要集中于滴滴下架之后的舆论特点与传播机制、网络情绪表达、危机传播与形象修复[③]等，而分析滴滴下架舆情中粉丝控评这方面几乎未涉及。

二、研究意义

如今控评已经成了微博话题的常规操作。在许多公共事件中，也能看到控评的身影。明星粉丝控评的主要目标对象为微博中非粉丝用户群体，粉丝用户通过评论的方式，引导非粉丝用户产生对明星肯定的看法，通过影响明星的声誉，进一步为明星获得流量、代言等经济效益做出努力。[④]

7月4日，新华社官方微博发消息称，国家互联网信息办公室依据《中华人民共和国网络安全法》相关规定，通知应用商店下架滴滴出行App。微博评论区成了网友们讨论的主场地。在微博底部的评论，可以发现热门的评论和底端的评论没有到达两地分化的境地，网友们的态度和情绪却逐渐趋于平和，其中不乏较为理性的声音，诸如"等待调查结果""支持严查"等中立的评论。而这些评论逐渐被覆盖，热门评论中网友们的负面情绪尤为强烈。两条微博中都存在评论的差距情况，实则体现了控评的现象。

因此本文将通过数据挖掘与分析来证明滴滴下架事件中控评现象的存在，透过这一现象的深层背景和原因，探讨控评现象所产生的影响，并且通过对控评现象的影响分析，提出规范和治理对策。

---

① 刘香茗：《微博"粉丝控评"传播现象研究》，硕士学位论文，吉林大学，2020。
② 张少彤：《传播仪式观视域下的粉丝控评现象研究》，《视听》2020年第8期。
③ 安绍正：《新媒体背景下突发事件的舆论特点与传播机制分析——以"乐清滴滴"事件为例》，载《首届意识形态与舆论研究高峰论坛论文集》，2018，第45—48页。
④ 沈天洁：《微博粉丝控评引发的圈层对立现象浅析——基于参与式文化视角》，《声屏世界》，2021年第8期。

三、研究设计与研究过程

(一) 研究设计

1. 样本选取

在数据获取渠道方面，本文以新浪微博上滴滴下架事件中的评论作为切入点，将其作为一个传播过程来加以考察，重点研究其文本内容和传播主体。在对这一行为的传播构成要素充分调研后反观其文化、技术等深层逻辑，并通过分析控评现象对个人、平台和社会带来的影响，提出可操作性的建议。① 本文的样本选择的是7月4日当天新华社、《人民日报》主流媒体对滴滴出行下架发布的微博中的评论。7月4日，新华社和《人民日报》针对滴滴下架发布微博，微博内容为：国家网信办4日发布通报称，根据举报，经检测核实，"滴滴出行"App存在严重违法违规收集使用个人信息问题。国家互联网信息办公室依据《中华人民共和国网络安全法》相关规定，通知应用商店下架"滴滴出行"App，要求滴滴出行科技有限公司严格按照法律要求，参照国家有关标准，认真整改存在的问题，切实保障广大用户个人信息安全。

本文利用Python爬取了7月4号新华社和《人民日报》的一级评论。其中《人民日报》的一级评论为8360条，新华社的评论630条，共8990条。

为了准确区分和有效提取与研究相关的高频词和情感词，采用ROST-TCM6.0软件对爬取的数据进行分析。主要将整理后的文本输入进ROST-TCM6.0中，得出高频词以及社会网络分析的相关数据，之后再进行情感分析。

2. 研究方法

（1）词频分析：词频分析主要用于统计网络文本材料中词语的出现次数，发现隐藏在文本内容中的核心信息，并借助语义网络分析等手段发现研究对象词语描述中的规律性。

（2）语义网络分析：语义网络分析主要以词频分析为基础，关注的焦点不是词语本身，而是词与词之间的关系模式。该方法可以对网络文本内容句法与概念之间的语义路径进行解构，从而识别出文本词语的关联和意义，实现对评论深层次分析和解读。

（3）情感分析：情感分析主要是通过对主观性文本、句子或短语的情感

---

① 谢晓彤：《新媒体环境下滴滴企业危机传播与形象修复研究》，硕士学位论文，北京邮电大学，2020。

色彩（贬义或褒义）进行归纳和推理，从而识别出网友评论的情感类型，包括积极情感、中性情感或消极情感。①

（二）研究过程与思路

本研究过程从数据收集开始展开，其中包括三个层级：第一层级是确定研究对象的范围，主要选取的是权威媒体下的微博评论，分别是人民日报微博评论、新华社微博评论两者。第二层级是搜集微博评论文本进行分析，主要从词频分析、社会网络语义分析、情感分析三个层面入手，对微博评论文本中的关联进行探讨。第三层级得出最终的结论，探讨结论从而提出相关的改进措施，希望对以后类似的相关事件提供借鉴意义。

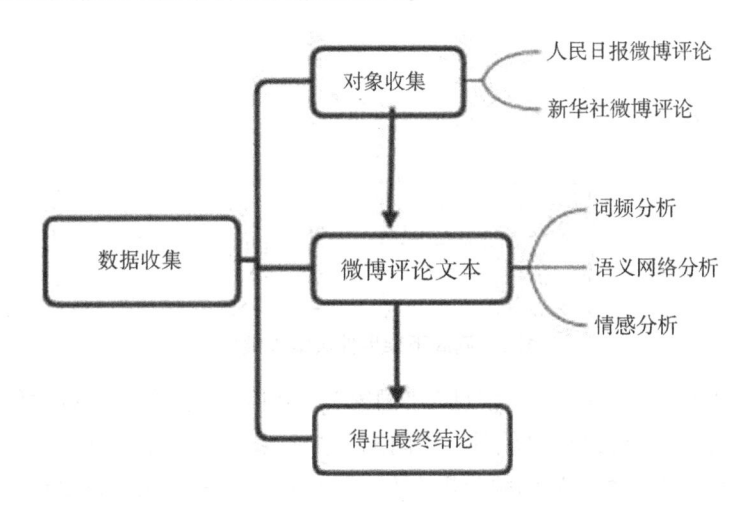

四、结果分析与讨论

（一）词频分析

笔者通过python软件挖掘了8990条评论，后对8990条评论进行筛选与分析。其中《人民日报》8990条评论中删除重复项后得到7033条有效评论。新华社有效评论为629条。通过词频分析，从而对网友的整体态度进识别，本文发现新华社和《人民日报》的微博评论中主要存在滴滴下架、国家安全、支持下架、卸载、危害等类型的词语。根据评论整理文档后得出词频统计云图。

---

① 刘香茗：《微博"粉丝控评"传播现象研究》，硕士学位论文，吉林大学，2020。

滴滴下架事件舆情关键词

图 1　滴滴下架事件舆情关键词

其中"滴滴""下架""信息""国家""微信""打车"为频次较高的文本，其次是"国家安全""软件""国家""企业""数据""收集""出行"等频次排次级的文本。从词频分析来看，这些频次较高的文本都是比较客观的文本，看不出文本中隐藏的情绪关联。

（二）高频词及语义网络构建

词频分析能够将爬取出的词语的属性来反映研究对象的大体特征与趋势走向，但是无法反映爬取出的词组之前隐藏的某些联系，以及文本之前深层次的结构关系，而语义网络分析则能通过构建概念和语义关系的网络图来直观展现要素之间的关系。[①] 从上述的词频分析中可以看出，文本词语之间都是单独存在，其中的关联无法显示出，但是社会语义网络分析不单单像词频那么简单，它开始将单个个体的文本与另一些文本关联起来，并且形成了有序的文本网络。[②] 从层级结构来看，语义网络图呈现"核心—边缘"特点，图中重要节点

---

① 孙晓东、倪荣鑫：《中国邮轮游客的产品认知、情感表达与品牌形象感知——基于在线点评的内容分析》，《地理研究》2018 年第 6 期。

② 邹勇文、田逢军：《网络虚拟社区中的南昌市旅游空间意象图景》，《资源科学》2017 年第 2 期。

周围形成了一层或多层子群。第一层是"滴滴"向外延伸至第二层，第二层主要是"国家""安全""危害""美国""数据""违规""违法"等词语，第三层则是"上市""出行""程序""打车""收集"等。

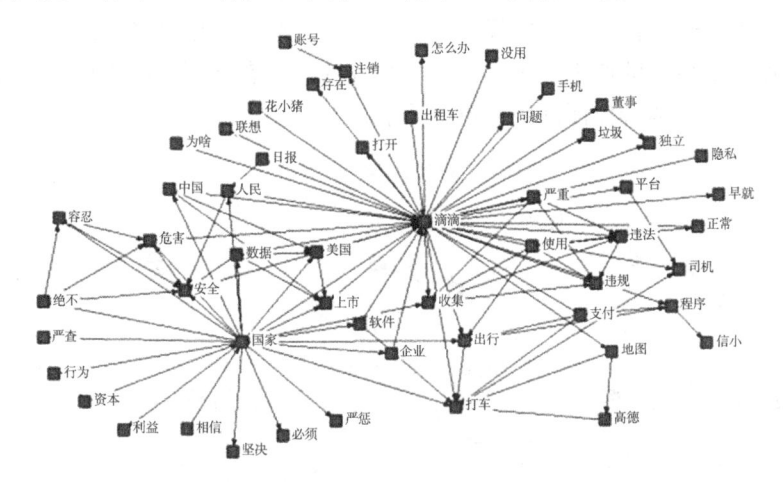

图 2　7662 条评论的语义网络图

进一步分析发现，社会网络分析和上述的词频分析虽然有着相似的内容，但是结构更加清晰。比如中心点的"滴滴"词语就与"严重""危害""国家""收集""问题""出租车""垃圾""上市"等词语联系起来。像次中心点"国家"与"严查""行为""资本""利益""相信""坚决""严惩"等文本词语联系起来。另外还有"数据"词语与"文本""上市""美国""安全"等词语联系起来。每个词语都与其他的词语产生了关联，通过社会语义网络分析更能体现文本中隐藏的情感态度倾向。

另外从 7662 条网友的有效评论中细微观察可以发现，比起只分析热门的微博评论，网友们的态度更多样化，一些被热门评论覆盖的评论也展现出来，其中就包括"怎么办""为什么"的词频。同时涉及"国家安全"这一层级的评论也有呈现，那些比较粗暴的、情绪化的评论在语义网络图中也有迹象可寻。可以看出图 2 的社会语义网络分析比词频分析更能体现文本中的关联，以及文本隐藏的态度，整体来说，图 2 的社会语义网络分析中的评论更客观全面和真实，但是并不能完全体现"控评"现象。

同时本文为了呈现样本评论全局观和局部的差异，又选取点赞 100 条以上的热门评论，共 137 条，重新得到社会语义网络图。对比图 2 和图 3 可以发现，图 3 中网友们的态度和情绪更加激烈，其中出现了"阿里""老总""严惩""高层""侄女""满门""财阀"等关系词，理性的评论较少。两个社会

187

语义网络分析得出如此差异是因为选取的样本有所差别，图2选取的样本并没有限制点赞与转发数，将微博评论下的所有评论都纳入其中，而图3中的选取的样本是点赞100+以上的评论，因此对比之下，图3的文本态度更为明显。通过对比也得知，控评并不能操纵所有的评论，控评现象更多地体现在顶部转发量和点赞量最多的评论之中，而这些顶部的评论态度更为情绪化和具有倾向性。通过对比这两者控评迹象便更加明显。

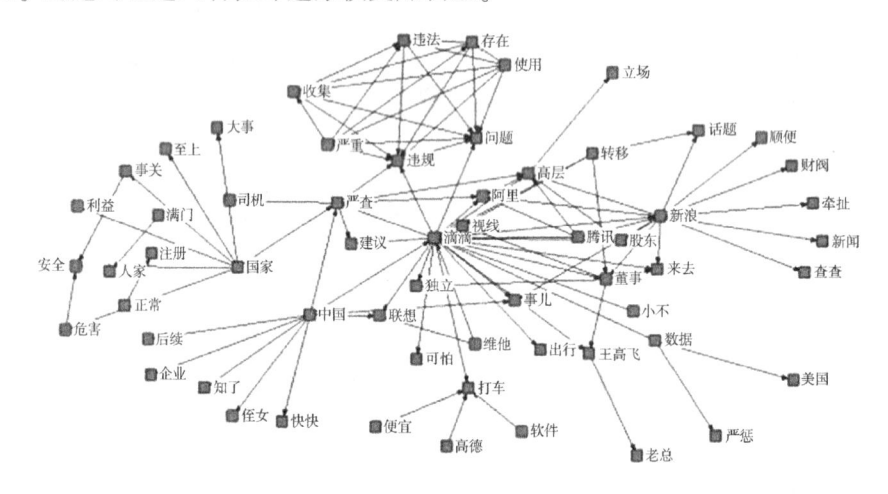

图3 点赞100+的137条评论的语义网络图

（三）情感分析

对于评论的态度区分，主要采用情感分析的研究方法。[①] 本文将点赞次数100以上的137条评论的态度进行区分，共得出3种态度：不支持、中立、存疑，如图4所示为网友态度情况。

笔者发现前137条评论中，其中不支持的评论数有95条，这部分的评论较为偏激。例如"看来是实锤了""赶紧下架""卖国企业滚出中国"等均为不支持的评论。

存疑的评论数为26条，主要是带有疑问的评论，例如"老用户还能继续用吗？""以后用什么打车比较方便？""真的有问题吗？赶快严查""所以收集的用户信息到底卖给漂亮国了吗？"这部分存疑的言论并没有较极端的态度。大部分是站在想要事件更加清晰的角度发表的评论。

[①] Fengjun. View of tourism space image of nanchang city on network virtual community. Resources Science, 2017, 39（2）：314—324.

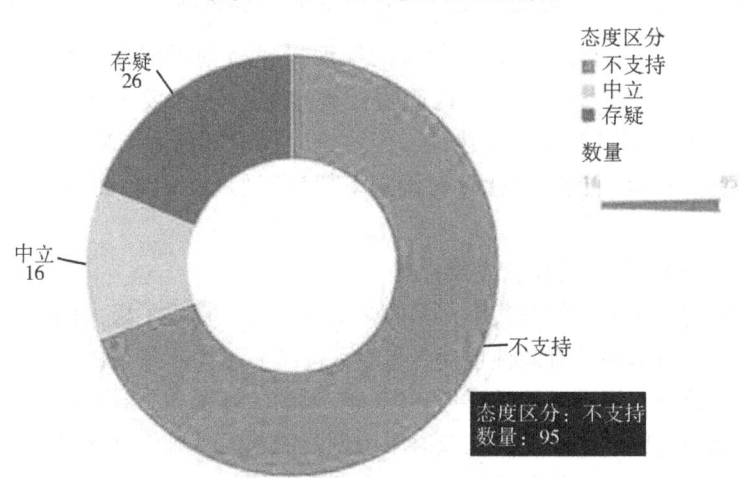

点赞100+的137条评论的网友态度情况

图4 点赞 100 + 的 137 条评论的环形图

中立的评论数为 16 条。例如"每天打车的我开始担忧""阿里、腾讯、新浪一窝资本牵扯其中,都查查吧""国家之上""明早工作日别的打车软件要爆了"等言论。中立的评论大多都是出于道德以及自身的利益而发表出的言论。

在不支持的 95 条评论中,可以看出网友的态度较为极端,甚至出现不堪的话语,类似"整改以后也不用了""支持下架支持严惩",乍看并无异样。笔者翻该评论区发现,登上评论区前排的不少用户为王一博粉丝,他们的账号或带有"超话粉丝大咖(王一博超话)"字样认证,或直接用王一博照片作为主页背景,微博动态也不乏与王一博相关内容的转发。新华社,《人民日报》等众多官媒微博评论区也是类似情形。如此分析,饭圈成了出现控评的原因。去年 6 月,滴滴官宣王一博成为首位网约产品代言人,而当品牌出现负面事件,代言人免不了会受到舆论牵连。而粉丝们费力控评、与滴滴割席的原因便是希望网友能将关注点放在滴滴本身,避免战火烧向自家偶像。

五、结论与启示

滴滴事件控评产生的影响主要体现在两个方面:一是舆论失焦,影响网民跟进事件进展;二是新闻事件被带歪,降格为非理性的舆论场。网信中国指出,滴滴下架的原因为:"存在严重违法违规收集使用个人信息问题",但尚未披露具体细节,事件仍在处理过程中。对滴滴下架事件,显然网友们有许多想要探究清楚的问题——滴滴对个人信息的违法违规收集，具体是怎么回事？要不要卸载滴滴？卸载之前是不是该把发票开了？有哪些网约车产品可以替代滴滴？这些正常的讨论，都被熟练的控评操作挤到了前排之后。"支持下架，支持严惩"，这些粉丝发出的简短控评信息，表态要和滴滴划清界限，同时也防止不利信息登上评论热门，但这也让评论区内容同质化严重，缺乏信息量，更无深度讨论。对比针对滴滴下架控评的现象也值得我们对此措施展开探讨。

（一）平台及时把控舆情发展态势

在互联网高速便捷的时代中，新媒体交互为受众提供了极大的便利，与此同时，平台回应措施的有效性也受到了极大的考验，由于信息的快速传播以及有效手段的缺乏，平台不能及时抓住舆情应对的关键要素，导致网友的不满情绪进而恶化网络舆情。因此，在及时了解网友需求的基础上准确回应是控制舆情传播和纠正不良行为的重要前提条件。平台应该加强舆情日常监测，力争第一时间了解网友的极端行为，预防更大的舆情事件发生。

网友在社交网络中进行舆情传播的同时伴随着情绪传播，两者具有相同的随机趋势，存在长期均衡关系。① 通过上述爬取的数据对文本进行研究后，滴滴出行下架，网友们的评论带有极强的情绪，其实不光滴滴出行的事件，凡是互联网中出现任何风吹草动，网友们的情绪也极易泛滥。回归到滴滴事件本身，事件发生后不久，在情绪化的网友背后仍有一群比较理性的网友在等待平台反馈结果，因此平台如何做好危机公关的回应十分必要，越是模棱两可的回应越会消磨网友们的耐心。

（二）微博加强把关与审核的力度

滴滴下架事件中，舆情暴发的主场所是微博，这也在警示我们微博上的控评现象成为舆论场的一大隐患。回归到微博的管理层面，在微博的把关和审核上都应该加大力度，处理方式不仅要深入，同时处理对象的边界也要延伸。一方面，要对隐性的文化侵蚀加以重视，例如恶意引发网友间口角争执的微博及其用户进行警示或处理。目前，在网络的治理上，仅对传播黄赌毒等显性的文字内容进行处理，对一些潜在的文化侵蚀还未加以审视。但是微博号也可以去甄别用户的评论，在滴滴下架事件中，我们可以发现，有的网友的微博昵称一般都和偶像的称号有关，有的则是加入了超话，打榜的话题等。对这些内容，应予以规范和引导。另一方面，微博应将对控评现象的规范治理融入自己的管

---

① RambocasM. Marketing research: The role of sentimen tanalysis. FepWorking Papers, 2013. http://wps. fep. up. pt/wps/wp489. pdf, 2017 - 11 - 12.

理体系中，对控评现象的治理和规范涉及微博团队技术、运营、编辑等多个部门。

（三）树立舆论风向标，引导网友情绪

网络情绪是现实情绪在网络上的表现，是网民的集体情感反映。[①] 下架事件发生时，基于网友需求及其情感倾向来判断平台回应措施的有效程度，优化平台回应策略对舆情的管控疏导具有重要现实意义。从这一方面可以看出，微博下的评论在网友们的情绪未达到爆发点，以及舆情态势还可控的情况，应该培养舆论的风向标，利用意见领袖或者权威平台、权威媒体来引导网友们的情绪，多发表理性向上的言论来疏通聚堆的消极言论，唤醒网友们的普遍共识。同时这也提醒平台通过控制情绪传播可以有效管理舆情传播，关注网友情绪反馈是平台应对舆情的关键点。

回顾对此事件的研究，本文爬取的数据都是基于微博热搜上的评论，但是前言中也提到，滴滴内部的办公软件 D-chat 中的评论态度与微博上的截然相反，本文本想通过爬取 D-chat 上的正向评论以此和微博上的负向评论进行对比，但是由于公司内部的数据安全，D-chat 上的数据无法爬取，无法进行全方位的比较，因此在选择理性评论的树立方面缺乏相关的数据，因此也缺少了对正向的舆论风向标的树立与引导。另外在舆情事件中，研究中采用的样本数据存在着部分评论转发被删除丢失等现象，目前无法通过有效手段确定是否存在以及哪些是"微博机器人"回复的评论。因此在煽动并影响网友情绪的因素、网友对不同措施的差异化情绪反应等问题还值得深入探究。

[①] 马子涵：《媒介素养视角下粉丝"控评"现状及路径探究》，《新闻研究导刊》2020 第 22 期。

国内数据新闻发展现状与问题探析

朱 琳 余吕娜 孙学敏

【内容提要】 大数据时代的到来,使得数据成为生产生活中重要的资源,大到国家发展小到个人生活都离不开数据所提供的各类决策支持。在此大背景下,基于大数据挖掘和分析的数据新闻应运而生,丰富了传统新闻的生产与传播方式,并以其独特的优势迅速发展,成为现代新闻传播重要的组成部分。本文综合文献研究、对比研究法以及个案分析等研究方法,梳理概括近年来相关学者的研究趋势与主题,以把握国内数据新闻的历史沿革与发展现状,在此基础上对国内三个影响较大的数据新闻栏目进行横向比较,并以英国卫报的《数据博客》为参照,从马新观新闻价值视角出发,总结国内数据新闻发展存在不足并提出对应提升策略。

【关键词】 数据新闻;可视化;交互性;数据库

大数据与信息技术的不断发展,使得人们在网络社会的行为及信息也以数据的形式存储下来,现如今网络世界每时每刻都会产生大量数据信息,这些数据具有海量性、高效性和多样性等特点,为我们理解和掌握社会发展变化提供了具体化的样本。数据不再仅是数据,同时驱动着内容创作。依据所要解决的社会问题在海量且复杂的数据中获取相关信息进行分析处理,能够更加深入地发现事物发展变化的客观规律,产生难以估量的社会价值。由此基于大数据技术的数据新闻应运而生,并以其自身独特的优势不断丰富着新闻生产的内容和形式。如何把握数据新闻发展的方向和规律,让数据新闻发挥更大的价值,是新闻传播研究的重要内容。

一、数据新闻研究概况

(一)整体研究概况

笔者在 CNKI 以"数据新闻"为关键词搜索的总文献数量有 1575 篇,从可视化分析结果来看,国内学者对数据新闻的研究从 2013 年开始不断涌现,于 2016 年达到高潮，截至 2022 年对数据新闻的研究热度依然不减（图 1）。2013 年是大数据元年，而依托于大数据技术的数据新闻也被不断地重视。从研究主题来看大致可以分为几个方向：数据新闻的可视化呈现、探究数据新闻与传统新闻的区别、数据新闻对新闻从业者的能力要求、数据新闻本身的优势与不足、对数据新闻发展的策略和建议以及对某个数据新闻栏目的个案研究等（图 2）。从研究学科领域来看，目前针对数据新闻的研究多集中于新闻与传播领域，占比 89.87%，其次是高等教育、体育及计算机学科（图 3）。数据新闻本身是需要跨学科跨领域的新闻样态，对数据新闻的发展需要其他学科领域的加入，尤其是信息学、统计学、计算机软件与应用等学科的相互配合，共同推动完善国内数据新闻发展。

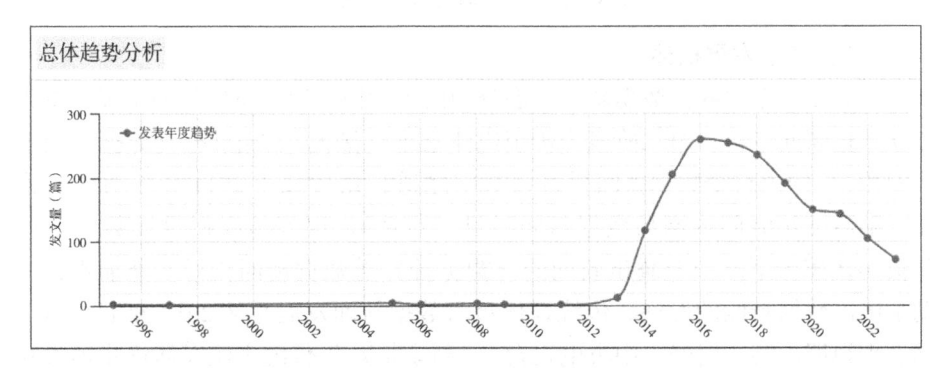

图 1　数据新闻发文量总体趋势分析

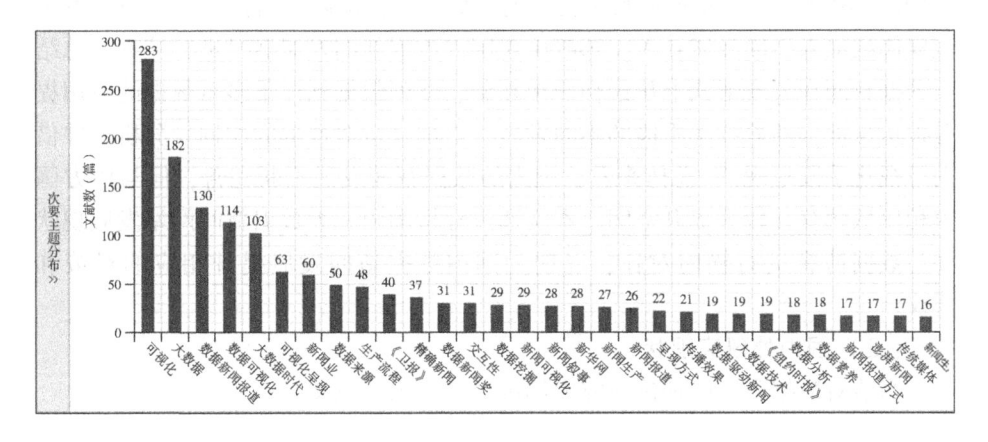

图 2　数据新闻相关研究主题分布

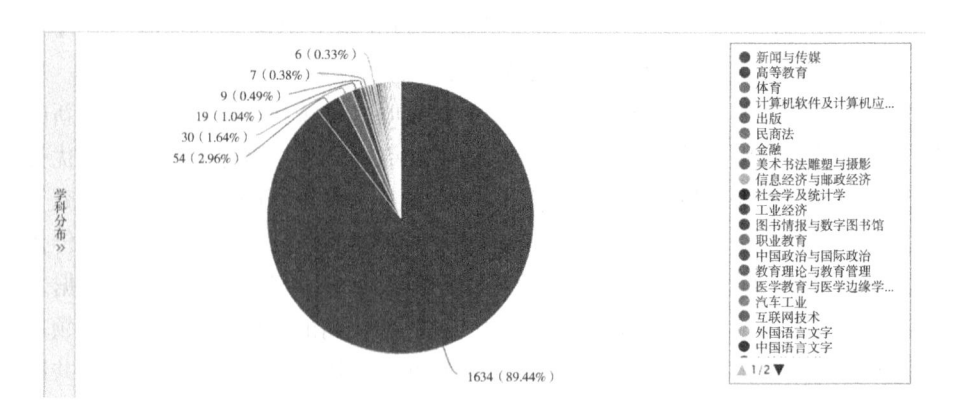

图 3　数据新闻研究学科分布图

（二）实践发展概述

学者张婉军将我国数据新闻发展分为两个阶段。第一阶段是网络媒体率先创立数据新闻专栏；第二阶段为传统媒体紧跟"潮流"，相继推动数据新闻节目专栏。① 国内首个数据新闻栏目《数字之道》由搜狐于 2011 年 5 月 2 日推出，随后两年时间内网易数据新闻栏目《数读》，财经传媒栏目《数字说》，新浪《图解天下》以及腾讯新闻的《数据控》等数据新闻栏目不断涌现，带动了国内数据新闻的发展。传统媒体迈入数据新闻发展是从 2012 年起，新华网、央视网、第一财经、中央电视台、《新京报》等传统主流媒体逐步加大对数据新闻的开拓。例如 2014 年央视同"晚间新闻"推出的《"据说春运"》《"据"说两会》等报道取得了良好的传播效果，国内数据新闻的队伍随着主流媒体的加入不断发展壮大。郑峰山对国内数据新闻发展概况进行梳理，总结出数据新闻在表现形式上从最初简单复制、罗列数据到注重多重数据的应用提升报道深度，随着技术手段的不断发展，更加注重对数据的挖掘、分析，并借助可视化手段呈现。② 总体来看，国内的数据新闻发展不断完善，但与西方国家相比依然存在较大提升空间。本文通过分析国内三大数据新闻网站发展现状并与数据博客进行横向对比，以期为国内数据新闻发展提升相应的对策和建议。

（三）国内外研究现状

当前对数据新闻的理论研究大体可以分为以下三类：

---

① 张婉军：《数据新闻发展现状及问题探析》，《西部广播电视》2019 年第 17 期。
② 郑峰山：《中国数据新闻的发展历程》，人民网，2016（03）。

1. 关于数据新闻的内涵

数据新闻最早被认为是"记者应公布结构化的、机器可读的数据,而抛开传统的大量文字"。该概念由阿德里安．哈罗瓦提首次提出,2010 年 8 月,劳伦兹指出:"数据新闻是一种包括抓取、筛选、重组、可视化等步骤以提炼信息并合成新闻故事的工作流程。数据新闻可被视为一个不断提炼信息的过程,将原始数据转换成有意义的信息。当把复杂的事实组织成条理清晰、易于理解和记忆的故事时,公众才能获取更多益处。"2011 年,"数据新闻"集大成专著《数据新闻学手册》将数据新闻界定为:"电脑程序辅助处理海量信息以帮助记者或编辑在原有的新闻敏感和叙事能力的基础上结合数字化的表达形成较有说服力的新闻作品。"该定义目前在国际上较为认可。国内学者对数据新闻的界定众说纷纭,学者在文献研究中多采用国际对数据新闻的概念,或是根据自己的理解界定概念。就国内研究来看,目前学界和业界对于数据新闻的理解大都围绕"数据""叙事""可视化"等重要概念。综合来看,数据新闻大都强调对数据的挖掘和分析,并将其产生的价值运用到新闻生产中,以便使公众获取更有价值的信息。

2. 数据新闻发展现状与困境

主要集中于以某一领域或某个平台为研究对象,总结分析国内数据新闻的发展现状、问题及对策;赵杰[①]通过分析网易、新浪、搜狐、腾讯四大门户网站的数据新闻表现,提出未来数据新闻发展应从多元选题、数据开发、多元可视化方面着手的建议。李燕[②]通过选取澎湃新闻美数课栏目的发布内容,提出当前国内数据新闻存在国际传播力不足、表现形式单一、可视化运用不对位以及自有数据不足等问题。近来有学者以突发公共事件为背景,探索国内数据新闻平台在突发公共事件中的实践情况,张敏选取国内五个代表性的数据新闻栏目在疫情期间发布的文章为研究样本,从数据来源、内容主题、表现形式、人文关怀四个层面分析当前国内数据新闻对突发公共事件的报道表现及问题。总体来看,虽研究对象有所不同,但大多存在着内容形式不足和数据饥饿的问题。另有学者提出,数据新闻具有较高的阅读门槛,在生产传播的过程中既要考虑数据本身的价值等,也要考虑内容的可读性。

3. 主要数据新闻平台的对比研究

国内数据新闻队伍不断壮大,但不同的数据新闻平台表现出不同的特征,对不同平台进行横向对比研究,以把握其中的优势与不足,可为数据新闻整体

---

① 赵杰:《我国四大门户网站数据新闻发展现状探析》,《新闻研究导刊》2020 年第 1 期。
② 李燕:《数据新闻应用现状及反思——以澎湃"美数课"为例》,《传播力研究》2019 年第 11 期。

发展总结提升策略。郭嘉良[①]通过对网易数读、澎湃美数课和财新数字说进行比较，提出当前数据新闻平台在数据缺失和逐利模式的影响下整体呈现出量高而质低"的发展趋势。肖宗凯将新华网数据新闻与英国卫报的数据博客进行对比，从生产环节、报道内容、可视分差异及互动式差异四个维度分析两者间存在的异同。[②] 王燕辉从同一数据源、同一事件中网易数据与数据博客的数据新闻作品进行对比，提出二者在数据环境开放程度、媒体定位、数据新闻发展程度、团队与人才方面存在差异。

4. 数据新闻的优化路径

主要表现在采用何种方法和策略提升数据新闻的可视化、交互性以及叙事方式，发挥数据新闻本身的应用与价值。秦雅丽等[③]提出国内数据新闻可视化困境主要表现在，数据收集缓慢、数据混杂、表现单一、人才匮乏、交互性不强等困境，提出构建公共数据资源平台，提升跨学科、跨领域合作等建议。

研究述评：总体来看，国内学者对数据新闻的研究方向不断细分化，从多角度出发探究数据新闻的发展规律，研究视角与研究方法也不断丰富。但在国内外数据新闻发展状况对比研究来看，集中于国内媒体间的横向分析，国内外数据新闻媒体的相关研究不多，有学者将新华网数据新闻、网易数读等栏目与国外表现较好的数据新闻网站进行单类对比分析，但前者为主流媒体，后者为网络媒体，单独与国外媒体进行对比分析得出的结论会具有片面性，可在国内表现较好的主流数据新闻媒体与门户网站数据新闻媒体进行对比分析的基础上，以国外数据新闻作为参考，以期为国内数据新闻的发展现状进行分析，归纳总结相关问题并给出建议，基于现有研究与以上思路，本文选取国内代表性媒体与国外媒体进行比较分析。

二、国内外数据新闻栏目的比较研究

（一）国内三大数据新闻栏目的异同

搜狐于2011年开设的数据新闻栏目"数字之道"是国内最早推出数据新闻的网站，而其他网络媒体开始涉足数据新闻则始于2012年，在包含搜狐、网易、腾讯和新浪的四大门户网站中，网易在数据新闻实践方面做得最好。新华网"数据新闻"是传统媒体的代表，也是目前国内最大的数据新闻实践机

---

① 郭嘉良：《数据新闻产业化发展的现实困境与未来危机——基于国内三家数据新闻媒体栏目的分析》，《现代传播（中国传媒大学学报）》2020年第7期。

② 肖宗凯：《新华网"数据新闻"与〈卫报〉"数据博客"比较研究》，硕士学位论文，江西财经大学，2020。

③ 秦雅丽：《我国数据新闻可视化的困境与对策》，《新闻研究导刊》2019年第22期。

构，因此本文选取网易数读、搜狐数字之道以及新华网的数据新闻三个比较有代表性的数据新闻栏目作为研究对象进行横向比较研究，从题材选取、可视化程度、交互性和数据来源四个方面对比三者间存在的异同，以把握目前国内数据新闻的实践特点与现存问题。

1. 题材选取

从三大网站数据新闻的分栏类目来看，三者在选题方向均涉及民生与社会内容。但从选题的侧重点来看，新华网"数据新闻"在报道内容偏向上更加偏重于政治，这与其自身的定位有很大的关系，而搜狐"数字之道"在报道风格上更偏中性，国际、政治、民生方面均有所涉及。相比之下，网易"数读"在题材选取方面较为广泛和全面，对社会热点及健康方面的关注度较高，且专门开设有财经专栏，易引发读者兴趣。不足之处是，网易搜狐等门户网站在题材的选取方面多集中于国内，对国际事件的关注不高，需增强国际视野。

2. 可视化程度

目前数据可视化的类别主要分为静态、动态和互动式三种。[①] 从可视化的层次来看，三者的数据新闻的报道可视化主要以静态图表的形式呈现，动态图表所占比例较小，搜狐"数字之道"和网易"数读"基本上没有出现互动式可视化呈现形式。而新华网"数据新闻"栏目则专门设有图文互动、PC交互和手机交互，通过多样的呈现形式提升公众的参与互动和阅读体验。如《人与珠穆朗玛峰——回顾百年间珠峰攀登历史》做成了电脑端交互的形式，受众可以从南北两条线路出发感受登珠峰的视觉体验，同时也可以了解人类攀登珠峰的百年历史。

3. 交互性应用

交互式数据新闻除是技术层面的人机交互之外，还包括内容层面的交互，以达到更好的内容传播效果。网易"数读"和搜狐"数字之道"在信息制作方面以静态图表为主，具有交互性的作品较少。除表现形式缺乏互动性之外，在与受众本身的互动方面表现也欠佳，在作品完成后仅将共享至社交媒体或者网站，忽视与用户的互动性交流，而新华网的"数据新闻"栏目会将数据新闻内容进行再分类，设立信息图、图文互动、手机交互、PC交互等类别，能够更深层次地运用社交化的媒体数据抓取进行数据新闻的数据再分析。通过获取用户互动产生的数据也可成为更有价值的信息，媒体对数据进行再开发与制作，加强了数据新闻交互性与应用性。

[①] 史文雄：《智媒时代数据新闻发展与反思》，《新闻传播》2020年第19期。

4. 数据库使用

数据来源是数据新闻是否权威的重要体现，在数据库的使用方面，新华网"数据新闻"多采用官方权威数据。如在分析1949—2020年中国高等教育情况时，数据来源为中华人民共和国教育部；世界各国的世界遗产数量一文中引用的数据来源为世界遗产中心。而搜狐"数字之道"和网易"数读"多采用第三方数据库和网络数据，[①] 不同之处是网易数据多采用国外的公开数据进行研究，以保证新闻的国际视野和深度，搜狐"数字之道"主要以国内数据为主，以增加新闻的时效性和新鲜性。

（二）三大网站与"数据博客"的比较

卫报的"数据博客"是目前国际上比较前沿的数据媒体网站，将国内数据新闻网站和卫报进行对比研究，有利于发现自身的问题和不足，进一步明确自身的努力方向。

1. 数据源是否多样

"数据博客"更注重多数据源的使用，通过进行多数据源的比对，得到较为客观准确的结果。以《民意调查显示，欧洲人大大高估穆斯林人口》为例，报道分析、比对了英国国家统计局、加拿大国家统计局、皮尤研究中心等不同机构发布的有关穆斯林人口统计的数据，力求报道的公正客观。而"数读"栏目超过一半的数据新闻报道使用单一数据源，比如《刷太多朋友圈，生活质量会直线下降》这篇报道中，用了咨询机构Kantar发布的《中国社交媒体影响报告》作为唯一的数据源，没有其他数据源佐证。搜狐"数字之道"和新华网"数据新闻"在数据源的使用方面写同样以单方面数据为主，通过对比得知，国内数据新闻在报道的客观性上有所欠缺。

2. 可视化形式

"数据博客"和国内三大数据新闻网站的内容大多都以静态新闻图表的形式居多，且在静态图表的形式上也朝着更加多样化的方向变化，如新华网数据新闻发布的《各省（区、市）驰援湖北医护人员分布》一文，采用数据地图的形式，使受众更加直观地看到事件的整体面貌。"数据博客"所采用的静态图表的形式更加多样化，散点图、气泡图、时间图等形式已成为常态，相比较而言国内数据新闻在此方面有所欠缺，且"数据博客"采用的动态图表比例较高，网易"数读"和"数字之道"栏目在动态图表呈现方面没有做很多尝试。新华社虽也有动态图表，但整体所占比例不高。

---

① 黄雨桐：《浅析我国网络媒体数据新闻的发展现状——以"网易数读"为例》，《科技传播》2020年第16期。

3. 用户参与程度

从评论平台的使用情况来看,"数据博客"受众在评论方面更活跃,交流也更深入。国内数据新闻网站虽然也搭建了评论平台,但是评论区的使用率不高,甚至很多稿件出现评论版块无人评论的状态。从数据开放程度来看,"数读"栏目没有对数据实行开放,没有提供链接供受众下载,受众不能查阅到原始数据,无法对数据进行核实。"数读"也没有渠道供受众上传数据,降低了受众的参与度,也使得用户参与后的信息不能被有效挖掘,从而难以达到更好的传播效果。

三、国内数据新闻发展现存问题及对策

通过对国内外代表性媒体的横向比较分析可以看出,目前我国数据新闻在实践的过程中还存在着一些问题,主要总结为以下几点:

(一)新闻选题缺乏国际视野

虽然三大数据新闻网站选题的侧重点有所不同,但从选题范围来看均以国内事件为主,对国际事件的报道所占比例较小。作为国内具有较大影响力的主流媒体,应该加强对国际新闻事件的相关报道,作为门户网站媒体,在做好国内相关数据新闻事件报道的基础上,也应更加重视对全球性事件的关注与报道,使得国内的新闻传播更加具有国际视野,不断提升国内媒体在国际社会的竞争力。

(二)数据来源权威性不足

数据的获取是数据新闻的核心,国内数据新闻网站采用的数据大多依赖于第三方数据库,甚至是一些公开的网络数据,虽然这种方式从很大程度上节省了时间,但极大地限制了选题的范围和新颖性,且数据本身权威性不足。而英国《卫报》很早就搭建了自己的数据平台。国内新华社也在2004年建立了自己的数据库。因此,建设全面结构化的数据库是未来国内数据新闻网站需要努力的方向。

(三)可视化技术不完善

在可视化呈现方面,国内数据新闻主要依赖于静态信息图表的形式,缺乏音视频内容及交互性信息图的使用,在新闻的立体呈现方面有待加强。英国《卫报》等国外数据新闻的报道,交互式动态图表已经成为主要形式,更加注重读者观看体验。各大数据新闻网站应该加强在数据可视化方面的学习和实践,使得数据内容以更好的方式进行呈现,发挥信息的最大价值。

(四)数据新闻专业人员能力缺失

数据新闻从业人员除具备应有的新闻敏感与新闻叙事外,数据的挖掘与可

视化呈现通常涉及计算机科学、新闻学、统计学等学科的交叉，因此对新闻团队成员的能力提出了更高的要求。英国《卫报》的数据新闻团队由分别擅长于新闻、美术编辑及计算机领域的人员组成。而我国数据新闻从业人员对于数据挖掘、数据分析以及可视化方面均有所欠缺。因此国内数据新闻需加大团队人员能力建设，融合多领域人才，实现资源优势互补，使得数据新闻传播态势产生良性循环。

（五）互动性缺失，新闻深度缺位

国内数据新闻网站用户互动性不高，虽然数据新闻平台大都设有评论区和跟帖，但基本上很少有用户参与互动，除评论区外，平台并没有设置更多与受众进行互动的渠道，比如发起网络讨论，或者将用户反馈的信息进行二次挖掘，用来丰富和完善原本的新闻内容，同时平台没有尝试附加新闻原数据供用户下载和讨论，未能让受众及时、随时地参与互动。使得数据和事件难以得到证实和广泛讨论，缺乏新闻深度。数据新闻的价值在于具有直观性和预测性，只有不断地对数据进行深入挖掘，重视受众对新闻的讨论，才能让数据新闻本身发挥更大价值。

四、结语

本文在对国内三家有代表性的数据新闻进行对比分析的基础上，以英国卫报的数据博客为参考，探究我国数据新闻的发展现状与现存问题并给出相关对策与建议，以期为数据新闻发展提供参考。整体来看，我国数据新闻的发展从探索不断走向完善，国内媒体更加重视数据新闻的开拓和建设，不断挖掘数据新闻自身的优势和价值。尤其是在今年疫情期间，数据新闻对疫情信息的传播发挥了重要作用，使得看不见的疫情形势通过数据的展现变得更加直观化。虽然我国数据新闻的发展已经逐渐走向成熟，但和国外先进媒体相比仍然存在着很多不足，在物联网和5G技术的推动下，数据新闻仍然是未来新闻传播的重要发展方向，国内媒体应更加重视数据新闻的挖掘和可视化，使得数据新闻发挥出更大的作用和价值。

从"家"到"国":《我和我的家乡》影像建构与乡愁书写

张玮悦

【摘要】 本文以怀旧理论作为研究的理论视角,以《我和我的家乡》这部新主流电影及其影评文本作为研究对象并进行文本分析,试图探索作为大众媒介的电影如何将怀旧作为一种叙事策略唤起了观众的乡愁记忆和怀乡情感,以及新主流电影与怀旧心理如何经由大众媒介进行相互作用并重塑了观众的国家认同。本文认为,影片首先通过再现城乡转换的叙事空间,用诉诸情感的叙事方式唤起了观众的乡愁之情;其次,影片通过怀旧符号的再现和平民化的叙事主题进一步深化了观众的怀旧情感;最后,在影像与现实的互文中,观众借助大众媒介重塑了国家认同之感。基于研究内容,笔者认为,借助作为大众媒介的电影以"怀旧"这一心理机制作为叙事策略来构建中国特色叙事体系对国家认同进行形塑不失为一种有效的政治传播手段。

【关键词】 新主流电影;怀旧叙事;国家认同;媒介效用

一、引言

近年来,我国的影视作品中出现了大量的"新主流电影",如《建国大业》《湄公河行动》《金刚川》等。这些影视作品多聚焦于国家的发展进程,在宏大的历史背景下进行叙事,进而以文艺作品的形式传递主流话语,对国家形象进行建构。2020年国庆节期间,国庆档影片《我和我的家乡》上映,在新冠疫情肆虐的2020年给无数春节期间因疫情无法回乡的中华儿女带来了笑与泪的慰藉。以往的新主流电影大片大多侧重于宏观叙事,将视角放在国家波澜壮阔的历史命运脉络中,《我和我的家乡》则不同。该影片将视角缩小到了微观层面,聚焦于小人物的故事,通过对小人物的命运书写勾勒出国家日新月异的变化,以小人物的个体命运再现群体的命运。另外,以往的新主流影片大多从国家这一"大家"出发进行叙事,而《我和我的家乡》则从家乡这一

"小家"出发，以发生在祖国大陆东西南北中五个地区的家乡面貌变化为叙事主题，试图通过唤起观众的家乡记忆来建构其家国想象，进而增强观众的国家认同感，传递主流意识形态，建构了中国特色话语方式。

首先，在新主流电影的发展脉络中，学界不乏对此类影片的研究与探讨。过去对新主流电影的研究，大多将宏大的历史事件作为叙事背景，以针对该历史事件的集体记忆如何被建构作为研究目标，研究领域较为单一；其次，在以往的研究中，研究者大多从电影作为一种大众文化产业如何影响受众的角度进行研究，忽略了影片情感背后的社会心理机制。本文试图从集体记忆中的怀旧理论视角切入，以该影片本身以及用户在新浪微博上发布的电影《我和我的家乡》的影评作为研究对象，对影片的叙事策略和影评中所呈现的个人怀旧及国家认同话语进行文本分析，探究作为大众媒介的电影如何将怀旧作为一种叙事策略唤起了观众的乡愁记忆，以及新主流电影与怀旧心理如何经由大众媒介进行相互作用并重塑了观众的国家认同。基于此研究目标，进而寻求一条通过大众媒介增强民众国家认同的可行性路径。

二、理论与文献回顾

（一）从主旋律影片到新主流电影

作为一种影响广泛的大众艺术样式，电影一直发挥着意识形态主流言说与言说主流意识形态的双重功能。20世纪90年代，"主旋律"被正式作为一种创作口号提出。新主流电影最初被提出则是在1999年，当时上海制片厂在一次组织青年导演专题研究电影的未来趋势时认为，它是"有创意的低成本商业电影"，但并未明确指出其与主旋律电影的关系，只是指出其用低成本的独立制作拍摄非边缘题材，并且具有商业特征。2002年，上影在成立"新主流工作室"时，明确提出其可以是"主旋律"电影，还要对影片的商业回报负责，并且补充了其社会道德、新观念。这里说得很明确，新主流电影又可以是"主旋律电影"。[①]

新世纪以来，中国电影产业伴随中国经济一同进入全面深化改革阶段，商业电影的骤然崛起进一步挤压了传统意义上的主旋律电影的生存空间，凸显了主旋律电影和商业电影之间长期存在的"叫好不叫座"与"叫座不主流"的尴尬情况。国家开始主动介入搭建市场与主旋律之间的桥梁，在市场化的浪潮中促成了新主流电影的出现。新主流电影打破的是长期以来唱响主旋律的官方意识形态建立于观众心中的刻板印象，依靠大众喜闻乐见的方式使国家意志、

---

① 宋家玲：《主旋律电影的危机与活路》，《电影艺术》2006年第1期。

产业驱动和观众需求实现有效的自动汇流，从而变为较主旋律电影更显软性、比主流电影更具普遍持续性的新主流电影。① 新主流电影与传统的主旋律电影不同，它们从题材选择到类型创作，从一开始就在努力寻求最大限度地引发观众的情感共鸣、精神认同。②

（二）怀旧的内涵变迁及研究路径

怀旧（nostalgia）是一个复合词，源自希腊文中 nostos（返回家乡）和 algos（痛苦）的组合，其字面意思指因思念家乡而引起的身体和情感上的痛苦。按照时间维度来看，怀旧的内涵在不同的阶段也发生着变化。现今许多研究者则将怀旧视为一种情绪体验，诗人将其称为"甜蜜的忧愁"。在我国，怀旧最早表现为一种文化意象，可从汉朝班固的《西都赋》中找到其本源："愿宾摭怀旧之蓄念，发思古之幽情"带有怀乡、乡愁的意思。③ 至近代，怀旧日益演变为一种个人意识，并趋向于社会文化和心理现象。美国学者查尔斯·茨威格曼（Charles Zweigman）以霍弗尔（Johannes Hofer）的持续运动观和史奥希茨的大气落差论为基础，将怀旧的病理学基础和现代社会的特殊背景结合起来，得出了一个关于"生活的不连续性"的结论，即：人类必须曾经历过或正在经历某种突然中断、剧烈分裂或显著变动的生活经验，才有可能产生怀旧的情绪，怀旧就是现代人思乡恋旧的情感表征，它以现实不满为直接驱动，以寻求自我的统一连续为矢的，它是现代人为弥补生活的不连续性而自行采取的一种自我防御手段。④

过去对怀旧的研究集中于其结构维度。此类研究大多从横纵两个方向展开，以横向路径为主，即个人或集体经历维度。研究的纵向视角则是直接或间接经历维度。现代学者对怀旧的研究日趋成熟，研究的焦点从过去的怀旧结构维度研究转向为对这种社会心理与现代社会问题之间的关系的研究。美国社会学家罗伯森（Roland Robertson）认为，研究怀旧问题有两条路径：一是考查"关于乡愁的理论"，关注的是对怀旧的理解，它关注怀旧的发生机制、社会效应及其对人类生存方式的塑造和影响，还包括了怀旧的心理学研究、社会学研究、历史学研究和哲学研究等；二是探究"怀乡理论"，与受怀旧限定的理

---

① 张斌：《新主流电影的产业动力与文化逻辑》，《编辑之友》2020 年第 5 期。
② 尹鸿，梁君健：《新主流电影论：主流价值与主流市场的合流》，《现代传播》2018 年第 7 期。
③ 薛婧，黄希庭：《怀旧心理研究述评》，《心理科学进展》2011 年第 4 期。
④ Davis, F, Yearning for yesterday: A Sociology of Nostalgia. New York : Free Press, 1979, p. 2、p. 4、p. 113.

论（和研究）有关。① 本文试图沿袭罗伯森提出的第一条研究路径，以《我和我的家乡》这部新主流电影为分析对象，探讨随着时代发展以及个人怀旧行为的普泛化，怀旧这种社会心理机制如何借助大众媒介将现实经验艺术化并与家国记忆相结合，进而重塑了观众的国家认同。另外需指出，基于怀旧的词源和内涵变迁，本文中的怀旧指向为个人的怀乡、乡愁之情。

三、研究方法与研究实施

本文将以影片本身以及影评文本作为研究对象。笔者选择当下用户最为活跃且准入门槛较低的分享和交流型社交媒体平台微博为媒体来源，以期获得更具普适性的影评文本，并以用户在微博上发布的《我和我的家乡》电影影评作为研究对象。具体的样本筛选过程如下：以#电影我和我的家乡#和#国庆档影评大赛#两个话题作为检索范围在新浪微博进行搜索，选取自2020年10月1日起3个月内（截至2021年1月1日）的微博帖子作为微博评论分析的时间段，去除与研究主题不直接相关的内容后，对实际有效帖子实行各自单独编码、归类，并对差异部分进行讨论、二次编码，共得到有效文本439条并对其进行文本分析。

基于怀旧的理论研究路径，本研究试图探讨作为大众媒介的电影如何将怀旧作为一种叙事策略唤起了观众的乡愁记忆和怀乡情感，以及新主流电影与怀旧心理如何借助大众媒介进行相互作用并重塑了观众的国家认同。基于此研究目标，进而寻求一条通过大众媒介增强民众国家认同的可行性路径。

四、再现乡愁：乡土社会下的怀旧叙事

美国社会学家丹尼尔·贝尔（Daniel Bell,）声称："我相信，当代文化正在变成一种视觉文化，而不是一种印刷文化，这是千真万确的事实。"② 在怀旧被形式化的过程中，电影成为运用视听语言唤起观众的集体记忆、产生怀旧共鸣的重要形式，而电影也为观众怀旧情感的产生提供了沉浸式的想象空间。

（一）城乡转换的叙事空间

怀旧通常被认为是一种怀旧主体源于时空断裂而产生的思乡情感，"就是不满足于城市现状，而去唤起故乡这一理想的过去。与理想的过去相隔绝所造成的丧失感，就是和故乡分割不开的感情"③。对电影来说，空间是一种不可

---

① 罗兰·罗伯森：《全球化社会理论和全球文化》，梁光严译，上海人民出版社，2000，第228页。
② 丹尼尔·贝尔：《资本主义文化矛盾》，赵一凡等译，北京三联书店，1989，第156页。
③ 加藤三由纪：《中国乡村文学的当代意义》，载《"中国当代文学六十年"国际学术研讨会论文汇编》，2009，第36页。

或缺的叙事方式。在现代社会大部分人的潜意识认知里，城市是文明进步的象征，农村则成为落后的代名词。首先，《我和我的家乡》一改以往电影中将观众所熟知的现代城市生活空间作为切入点的叙事方式，带领观众一探新农村如今的样貌；其次，当镜头聚焦于乡土农村时，影片中所呈现的农村新貌也为观众建构了怀旧的叙事空间，唤起了观众的乡愁。

《最后一课》中范教授从以前贫穷落后的浙江千岛湖畔到高度发达的美国侨居后再次返回乡村，他看到的是和记忆里那个雨天漏水的教室截然不同的新校园；《回乡之路》中"直播女王"闫飞燕重新踏上那片黄土地时映入眼帘的不再是那扑面而来的飞沙，而是遍地丛生的植被；《神笔马亮》中破旧的农村和经马亮重新设计过的村庄已然成为城里人争先恐后打卡的网红景点。观众对电影的认同过程实际上呈现的是一个自居性的心理过程。这里的自居不是一种态度，而是一个通过他物进行对比或反比形成或重新形成自己的身份的过程，一个认识到自己同影片中某个角色或情境有共同之处的过程。① 电影中的五个故事虽为通过空间转换展现中国东西南北中五个地区脱贫攻坚的成果，但本质上都是诉诸个人与家乡的情感。如网友在影评中写道：

@MethodHY："每个西北人都有黄沙刻进骨子里的记忆。只能说每个镜头我都会泪点，只因为我也是生活在那片土地的人，那片土地的人有多努力有多不易，我深知。每次黄沙吹过来，那种感觉，就像闫妮开始说的那句话，满口沙子。一个以前只有黄色的大地：黄土、黄沙、黄河，现在已开始穿上绿色的新衣。"

@陈卓璇的姐姐："对家乡，真的是每个人心底最柔软的一块地方吧。即使相隔千里万里，都是我挂念的地方。大学毕业往南飞，一飞就是六年，每年回武汉的次数屈指可数。现在长大成家定居广东，家乡变成了故乡。但是跟人介绍，我还是自豪地说一句：我老家在武汉，在黄陂！"

影片通过对主人公乡村记忆的调取和现代城市之间的对比，增强了乡村空间的叙事能力。怀旧主体同时穿梭于过去和现在这一双重的叙事空间结构里，不断以过去的历史经验来比照现今的社会生活，呈现出今昔时态的二元对立和时空凝缩的情感聚焦，② 调动了观众的个人怀旧情感，使其对影片的内容更能感同身受，最终对影片内容产生认同。

（二）诉诸情感的叙事方式

国外学者戴维斯从个人和社会两个层面将怀旧区分为个人怀旧和共有怀

---

① 贾磊磊：《电影语言学导论》，中国电影出版社，1996，第114页。
② 储双月：《转型期中国怀旧电影的再现策略》，《内蒙古大学艺术学院学报》2012年第9期。

旧。贝克和肯尼迪将怀旧作为文化的表现，提出了集体怀旧，认为集体怀旧是同一时代具有相似背景的人对过去的文化、时代或民族所产生的苦乐参半的向往。①《我和我的家乡》以乡愁为线，通过平民化的叙述视角呈现了五段充满个人怀旧的经验故事，将个人与民族、家乡与国家的幸福和利益结合起来，最终共同凝聚为观众的集体怀旧。

其中，《北京好人》讲述的是张北京用自己的医保卡为儿时的河北伙伴检查治病，重逢之时维系两人情感的是乡土社会中特有的基于地缘关系的亲情。影片通过诉诸源于亲密关系的个人人际情感怀旧，调动了观众的情感。如影评中网友所说：

@感动一次就够了："家乡，这亘古不变的话题，我的家乡，正在发展。小时家乡的记忆停留在爷爷走的那一年，好久没回去了，好想你啊！"

《最后一课》中，为了唤醒受阿尔兹海默症影响的范教授的记忆，当年的学生们拼凑出了他记忆中的最后一堂课。这一故事主线的引导下，唤醒的是观众基于亲身经历对"师生情"的个人经验怀旧。

@聋狸："不知道是不是职业关系，最让我感动的是《最后一课》，范伟演的老教师让我特别有感触，一日为师终身为父，村子里那群孩子为了报答老师的感恩之情，也很让人感动。我想起我一年级时候的老师，也是又教语文又教数学又教音乐又教体育又教思想品德，她还是我爸妈的老师，真的影响了好几代人。现在我也从事着这一份很普通又伟大的职业，不知道十年二十年以后我的孩子们会不会记得我，不管怎么样，教书育人这个过程我很开心。"

《神笔马亮》和《回乡之路》则改编自真实故事，表现的是承载着浓浓乡土情的"饮水思源"的社会文化怀旧。

@冬月初三啊："其次比较难忘的是回乡之路。我想成为的人，他谎话成篇，但他忘不了养他长大的百家饭，他时时刻刻记着自己的家乡，愿意为了家乡付出很多很多。"

乡土，作为中国文化的起源和隐喻性的精神存在，是人们心理结构中发生强烈情感认同之地，是涵盖所有的自然与社会人文背景及历史文化，对个人具有感受生活意义及使命感的地方。② 无论是作为地方的家乡还是亲切的乡音，

---

① 李玥：《怀旧心理研究综述》，《河南科技》2012年第1期。
② 韩玉洁：《作家生态位与20世纪中国乡土小说的生态意识》，博士学位论文，苏州大学研究生院，2009，第11页。

抑或是在那片土地上发生的故事都成为代表家乡的文化符号，影片在叙事过程中利用这些怀旧符号唤起了观众的乡愁情感。

@阿努努："对故土的感情是深入骨髓和血管，家乡的一草一木，家乡的一水一土，家乡的味道，还有那独特的乡音，都化成浓浓的乡情。"

在故事情节的推动下，触动观众的更是对过去乡土社会中人与人之间单纯情感的怀思。此外，每段故事间用于转场的网友自拍诉说家乡记忆和情感的短视频也拉近了观众和影片的距离，仿佛电影中的故事就发生在我们身边。可以说，影片中的各个故事渗透出的情感经验不是私人的、孤立的，而是社会性的。这也使得个人怀旧的经验最终共同凝聚为观众的集体怀旧，[①] 由个人的身份认同汇聚成了国家认同。

五、深化记忆：从怀旧情感到家国情怀

作为大众媒介的电影通过影音声话为观众搭建了一个"想象的空间"，使观众借助主人公的视角将自己移情到影片中。在这一空间的裹挟下，影片通过怀旧符号的再现和聚焦脱贫攻坚、百姓生活的叙事主题进一步升华了故事主题，重塑了观众的家国认同情感。

（一）作为"社会记忆"的符号再现

以往的影片中，导演大多通过拼贴式的符号营造怀旧氛围，如通过对某一年代的物件、标志性的歌曲或穿搭进行堆砌，在视觉和氛围上营造怀旧感，进而使观众产生怀旧之情。在电影《我和我的家乡》中，影片不仅通过场景、物件等符号的意象来打造一种怀旧的氛围感，更是借助"社会记忆"唤醒观众的怀乡之情并凝聚其国家认同。荣格（Carl Gustav Jung）在其原型理论中，将文化的"记忆痕迹"（Engramme，即具有引发记忆能量，能在不同时空环境释放出来的文化符号）称为"社会记忆"。社会记忆强调过去的某些符号、形象或事件再现于当今，即立足过去审视现在，[②] 而这些符号也成为影片在叙事过程中唤起观众怀旧情感的扳机。

如前所述，以往的主流电影大多以典型的英雄人物为主人公，而《我和我的家乡》则通过将平凡生活中的普通人描绘成建设祖国大好河山的"无名英雄"的隐喻来唤醒群众的怀乡之情。凯瑞（James W. Carey）认为："人类创造符号用来架构、传播思想与意图，用这样的符号来设计实践、事物与组织机

[①] 陆绍阳：《记忆、情感与家国叙事——〈我和我的父辈〉的情感表达》，《当代电影》2021年第11期。

[②] 曾庆香：《永恒故事：社会记忆对新闻框架和舆论爆点的形塑》，《新闻与传播研究》2020年第1期。

构。换言之，他们利用符号以建构一个可以共同生活的文化。"[1] 通过对影评文本分析发现，电影中的每个故事主题或是通过对造福百姓的国家体制的呈现，或是通过为人民服务的职业隐喻来凝聚观众的国家认同，如表1所示。

表1 《我和我的家乡》电影中的内涵隐喻

故事主题	符号聚象	隐喻内涵
《北京好人》	医保制度	造福于民的国家体制机制
《天上掉下来个UFO》	小镇发明家	科技进步拉动乡村经济增长
《最后一课》	乡村教师	远赴山村支教，教书育人的园丁；国家栋梁的引路人
《回乡之路》	治沙英雄	为建设祖国大好河山默默付出的无名英雄
《神笔马亮》	第一书记	甘愿牺牲个人前途下基层、为人民服务的公务人员

每一个人物分别对应着生活中平凡岗位上不平凡的人。这些人物扎根并成长于中国大地，具有鲜明的中国特色。影片利用这些文化符号激起了观众的"社会记忆"，唤起了观众作为中华儿女共同的情感共鸣，使观众怀想到了那些在中华大地上辛勤耕耘、默默奉献的普通人，并引发自己与家乡、社会、祖国之间的关系的思考，为电影所强调的血脉联系、民族自信、家国豪情提供了情感基础和支撑。[2]

（二）凝聚国家认同的叙事主题

电影作为一种大众媒介，已成为一种与公众进行沟通与交流的手段，其通过具象化的故事、图景和文本传达其背后暗含的主旨和意识形态，观众则作为信息接收者在共同的意义空间中基于自己的个人经验和理解对影片内容进行个性化的解码，进而生成不同的意义解读。安德森（Benedict Richard O'Gorman Anderson）认为："正是大众媒介通过图像和语言的重复，生产了民族主义所必需的团结。在事先精心统筹好的时间与空间里，大众媒介，甚至在民族成形之前就生产了一个想象的民族共同体。"[3] 新主流电影作为商业化的主流电影，其天然带有一种目的性的宣传意识形态的效用。汤普森（John B. Thompson）在《意识形态与现代文化》中认为，意识形态是服务于权力的意义，是象征形式的社会运用，关注的是象征形式是否、以何种程度以及如何在它们制作、传输和接受的社会背景下被用于建立和支持统治关系。从这个意义上说，主旋

---

[1] 詹姆斯·凯瑞：《作为文化的传播———"媒介与社会"论文集（修订版）》，丁未译，中国人民大学出版社，2019，序言第6页。
[2] 任丽颖：《〈我和我的家乡〉主旋律电影叙事新尝试》，《电影文学》2021年第7期。
[3] B. Anderson. Imagined Communities: Reflection on the Origins Spread of Nationalism. London: Verso, 1991, p.191—210.

律电影明显具有主流意识形态传播乃至国家形象建构的职能。① 近年来，一些学者主张以社会记忆或者集体记忆为媒介嫁接个体认同和国家认同的关系。② 集体记忆所包含的关于国家的体验和情感是国家认同基础的一部分，同时国家认同所包含的成员身份信息和承诺因素也是与国家相关的集体记忆得以形成的要素之一。③《我和我的家乡》作为一部传递主流意识形态的新主流电影首先在篇章的主题选择上就围绕着集体记忆展开。如表 2 所示。

表 2 《我和我的家乡》电影中的叙事主题

故事主题	呈现的集体记忆内容
《北京好人》	医疗改革促进城镇农村医保建设
《天上掉下来个 UFO》	科技扶贫建设乡村打造旅游城市
《最后一课》	农村教育发展的新面貌
《回乡之路》	从治沙到网络助农直播带货回报家乡致富
《神笔马亮》	基层干部下乡扶贫

可以看出，影片在叙事上暗含着爱国主义叙事，传递出"家是最小国，国是千万家"的家国情怀，通过聚焦于时代变迁下小人物的故事，不仅概括了中国现代化发展过程中与人民群众的生活切实相关的集体记忆事件，还利用怀旧这一心理机制凝聚了家国一体的情感号召，增强了观众的国家认同感。这种国家认同感的凝聚与产生一方面源于中国特色的怀旧心理，即人们回首过去的苦难但仍保持着积极乐观的态度，将过往的苦难作为向前发展的动力；另一方面则与中华传统文化中的社会记忆相联系，与吃苦耐劳、先苦后甜的社会心理相印证，即认为国家的发展离不开每一个人的默默付出。

六、重塑认同：借助大众媒介的情感缝合

电影作为大众媒介的一种，自产生以来就带有传递意识形态的作用。过去的主流影片中，电影通过对政治性的、道德的理性内容进行叙事，难免充满说教意味；而新主流电影则更偏向于感性叙事，注重对观众潜意识的控制，开始凸现人物的自我精神世界，在叙述内容上越来越贴近普通大众的一

---

① 汤森：《意识形态与现代文化》，高铦等译，译林出版社，2005。
② 叶欣：《国家公祭：社会记忆与国家认同》，《河海大学学报》（哲学社会科学版）2015 年第 2 期；李彦辉、朱竑：《地方传奇、集体记忆与国家认同——以黄埔军校旧址及其参观者为中心的研究》，《人文地理》2013 年第 6 期。
③ 管健、郭倩琳：《共享、重塑认同：集体记忆传递的社会心理逻辑》，《南京师大学报（社会科学版）》2020 年第 5 期。

般心理，表现形式上越来越拉近与观众的心理距离，建立电影与观众的心理认同路径。①

费斯克（John Fiske）强调媒介文本的开放性、多义性、互文性以及媒介受众在媒介文本解读过程中的主体性、能动性和创造性。② 传统媒体时代，观众只是大众文化的被动接收者，现代社会互联网的发展则使观众有了更多的话语权。电影通过对家乡、祖国的变化以及真实的案例进行呈现，映射出人们在现实生活中所经历的沧桑变化，体现了影片内容与受众自己的相关性。此外，尽管新主流电影作为大众文化传递着一定的主流意识形态，但互联网给予了用户在网上针对其进行影评发表的权利，使得网络空间的影评文本具有了一定的开放性。受众通过对影片的不同解读方式找到了自己与主流意识形态有意义的相互关系，并基于对媒介文本的体验表达各自的怀旧情绪，将自己的怀旧情感与家国情怀相联结，形塑了受众的国家认同。朱丽娅·克里斯蒂娃（Julia Kristeva）首次提出"互文性"的概念，指出"任何文本都是对其他文本的转化"。以《我和我的家乡》为例，影片通过文本的呈现唤起了观众的怀旧情感，互联网则为公众提供了一个互相交流、抒发观影感受和现实经历的媒介平台，助推了国家认同的凝聚。观众通过电影和网络的双媒介渠道完成了对影片内容的接收、内化以及反馈的过程，即电影对影片内容进行编码，观众依照个人经验和理解对影片文本进行解码并发表影评。至此，影片内容与影评文本形成互文，共同构成了影片的意义空间，如下图1所示。

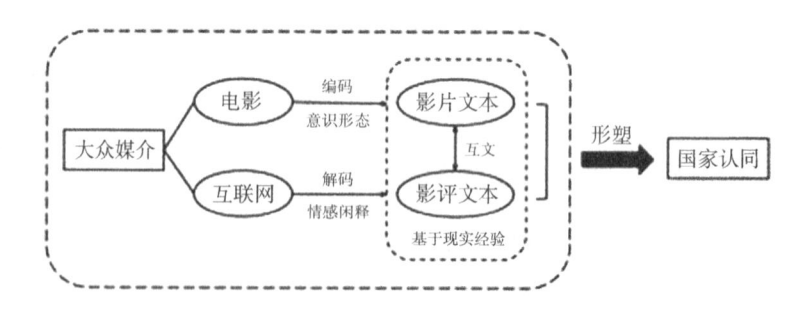

图1　借助大众媒介对国家认同的形塑过程

在影像与现实的互文中，影片产生了新的意义空间，家国一体的概念得到形塑，凝聚了观众的国家认同。

---

① 贾磊磊：《中国主流电影的认同机制问题》，《电影新作》2006年第1期。
② 陈芳：《文本、受众与体验——用媒介文化理论解读"新媒体电影"走热的现象》，《东南传播》2011年第8期。

七、总结

首先，影片作为一种大众媒介，将其所传递的怀乡情感以及背后的乡土文化作为"乡愁"的符号表征，重塑了观众的"怀旧"记忆，使得观众在当下与过去的对冲中重新对自己的身份进行确认，弥合了时代变迁中自我认同的罅隙。可以看到，影片深入洞察了现代人生活背后的怀旧心理，借由五个"小人物"的怀乡故事进行微观表达，将个人经历与国家的发展脉络相融合并通过艺术形式加以呈现，使观众在观影的过程中产生怀旧情感并代入自己的亲身经历，进而产生一种基于亲身体会的国家认同感；其次，大众媒介给予了观众将自己的亲身经历与影片内容进行互文重构的渠道，使观众对个人和家国记忆进行了个性化解读，加强并重塑了观众的家国认同，这也是影片能够获得成功的重要原因之一。

近年来，除了《我和我的家乡》这部影片，《我和我的祖国》等新主流电影也取得了巨大的成功，这足以说明，通过电影这种大众媒介进行家国情怀的建构不失为一种与民众沟通的有效的文化策略。此外，随着科技的发展，大众媒介的形式渐趋多样，如何在集体无意识的情况下利用大众媒介进行主流意识形态的传播也是不可忽视的一环。同样我们需要意识到，新主流电影如何改变单一的叙事形式，利用好观众的社会心理机制，推陈出新创造出人民大众喜闻乐见的影视作品还需在未来不断探索。

社交媒体对进食障碍患者的影响研究

徐 菲

【摘要】 采用半结构化访谈的方式对12名进食障碍患者的人口学情况、进食障碍情况、社交媒体使用情况及对社交媒体的态度等进行了质性研究，结果表明，社交媒体的使用强化了身材焦虑，社交媒体上存在对非正常进食行为的引导，社交媒体的使用加剧了社会上进食障碍的程度。

【关键词】 进食障碍；社交媒体；身材焦虑；同伴比较

一、前言

近年来，"容貌焦虑""身材焦虑"等话题及相关新闻层出不穷，并引起热烈讨论，伴随着这些焦虑而来的是社会上普遍存在的节食减肥、运动减肥等现象，在这之中又包含着相当规模的极端减肥人群，他们往往饱含焦虑、自我认同感极低，大多通过改变进食方式来达到令自己满意的身材状态。这一行为进而引发的进食障碍"在精神科里属于小病种，而其中的厌食症却是精神障碍中致死率最高的一种，死亡率高达5%—20%"。[1] 尽管这一疾病如此棘手，国内相关研究及关注却远远不够。并且，在相当长一段时间内，针对这一疾病国内也只有两所医院可以进行专门治疗，分别是上海市精神卫生中心进食障碍诊治中心和北京大学第六医院进食障碍专科病房，由于国内在这一方面的医疗支持不足，导致这一群体的就诊率极低。

此外，国内民众对进食障碍的认知也非常有限，对其所引发的极端行为（例如暴食、催吐、偷窃等）更是表现出极大的不理解和苛责，详见近年来进食障碍相关新闻及话题的线上舆论，以2021年6月的新闻《女子超市偷4000元巧克力只嚼不咽，原因竟是怕胖》为例。

---

[1] 李静：《把食物当魔鬼，瘦到28公斤，甚至自杀，进食障碍到底是什么病？》，http://www.inewsweek.cn/life/2020-11-23/10996.shtml，访问日期：2021年6月19日。

这种舆论情况的出现原因有二：一方面部分进食障碍患者不愿意将自己的情况完全公之于众，另一方面媒体和学界也较少对这一群体表达出关怀。"希望人们多多关注进食障碍"，这不仅是进食障碍患者在访谈期间对笔者吐露的心声，也正是笔者做此研究的出发点。

二、文献综述

（一）关于进食障碍的已有研究

进食障碍（eating disorders，ED）主要指以异常的摄食行为和心理紊乱为特征，并伴发显著体重改变或生理功能紊乱的一组综合征，其主要的临床类型包括：神经性厌食、神经性贪食和不典型进食障碍。[1] 其中神经性厌食的主要特征是患者通过节食等各种方式有意地造成体重过低；而神经性贪食的主要特征是反复出现的暴食以及暴食后不恰当的抵消行为，如催吐、服用泻药等。

对进食障碍的认知和研究最早来源于西方，根据以往研究结果得知，进食障碍患者多为年轻女性，青少年时期是进食障碍的高发时期。研究进食障碍与女性身体的美国社会学家苏珊·鲍尔多在最初的研究中发现，亚洲人事实上并不知道进食障碍这回事，但近年来大量报告显示，进食障碍人数在亚洲急剧增加，进而引起了社会的关注。[2] 日本著名记者斋藤茂男在其纪实文学作品《饱食穷民》中用"呕吐的女人"一章专门描述其发现并采访到的一种特殊的新现象，即日本存在着相当规模的进食障碍患者，患病人群也以年轻女性居多。[3] 陆遥等人通过研究发现我国男女的进食障碍存在显著差异，女性比男性表现出更多的进食障碍倾向，[4] 这与以往的研究结果保持一致。另外，据上海市精神卫生中心进食障碍诊治中心的官方数据，2002 年该中心门诊仅收治 3 例患者，而 2016 年就诊人数超过 1100 人次，2019 年超过 2700 人次，患者来源地也从一二线城市逐渐向三四线城市扩散，进食障碍在中国的发病情况也正在年轻化和低龄化。[5]

国内学者大多认为，国内的进食障碍是西方审美渗透进来的结果，"怕胖"被认为是进食障碍病态心理的核心，而盲目地崇拜、追求苗条是近 30 年

---

[1] 陆遥、何金波、朱虹等：《父母教养方式对青少年进食障碍的影响：自我控制的中介作用》，《中国临床心理学杂志》2015 年第 3 期。
[2][5] 姚冰淳：《被凝视的身体，被道德化的"苗条"：进食障碍背后的苗条"暴政"》，https://www.jiemian.com/article/6174185.html，访问日期：2021 年 6 月 19 日。
[3] 斋藤茂男：《饱食穷民》，王晓夏译，浙江人民出版社，2020，第 216—245 页。
[4] 陆遥、何金波、朱虹等：《父母教养方式对青少年进食障碍的影响：自我控制的中介作用》，《中国临床心理学杂志》2015 年第 3 期。

来西方国家流行的一种时尚。① 此外，学者们对进食障碍的研究普遍集中于进食障碍患者的群体画像和病因分析（钱铭怡，刘鑫，郑日昌，曹思聪等），进食障碍的病因十分复杂，牵涉社会文化、心理素质和生理状态等各方面，而在社会文化因素中，家庭环境和亲子关系是进食障碍发展过程中重要的因素。② 除了上述的家庭因素，学者们认为媒体因素也应该被重视，有研究发现媒体宣传中存在的求瘦倾向和食物过剩，在引起肥胖和进食障碍上起到了主要作用，肖广兰等对261名北京市的女中学生进行了调查，结果显示媒体宣传、同伴竞争等几乎都对个体希望瘦身、节食的想法有显著的影响。③ 斋藤茂男也在书中提到："无论是电视还是广告，通过各种媒体大量投射出来的，都是些身材消瘦苗条的女性形象……进食障碍患者增加的社会背景之一，是以瘦为美这一媒体日夜宣扬的价值观，驱使女性不断投身于瘦身减肥大潮。"④ 2016年《洛杉矶时报》对中国的进食障碍情况进行了报道，记者杰西卡·迈耶斯（Jessica Meyers）在北京大学第六医院瞥见了"30年前几乎闻所未闻的疾病"，她称其为"现代化与媒体混合而成的副产品"。⑤

媒体对进食障碍的影响毋庸置疑，但由于以往大量研究认定家庭因素才是影响进食障碍的最主要因素，因此对媒体往往只是一带而过，鲜有专门的研究。进入社交媒体时代以来，媒体的性质和形式产生了翻天覆地的变化，比起传统媒体，社交媒体在人们生活中承担了前所未有的重要角色，然而对进食障碍病因影响的研究并未涉及这一领域。

（二）社交媒体、比较与焦虑

清华大学彭兰将社交媒体定义为基于用户社会关系的内容生产与传播平台，认为其特征有二：内容生产与社交的结合；主角是用户而不是网站的运营者。⑥ 丘文福等人认为社交媒体是人们用来创作、分享、交流意见、观点及经验的虚拟社区和网络平台，包括社交网站、微信、QQ、微博、知乎等，具有

---

① 张大荣、沈渔村：《进食障碍概念的演变及病因学研究进展》，《中国心理卫生杂志》1993年第1期。
② AnnetteS. Kluck, "Family factors in the development of disordered eating: Integrating dynamic and behavioral explanations," Eating Behaviors, vol. 9, no. 4, 2008, pp. 471—483.
③ 肖广兰、GailHuon、钱铭怡：《节食及相关态度的社会影响因素研究》，《中国心理卫生杂志》2001年第5期。
④ 斋藤茂男：《饱食穷民》，王晓夏译，浙江人民出版社，2020，第216—245页。
⑤ Jessica Meyers: "China once struggled to feed it speople. Nowit'sseeing arise in eating disorders," 2016 – 08 – 29, https：//www.latimes.com/world/asia/la-fg-china-eating-disorders-snap-story.html, 2021 – 06 – 25.
⑥ 彭兰：《网络传播概论（第四版）》，中国人民大学出版社，2017，第7页。

丰富的信息呈现、传送、交互等形式。① 社交媒体的定义在学界一直偏向模糊，这是因为如今的媒体与社交已经融为一体，社交媒体总是不断地将各种最新的技术和概念吸收其中。虽然定义模糊，但社交媒体仍然有着几个公认的特点。谭天、张子俊认为，人数众多和自发传播是构成社交媒体的两大要素，②海量用户创造海量信息，社会一致认为，信息爆炸时代真正来临了。社交媒体另一明显特征是互动，在网络空间展示自我、寻求认同、结交好友是当代年轻人生活的常态，任何可以和其他用户互动的网络平台几乎都可以算作社交媒体。进入读图时代，以图片为载体和辅助手段的图片社交逐渐成为人们的主流交际方式，③ 图片在社交媒体上的广泛使用与传播加深了网络社交在视觉上的影响力和冲击力，也让容貌和身材的讨论在互联网上到达了前所未有的高度。

　　社交媒体的繁荣同时引发了许多新的问题，谭天等人提到，社交媒体当中传播规范的缺失、信息传播的失控，致使网络社交媒体的传播极易出现各种负能量。④美国心理协会（APA）调查指出，人们长时间地访问社交媒体，不仅没有增加其愉悦和快感，反而使其承受了更大的心理压力，近一半的千禧一代受访者担忧社交媒体会对身心健康造成负面影响。⑤ 另有研究表明，社交网站使用强度和社会比较倾向显著正相关，即社交网站使用强度越高，社会比较倾向也就越强烈，而社交网站使用强度和社会比较倾向都与自我概念清晰性呈显著负相关，也就是说社交网站的使用不利于个体形成稳定清晰的自我认知。⑥国内许多学者也都认为，使用社交媒体引发了用户的自我认同危机，这是因为社交媒体自带的"晒""秀"属性一方面强化了人们的表演欲，另一方面又引发了屏幕背后他人的比较心理与焦虑倾向。

　　在已有的研究当中，肖广兰等发现同伴间的竞争压力和模仿是导致异常进食行为的真正原因，这一结论也已被学界广泛认可与引用。当这种同伴间的比较与竞争蔓延到社交媒体和网络空间当中，人们又会有怎样的反应呢？由此，笔者提出以下研究问题：社交媒体的使用是否强化了身材焦虑？社交媒体上是否存在对非正常进食行为的引导？进而思考社交媒体的使用是否加剧了社会上进食障碍的程度。

---

　　① 丘文福、林谷洋、叶一舵、陈志勇：《社交媒体使用对大学生焦虑的影响：上行社会比较和心理资本的序列中介作用》，《中国特殊教育》2017年第8期。
　　②④ 谭天、张子俊：《我国社交媒体的现状、发展与趋势》，《编辑之友》2017年第1期。
　　③ 向志强、曾圆：《浅析图片社交的模式与功能》，《新闻知识》2013年第11期。
　　⑤ APA：《社交媒体使用量越高的用户心理压力越大》，http://www.199it.com/archives/570138.html，访问日期：2021年6月22日。
　　⑥ 牛更枫、孙晓军、周宗奎等：《青少年社交网站使用对自我概念清晰性的影响：社会比较的中介作用》，《心理科学》2016年第1期。

三、研究对象与研究方法

（一）研究对象

本研究的访谈对象来自各网络社区的进食障碍患者，对其社交媒体使用情况及进食障碍病症情况做过采访判定之后，获得 12 个有效样本。

（二）研究方法

本研究采用质性研究当中的半结构化访谈，不对具体的访谈内容进行过多预设，既保证访谈的开放性，同时把握住研究内容的方向性，通过线上语音或文字的形式跟访谈对象进行交流，对进食障碍患者的个人经验进行深入探究。

（三）研究程序

告知访谈对象研究内容与目的，获得其同意后开始访谈。围绕访谈对象的人口学情况、进食障碍情况、社交媒体使用情况及对社交媒体的态度等编写基本访谈提纲，跟访谈对象进行一对一的深度访谈，每名访谈对象接受 1 次访谈，时间为 40 分钟—120 分钟。

四、研究结论

（一）人口学属性

通过对访谈对象无意识的筛选结果得知，12 名访谈对象均为女性，年龄区间在 16—23 周岁，这和过往的研究结果一致，即进食障碍患者大多为年轻女性。有关学历的属性显示，7 名访谈对象为本科及以上在读，5 名访谈对象并未升入本科，属于高中在读、休学、辍学、待业、就业等情况，这一结果显示出学历对于进食障碍并没有非常明显的影响。另外，关于 12 名访谈对象初次出现进食障碍的情况显示，7 名访谈对象在未成年时期就出现了进食障碍的情况，且 12 名访谈对象均表示进食障碍的起源是节食减肥（如表1），因此可以得见，节食减肥的概念在未成年人中间得到传播，并导致了令人心惊的后果，也就是本文所关注的进食障碍症。以下文字出自某位未成年访谈对象：

> ……我是一个一直在减重的人，从 160 斤到 100 斤，每天看见食物首先想到的就是卡路里，吃多一点点都要去消耗掉，节食最狠的 3 个月每天五六百卡路里，还运动，掉了 30 几斤……因为遇到了烦心的事情，开始了第一次的暴食，觉得碳水化合物让自己的心情能缓解一些，之后便是不停地自责。我现在是高中生，我因为晚上暴食了然后第二天去学校我整个人状态很差，我绝食一天，然后满脑子里都是"要胖了"，课也听不进去，还跑到厕所去打电话哭问姐姐长胖了该怎么办……但是暴食有了第一次就会有很多次，后来的暴食是一次能有五六千卡路里，把自己的胃撑到

走不动路，然后自己水肿的像猪头一样。我不想去学校，不想上专业课，只想在家躲着……

（二）社交媒体的使用强化了身材焦虑

1. 社交媒体上存在着有关外貌、身材的海量信息

如表 1 所示，尽管本研究由于种种原因只得到 12 个有效样本，但其中 10 名访谈对象均对社交媒体上有关美妆、护肤、身材、明星的内容保持着高度关注，个别访谈对象甚至表示对此类话题"比较敏感"。在具体访谈过程中，访谈对象还表现出对相似内容推送机制的反感，由于算法的掺入，用户面对海量的信息并未对丰富多元信息有所接触，在本次访谈中恰恰就呈现出用户正身陷外貌身材相关信息的茧房之中。

2. 普遍认为社交媒体上他人发布的信息为真

关于传播效果的研究一直为本学科学者们津津乐道，但进入社交媒体时代以来，传者与受传者之间的界限被彻底模糊，社交媒体当中的信息就是身边的你我他所采集发布，呈现出一种去中心化传播的态势，对传播效果的研究也无法继续过往那种将媒体与受众一分为二的简单角度。因此，近年来学界关于社交媒体传播效果的系统研究较为少见。在访谈过程中，笔者发现，有 8 名访谈对象明确表示她们完全相信社交媒体当中他人所发布信息的真实性，尤其是有关外貌和身材信息的真实性，这种盲目的相信，不仅局限于强关系社交媒体当中，更涉及以弱关系为链接的社交媒体。而另外 4 名访谈对象对此问题也只有含糊不清的态度，没有明确质疑社交媒体上他人发布信息的真实性。在既有的研究当中，王丽娜、马得勇对新媒体时代下各类媒体的使用和可信度状况做过相关统计，发现网民对微博和网络社区等非官方媒体的使用最为频繁，微信、微博和网络社区等非官媒在网民的信息传播中的实际影响力（接收并且信任信息）高于官媒。[1] 同时，周全、汤书昆通过研究发现，对比男性用户，女性用户更容易信任与自己没有现实社会联系的他人所发布的信息。[2] 这些研究为本文中"进食障碍患者普遍认为社交媒体上他人发布的信息为真"这一结论提供了支持。

3. 社交媒体引发同伴比较与竞争

如表 1，12 名访谈对象全部认同"瘦"是网络所标榜的理想体型、社交媒体上存在着关于身材的竞争和模仿。在具体访谈中，不少访谈对象表示出对

---

[1] 王丽娜、马得勇：《新媒体时代媒体的可信度分析——以中国网民为对象的实证研究》，《武汉大学学报（人文科学版）》2016 年第 1 期。

[2] 周全、汤书昆：《社会化媒体信息源感知可信度及其影响因素研究——一项基于微博用户方便样本调查的实证分析》，《新闻与传播研究》2015 年第 4 期。

此趋势的厌恶与反感，但同时也表达了无奈和屈从，"怎么说呢？它就是一种内卷，我自己也知道它是一种内卷，审美应该多元化，体重只要在标准范围内都是健康的，但是内卷嘛，你不自觉地就卷进去了。大家都这样，你自己一个人，就显得奇怪了对吧。这跟我们现在学习什么是一样的，整个社会都在这样。"此外，有9名访谈对象还表示会拿自己和社交媒体上的他人做比较，这种比较包括外貌、身材、饮食习惯、运动习惯等，而无论是哪一种比较，她们都表示会让自己的自我认同感变低，有些进而会对自己的现实情况进行强制改正。

尽管在访谈中只有一半的访谈对象明确表达出"社交媒体带来身材焦虑"的观点，但通过其他一些在认知、态度、行为上的相关问题以及上文的分析，已经能够确定，社交媒体的使用在一定程度上的确强化了人们的身材焦虑。

（三）社交媒体上存在对非正常进食行为的引导

如果说社交媒体对身材焦虑的强化未必会直接导致进食障碍，那么社交媒体上大量存在着的关于非正常进食行为的引导则将其"罪名"彻底坐实。如表1所示，通过访谈，12名访谈对象中有9名都明确表示从社交媒体上获知可以通过改变进食方式来调整身材，"从网上，从keep上学到吃什么，网络上有人记录自己的一日三餐，就不吃饭。"总的来说，进食障碍的深层心理原因、社会文化原因等也许因人而异，但非正常进食这一行为的确在很大程度上是借由社交媒体"告知"给人们的，再结合社交媒体发展的现况，也就不难理解大部分访谈对象都是从社交媒体上获知这些的了。无论发布非正常进食相关信息的主体是出于何种目的和期待，但这些信息带来的负面影响已经是有目共睹。

（四）社交媒体的使用加剧了社会上进食障碍的程度

结合上述分析，我们可以得知，一方面社交媒体的使用强化了人们的身材焦虑，另一方面在这种焦虑之下，社交媒体上又存在对非正常进食行为的引导，并且这种引导已经导致了一系列可见的疾病性后果。根据访谈得知，12名访谈对象均是一开始节食减肥，"当时可能就是执念，然后节食太过度了，可能一天就吃个水果，喝瓶脱脂牛奶"，其症状表现为神经性厌食。而后正如她们自己所说，出现了一个节点开始暴食，有访谈对象表示"就是不停地吃，也不是饿，就是吃到肚子鼓起来了，路都走不了才停，我曾经有次暴食，一天胖了十斤"，其症状表现为神经性贪食。在暴食之后，患者往往还会产生强烈的自责感与内疚感，从而引发呕吐等伴随性行为。根据访谈得知，呕吐行为并不是每个进食障碍患者都会产生，因为暴食极度自责或极度想控制身材的患者才会采用"用手指抠喉咙""喝大量水"等方式来催吐，在12名访谈对象当中，有人表示呕吐行为已经成为习惯，"我和其他人不太一样的地方就是我不用抠喉咙这种，就是可以直接吐了，无论吃多少。以前可能是需要喝水帮助，喝完以后会有更多饱腹感，喝完干呕然后吐出来那种，但是现在不会了，就偏向习惯性那种。"这些行为导致她们精神状态不佳、肠胃衰弱、经期紊乱，有些患者因为服用大量药物甚至产生了嗜睡的倾向，其症状完全符合进食障碍患者的临床表现。综上所述，可以得出结论：社交媒体的使用的确加剧了社会上进食障碍的情况。

表1 社交媒体使用对进食障碍患者的影响研究主题列表

主题	提及人数	举例
A 因节食减肥导致进食障碍	12（100%）	"（第一次进食障碍）在第一次节食减肥之后吧，2016年，初中刚毕业，那时候进行了一系列的节食，导致了自己不会吃饭。"
B 关注社交媒体上有关身材、外貌等内容	10（83.3%）	"对身材、减肥这样的话题比较敏感。"
C 我觉得瘦一点更好	8（66.7%）	"对我来说可能腰在60以下，脸上没有多余的肉，手臂很细不会有麒麟臂，大腿在40，小腿小于30这样。BMI如果可以的话在17以下，虽然听上去有点危险。"
D "瘦"是网络所标榜的理想体型，社交媒体上存在着关于身材的竞争和模仿	12（100%）	"一定是存在身材的竞争和模仿的，现在很多人都在学习尹正的减肥法，还有之前那个漫画腰什么的。我全公司几乎都在减肥……"
E 会拿自己和社交媒体上的他人进行比较	9（75%）	"经常（比较）。就自己不好，自己又矮又胖这样。尽管身边的人会说我已经蛮瘦，但是我还是会觉得他们在说假话。"
F 自我认同感低	10（83.3%）	"对自己各方面评价很低，不只是体重。"
G 我认为社交媒体上的那些好身材大多是真实的	8（66.7%）	"几乎真实吧，因为人家确实体重低。"
H 从社交媒体上获知可以通过改变进食方式来调整身材	7（58.3%）	"通过社交媒体（学到改变进食方式），之后变成了我的不健康习惯。"
I 社交媒体带来身材焦虑	6（50%）	"我看小红书会焦虑！我已经卸载了，一点上去就是人均80斤的身材……会让我觉得很不舒服，心情很差。"
J 比起社交媒体，我认为进食障碍受到现实生活的影响更多	8（66.7%）	"我觉得（社交媒体和现实生活）都有（影响），但或许身边更大吧。"

* 根据访谈结果，12名访谈对象使用频率最高的社交媒体依次是微信、微博、小红书、知乎、抖音等。

五、思考与展望

通过研究，我们可以明确社交媒体对进食障碍的加剧作用，然而访谈内容显示，访谈对象大多认为自己的进食障碍和身材焦虑来自现实生活中身边人的影响。根据具体访谈内容，笔者将原因总结为：访谈对象最开始进行节食减肥大多是由于受到了身边人的评价和约束，如朋友开玩笑说她胖、同学因为身材欺负她、家里人嫌弃她胖等。其实这也符合之前研究的结论，即同伴比较与竞争是引发进食障碍的直接因素，结合本研究可以进一步确认，比起社交媒体中的同伴比较与竞争，进食障碍患者认为现实生活中的同伴比较与竞争对其进食障碍病症的影响更多，"受身边人（影响更多）吧，又瘦又好看的女生太多了"。

在考察了社交媒体的使用与进食障碍之间的关系后，根据研究结果，笔者认为从以下几个方面做出努力，也许能够稍加改善这种情况。第一，作为内容发布者，用户要从自身做起，在社交媒体上还原真实信息，少一些对极端身材的传播和鼓吹；第二，社交媒体时代，用户更要加强媒介素养，有选择地浏览信息、甄别真假信息，从而尽量规避某些信息的负面影响；第三，社交媒体上的一些意见领袖，如明星、红人、大V等，应规范自身言行，起到良好的带头作用；第四，平台方作为内容的把关人，应对一些极具引导性的不良信息进行传播上的管制，鉴于进食障碍患者大多是年轻人，平台方还应对青少年的信息获取进行分级处理，例如设置青少年模式等。

转场：亲密关系诉说中年轻群体平台偏向及变迁研究

姚 晔

【摘要】 现如今，技术深刻变革人们的社交生活，亲密关系的诉说也被烙上了时代印记。年轻恋人们面对"熟人监视"的网络社交场所，选择将恩爱转场诉说。以年轻群体为研究对象，以微博和微信为例，从个体亲密关系诉说中平台角色行为呈现差异化现象出发，剖析其平台偏向，分析动态变化过程，从而探究个体角色平台偏向及变迁的内外动因，以及对亲密关系的影响。论文发现，社交平台的开放与自由，让年轻群体的恋爱观从单一保守的恋爱观逐渐转变为自由多元的恋爱观，对亲密关系的维系起到巩固作用。

【关键词】 亲密关系；秀恩爱；媒介偏向；自我呈现

一、引言

（一）问题提出

信息时代科技飞速发展，社交平台迭代频繁、种类杂多，在线社交成为当下人们进行情感勾连的主要形式，亲密关系的构建与诉说被赋予时代印记。相比较过去，在公开的社交平台上进行亲密关系的呈现，现代年轻人在选择亲密关系诉说平台的行为有了新的时代特征。

从当下的趋势来看，年轻情侣群体在社交平台上的社交行为总体呈现出秀恩爱的行为特点，并且使得"秀恩爱"成为一种普遍的社会现象。但是随着社会媒介化的不断加深，年轻情侣群体的在线社交行为受到了多方因素的影响，开始呈现出了差异化的特征。不同情侣在进行亲密关系诉说的过程中，会在不同社交媒介平台产生不同的考量，从而产生平台偏向，在不同平台之间"穿梭"，整体呈现出一个动态变化的过程。"发微博越来越多，发朋友圈越来越少"的现象逐渐出现在年轻群体中间。

本文将以微博和微信两个平台为例，旨在分析年轻情侣群体在亲密关系呈现平台的动态变化过程，以及这种偏向及变化对亲密关系的影响。研究将主要以问卷调查、深度访谈和参与式观察等方法相结合，论文将重点关注以下几个问题：

1. 年轻恋爱群体在呈现平台上存在何种偏向及变化？
2. 在亲密关系诉说中，平台偏向及变化的原因是为何？
3. 恋爱个体角色行为的平台偏向及变化可能会带来什么影响？

（二）研究现状综述

为了更好开展本次课题研究，拟从"亲密关系"和"自我呈现"两个维度进行相关文献的分析、归纳和总结，力求了解当下相关研究现状。

1. 关于"亲密关系"

人类自诞生以来就产生了归属和被爱的需求，亲密关系的勾连也历经几多年的变迁。"亲密关系"从广义上来讲，指的是人与人在情感上的亲近和依赖程度，指代恋人关系、亲子关系、朋友关系等。而狭义上"亲密关系"仅仅指代恋人关系，即浪漫的恋人和夫妻关系，关系双方一般指向一男一女。[1] 不少学者也将其称之为浪漫关系（Romantic Relationship），本文取狭义含义。

狭义的"亲密关系"指的是情侣在相互交往中形成的一种彼此相互承认的自愿性相互关系，同时也是一种特殊的存在于情侣之间的"专属"亲密关系。相较于朋友、亲子等其他亲密关系，狭义上的亲密关系更为激烈、紧密，通常以强烈的喜爱和富有激情的性吸引为标志。[2]

目前学界对亲密关系的研究正往多方向发展，弗莱彻等学者在1999年通过相关研究发现理想伴侣的主要品质，分别是有值得信任、迷人以及拥有良好的社会地位和资源；理想的伴侣关系主要由忠诚和热情两个因素组成。[3] 过往学者对亲密关系的研究主要分为个体因素、互动因素和环境因素三个维度。

个体因素方面研究主要基于依恋理论。哈森和谢弗二人提出依恋理论，并将其运用在成年人恋爱关系研究之上。自此，依恋理论便成为研究成人亲密关系最有说服的理论之一。[4] 后逐渐过渡至成人依恋研究领域。后世，相关学者通过现状调查和个案研究两种研究方法结合，从成人依恋类型的特征出发，探

---

[1] 莎伦·布雷姆：《亲密关系》，郭辉，肖斌译，人民邮电出版社，2005。
[2] 张珊：《成人的自恋和亲密关系满意度的研究》，硕士学位论文，四川师范大学，2020，第38页。
[3] Fletcher, G. J. & Simpson, J. A. & Thomas, G. & Giles, L. Ideals in intimate relationships. , Journal of Personality, 1999.
[4] Hazan, C. & Shaver, P. Romantic love conceptualized as attachment process, Journal of Personality and Social Psychology, 1988, pp. 511—524.

讨相关有效性和价值性。

互动因素研究大都涉及情侣双方之间的互动、沟通、冲突等。张珊对89名研究者进行的自我参照 R/K 实验范式中，根据不同参照条件的差异，通过自我扩张量表测量外显自我扩张，考察内隐、外显自我扩张的关系，得出二者间存在较低的正相关。①

环境因素研究主要包括客观环境对亲密关系的影响研究，如文化背景、家庭背景等。杨冬通过修订亲密关系体验量表，探讨大学生成人依恋现状，从而进一步研究大学生成人依恋与家庭环境和人格特质的关系。

2. 关于"自我呈现"

早在十九世纪末，芝加哥学派的"符号互动论"相关研究便对"自我呈现"提出了最初的理论起源。"符号互动论"，又称"象征互动论"，是一种主张从人们互动个体日常自然环境去研究人类群体生活的社会学和社会心理学理论。库利和米德分别提出了"镜中我"理论和"主、客我"的概念，奠定了早期的理论基础。

随着后续研究的不断深耕，业界对"自我呈现"的研究逐渐进入更深层的阶段。社会学家戈夫曼在《日常生活的自我呈现》一书中首次提出"自我呈现"这一概念，戈夫曼根据舞台艺术演出的原理将此引申，他认为人与人在社会生活中的互动行为在某种程度上就是一种表演②。随着互联网社会的不断发展，人们进行自我呈现的舞台被技术无限拓宽，个体的自我呈现行为也表现出了新的时代特征。

国内对互联网中自我呈现与自我形象构建的研究主要集中于社会心理学领域与传播学领域。考虑到本次研究的研究背景，本文将着重对互联网时代背景下，社交媒体平台的自我呈现研究进行相关梳理。

当下国内自我呈现研究涉及的研究内容主要有以下类型：①不同平台自我呈现研究，张馨月采用问卷调查法和深度访谈法相结合的方式，去探析差异化呈现对个体与社交媒体关系的影响③。②不同群体自我呈现研究。从人口统计特征去探究不同因素对个体角色自我呈现行的影响。金园园④从职业和性别维度出发，研究微博上的女研究生形象。③动机及印象因素研究。杨嫚等人对微信头像和使用动机进行研究，得出结论"娱乐性动机、扩新动机和从众动机

---

①② 戈夫曼：《日常生活中的自我呈现》，黄爱华、冯钢译，浙江人民出版社，1989。
③ 张馨月：《个体形象在社交媒体的差异化呈现研究》，硕士学位论文，辽宁大学，2020。
④ 金园园：《拟剧理论视角下微博中的女研究生形象研究》，硕士学位论文，浙江传媒学院，2019。

均会对大学生微信用户头像选择行为产生影响"[①]。④内容及行为策略研究。王凤仙等人采用定性为主、定量辅助定性的方式，分析大学生在使用微信的过程中不同类型的自我呈现行为。[②]

综上所述，本文将从媒介角度出发，试图从不同社交媒体平台在亲密关系诉说中个体自我呈现差异化现象出发，以年轻群体为主要研究对象，以他们在微博和微信两大平台的恩爱呈现为研究内容，试图分析和探究年轻群体在线秀恩爱的平台偏向及动态变化过程。

（三）研究方法

基于课题的研究需要，本次研究拟采用问卷调查法、深度访谈法为主，参与式观察法为辅的研究方式，旨在最大程度地获取一手资料，为课题研究提供真实、全面、有效的资料支撑。

1. 问卷调查法

在进行相关文献阅读之后，根据选题做出相关预设，特设计相关问卷。本次问卷主要采用线上分发的形式进行资料和数据搜集。

问卷第一部分包含了性别、年龄、职业等基本信息问题。第二部分用于了解当下年轻群体在社交平台秀恩爱的现状，主要对比微信和微博两个社交平台个体角色行为呈现是否具有差异。第三部分主要探讨年轻群体对于"秀恩爱"现象的看法，以及在社交平台秀恩爱对亲密关系的影响。最后一部分为开放式答题，用于了解年轻群体如何借助社交媒体去维系亲密关系。四个部分按照逻辑顺序排列，在问卷分析中利用多维度交叉分析有利于研究各变量之间的逻辑关系。

通过前期在多平台线上分发，本次问卷共回收有效问卷为406份。相比较其他年龄阶段而言，深受web2.0意识熏陶的年轻人，深谙社交媒体的各种规则，更易在个人社交平台上做出恩爱呈现行为，更适合作为研究群体。

基于以上，本次研究将选用18—30岁样本作为研究样本，共计样本392例。

2. 深度访谈法

本次研究采用深度访谈的方式进行数据和相关资料搜集。访谈将采用半结构的方式，围绕受访者在恋爱日常中使用社交媒体发布动态的习惯来进行提问。同时针对不同研究对象设置采访问题，也可以交叉性地选择提问。

---

① 杨嫚、曹聪颖、程媛媛：《社交媒体头像呈现与使用动机研究——以大学生微信应用为例》，《北京理工大学学报（社会科学版）》2021年第2期。

② 王凤仙、徐光寿、王志军：《大学生微信朋友圈的自我呈现行为研究——以拟剧理论为研究视角》，《高校辅导员》2020年第2期。

表 1　深度访谈人员信息

编号	性别	年龄	职业	感情状态
01	女	24 岁	文职	有过恋爱经历，但目前单身
02	女	24 岁	待业	有过恋爱经历，但目前单身
03	男	24 岁	编辑	和女友在一起一年半了
04	女	24 岁	硕士研究生	正在恋爱，和男友已在一起半年
05	女	23 岁	硕士研究生	和男友刚恋爱一个多月
06	男	24 岁	销售人员	和女友恋爱四年多，结婚十多个月
07	男	23 岁	大学生	和女友在一起两年多，即将异地
08	女	25 岁	硕士研究生	和男友在一起两年多
09	女	23 岁	大学生	和男友在一起一年多
10	男	26 岁	营销人员	和女友在一起半年多

3. 参与式观察法

考虑到本课题的特殊性，在本次研究中，还将辅之以参与式观察法。参与式观察主要是指研究者参与到被访者的实际活动中去，对被访者进行全方位的细致的观察。在此次研究过程中，这一研究方法主要是针对年轻群体情侣在社交平台上所晒恩爱是否与生活中一致进行观察，从而更好了解年轻群体社交平台恩爱呈现行为现状。

由于参与式观察局限性比较强，且课题自带私密性，因而笔者只针对自己社交平台好友圈中的好友和受访者进行观察。

二、浓烈但克制：年轻群体亲密关系的诉说现状

在互联网尚未普及的年代，年轻人对爱情的表达总是羞涩的。自由独立的爱情观念虽如火焰般在心中燃烧，但是由于通讯不便捷，满腔爱意的年轻人大多只能借由诗歌书信寄托情思。然而社交媒体的出现，渐渐改变了人们的生活方式，也在年轻情侣们之间激荡起了四溅的水花。晦暗不明的爱意逐渐转变成社交媒体上大方敞亮的示爱，"秀恩爱"随着微信这一社交媒体的发展，成为一种社会现象。

为了解亲密关系诉说的现状，本次研究拟设计相关问卷进行调查研究。本次问卷通过线上的形式发放，共回收有效问卷 406 份。

（一）基本信息

回收问卷中，男性共 133 人，女性共 273 人。具体年龄分布如下图所示。

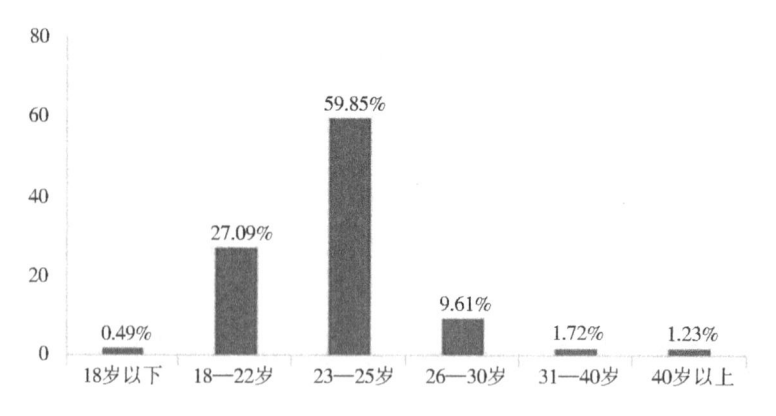

图 2　年龄分布柱状图

根据课题要求，将选用18—30岁样本作为研究样本，共计样本392例。

(二) 年轻群体亲密关系诉说行为呈现现状

在392份调查问卷中，有75名被调查者一直单身，182名被调查者正在恋爱中，132名被调查者曾有过恋爱经历，但目前单身，3名被调查者目前是已婚状态。

1. "亲密关系诉说"的频率：每周都要说一次"我爱你"

在对问卷中317位非一直单身的受访者的调查中发现，281名受访者会在个人社交平台秀恩爱，而36名受访者表示自己不会在个人社交平台秀恩爱。

而对平台秀恩爱频率具体占比情况如下图所示。

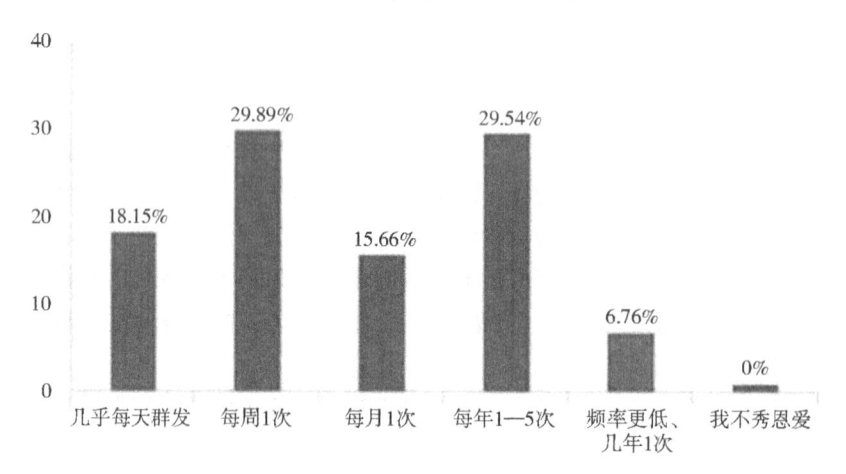

图 3　秀恩爱频率比重柱状图

根据调查可发现，绝大多数有过恋爱经历或者正在恋爱的年轻人会在社交平台秀恩爱的占大多数。

2. "亲密关系诉说"的平台倾向：微博、微信之间的"顶流"PK

目前我们正处在互联网暴风发展的年代。在社交网络的影响下，人们的生活方式、社会交往方式以及信息传递方式都深受影响。过去情侣们之间通过"情书"进行爱意交流的方式，借着技术优势，转向了"屏幕"恋爱，亲密关系被赋予了数字化的时代特征。信息时代情侣之间的社交方式也更加多元化，多平台的选择让他们可以用多种方式去进行情感勾连。

根据281名会在个人平台秀恩爱的受访者调查中发现，在选择社交平台秀恩爱的时候，大多数人会选择微博和微信两类平台，少数人会选择QQ，还有一位受访者选择匿名的平台"一罐"秀恩爱。

对"您在哪一个社交平台秀恩爱频率最多"这一问题，182名受访者选择微博，86名受访者选择微信，4名受访者会选择QQ、一罐等其他社交平台，9名受访者觉得自己在每一个社交媒体平台秀恩爱频率都差不多。其中表示在微博秀恩爱更多的原因是"微博熟人没有微信多，可以避开熟人监视"共113人，占比62.09%。具体情况如下图所示。

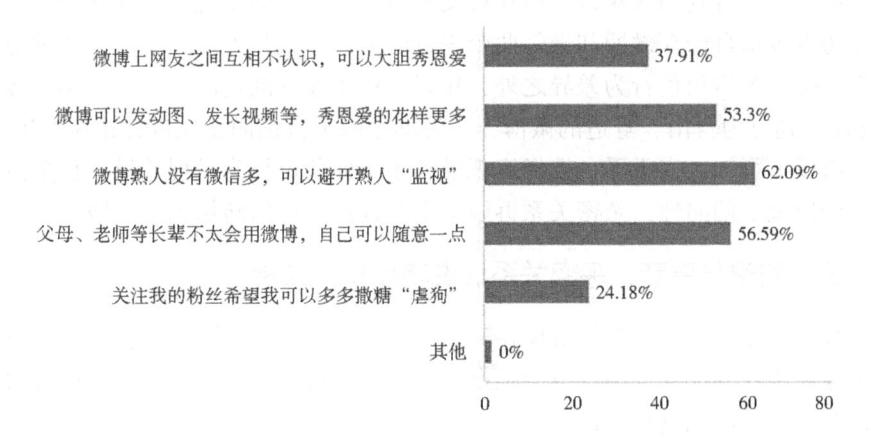

原因	比例
微博上网友之间互相不认识，可以大胆秀恩爱	37.91%
微博可以发动图、发长视频等，秀恩爱的花样更多	53.3%
微博熟人没有微信多，可以避开熟人"监视"	62.09%
父母、老师等长辈不太会用微博，自己可以随意一点	56.59%
关注我的粉丝希望我可以多多撒糖"虐狗"	24.18%
其他	0%

图4 微博秀恩爱原因比重条形图

86位选择微信的受访者表示，自己在微信秀恩爱更多的原因是"自己平时玩微信比较多"共56人，占比65.12%。其他原因所占比例如下图所示。

3. "亲密关系诉说"的平台差异：不同舞台上的多重角色

当下，社交媒体越发强大地席卷人们生活，人们面对这样的冲击开始后退，从最初人们在朋友圈大方分享自己的生活琐事，到如今我们纷纷选择了"仅三天可见"的朋友圈开放模式。与此同时，不同社交平台的出现，让个体角色在不同平台之间的行为呈现表现出了差异化特征。人们通过权衡平台之间的特性，进行有选择的自我呈现，在不同的平台上呈现出差异化的自我。

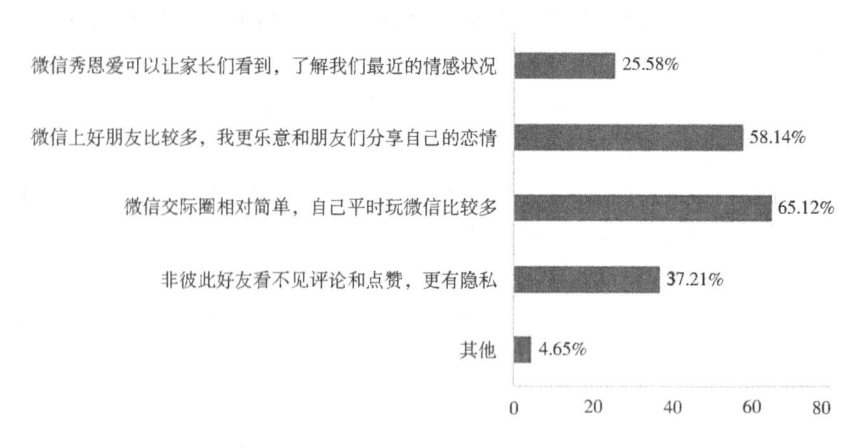

微信秀恩爱可以让家长们看到，了解我们最近的情感状况	25.58%
微信上好朋友比较多，我更乐意和朋友们分享自己的恋情	58.14%
微信交际圈相对简单，自己平时玩微信比较多	65.12%
非彼此好友看不见评论和点赞，更有隐私	37.21%
其他	4.65%

图 5　微信秀恩爱原因比重条形图

对 281 位会在社交平台秀恩爱的被调查者的调查发现，89 人在不同社交平台秀恩爱，会采用相同的表达方式，192 人会采用不同的表达方式。基于数据，我们可以看到当代年轻群体在社交媒体的角色行为呈现出差异化现象。不少受访者表示自己在微博和微信两个平台的表达方式是不一样的。且通过访谈可知，除了个体角色行为差异之外，年轻群体正在逐渐远离微信朋友圈，转而"投奔"到更为自由、舒适的微博，一种动态的平台偏向变化过程正在发生。

由以上可知，多重平台选择客观推动了个体角色行为呈现差异，且个体呈现平台出现了偏向性，亲密关系诉说主平台逐渐从微信转场到了微博。

三、期望与杂音：亲密关系诉说转场动机探析

社交媒体的繁荣给年轻群体在亲密关系诉说中提供了多样化的平台选择，除了客观条件的推动，用户也会根据社交平台的特性有选择地进行角色行为呈现，对不同的角色进行尝试。

通过前期调查可发现，在亲密关系诉说过程中，大部分被调查者表示自己会在不同的社交平台对同一件事，采用不一样的表达方式，如文案、配图等。个体角色平台呈现差异化现象的背后其实是亲密关系诉说的平台转场这一动态变化。

多样化的平台选择为用户构建起多样化的社交媒介情境，影响着角色行为呈现。当下社交媒介情境存在较多杂音，个体又本能青睐一段更加"纯洁"的恋爱关系，从而选择自己感到舒适的媒介情境进行恩爱呈现，导致角色呈现行为从一个平台转场至另一个平台的动态过程。

（一）等级圈制结构滋生角色期望

角色理论认为每个人在社会关系系统中都处于一定的角色地位，周围人总

要按照社会角色的一般模式对他的态度、行为等提出种种合乎身份的要求并给予期望，这就是角色期望。奚从青指出，角色期望的来源有四种，分别来源于社会、群体或组织、他人以及角色本身。[①]

微博和微信作为当下两大社交平台，拥有不同的圈制结构。微博属于等级化传播，用户需要关注他人，才能时刻获悉其动态，而这种关注和被关注的关系构建了一种等级化圈制结构。在这样的圈制结构之下，更容易接收外界的角色期望。一些受访者在接受访谈中表示，经常会有关注他们的粉丝在秀恩爱的动态下面表示期待收获他们更多的狗粮。

不同于微博，微信是基于实名关系的社交应用，属于平级化传播，几乎是将现实社交网络照搬到了线上，朋友圈中的每个人都是平等的，不存在"关注"和"被关注"的关系。比起微博，面对充斥着熟人的朋友圈，个体在亲密关系诉说的过程中，收获角色期望的难度更大。

微信上的好友类型很多，家人朋友长辈领导同事朋友等，会让我不自觉得紧绷神经。（在微博）本着大家都不认识的心态，会更自由。（编号01）

在紧绷的情绪之下，个体对感知角色期望的灵敏度将会降低。针对这一点，微博平台的特有属性，之于微信朋友圈便是一种补偿式体验，从而也就造成了在亲密关系诉说的过程中，个体在不同社交平台的行为呈现差异化现象。基于平台属性，曾活跃在朋友圈的情侣们，比起塑造形象，他们更在乎的是去避免"紧绷"。避免"紧绷"的最直接、有效方式就是将秀恩爱的主场转场至微博，从不太容易受到角色期待的微信转场至容易收到角色期待的微博平台。

（二）需要保持距离的"观看者"

隐私一直是日常交往中的敏感话题，仅限于和特定人际圈所分享，尤其是"恋爱"如此充满私密性的话题。戈夫曼曾提出"观众隔离"这一概念，所谓"观众隔离"就是我们在面对一个或一群人进行自我呈现时，并不希望另一个或另一群人毫无预兆地闯入。这些不速之客可能会打破我们既定的表演剧本，让我们手慌脚乱。

由于微信的飞速普及和使用方式的转变，导致微信上的"泛好友"逐渐增多。泛好友指的是微信好友中还未建立稳定人际关系的甚至是未曾谋面的陌生人等弱关系人群。"泛好友"和"好友"让微信社变得相当鱼龙混杂。这就使得个体在亲密关系诉说中，想要和微信中的好友"保持距离"，从而选择从微信转场。

编号09和男友在一起已经一年多，除了在自己的微博大号秀恩爱之外，

[①] 奚从清：《角色论——个人与社会的互动》，浙江大学出版社，2010。

编号09表示他们还有一个只有他们自己知道的微博，现在关于他们之间更多恋爱细节的东西都会发到那个账号。

首先面对社交媒体日益发展的今天，比起轰轰烈烈的爱情，年轻群体现在更愿意享受安静的二人世界，不会被外界太多的"杂音"所干扰。社交平台记录的甜蜜瞬间所指向的受众也不再只是他人，更多的是指向恋爱双方。

相比较微信，微博的交际圈相对"纯粹"，很多受访者表示自己的微博都是一些很熟悉的朋友才会知道，或者是在微博上认识的一些"可爱网友"。

其次，微信"熟人监视"也让个体在亲密关系诉说中选择避开微信平台，转场至自由的微博。通过前期的问卷调查研究发现，选择在微博秀恩爱是因为"微博熟人没有微信多，可以避开熟人监视"共113人，占比62.09%，占比最高。

在前期的访谈中，一些受访者表示自己在微信多多少少都会受到"熟人监视"的情况，且这样的情况会让自己存在某种不适感。

（自己）特别反感这种熟人，我觉得就是大家本来在朋友圈是为了分享我的生活，我给你看就是说明我是认同你的，那你偷窥就说明我看错人了，就大概是这个意思。（编号02）

除此之外，根据对182位选择微博秀恩爱更多的受访者调查中发现，朋友圈中"家人""老师"等长辈较多，也是他们选择转场至微博秀恩爱的主要原因，占比56.69%。

很反，家人那边是怕他们知道。老师的话不知道为啥。其实本来知道也没啥，但怕他们会调侃就屏蔽了（因为我们在一个班）。（编号05）

年轻群体在亲密关系诉说中会产生种种顾虑和不自在，因而会通过屏蔽、标签分组等方式去和"观看"他们亲密展演的观众保持距离，逐渐转场至微博秀恩爱，将他们隔离在展演之外。

（三）性别差异影响"亲密诉说"

通过对问卷调查数据进行交叉分析可知，在亲密关系诉说中，影响个体角色行为差异的因素还包括性别。对男性被调查者而言，31.31%的男性会选择一年秀恩爱1—5次的频率，占比最高。而女性被调查者选择每周秀一次恩爱占比31.18%，占比最高。女性思维相对于男性更加细腻，对恋爱中的细节她们会更敏感地去感知，通过丰富的图文去构建自己在恋爱中的角色。相比较之下，男性就更为简单、直接。

编号03和女友在一起一年半，平时很少秀恩爱。自己也表示微博和微信自己秀恩爱都没什么区别，而更经常在微信秀恩爱，只是因为"我女朋友说过，女孩子被男孩子po到朋友圈会很开心"。同为男性的受访者编号06也表示自己秀恩爱不多，微博也不玩，所以基本上都是在微信，他表示"工作忙了更没时间秀了，朋友圈都发的少了"。

通过以上我们可以看到，在亲密关系诉说的过程中，女性秀恩爱会比男性有更多顾虑和思考，而男性发动态秀恩爱很可能只是因为"女朋友允许的"。

四、纯粹、自由或倦怠：亲密关系转场诉说的影响

个体通过社交平台去塑造，去展演形象，收获不一样的角色体验。多种平台的出现给他们提供了不同的展演舞台。每个平台都有自己的观众，观众期待角色表演什么，角色便有意识地去进行自我呈现，做出符合"角色期待"的行为。微博和微信属于两种不同类型的社交平台，在外在客观条件和内在动因的双重推动之下，个体在亲密关系诉说中，角色行为呈现出差异化现象，亲密关系诉说的主平台，正一步步从微信转场到了微博。

通过对年轻群体在微博和微信两个社交平台亲密诉说的行为呈现差异内容、动机和平台偏向等研究，结合问卷调查结果和受访者的访谈，年轻群体在社交平台角色呈现转场行为主要有以下影响。

（一）纯粹：社交媒体时代下的恋爱关系

自人类诞生开始，就有"爱"与"被爱"的需求。从文字的出现到如今电子媒介时代的到来，每一次媒介技术的革新都是互相补充的，因而爱情不会因此被湮没，反而是不断被赋予新的可能性。

"青青子衿，悠悠我心"的情意绵绵至今仍是爱情最美好的模样。面对社交媒体，不可否认的是它确实给年轻情侣们提供了沟通的桥梁以及恋爱展演的场所。但与此同时，也给爱意沟通带来了"噪音"和"杂音"。

平台多样化让用户进行有选择的差异化恩爱呈现，也推动了情侣们将恩爱转场呈现。面对微博，年轻群体们更能抛开"家人""老师"等长辈们的"关心"，逃离"泛好友"的"虚假交际圈"，避开熟人监视，去随心恋爱。没有了家长们的追问和普通朋友的关心，从而减少了因为到了婚恋适龄期而带来的社会压力。

（二）倦怠：节制的"恋爱表演"

社交媒体倦怠表现为用户因信息过载、过度耗费精力、疲于维系社交关系等因素而导致的厌倦社交媒体，并产生放弃使用社交媒体的行为和意愿。虽然学界对这一概念并未形成一致观点，但目前已有两大普遍共识：一种表现为对社交媒体有厌烦情绪，另一种表现为存在远离社交媒体的行为。[①]

---

① 郭蕾、余波、李洋、温亮明、张妍妍：《移动社交媒体倦怠行为影响因素研究——基于微信调查》，《图书馆研究》2019年第6期。

个体在不同社交平台塑造不同的角色形象，因而便会衍生出新的交集网络，需要耗费更多精力进行形象管理，长此以往形成"社交倦怠"。在亲密关系的诉说中，热烈而直接的恋爱宣言逐渐被隐晦且低调的稀疏日常所取缔，情侣们越发节制地去进行"恋爱表演"。

人类社会群体的理想规模是150人，但是如今社交媒体的发达导致群体规模远远超过了这一理想化状态，影响了社交倦怠的产生。调查中发现，不少受访者表示自己周围确实存在发微博越来越多，发微信朋友圈越来越少的现象。减少某一社交软件的使用，正是社交倦怠的重要现象。

虽然在亲密关系诉说中，个体面对不同平台会采取差异化形象管理的手段，但仍在潜移默化中造成个体心理压力，如"发微博就比较随意，但是微信的话就会考量说话方式或者是配图"。

除此之外，"熟人监视"的存在也进一步加速了年轻群体转场至微博的步伐。"监视"（surveillance）一词，首次由英国哲学家边沁在1791年提出。

缘由是为改造犯罪者，为此设计了一种监狱，称之为"圆形敞视"监狱。后来"监视"一词在学校、政府、工厂等社会领域逐渐概念化。[①] 不可忽视的是，当下朋友圈"熟人监视"的现象愈演愈烈，让微信用户产生倦怠心理。年轻人为了逃离这样一所"熟人监狱"，从而选择了"屏蔽""仅三天可见"等方式，转场到了微博，和"可爱网友们"分享恋爱中的甜蜜和幸福。

（三）追寻：对恋爱自由的贯彻

随着信息技术的革新，"后信息时代将消除地理的限制"，"数字化的生活将越来越不需要仰赖特定的时间和地点"[②]，情侣之间的情感勾连也超越了地理时空。但是面对越来越"紧绷"的微信朋友圈，年轻群体逐渐出现了"微博越发越多，微信越发越少"的情况，个体角色在平台呈现上出现了差异化现象，年轻情侣们选择了将亲密诉说"转场"至微博。

利用转场，年轻群体将亲密关系诉说至更为自由、开放的平台。通过前期的调查和访谈可知，面对更加自由的社交平台，他们会更尽情地展演亲密关系。

社交平台的开放与自由，让年轻群体从单一保守的恋爱观逐渐转变为自由多元的恋爱观。虽然社交平台多多少少会给他们带来一些顾虑和烦扰，但是不少受访者表示，社交媒体依旧给他们维系感情带来了便利。

面对朋友圈长辈们的关心，年轻人们选择转场至微博去追寻自由恋爱。在

---

① 武亚杰：《社交媒体使用对青年恋爱交往的影响研究》，硕士学位论文，郑州大学，2019。
② 尼葛洛·庞帝：《数字化生存》，胡泳、范海燕译，海南出版社，1997。

过去,"父母之命,媒妁之言"才是婚姻的"打开方式"。但是当下,对于热烈、大胆的年轻人们而言,"不求结果,只求当下轰烈"才是他们所追寻的。

"婚姻"和"恋爱"对当下年轻人来说成了两种不同的恋爱状态。过去的恋爱观早已在一次又一次的转场中,随着时代而变迁、消散。有人享受恋爱的自由和随心,不爱婚姻的柴米油盐酱醋茶。从微信到的微博,更加轰烈地、自由地去爱。

五、结语

以上我们看到,在亲密关系的诉说中,个体角色行为转场是媒介技术和人类精神互相作用的产物。微博和微信作为当今两大主流社交平台,给年轻情侣们提供了情感勾连的桥梁。或许自由、开放的平台仍旧会给甜蜜的恋爱带来些许烦扰和杂音,但是我们不可否认的是,社交媒体的出现确实为亲密关系起到了稳固作用,社交媒体帮助情侣们在网络场域中寻求到了参与感和虚拟陪伴。

互联网背景下中年群体的抖音使用行为研究

朱景怡

【摘要】 纸媒时代到智媒时代，一字之差，时代颠覆。传播媒介的变革，中年群体逐步步入互联网洪流中，建构出属于自己独特的参与式文化。本文将在互联网背景下，采用定性研究方法对中年群体使用抖音的行为进行分析。首先，通过对中年群体抖音的使用行为动因进行分析，研究发现，外部环境的驱动、主体狂欢的个人娱乐需求、碎片时间的成本及条件准入、求知的个人信息需求以及自我呈现的个人价值需求为中年群体使用行为的主要动因。其次，对中年群体在抖音平台上进行的自我符号的构建与呈现，视频内容的生产与展演以及社交圈的扩展与弥合这三种使用行为展开分析。最后，中年群体使用抖音平台固然有其意义，但在使用过程中，注意力的剥削、隐私的暴露以及消费陷阱的误入仍是需要予以关注与思考的层面。

【关键词】 抖音；中年群体；实证研究

一、研究设计与研究方法

（一）研究背景

传播媒介的变革，不仅象征着技术的革新，也对每个人的社会生活带来了更深层次的变化。智媒时代的受众善于通过借助各种多样的媒体平台来构建自己的舞台。随着互联网的不断发展，网民群体的年龄层次愈加丰富，中年群体逐步步入互联网洪流中，建构出属于自己独特的文化。依据我国国情，我国将年龄段为40—60岁的群体界定为中年群体，中年群体即成年中期，处在这一时期的人们无论是在心理上还是生理上，抑或是在社会生活的各个方面都逐步趋于稳定。但同时，新"空巢"家庭的出现，对当代中年群体心理层面也造成了一定影响。新"空巢"家庭是指我国城市第一代独生子女逐渐离家求学、就业结婚后出现的一批以独生子女的父母为家庭成员的中年"空巢"家庭。家庭结构的变化以及可自由支配时间的增加使得中年人开始在社交媒体平台上寻求新的角色定位，寻找新的人生目标，积极参与构建新文化，成为当代网络传播的主力军。

据第 46 次 CNNIC《中国互联网络发展状况统计报告》中指出，截至 2020 年 6 月，50 岁以上网民群体占比由 2020 年 3 月的 16.9% 提升至 22.8%，互联网进一步向中高年龄人群渗透。抖音作为一个短视频平台，已成为社交媒体平台中的排头兵。根据 QuestMobile 最新数据，2020 年 3 月抖音短视频新安装用户里，46 岁以上的用户占比为 14.5%，去年同期为 13.0%，数据的上升表明中老年用户正在快速迁移到抖音。

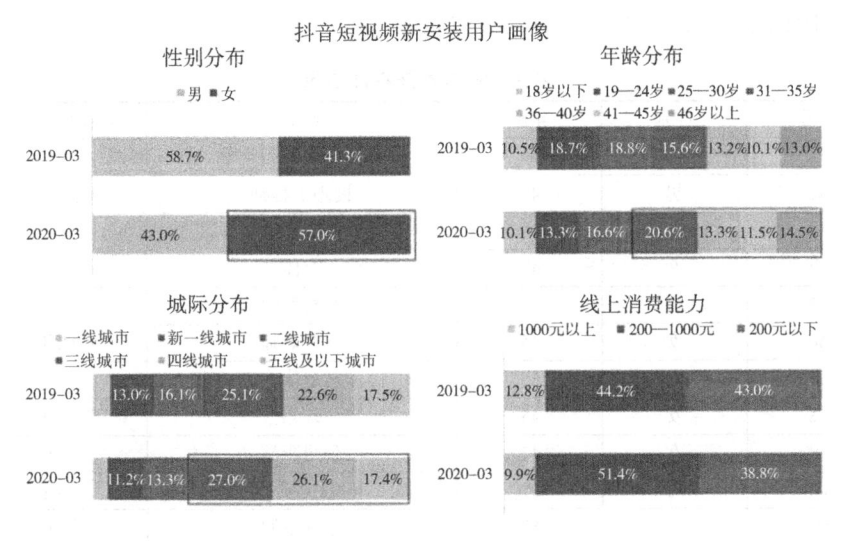

图1 抖音短视频新安装用户画像

（二）研究问题

本文的研究问题意在探讨：（1）中年群体抖音使用行为的动因是什么？（2）呈现出哪些具体的使用行为？（3）在抖音使用行为过程中又呈现出哪些问题值得我们思考？

（三）研究方法

鉴于本文是对中老年用户群体的抖音使用行为的研究，故本文采用定性研究方法，力求真实反映出中老年群体的使用行为。

1. 深度访谈法

通过滚雪球抽样法，进行样本的选择与收集，构建了半结构式访谈提纲，采用了线上语音以及视频的方式进行采访，通过深度访谈，获取了丰富的访谈记录，为笔者分析奠定基础，为笔者深入中年群体，了解中年群体提供了真实的原始资料。

2. 文本分析法

文本分析法，能够挖掘出文本背后的潜在意义和深层价值，感受文字背后的情绪。本文使用定性分析方法，通过对访谈资料的深度挖掘，探讨中老年群体的抖音使用行为。

（四）研究样本

笔者征询了同学的父母以及身边的亲朋好友的意愿，同时为了进一步扩充样本量，笔者通过滚雪球抽样法，进行了更多样本的选择与收集。笔者采访了34位中年人，受访者的样本情况参照表1。

表 1 受访者基本信息表

编号	性别	年龄	职业	使用时长
A1	女	48	经销商	三年
A2	男	49	助理工程师	两年
A3	女	50	会计	五年
A4	女	48	个体	半年
A5	男	49	乡村医生	两年
A6	女	45	保育老师	两年
A7	女	55	退休	三年
A8	女	45	未知	一年
A9	女	47	公司职员	一年
A10	男	51	工程师	两年
A11	女	52	家庭主妇	两年
A12	女	47	自由职业	两年半
A13	女	46	基层管理者	一年
A14	女	40	辅导班教师	两年
A15	女	46	公司职员	一年
A16	女	52	退休	三年
A17	女	50	个体	一年
A18	女	48	医生	两年
A19	女	40	电子厂技术员	三年
A20	女	40	公司职员	一年
A21	女	50	教师	两年
A22	女	45	家庭主妇	两年
A23	女	50	公司职员	两年
A24	女	46	财务	两年
A25	女	48	公司职员	四年
A26	男	49	个体	一年
A27	男	52	卷烟厂职工	一年

续表

编号	性别	年龄	职业	使用时长
A28	女	45	公司职员	一年
A29	女	50	企业员工	两年
A30	女	48	中学教师	两年
A31	男	58	工程技术管理	一年
A32	女	50	个体	一年
A33	女	53	退休微商	两年
A34	女	49	石化员工	一年

二、中年群体抖音使用行为动因分析

任何主体的参与行为必有其动机，动机促使行为的发生。本文运用了定性研究方法，将数据层层提炼，进行逐层编码，将不同的概念范畴形成一个逻辑关系，较为客观地对采访的样本进行提炼和分析。

首先，笔者将接受访谈的中年群体进行开放式编码。

表2 开放式编码结果

部分原始资料（初始概念）	范畴化
A1："同学群、工作群经常有人发抖音的搞笑视频，我觉得挺搞笑的，就下载了……"（同学、同事影响） A2："身边的朋友在用，我本身也想学画画的技巧就去下载了……"（朋友影响） A3："我看身边的朋友都在玩，好奇我就自己搜索下载了……"（朋友影响） A4："周围人影响的，我看大家都在用……"（周边人影响） A5："我看大家都在玩呢，就让女儿帮我下了一个……"（周边人影响） A6："别人推荐我用的，我看他们玩的也挺好玩，就下载了一个……"（周边人推荐） A7："朋友推荐我用的，我也觉得蛮好玩的就下载了……"（朋友推荐） A8："看别人都在玩，就让女儿帮我下了一个……"（周围人影响） A9："看别人都在玩，我就自己下载了一个……"（周围人影响） A10："看孩子他妈在玩，我觉得好奇我就下载了一个……"（配偶影响） A11："身边朋友都在玩，我就去下载了……"（朋友影响） A12："因为朋友在玩，我觉得有意思就去下载了……"（朋友影响） A13："看别人拍的觉得好玩，我下载了……"（周围人影响） A14："看别人都在用，图个新鲜，觉得挺有意思的，我就自己用手机下载了……"（周围人影响） A15："看周边人都在用，用的是女儿不用的手机，她手机上本来就有，所以我就开始用了……"（周围人影响） A16："看周围人都在用，我觉得好玩，所以我就下载了……"（周围人影响） A17："女儿推荐我下的，我也觉得好玩，就去下载了……"（女儿推荐）	B1 群体导向化

续表

部分原始资料（初始概念）	范畴化
A18："我是为了看搞笑的视频下载的，放松一下心情……" A19："为了看抖音的搞笑视频，娱乐娱乐，为了开心……" A20："为了看搞笑的视频，休闲娱乐……" A21："为了放松娱乐，就让女儿帮我下载了一个……" A22："觉得很有趣，女儿帮我下的……" A23："为了休闲娱乐，所以就下了一个……"	B2 娱乐需求
A24："无聊，消磨时间的……" A25："用来度过无聊的时间……" A26："消耗时间的……" A27："疫情在家无聊，打发时间的……" A28："疫情在家无聊，就下载了一个消磨时间……" A29："空闲的时候，看看视频消遣消遣，就主动下载了……"	B3 碎片化时间利用
A30："可以了解新闻……"（了解新闻） A31："可以了解外部丰富多彩的世界……"（了解世界）	B4 功能性需求
A32："跟上年轻人的步伐，获得认同……"（获得认同）	B5 获得认同
A33："因为我是做微商的，所以也想借抖音这个平台展现自己，积累一点流量……"	B6 获得高流量
A34："我是看春节红包活动，就让女儿辅助下载了……"	B7 平台活动

其次，笔者在上表的基础上进行了主轴编码，试图归纳出中年群体使用抖音的动因从属范畴。

表3 主轴编码

主范畴	范畴	范畴内涵
外部环境驱动	B1 群体化导向	用户受到周边人的影响因而进行使用
	B7 平台活动	用户收到平台相关活动的影响因而进行使用
个人娱乐需求	B2 娱乐需求	用户为了进行休闲娱乐而进行使用
成本及条件准入	B3 碎片化时间利用	用户为了填补碎片化时间而进行使用
个人信息需求	B4 功能性需求	用户为了了解时政新闻、了解世界、了解生活常识等信息因而进行使用
个人价值需求	B5 获得认同	用户为了获取认同，追赶年轻人步伐，融入群体而进行使用
	B6 获得高流量	用户为了获取更多关注而进行使用

最后，笔者将以上的数据进行选择性编码，归纳出中年群体抖音使用的行为动因。

主范畴	因素内涵
外部环境驱动	周边人影响
个人娱乐需求	获取信息主要目的
成本及条件准入	消磨碎片化时间
个人信息需求	获取信息源目的
个人价值需求	获取信息附加目的

综上，笔者将中年人使用抖音行为的参与动因分为5个主范畴，分别是"外部环境驱动""个人娱乐需求""成本及条件准入""个人信息需求"以及"个人价值需求"。

（一）外部环境驱动

外部环境驱动中年用户进行抖音的使用。在访谈结果中，有将近50%的中年群体是受到周边人的影响而使用抖音的。1号访谈对象称："我看同学群、工作群经常有人分享搞笑的视频，我就也去下载了一个玩玩。"15号访谈对象："看周边人都在用，用的是女儿不用的手机，她手机上本来就有，所以我就开始用了。"

中年群体相较于年轻人而言，社交圈子更为固定，固定的社交圈层中难免会形成一种既定的文化，趋于一定的从众心理会促使圈中人逐步进行同样的行为。抖音能够帮助他们更好地融入身边人的圈子，不仅为他们带来社交的话题，也能巩固既有的社交圈。

（二）个人娱乐需求

抖音作为一个短视频App，很好地满足了中年用户娱乐需求。中年群体相对定型的生活，稳定的心理以及家庭结构的变化，使得他们的生活变得单调与无趣。在34个样本中，有18%的中年人是出于个人娱乐的需求使用抖音的。互联网的发展促使人们的娱乐活动再也离不开手机，中年人的娱乐活动从先前的爬山、逛街等也逐渐转移到了手机上。18号采访对象："我就是为了看搞笑的视频下载的，放松一下心情，娱乐一下。"据笔者观察，出于娱乐需求而下载抖音的用户对抖音的满意度较高，能够在抖音上释放压力，同时，产出视频也能够为他们带来生产的快感。1号访谈对象："我喜欢和好朋友们一起用同样的背景音乐做视频，比如一起去爬山，我都会剪辑一下发出来，这让我觉得很有参与感。"在产出视频时，能够产生一种集体归属感，让用户在产出时，变得心情愉悦。抖音平台为中年用户提供了一个娱乐的空间，一个充满快感的舞台。

(三) 成本及条件准入

中年用户出于对填补碎片时间的目的使用抖音。采访样本中有18%的中年人提出，使用抖音是为了消磨碎片化时间。中年群体的生活模式已经定型，白天忙工作，下班忙家庭，时间基本上呈现出碎片化的特征。29号访谈对象称："我就是平常空闲的时候，看看视频消遣消遣，就去主动下载了一个。"

在这样的碎片化时间里，学不了太深太难的东西，也看不了太长的文章，而短视频能够很好地填补人们的碎片时间，短视频是指以15s—30s为时长的一种视频展现形式，抖音作为短视频平台的典例，以及其低成本的准入门槛和简单易操作的界面，为中年群体进入抖音提供便利，使得他们的碎片时间得以填补，这也是中年群体参与使用抖音的动因之一。

(四) 个人信息需求

《人民日报》等官方账号的入驻使得抖音成为一个娱乐信息综合平台，部分用户出自对信息获取的需求使用抖音。随着互联网的迅速发展，获取信息的方式也发生了天翻地覆的变化。在访谈结果中，我们可以看出有6%的用户，是出于获取信息的需求。31号访谈对象称："我觉得抖音可以让我看到更多外部丰富多彩的世界，我想了解外面的世界，所以我下载了抖音。"30号访谈对象："想要了解新闻，所以我就下载了抖音。"抖音通过视频的形式，以简明扼要的方式对时事新闻以及外部世界等进行讲解，抓人眼球的同时也能够满足用户的信息需求。

(五) 个人价值需求

抖音成为新型展现自我的平台，部分中年用户出于对自我展现的需求抖音。在笔者采访的样本中，33号访谈对象是一名微商，本身职业的加持使得她需要在抖音上积累流量，出于对个人价值实现的需求进行使用。"我是做微商的，在拍摄视频的时候我比较注重自己的状态，因为我也想积累流量。"32号访谈对象则是为了跟上年轻人的步伐，"我主要是想要跟上现在年轻人的步伐，想要融入他们，表明我自己也很年轻。"无论是积攒流量还是为了融入年轻圈层，都从侧面反映出中年群体对个人价值实现的需求。

三、中年群体抖音使用行为分析

首先，笔者基于深度访谈的资料将接受访谈的中年群体进行开放式编码。

表4 开放式编码结果

部分原始资料（初始概念）	范畴化
A18："我会用好看的头像，因为这样看着顺眼，也算是代表我自己的形象。"（好看的） A19："我就用的QQ头像和昵称，方便朋友可以找到我。"（方便） A21："我是按照个人喜好来选择头像和昵称的，我会选择自己喜欢的头像和昵称。"（喜欢的） A3："头像就是和我微信一样的盆栽，昵称就是我的名字，图个简单方便。"（简单方便） A4："我会用相册里拍的照片做头像，因为比较好看。"（好看） A5："我会用自己的昵称做名字，这样别人就知道是我了。"（自己的信息） A24："我会用自己喜好来设置自己的头像和昵称。"（自己的喜好） A31："我用其他社交账号的称呼，因为我习惯保持一致性。" A7："我一般是用自己的美照，因为我自恋，昵称我是微信的昵称，因为我登录的时候就是微信登录，自动关联的。图个简单方便。"（美照，简单方便） A25："我会设置，但是我一般不怎么改，也是为了方便。"（方便） A34："我使用真实姓名为昵称，因为熟人好辨认。"（真实姓名） A27："我会使用本人照片做头像，因为这样真实。"（真实姓名） A10："我就用微信的头像和昵称，因为方便，也习惯了。"（方便习惯） A11："我一般就是用微信的头像和昵称，因为方便而且我习惯了。"（方便习惯） A12："我为了方便我就不设置。"（方便） A22："我不会设置昵称和头像，我是直接登录微信的。"（方便） A13："我设置的是自拍照，别人容易认出来，能让熟人关注到自己。"（自拍照） A14："我是用微信登录的头像，平常懒得弄，就是为了方便。"（方便） A15："本来我是使用自己年轻时候漂亮的照片，为了回忆回忆，也是展现一下自己年轻的样子。"（展现自我） A28："我会设置头像和昵称，因为设置了很开心，能够展现自己。"（展现自我） A29："我会使用和微信一样的昵称和头像，因为这样设置简单。"（简单方便） A16："我不会设置自己的头像和昵称，因为太麻烦。"（图方便） A17："我会设置自己的照片。"（自我展现）	C1 昵称与头像的使用——真实、平台一致性、强调自我存在的意义、展现自我的舞台
A33："我会在抖音上进行直播，分享我自己的生活。"（分享个人生活） A1："我会拍一朵小花或者天空，配伤感的音乐和文字。"（日常生活，配乐） A2："我会拍我自己画的画作，如果有人点赞，我就会很有成就感。" A26："我会分享自己的生活到抖音。"（自己的生活）	C2 视频内容的生产——日常生活的呈现与记录、专属年代审美的配乐
A30："我觉得可以作为聊天的资本，可以拉近与年轻人的距离。"（弥合） A6："我会通过抖音结交一些新的朋友。"（扩展） A7："能够拓展自己的交友圈，我的人际关系得到壮大，认识了一些志同道合的同城朋友。"（扩展） A9："我会结交朋友，有些人关注我，我会回关。"（扩展） A34："和熟人朋友分享视频会增进我们的感情。"（弥合） A11："会让更多人认识我，我也认识了很多人。"（扩展） A13："我也会结交新的朋友，本来不联系的老朋友，现在突然抖音联系了还挺好的。"（弥合） A23："一定程度上拓展了我的社交范围，也算成为一个新的与熟人进行互动的平台。"（扩展）	C3 社交——与身边朋友更加熟悉、结交新朋友、找回旧友

其次，笔者在开放式编码的基础上进行主轴编码，试图归纳出中年群体抖音使用行为的从属范畴。

表5 主轴编码

主范畴	范畴	范畴内涵
自我符号的构建与呈现	C1 昵称与头像的使用——真实、平台一致性、强调自我存在的意义、展现自我的舞台	使用微信等其他社交平台的头像与昵称——保持平台一致性——简单方便；使用自己真实的照片作为头像、名字作为昵称——方便熟人认知——自我意义的肯定；使用好看的照片作为头像——自我形象的展现
视频内容的生产与展演	C2 视频内容的生产——日常生活的呈现与记录、专属年代审美的配乐	日常生活的展现与制作——成就感与满足感；使用自己专属年代的配乐、dj版配乐——歌曲审美与抓耳节奏
社交圈的扩展与弥合	C3 社交——与身边朋友更加熟悉、结交新朋友、找回旧友	评论区互相结识，认识新朋友——社交圈的扩展；重联旧友——既是弥合又是扩展；熟人互相讨论浏览内容——社交圈的弥合

最后，笔者将以上的数据进行选择性编码，归纳出中年群体的抖音使用行为，为下文进行分析奠定基础。

主范畴	因素内涵
自我符号的构建与呈现	自我呈现、自我意义的肯定
视频内容的生产与展演	内容的自我记录、配乐的时代专属审美
社交圈的扩展与弥合	紧密与扩张社交圈

综上，笔者归纳出三点中年群体的抖音使用行为：在抖音平台上，中年群体通过昵称与头像，构建与展现自身形象，肯定自我价值；运用抖音记录日常生活，制作层面则是偏向较为简单的手法，同时偏向运用自己时代审美的音乐或者DJ版较具有节奏感的音乐作为配乐；在抖音平台上，在评论互动区结交新朋友，抖音内容时常作为熟人社交圈的话题进行探讨，紧密社交圈，同时与旧友再次在平台上相见互联，既弥合又扩展了社交圈。

（一）自我符号的构建与呈现

符号具有携带和传达意义的功能，是信息的外化形式和物质载体，也是信息表达和传播信息过程中一个极其重要的基本要素。

互联网为受众塑造了一个可以尽情展现自我的平台，在这个虚拟和隐匿的空间，受众能够为自己建构与现实环境相一致或完全相反的自我形象。相对于年轻群体来说，中年群体更偏向于在这样的舞台上去展现真实的自己。

笔者经过调查发现，有相对一部分的中年用户都会将自己的昵称设置为真实的姓名，将自己本人的照片作为头像，或者使用与微信一致的信息。

20号访谈对象："我都是用真实的姓名作为昵称的，熟人好辨认。"13号访谈对象。"我是用的和微信一样的昵称，为了保持一贯性。"霍尔认为，在语言中，我们使用各种记号和符号来代表或向他人发表我们的概念、观念和感情。年轻人更偏向于使用一些独特的网名和昵称来彰显个人性格喜好以及情感，而中年人由于过往的经历，真实姓名是他们最鲜明的标志，因此在抖音上也更倾向于使用自己的真实姓名，方便熟人认识自己，也为了强调自我存在的意义。

头像作为展示的一部分，是他人对自己的第一印象，是属于中年群体在网络社交舞台上的一种自我表达的装备之一。尤其是中年女性群体，在抖音上更在意自己的形象展现，7号访谈对象称："我头像一般都使用自己美照，因为我自恋。"13号访谈对象称："我设置的是自拍照，别人容易认出来，熟人容易关注到自己。"

而使用与微信平台一致的昵称抑或头像，受访者表示也是图个简单方便，以保持自己使用社交平台的一致性，相较于年轻人能够流转于各个社交平台，使用不同的昵称和头像展现自我，构建形象，进行自我展演，中年群体更偏向于保持社交平台之间角色的一致性以及简单方便的操作。

（二）视频内容的生产与展演

中年群体拍摄的视频作为一种符号的选择，传达了他们作为传播者的意义。中年群体生产的视频，大多都是分享个人生活以及美景。13号采访对象："我会自己尝试拍一拍视频，配我喜欢的音乐，老了可以回顾。"2号访谈对象称："我会在抖音上分享自己的画，如果有人点赞，我就会很有成就感。"在进行内容呈现的同时，不仅是对自己生活的记录，更多的也有内容制作和内容收到反馈时共同作用带来的快感。在呈现手法上，相对于一些技术流或者卡点视频来说，中年群体更偏向于直接将视频文本配上音乐发送，并不会有太多技术性的东西加持。

在内容配乐的选择上，配乐也能够作为一种符号代表了用户群体的所属身份。根据访谈资料，笔者发现中年群体在进行视频制作以及发布时的配乐更偏向于使用自己年轻时候较为流行的歌曲。2号访谈对象表示："我在制作视频时候，选择的配乐基本都是我们那个年代的流行歌曲，我们这个年龄的就会选择我们那个年代的流行歌。"除了专属年代的流行歌手的歌曲作为配乐之外，还有一些中年用户喜欢用一些广场舞的歌曲，比如《酒醉的蝴蝶》《花都开了你来不来》等。同时，一些DJ版本的配乐也深受中年用户喜爱，由于DJ版本的配乐有节奏感,更能抓耳,中年群体更为偏爱,15号访谈对象称:"因为这些歌曲好听,所以我就用了。"

中年群体的生活百态在抖音开始流传,他们的参与和加入,让原本被时间冲刷的中年群体的时代文化再次站上舞台,焕发青春。

(三) 社交圈的扩展与弥合

中年群体是一个相对稳定的社群,不管是心理层面还是生活方面。抖音是以短视频为依托的社交平台,基于一个虚拟网络社区,人们可以通过发布视频以及评论进行互动,这使得传统的人际关系发生改变,用户的社交圈逐渐扩展,互联网社会的新型社交关系产生了。1号访谈对象:"我通过同城功能,结交了同城的朋友,我们都会一起讨论家乡的美食,还有新开的美食店,我也很开心有人能够陪我说话,我认为对我的人际交往产生了积极的影响。"中年群体在评论区互相结识,扩大了自己的社交圈,抖音为中年用户提供了现实生活中无关联的人们之间能够相互认识和交流的平台,中年群体新型的人际关系网在抖音逐步构建。同时,他们也通过抖音重新联系到了过去的旧友,13号访谈对象表示:"本来不联系的老朋友,通过抖音联系上了很开心。"抖音为中年群体提供了社交圈弥合的可能与平台,重感情的中年一代在这样的平台上获得了更多惊喜。

在抖音上中年群体既有的社交圈,一方面呈现出扩张的形态,另一方面,又呈现出了新的弥合,促使了他们原有人际关系新的发展,抖音就像一条线将旧时好友互相联结起来。

四、中年群体抖音使用行为的思考

中年群体使用抖音平台固然有其意义,但在使用过程中,注意力的削弱、隐私的暴露以及消费陷阱的误入仍是需要关注与思考的层面。

(一) 注意力的剥削

抖音依靠短视频成为当代社交媒体中排头兵,但与此同时,也使人们开始反思,"我的时间都去哪了?"很多时候,我们好像就刷了一会的时间,但是抬头一看,时间已经过去很久,一个接一个的短视频,将难得的整片休息时间切割成碎片,随之而来的是我们被严重削弱的注意力。26号采访对象表示:"我刷抖音的时候经常忘记时间,一看已经大半夜了,导致我睡得比较晚,而且注意力会极度不集中。"除了对整片休息时间的切割,对碎片时间的填补也逐步成为一把双刃剑。在日常工作与生活中,中年群体在使用抖音的时间上属于见缝插针型。一个接一个的碎片化视频虽能够很好地填补中年群体如缝隙般的碎片时间,但在不知不觉中,时间不断流逝,注意力不断被削弱,对日常生活难免产生一些影响，这不管是对年轻人还是中年人来说，都应予以关注和思考。

（二）隐私的暴露

部分中年群体喜欢在抖音上分享自己的生活，对自己的家庭成员进行拍摄，将抖音作为自己日常生活的记录平台。而在笔者进行采访时，很多中年群体的子女纷纷表示自己并不喜欢被父母展现在抖音平台上，1号访谈对象的子女称："每次妈妈都会拍我的丑照，虽然没有产生过任何矛盾，但是我会去进行劝说。"虽说大部分中年群体在抖音平台中呈现的仍是一种谨慎的态度，但我们确实不可忽视这样一种问题的存在，中年群体在抖音上展现自己生活的同时，也需要征求被拍摄者的意见，以及自身也要留一层心理防备，加强自身的隐私意识，以免被一些别有用心之人利用。

（三）消费陷阱的误入

在移动互联时代，短视频的高渗透性以及网络红人的粉丝黏性共同推进了用户在平台上消费行为的完成。电商的入驻，使得抖音进一步抓住用户，为用户购物提供了便利，但无时无刻不存在着消费陷阱。中年群体在抖音使用过程中，很容易被开屏广告，抑或是抖音网红主播的绘声绘色的商品描述吸引而丧失理智。

3号访谈对象称："假广告太多了，上次有个卖打底裤的，我同事也买了，我看评论都说蛮好，结果拿回来薄薄一条，也懒得退货了。"抖音平台参差不齐的商品，使得中年用户难以分辨真假，很容易就陷入消费陷阱。17号访谈对象称："我看到抖音上的东西，听他们吹得天花乱坠的我就想买，买回来了也不用，控制不住自己。"在抖音使用过程中，不理智的购物行为也是中年群体需思考的一个层面。虽说大部分中年群体的抖音使用行为层面仅仅是停留在"刷视频"上面，但仍应保持在使用行为过程中的清醒与理智。

五、结语

在Z世代主导的时代，中年群体作为社交媒体平台新型的主力军，他们的参与和加入，让原本被时间冲刷的中年群体的时代文化再次站上舞台。

外部环境的驱动，碎片时间的填补，主体狂欢的娱乐需求，求知驱动的信息需求以及自我呈现的个人需求轮流作用推动了中年用户对抖音平台的使用。中年群体在使用抖音时，更倾向于使用自己的真实信息，方便熟人认出自己，强调自我存在的意义。平台之间账号信息的互联更合中年群体方便快捷使用。在视频内容配乐上，基于自己专属年代的音乐审美进行选择，让中年群体的时代专属文化再次站上舞台，他们的社交圈在此平台上扩展与弥合，发展与联结。但在使用过程中，注意力的削弱、隐私的暴露以及消费陷阱的误入仍是需要关注与思考的层面。

不过，该研究只是基于笔者自己访谈的三十四位用户得出，不能够较为全面客观地探究中年群体抖音的使用行为，含有一定的主观性。笔者认为，中年群体在互联网时代的行为值得学者们进一步的观察与研究。

参考文献

[1] 中国互联网络信息中心发布第46次《中国互联网络发展状况统计报告》[J]. 国家图书馆学刊, 2020 (6).

[2] 华红琴, 翁定军, 陈友放. 人生发展心理学 [M]. 上海: 上海大学出版社, 2002.

[3] 谭琳. 新"空巢"家庭——一个值得关注的社会人口现象 [J]. 人口研究, 2002 (4).

[4] 岳改玲. 新媒体时代的参与式文化研究 [D]. 武汉: 武汉大学, 2010.

[5] 约翰·菲斯克. 关键概念: 传播与文化研究词典 [M]. 台北: 心化出版社, 2004.

[6] 斯图尔特·霍尔. 表征: 文化表象与意指时间 [M]. 徐亮, 陆兴华, 译. 北京: 商务印书馆, 2003.

[7] 王皓. 网络短视频的受众心理分析——以抖音为例 [J]. 新闻研究导刊, 2020 (1).

[8] 陈坤. 老年人遇见新媒体: 积极老龄化视野下的媒介生活 [D]. 合肥: 安徽大学, 2017.

[9] 欧文·戈夫曼. 日常生活中的自我呈现 [M]. 冯钢, 译. 北京: 北京大学出版社, 2008.

[10] 李红艳. 传播学研究方法 [M]. 北京: 中国传媒大学出版社, 2008.

[11] 王士焕. 抖音短视频用户使用动机研究 [J]. 新媒体研究, 2019 (7).

[12] 郑润琪. 探析网民从众心理对网络信息传播的影响 [J]. 传播力研究, 2019 (21).

[13] 赖宇. 使用与满足理论下的短视频社交应用研究——以抖音为例 [J]. 青年记者, 2018 (24).

[14] 闫泽茹. "抖音"趣缘群体使用行为研究 [D]. 武汉: 武汉大学, 2018.

[15] 吴楚楚. 参与式文化视角下中年移动K歌用户的使用研究 [D]. 苏州: 苏州大学, 2020.

[16] 李雅澜. 大学生网络短视频的用户行为及其心理分析 [D]. 南昌: 江西师范大学, 2020.

[17] 李文乔. 移动短视频用户使用行为影响因素及服务模式研究［D］. 长春：吉林大学，2020.

[18] 李梦雅. 中年人微信使用满意度研究［D］. 保定：河北大学，2018.

[19] 黄秋彤. 认同·转变·重塑：老年人在微信使用中的身份认同与建构［D］. 重庆：西南大学，2019.

[20] 胡圆. 短视频社交平台与未成年用户调查报告［D］. 南京：南京大学，2019.

[21] 周钰坤. 新媒体语境下积极老年群体的中介化［D］. 昆明：云南财经大学，2020.

[22] 刘丹. 传播政治经济学视阈下抖音短视频用户的数字劳动研究［D］. 南京：南京师范大学，2020.

呈现脱贫攻坚进程，主流媒体的"四力"践行路径探析

——以《新京报》"悬崖村"系列报道为例

朱芯铭　宋　艳　叶增姝

【摘要】"十四五"时期是我国全面建成小康社会、实现第一个百年奋斗目标之后，乘势而上开启全面建设社会主义现代化国家新征程。脱贫攻坚成果巩固拓展，脱贫摘帽不是终点，而是新生活、新奋斗的起点。《新京报》在此时再次聚焦"悬崖村"的发展近况，推出新专题回顾旧报道，某种程度上来说对其新闻舆论引导的传播力、引导力、影响力和公信力的提升都有裨益。本文试图梳理从2016年到2020年《新京报》的线上线下传播矩阵对"悬崖村"的多角度、全方位的内容产品呈现形式，从而探析主流媒体在凝聚社会共识、承担公器责任的"四力"践行路径。

【关键词】脱贫攻坚；新闻舆论四力；主流媒体；"悬崖村"

一、引言

2020年，《新京报》创刊17周年之际，其传播矩阵下的"新京报传媒研究"推出社庆"一起"视频专题，用对谈的形式来呈现9个"一起"的故事。其中第4期《陈杰对话"悬崖村"学生：建了藤梯，有了新房，我还是放不下悬崖村｜一起＋》，《新京报》记者陈杰再次回访2016年所报道的《悬崖上的村庄》中的其中一位女孩某色拉，并与其就"悬崖村"的变与不变展开对谈。"悬崖村"，即四川省凉山彝族自治州昭觉县支尔莫乡阿土勒尔村，该村庄地处悬崖顶，村民进出甚至是孩子上学都要攀爬非常险峻的藤条，安全无法得到保障，经济和生活水平也远远落后于平均水平。从2016年开始，《新京报》传播矩阵就"悬崖村"进行了多角度、多形式、长时间、深内涵的持续跟进报道，以多种符号形式承载意义，将"悬崖村"的真实情况反映在公众面前，成为普遍社会议题，并推动当地铁梯的建成以及易地搬迁的落实，真正

将媒体的社会责任落实到了实处。

脱贫攻坚成果巩固拓展，乡村振兴战略全面推进。党的十九届五中全会通过的《中共中央关于制定国民经济和社会发展第十四个五年规划和二〇三五年远景目标的建议》指出脱贫摘帽不是终点，而是新生活、新奋斗的起点。党的十九大报告提到"坚定文化自信，推动社会主义文化繁荣兴盛"时指出，要高度重视传播手段建设和创新，提高新闻舆论的"传播力、引导力、影响力、公信力"，媒体"四力"成为指导我国新闻媒体发展的价值目标之一。4年过去，随着技术的不断革新和"悬崖村"情况的变化，《新京报》对"悬崖村"的报道内容也随之不断跟进，技术形式则在不断革新。本文试图从媒体四个力的践行角度对这4年当中《新京报》传媒矩阵对"悬崖村"的相关报道进行探究，从而强化对媒体"四力"的理解内涵，进而找寻媒体报道社会事件、反映人民生活、凝聚社会共识的有效路径和应然手段。

二、文献回顾

关于新闻舆论"四力"的研究，国内学界集中于内涵与概念研究、提升"四力"的必要性研究、"四力"提升路径研究3个方面。

在内涵和概念研究方面，关于"四力"，不同学科的学者给出了不同见解。沈正赋认为传播力是指新闻媒体采用一定传播方法与途径，对目标受众形成潜在影响的一种能力；引导力是指新闻媒体引导受众认识和理解新闻的一种能力；影响力是指新闻媒体的新闻作品在社会舆论界引起关注、产生反响、激起共鸣的能力；公信力是指新闻媒体在长期的新闻传播实践过程中累积的、赢得社会和广大受众普遍信任的程度或能力。计永超则从广义概念出发，认为新闻舆论引导力就是特定的组织、个人和媒体根据其意图对舆论的性质、发展趋势和方向进行引导的能力。

在提升"四力"的必要性研究方面，学者丁柏铨从党的执政理念等层面深入分析，概括说明了目前国内新闻舆论引导所面临的新挑战。也有学者以习近平总书记的重要讲话为依据，从国家层面去阐明提高新闻舆论"四力"的重要性。如林小波认为，习近平"用五个'事关'来阐明党的新闻舆论工作的极端重要性，指明了新闻舆论工作在引领导向、凝心聚力、推动发展等方面的强大支撑作用，道出了新闻舆论工作的根本性、战略性、全局性意义"。

在"四力"的提升路径方面，国内学界做到了微观和宏观相结合的研究成果。宏观层面上，例如潘小宇认为，提高新闻舆论工作的传播力和引导力，要从工作方式的创新、人才队伍的建设以及掌握新闻舆论话语权三个方面把握。微观层面上，章友维对于在新旧媒体共生的时代背景下如何使传统媒体抢占舆论引导制高点提出了"五可":在主题报道上追求"可看",在典型宣传上强调"可学",在热点引导上力求"可信",在舆论监督上注重"可改",在新闻资讯上力争"可用"。

总的来说,国内关于新闻舆论工作的"四力"研究相对比较宏观,对践行"四力"较好的主流媒体未给予足够的关注。因此,本文以《新京报》为例,聚焦"脱贫攻坚"系列报道,聚焦微观视角下主流媒体对"四力"的践行成果,为广大媒体的砥砺前行给予榜样支持和前进动力。

三、研究方法

本文采用内容分析法,对主流媒体《新京报》传播矩阵下的"新京报传媒研究"推出社庆"一起"视频专题下第四期《陈杰对话"悬崖村"学生:建了藤梯,有了新房,我还是放不下悬崖村丨一起+》进行内容分析,分别对其分发渠道、技术投入、传播矩阵等内容进行数据统计,最终得出相应结论。

四、"悬崖村"系列报道对"四力"的践行路径

(一)融合传播:多形式打通分发渠道

从当下的整体传媒格局来看,单一的文字传播带来的表现力已然不能够满足"用户"的需求,为了防止文字可能会带来的编码解码过程中的信息偏差,融合型新闻报道成为传递信息、引导舆论的大势所趋。无论是一篇报道当中融汇多种内容形式,抑或是同样的内容素材用各种分发渠道的形式来表现,媒体的传播力在当下已经不仅仅是其自身的影响力有多大,某种程度上也开始偏向于其传播的内容是否具有社会价值、分享价值、用户的接受价值等。在对"悬崖村"实际情况的报道当中,《新京报》使用了多种技术手段,包括无人机、直播等,采取多种呈现方式例如深度报道、图片报道以及观点时评,并且通过自身的传播矩阵进行多维度分发,以实现传播效果的最大化。

1. 内容为主,技术为辅

在当前媒介融合的发展大潮下,顺应时代特点有助于打破传统媒体的时空限制、打通传者和受者之间的传播壁垒。虽不能够过分夸大技术的效用,但仍然要承认的是当下技术为新闻业带来了机遇和变革,包括新闻素材的采集、写作、分发和呈现的各个方面。

2016年5月24日,《新京报》纸媒A12版面首次刊登了《悬崖上的村庄》,引发全国公众广泛讨论,该篇报道运用图文结合的方式对该村的生活现状进行了深入写作,用自身的实际观察和采访来写作新闻报道。并且记者利用

无人机捕捉到了攀爬藤梯最险峻部分的全景新闻图片，为公众带来最直观的视觉冲击。同年5月1日，《新京报》对"悬崖村"进行回访报道，并且采用视频直播的方式对"悬崖村"的儿童如何度过儿童节进行了全程记录，让村外的公众不管身处何方都能够以实时在场的方式，见证"悬崖村"儿童节的一天。8月，"悬崖村"钢梯建成，《新京报》使用航拍技术展现了"悬崖村"新变化的全景——《航拍"悬崖村"的新"天梯"母亲背满婴儿爬新梯》，这是传统报道当中，记者所无法到达的拍摄视角，也能够成为日后回顾这段历史的珍贵素材。

虽然《新京报》在报道当中采用了非常多新技术来作为内容的采集手段或者是呈现形式，最终的新闻产品呈现给公众之后，其所介绍的事件内容才是公众所关心和聚焦的主体。即技术是作为辅助的要素出现，并没有掩盖新闻内容本身应该有的关注度，没有出现喧宾夺主现象。"内容为王"在当下虽然不能包打天下，但仍然是此次《新京报》的"悬崖村"系列报道所侧重点的部分，技术的使用是为了更好地呈现内容。

2. 多角度多层次的呈现方式，传播矩阵形成合力

在社会热点事件中，"短视频＋直播＋文字快讯＋深度调查"的融合新闻报道模式，为《新京报》在议题引导和信息传递当中做到了速度和深度的共存。对同一个社会事件，不同的媒体表现形式所侧重的目标也是不相同的。例如新闻消息更侧重于新闻时效性，在事件发生后迅速撰写与分发，以保证公众能够及时获取信息，这是大众传媒的环境监测功能。而深度报道则更侧重于挖掘社会事件的人物特性与共性、结构性问题等，为公众进一步了解事件背后的意义内涵提供素材。此外，新闻评论则更侧重于对公众舆论的正确引导，以明确的观点性语句来凝聚社会共识的形成。

除了纸媒之外，《新京报》还充分利用了其线上线下等全线内容矩阵，进行内容的分发传播。且对不同的媒介风格，相应地呈现了不同的内容。《新京报》的微信公众号矩阵"拍客"以及"新京报传媒研究"、微博客户端@新京报、@新京报我们视频等都对"悬崖村"进行了适合自己媒介风格的内容生产，最大化传播效果。"新京报传媒研究"推出的《独家！〈悬崖上的村庄〉采写幕后》发出后，迅速获得万赞。

四年来，《新京报》围绕"悬崖村"的报道采取了不同角度、不同层次的呈现形式。2016年5月25日，《新京报》发表社论《精准扶贫，让悬崖村孩子告别爬藤梯》，用评论的形式对"悬崖村"进出危险、困难的境况发表明确观点，此篇文章也成为推动"悬崖村"开始搭建钢梯的一个发力源。8月，《新京报》挖掘普通人视角刊发《彝族新娘爬新梯嫁进"悬崖村"》，以新的角度出发报道钢梯的建设成果，侧面呈现如今"悬崖村"的进步之处。

（二）互动引导：传受者平等话语提升接受可能性

当前社会形势要求媒体要从政治、经济、文化等各个方面来综合考虑自身的传播模式和姿态，以全心全意为人民服务为宗旨，维护主流意识形态。在进行新闻报道的过程当中，媒体如果使用居高临下的说教式口吻，反而可能会使传播效果朝向与意料相反的方向发展。而平等的话语体系则会使公众更加容易接受，媒体的引导力也会得到相应的提升。例如在《新京报》的图文报道《"悬崖村"孩子艰难上学路，荒野徒步六小时》当中，记者亲身参与孩子们的上学路途，用相机真实地记录下了路途上的画面细节。如此，作为信息传达的发出者主体和作为信息接收者的公众，通过图片建立了联结，双方站在平等的对话关系中进行新闻事实的传递和接受，因而公众能够最大程度通过图片唤起个人共情，从而引发对"悬崖村"的生活环境以及当地儿童上学困难的关注，进而由精神上升到思考，落实到行动，自发为"悬崖村"的儿童寄送生活用品和学习用品等。

另一方面，公众对"悬崖村"议题的关注，也让其对更多信息的渴望更加强烈。此时《新京报》适时打通媒体报道的前台后台，将新闻的平等对话进一步扩展开来。例如"新京报传媒研究"推出的《陈杰对话"悬崖村"学生：建了藤梯，有了新房，我还是放不下悬崖村｜一起＋》，其中对当时"悬崖村"报道的真实幕后做出了介绍，以记者本人的第一视角呈现最真实的场景信息，从而让公众产生平等对话和交流之感。

因此，通过报道当中的客体，即新闻人物和主体即新闻记者之间的平等关系，以及内容发出主体，即媒体和内容接收客体即公众之间的平等关系，媒体的引导力得以在沟通和对话的拟态平等话语当中得到提升。

（三）建筑公信：真实性和透明性的践行

1. 真实性：反映客观存在的事实基础

真实性是新闻的生命，也是马克思主义新闻观的核心内容。真实性原则虽然是主观判断，但它有着厚实的客观基础。媒体只有长期积累自身的公信力，才能够让公众信服其传播的内容。虽然客观存在的真实事件媒体无法做到全部报道，但是媒体所报道的新闻事件需要确保真实性，播报虚假新闻会导致公众对一家媒体迅速失去信任，从而影响媒体自身的长远发展。

新闻报道的力量也在其真实性，能够引发公众情绪的往往是真实发生的客观事件。例如在此次《新京报》对"悬崖村"的系列报道中，无论是报道当中涉及地区的整体生活境况，还是对藤梯险峻的细节描写、人物陈古吉和某色拉则，都是客观存在的客体。真实的故事能够让公众代入报道当中。对媒体自身来说，一篇报道的成功、一个新闻事件的真实呈现，也能够进一步提高媒体在社会上的公信力程度。

2. 透明性：幕后的呈现打破报道"神话"

过往的新闻生产过程当中，新闻背后的故事往往是被忽略的，即新闻是如何生产出来的。迈克尔·卡尔森和李·赫尔姆勒等人对新闻的透明性的定义分为"公开的透明性"以及"参与的透明性"。这里试图讨论的是前者即"公开的透明性"，这就要求新闻的生产过程对公众公开，包括新闻是如何采集的，源头从何处取得，背后所隐含的社会结构和利益团体等。尤其是在当今媒体变革的大背景之下，新闻的"客观性"开始进一步向着新闻的"透明性"演进。对透明性的践行正是媒体公信力的体现。正如上文所提到的"新京报传媒研究"推出的《独家！〈悬崖上村庄〉采写幕后》，记者陈杰从新闻图片的镜头背后走到了台前，以自己在采访和观察当中的亲身经历和反思来对"悬崖村"进行主观视角的呈现，以他人提问陈杰回答的方式，用更加生活化的方式来讲述内容。这种形式能够迅速拉近公众与新闻之间的距离感的同时，也让一篇新闻稿件是如何诞生、背后的社会关系更加直观地呈现给公众，让受众直接触摸新闻人物本身，从而更加接近所报道的社会事件，这是一种新闻表现的叙事技巧，并且很好地践行了新闻的"公开的透明性"。公众了解媒体的运作方式之后，便容易对媒体产生信任的心理，进而由个案推及其他，侧面提升媒体的公信力，形成良性循环。

（四）扩张影响："时效度"着力承担社会责任

影响力即新闻媒体所生产的内容产品在社会上引发了广泛的关注，唤起了公众的共情，并且推动了社会事件的解决。也可以认为媒体的影响力就是评价其传播效果的"指示器"和"晴雨表"。媒体的影响力大小在某种程度上也是其舆论引导能力的体现，有了影响力的媒体自然能够感召公众思想，从而对公众的价值观和人生观产生一定的影响，这种影响力的扩张也并非一蹴而就，而是通过长期的累积而形成。媒体的影响力意义之大在于，美国政治学家霍华德认为："用鼓动性的语言创造出了良好的舆论氛围，这就是舆论影响力的作用。"

1. 操作理念上"时效度"提升影响力

《新京报》在对"悬崖村"的系列报道中，分别由"时效度"出发，进行媒体的影响力扩展。在"时"方面，"悬崖村"当地政府在 2016 年 8 月开始钢梯的建设，《新京报》始终密切追踪钢梯的建设情况，及时甚至是实时呈现给公众，例如《凉山"悬崖村"开启藤梯加固工作预计 1 个月完工》，对钢梯的建设情况进行了多方面、多信源的了解，结合数据的方式推进公众对信息的了解。在"效"方面,《新京报》的系列报道对当地的脱贫攻坚工作有了一定的推动作用,例如在 2016 年 6 月 1 日《新京报》对"悬崖村"的儿童节产出了包括消息、评论、图文、直播等内容产品,展现了孩子们没有鞋穿的细节。6 日,《新京报》再次刊发特别报道《"悬崖村"18 名学生收到新鞋》,该报道与 5 天前的报道相呼应,体现了《新京报》的影响力大小,同时也是大众传媒的社会地位赋予功能的体现,也是在对这一行为做出肯定,引导更多公众对"悬崖村"的关注不仅仅局限于关注和思考层面,而是进一步巩固了行为实施。2016 年 11 月,《新京报》发布头版《我们在坚持他们在改变》,用图文和视频直播报道的方式,将媒体的影响力效果重新加以强调。2020 年,"悬崖村"易地搬迁工作正式完成,村民告别悬崖顶来到了政府安置的居住点,这也是脱贫攻坚工作的一大成功,《新京报》这 4 年来的相关报道某种程度上是这一脱贫成果的推动者之一。在"度"方面,《新京报》对"悬崖村"的报道基本秉持客观理性的立场,没有情绪化的过激表达,使舆论的声音维持在了正常的理性讨论之中。

2. 公器责任上新闻舆论监督彰显影响力

媒体的影响力也体现在其新闻舆论监督的力度效用之上。新闻舆论监督具有极大的指向性,也具有广泛性、即时性、权威性以及巨大的影响力等。从事件本身出发,《新京报》的"悬崖村"系列报道使一个地区的困境被呈现在全国公众面前,在群声建议当中,当地开始修建钢梯,并且积极发展当地特色农业经济。除此之外,新闻报道所聚集到的注意力流量,使当地的旅游业也开始发展起来,许多从外地赶来的游客亲身来到"悬崖村",体验攀爬藤梯的过程。相应地,当地的卫生环境和公共设施由于游客的到来也开始配套和跟齐。从更大的视角来看,媒体的舆论监督也能够给当地政府施加关于脱贫攻坚任务完成度的压力,在 2020 全面脱贫攻坚任务完成之年,"悬崖村"也是实现目标的难点,媒体的时刻跟进和监督也是其影响力大小的体现。

(五)应然反思:全方位发展媒体"四力",构建主流价值观

我国的社会主义社会的性质决定了我国的新闻舆论工作要从马克思主义新闻观的角度来进行报道活动和内容生产。在当前风险社会、流动社会、信息社会的形式之下,信息爆炸和有效信息匮乏并存,舆论传播环境愈发复杂。提升"四力"的初衷就是为了营造一个健康的社会舆论环境。从《新京报》2016 年到 2020 年这 4 年间对"悬崖村"的跟踪持续报道当中,其本身所具有的"四力"特点都给新闻报道的价值以加持,反过来此篇报道所带来的社会效益也给媒体本身提升了"四力"。因此,主流媒体应不断思考自身是否有掌握和使用技术手段的能力,强化"内容为王"的核心理念。传统的思考维度和运作方式在当下已经很难适应现代化信息社会的发展路径，这就需要在保证内容质量的同时，优化顶层设计，遵守基本原则，调动员工的积极性，不断探索媒体的"四力"新突破。以此来维稳自身社会公器的责任职能。

五、结语

脱贫攻坚成果巩固拓展，脱贫摘帽不是终点，而是新生活、新奋斗的起点。在此关键节点，《新京报》作为比较具有代表性的主流媒体，其再次回访"悬崖村"现状，推出其安置新房、异地搬迁的新闻报道，以及对话报道记者的专题报道。对当下社会议题的引导起到十分重要的示范作用。在探析"四力"的表现路径之下，媒体应该思考如何继续践行社会责任意识，将"四力"的内涵与新技术、新市场、新环境很好地融合在一起，形成常规性的理念，进而继续指导现实才是当下应然发力的方向。

参考文献

[1] 朱春阳. 全媒体视野下新型主流媒体传播效果评价的创新路径 [J]. 新闻界，2019（12）.

[2] 沈正赋. 新媒体时代新闻舆论传播力、引导力、影响力和公信力的重构 [J]. 现代传播，2016（5）.

[3] 计永超，刘莲莲. 新闻舆论引导力：理论渊源、现实依据与提升路径 [J]. 新闻与传播研究，2016（9）.

[4] 丁柏铨. 新闻舆论引导方法论 [J]. 南京大学学报（哲学. 人文科学. 社会科学版），2001（2）.

[5] 林小波. 让党的主张成为时代最强音——学习习近平关于宣传思想和新闻舆论工作的重要论述 [J]. 党的文献，2016（5）.

[6] 潘小宇. 论提高党报新闻舆论工作的传播力与引导力 [J]. 新闻战线，2016（6）.

[7] 章友维. 用五个"可"字提升电视新闻舆论引导力 [J]. 中国广播电视学刊，2015（10）.

[8] 陈旭鑫. 传统媒体提升"四力"的路径选择 [J]. 青年记者，2017（9）.

[9] 胡杰，林斐然. 用"文字+视频"创新新闻生产模式——新京报的深度融合报道实践 [J]. 青年记者，2017（22）.

[10] 尹韵公. 试论新闻的真实性原则 [J]. 现代传播（中国传媒大学学报），2006（5）.

[11] 夏倩芳，王艳. 从"客观性"到"透明性"：新闻专业权威演进的历史与逻

辑[J].南京社会科学,2016(7).
[12] 陆佳怡,仇筠茜,高红梅.零度控制与镜像场景:公民新闻的透明性叙事[J].国际新闻界,2019(5).
[13] 赵彦华.媒介影响力概念解析[N].中华新闻报,2003-08-25.
[14] 童兵.当代新闻舆论监督的特征[J].新闻爱好者(理论版),2008(2).
[15] 陈协明.加快媒体融合创新增强新闻舆论"四力"刍议[J].记者观察,2020(29).

B 站直播自习室研究
——以"彭酱酱 LINYA"为例

刘梦茹　包丽娜　叶　蓉

【摘要】 随着互联网技术的不断发展和用户需求的增多，网络直播行业出现了更多垂直细分领域，以"陪伴学习"为主的直播自习室在青年文化互动社区 B 站上发展迅速。文章采用网络民族志和访谈法相结合的方法，观察 B 站人气较高的博主彭酱酱 LINYA 与粉丝的互动情况，深入微博超话了解粉丝社群的日常动态。分别从双向监督、行为主体和社群建构分析直播自习室的特点，得出直播自习室具有虚拟空间再造的功能，用户进入直播自习室渴望获得陪伴和监督的群体心理。

【关键词】 直播自习室；双向监督；陪伴；社群建构；空间再造

一、引言

近年来，随着直播技术的不断发展和直播类型的拓展，一种可供多人同步在线进入直播间一起学习的"直播自习室"出现在大众视野里。这类线上自习室将实体空间中的集体自习场景搬移到线上，因其独特的"临场感"而深受年轻用户的喜爱，缓解了一些学生独自学习时的孤独感，营造出一种虚拟空间中的陪伴和监督。

作为中国年轻世代高度聚集的文化社区和视频平台，B 站上开设了与学习有关的直播分区。B 站博主"彭酱酱 LINYA"因其剑桥大学"学霸"的人设吸引众多网友前来观看她的直播，本文通过分析"彭酱酱 LINYA"在直播自习室与网友的互动与同名微博超话社区里网友的表现，观察青少年群体在直播自习室中的学习社交行为，探究这种直播自习室火热现象背后蕴含的群体心理和群体文化变迁，为在线虚拟学习平台的未来发展提供思路。

二、文献回顾

在知网上检索"直播自习室"及其相关的关键词,如"陪伴学习""直播自习室""学播",发现大部分文献集中在 2020 年和 2021 年,说明直播自习室在近两年成为研究热点,综合整理后发现共有 18 篇文献符合本文的研究内容。这些现有研究分别从传播的仪式观与互动仪式链、用户使用心理、虚拟空间的在场与规训和学习社交化这四个视角上研究直播自习室的出现和繁荣。在第一个视角下,鹿嘉惠和以传播的仪式观作为理论依据,探究云自习群体的产生及形成群体认同的原因;① 罗娴妮则通过分析网络直播学习的成因了解仪式性传播的本质和规律,并对学习直播中存在的问题进行批判;② 李嘉颖和王雨晴分别从互动仪式链的视角透视学习直播热潮涌现的原因和直播室内的互动机制。③④

大多数学者是从用户的使用心理角度进行分析的,贾亚男、王露希、肖晓玥和邹雪从使用与满足理论出发研究用户使用学习直播的动机,发现陪伴需求的满足是用户选择进入直播自习室的一个重要因素;⑤⑥⑦⑧ 朱昕怡和师冰杰通过问卷调查和实验法探究学习直播对用户知识获取的效果;⑨ 吕雅欣以戈夫曼的拟剧理论为依据,对大学生在学习直播中的自我呈现与表演化行为进行探讨。⑩

还有部分学者聚焦直播自习室的空间建构与身体传播,认为直播自习室的出现扩展了人们的现实空间,学习直播间的虚拟社交可以帮助 Z 世代的青年进行主动的身体规训。⑪ 在这个虚拟空间里存在着一种空间规训的内在矛盾,

---

① 鹿嘉惠:《传播仪式观视域下云自习群体的认同研究》,硕士学位论文,内蒙古师范大学,2021。
② 罗娴妮:《仪式观视域下 B 站学习直播研究》,硕士学位论文,北京邮电大学,2021。
③ 李嘉颖:《基于互动仪式链视角透视学习直播热》,《青年记者》2020 年第 14 期。
④ 王雨晴:《用户视角下的 B 站云自习直播现象分析》,《新媒体研究》2021 年第 6 期。
⑤ 贾亚男:《使用与满足理论下的陪伴式学播受众心理分析——以哔哩哔哩的陪伴学播为例》,《视听》2021 年第 6 期。
⑥ 王露希:《基于使用与满足理论的 B 站"学播热"探析》,《新闻研究导刊》2021 年第 7 期。
⑦ 肖晓玥:《陪伴·共鸣·榜样:"学播"背后的需求满足》,《今传媒》2021 年第 7 期。
⑧ 邹雪:《陪伴与共学:学习直播用户使用动机研究》,硕士学位论文,西南大学,2021。
⑨ 朱昕怡、师冰杰:《学习陪伴直播对用户知识获取的效果研究》,《新媒体研究》2021 年第 18 期。
⑩ 吕雅欣:《大学生学习直播中的自我呈现与表演化现象研究》,硕士学位论文,河南大学,2020。
⑪ 吴明华、张樾:《Z 世代线上直播学习的行为逻辑及反思》,《当代青年研究》2021 年第 6 期。

既反抗社会规训有承接社会规训。① 欧阳叶童以身体传播视角对"学习"直播进行文化思考，关注直播技术如何改变人们对"在场"的理解以及如何建构遥远的陪伴关系。② 范岳亚认为在直播自习室形成了一个超越地理空间的"想象的共同体"，形成了身体分离但精神共在的超人际互动模式，进而塑造了一个新的日常生活空间。③

也有学者从学习社交化视角分析在线学习平台中的用户图景，张肖梦结合梅罗维茨的"媒介场景理论"，试图寻找 TimingApp 这种"新媒介"与线上虚拟学习的新场景和人们在学习中社交的新行为之间的关系。④

综上，目前关于直播自习室的研究都集中在分析直播自习室的形成路径和用户心理上，理论运用相似，缺少个案研究。本文的研究将选取在 B 站上人气较高的主播"彭酱酱 LINYA"作为主要观察对象，深入其微博超话和直播间进行访谈和观察，以微观的研究视角切入，结合传播学、社会学、心理学等学科的理论，探究网友们选择直播自习室的原因及真实的学习效果，并借此分析直播自习室深受人们喜爱的原因。

三、研究方法

本文采用网络民族志和访谈法相结合的定性研究方法，观察记录 B 站主播"彭酱酱 LINYA"的直播间讨论区网友互动情况及微博超话里网友的动态和帖文。以在微博超话内的等级高低为标准，选取带有"活跃粉丝（等级为7）""忠实粉丝（等级为9）""知名粉丝（等级为11）"等标签的超话粉丝，私信并获得访谈许可后进行线上访谈。同时，因一直未取得主播彭酱酱本人的访谈许可及回复，为更好了解作为直播自习室的直播者用户心理，本研究又在 B 站上随机选取了两名愿意接受访谈的主播进行线上访谈。研究试图回答以下问题：

1. B 站的主播为什么想要开设直播自习室？出于自我监督还是分享学习过程？

2. 为什么有那么多人会热衷于在直播自习室里一起学习？

3. 这种直播自习室的实际效果如何？是提高了学习效率还是沉溺其中不利于学习？

---

① 金孜彤：《自我、日常与权力》，硕士学位论文，上海外国语大学，2021。
② 欧阳叶童：《遥远的在场：身体传播视域下的"学习直播"研究》，《声屏世界》2021 年第 14 期。
③ 范岳亚：《"直播自习室"：新媒介技术下的空间组合与超人际互动》，《重庆文理学院学报（社会科学版）》2020 年第 6 期。
④ 张肖梦：《媒介场景理论视阈下在线学习社交化研究》，硕士学位论文，南京师范大学，2020。

4. 主播如何吸引网友来自习室观看自己的学习过程？又是怎样保持和网友的黏性？

将 9 位受访者的访谈记录整理成文字资料，在分析的过程中为每位受访者的访谈记录编号进行归档，归档码由 3 部分组成，直播自习室观看者访谈对象归档码的前 5 位为"观看者访谈"的首字母大写（GKZFT），中间数字为访谈的具体日期，最后 2 位数字为当日访谈的序号，如访谈编码（GKZFT2021061801）则是指 2021 年 6 月 18 日访谈的第 1 位直播自习室观看者。直播自习室的直播者访谈对象的归档码编码规则与直播自习室观看者的编码规则保持一致，归档码前 5 位为"直播者访谈"的首字母大写（ZBZFT），中间为访谈日期，最后 2 位数字为当日访谈的序号，如访谈编码（ZBZFT2021061801）则是指 2021 年 6 月 18 日访谈的第 1 位直播自习室的直播者。直播自习室观看者和直播自习室直播者的具体信息见表 1 和表 2。

表 1 直播自习室观看者受访对象基础信息统计表

访谈归档码	受访者昵称	性别	年龄	学习工作情况	在直播间学习内容	访谈方式	访谈时长
GKZFT2021061801	Acceleration 啊	女	23	实习律师	考研	线上访谈	25 分钟
GKZFT2021061802	信期归	女	24	研二学生	专业课学习	线上访谈	28 分钟
GKZFT2021061901	羊里小白狼	女	21	大二学生	专业课程、英语考级	线上访谈	22 分钟
GKZFT2021062001	琳琅 IIII	女	23	大三学生	考研	线上访谈	15 分钟
GKZFT2021062002	阿莱不想回头	女	18	高三毕业生	专业课学习	线上访谈	26 分钟
GKZFT2021062003	我有一个昵称不可用	女	20	大二学生	专业课学习	线上访谈	40 分钟
GKZFT2021062101	清澈又热烈	女	23	大四毕业生	考研	线上访谈	23 分钟

表 2 直播自习室直播者受访对象基础信息统计表

访谈归档码	受访者昵称	性别	年龄	学习工作情况	粉丝数（截至 2021.6.22）	访谈方式	访谈时长
ZBZFT2021061801	云离	女	23	自由职业者	321	线上访谈	2 小时
ZBZFT2021062001	安九良久	女	18	受访者不便透露	1.2 万	线上访谈	1 小时 10 分

四、研究发现

（一）直播自习室的双向监视

法国哲学家米切尔·福柯在《规训与惩罚》一书中基于边沁的"全景敞式建筑"提出了"全景监狱"的概念，揭示了社会管理者凭借信息不对称优势实现社会控制的本质。① 进入网络时代，这种信息不对称的形式早已发生转变，喻国明在《媒体变革：从"全景监狱"到"共景监狱"》中就指出，传播的技术革命正在促成一种新的社会结构，即"共景监狱"。与"全景监狱"相对，"共景监狱"是一种围观结构，是众人对个体展开的凝视和控制。② 陶鹏认为虚拟社会中的所有行为主体既是"共景监狱"的构建者，也是潜在的被围观者。③

与处在共景监狱下的监督相似，在直播自习室进行学习直播的博主也处于众多网友的凝视之下。博主的一举一动、学习时的状态和神情可以被他人围观，而网友也可以在讨论区发表言论形成弹幕与主播进行实时互动和交流。博主通过接受他人的凝视和监督来督促自己学习，网友们则通过弹幕和评论区的留言为自己营造出一种陪伴式学习的环境，大家共同处于一个"被监视"的环境里，能更好督促自己学习，避免注意力分散。

一位目前准备研究生考试二战的 B 站主播云离表示，自己的学习自控力很差，选择开设直播自习室就是为了获得一种被监督的效果。

> 我在 B 站开直播间就是为了借助他力倒逼自己学习，就会全程很认真学习，假装镜头那边有人看你。（ZBZFT2021061801）

网友"Acceleration 啊"在访谈中也表示，自己在彭酱酱的自习室里会更自觉地学习。

> 其实直播我觉得没什么，但是就是那种精神吧很激励我，就是酱酱一坐就是 6 个小时直播学习，那种学习的精神吧。总感觉有个人在盯着你学习，就会自觉很多。因为本来就在家，自制力本来就比在学校弱，所以一定要多找些渠道鼓励自己，为自己加持。（GKZFT2021061801）

德国新生代思想家韩炳哲认为 21 世纪的数字化全景监狱是非透视性的，中心和边缘之间的区别已经完全消失了。韩炳哲认为如今的监控社会有一个独

---

① 米歇尔·福柯：《规训与惩罚》，刘北成、杨远婴译，生活·读书·新知三联书店，2007，第 230 页。
② 喻国明：《媒体变革：从"全景监狱"到"共景监狱"》，《人民论坛》2009 年第 15 期。
③ 陶鹏：《"共景监狱"场域下的虚拟社会治理》，《井冈山大学学报（社会科学版）》2015 年第 3 期。

特的全景结构，与相互孤立的边沁式全景监狱里的犯人不同，监控社会的居民互相联网，彼此交流。数字化全景监狱地特殊性就在于人们通过自我展示和自己揭露，参与到它的建造和运营之中。① 参与直播自习室的人，不论是观看者还是直播者都存在不同程度上想要"被监督"的心理，寻求外力的监视让自己被迫保持一种专注学习的姿态。在韩炳哲看来，这种心理产生的行为是一种自我剥削，剥削者同时也是被剥削者，作案人和受害人合二为一。在直播间里，自己既是被监视者，同时也监视着别人。直播学习过程也可视为一种自我剥削，是自己对自己的监视，在这种全面监视的环境下，每个人控制着每个人。

（二）直播自习室的行为主体

因为网友们不必拘泥于一个直播间，可以在多个直播间里来回切换，如何维护粉丝黏性，吸引网友到自己的直播间一起学习对主播而言就显得非常关键。直播社群需要不断加以维护，因在流动与聚合过程中容易审美疲劳，而主播对社交技巧的把握与运用，对社群的持续与稳定具有重要意义。② 以 B 站主播彭酱酱 LINYA 为例，她每次直播时长都在 4 小时以上，每过 1 小时左右便会与网友进行互动。主要方式就是依据弹幕回复网友的问题，与他们进行聊天，有时还会播放歌曲调动气氛。网友们则会发送弹幕进行反馈，在直播过程中也会不断通过刷礼物来表示自己的在场，表达对主播的喜爱。

B 站的直播间还有设置"高能榜"和"大航海"两个版块，高能榜会按照网友在直播间内刷的礼物数额进行由高到低排序，而大航海则是根

图 1　彭酱酱 LINYA 的直播间截图

据网友在直播间内停留的时间进行排序，并会根据停留时长给予网友相应的粉丝特权，如专属弹幕颜色、身份标识等，为的是与普通网友做出身份上的区隔。而这些设置无形中也在吸引粉丝在同一个直播间内停留更长时间，帮助主播与网友建立亲密关系，使其中的一些人成为该主播的粉丝和黏性用户。

---

① 韩炳哲：《透明社会》，吴琼译，中信出版社，2019，第 48 页。
② 陈瑞华：《直播社群：青少年网络社交的关系具象》，《中国青年研究》2017 年第 8 期。

图2 直播间内高能榜和大航海的数据情况

主播定义着直播间的风格，在很大程度上，主播的学习状态及学习目标成为网友衡量和选择直播自习室的标准。当被问及"如果彭酱酱没有开设直播自习室进行陪伴学习，您会主动在 B 站上找别的直播自习室吗？"时，在仅有的 7 名受访者中，只有 1 名受访者表示除了彭酱酱的直播自习室还会找 "studywith-me" 的视频一起学习，其余的受访者则表示不会再去别的自习室学习。

因为我本身就不是很喜欢那种跟着别人的直播间一起学习，但是只因为是酱酱，所以我才愿意待在那个直播间自习室一块儿跟她一起学习。因为偏爱。感觉其他 up 没啥特别大的吸引力。(GKZFT2021061901)

因为她是我了解比较深的博主，相对于其他博主来说。而且其他博主的风格，我不是很喜欢，我比较喜欢酱的风格，二话不说就学就有真真正正地在学。我这个人也比较死心眼，认准一个就这一个了。这跟我的学习热情没有什么太大关系。(GKZFT2021062002)

因为直播学习的主播多是学生或是有考试需求的备考者，因而能吸引大量同是学生身份或参加考试的人进入直播自习室一同营造学习氛围。作为英国剑桥大学的学生，彭酱酱自身的学生身份就引人瞩目，一些受访者表示跟着彭酱酱的自习室学习，是想学习她健康的生活方式和学习方法。

我看她的视频，一为了放松自己，因为她的视频比较搞笑，然后第二个就是想学习她的一些很好的学习技巧和健康的生活方式。(GKZFT2021061901)

我觉得挺棒的，因为就感觉有 facet of ace（面对面）。然后她有的时候会在直播时讲一些干货。我学累了的话刚好能放松一下，顺便吸收一下

263

她的干货。(GKZFT2021062002)

在与粉丝互动的过程中,她会把自己的生活近况、复习心得与粉丝分享,这种朋友式的聊天方式能给人以放松、亲切的感觉,她也会给自己的粉丝设置昵称(粉丝昵称为"小酱紫"),以此增进和粉丝之间的关系。这也是她维系粉丝黏性的方法,即把粉丝当朋友,分享自己的真实生活。她超长时间的直播学习及剑桥大学的"学霸"人设也成为激励其粉丝跟随她一起学习的不竭动力。

(三)直播自习室的社群建构

在互动区,网友们会把这里当作一个公开聊天的场所,分享自己学习生活中遇到的问题和困惑。一些人会分享自己的考试安排,包括考试时间和考试科目,一些人会分享自己的心情,比如考前的焦虑感或是考不好的自责感抑或是做不出题的无力感。而每当一位网友说出自己的烦恼时,就会有其他网友站出来宽慰他,在虚拟的空间里形成一个互帮互助的学习社群。还有一些网友会将主播作为自己的学习榜样,例如一些网友感到无力学习下去时,看到主播还在镜头前学习,便会以此督促自己坚持学习。当聊天话题中出现不和谐的声音或是不文明用语时,就会有群管理员实行其管理权力,将该网友禁言,从而维护直播间内的良好氛围。

图3 粉丝在彭酱酱的直播间内互相鼓励

雪莉·特克尔在《群体性孤独》一书中形容当今社会的人们既缺乏安全感,却又渴望亲密关系,因此才求助于科技,以寻找一种既可以让我们处于某种人际关系中、又可以自我保护的方法。① 不论是因为疫情困在家中还是进入大学脱离了高中集体上课的环境，大多数受访者都表示自己在直播自习室是为了寻求一种虚拟的陪伴，通过与他人的互动排遣自己内心中的压抑，减少独自学习的孤独感，营造一种共同学习的氛围。

　　去年因为疫情，酱酱也开始了 B 站直播，然后我就跟着她直播学习，很多很多小酱紫们一起，有学习群，大家一起互相鼓励。后来发现有酱酱的超话，有酱酱的微博，都关注了。（GKZFT2021061801）

　　我觉得可能是因为我们高中的时候是集体学习，就不需要这种直播自习室陪伴，但是我们进入大学以后，大家基本上都是一个相对独立孤独的存在，这个时候直播自习室会给我们一个陪伴，一种归属感。（GKZFT2021061901）

　　一个是自己本身没有什么自控能力。二是可能会不喜欢那种孤独的感觉。（GKZFT2021062002）

安九良久是一名刚直播 2 个月的新手主播，目前处于在职考研阶段，截至 2021 年 6 月 22 日，她已经拥有 1.2 万名粉丝。当被问及为何想要开始直播自习室时，她表示直播之后自己的学习效率有了很大的提升，来自陌生人的肯定对自己有非常大的帮助。

　　第一个念头是跟风，想搞个和他们一样的漂亮的桌面；第二监督自我，真实想法，直播之后发现好处太多了，可以很大提高学习效率；第三向外界寻求积极的力量（寻求支持与鼓励）。按我个人情况现实周围都是反对的声音，但直播之后，整个人都变得积极向上，发自内心感谢那些陌生人；第四记录个人成长。（ZBZFT2021062001）

直播自习室的用户以学生群体为主，9 名受访者的年龄集中在 18—24 岁之间。他们有着相似的学习需求和时间规划，所以在直播自习室中能很迅速熟络起来，并形成一个稳定的社群。以彭酱酱的粉丝"酱紫"们为例，他们除了持续关注彭酱酱在 B 站的直播动态之外还在微博上成立了一个用彭酱酱名字命名的超话社区。在这个超话社区里，酱紫们除了会分享自己看完彭酱酱直播的感受，还会分享自己日常的学习动态和每日学习计划，还有相当一部分的粉丝会"晒出"自己在学习方面取得的成就，以此激励自己和社区里的其他伙伴。他们以彭酱酱为学习生活上的榜样，以"晒"成绩、"晒"学习日常等方式表明自己又向理想目标靠近了一步。

---

① 雪莉·特克尔：《群体性孤独》，周逵、刘菁荆译，浙江人民出版社，2014，第 20 页。

图 4　粉丝在彭酱酱微博超话社区分享学习成果

彭酱酱在直播中也会推荐自己经营的网店商品，主要是笔袋、本子、书包等学习用品。彭酱酱不止一次在直播和自己的视频里介绍网店商品，并以使用这些物品就能拥有好成绩为卖点，吸引粉丝购买。而在微博超话里，一些酱紫也会通过分享买到的商品来强化自己和偶像之间的感情联结。当一群粉丝共同购买了与偶像相同的物品之后，便形成了一个具有共同话题的社群，这也进一步加强了超话内小团体的紧密性。

图 5　粉丝在彭酱酱微博超话社区分享自己购买的同款文具

彭兰在研究网络社群与网络社区及圈层的概念区别时就提出了"同温层"这一理念,她发现人们更愿意向与自己价值观、立场、态度等相似的人靠近,以此获得抱团取暖、相互支持的可能,这种相似人群的聚集形成了同温层。同温层可以看作是人们可以自主选择的、一种灵活的流动的心理共同体,也是人们想象的共同体。这种心理共同体只存在于个体的想象之中,并不需要人们为维护共同体做出任何努力,因此这是一种最低廉、最便捷的支持。① 彭酱酱用自己的学习热情带动、激励前来直播自习室学习的小酱紫们,形成一种互相鼓励扶持的良好氛围,进而形成了一种心理上的共同体。

在直播自习室里,网友们不仅可以在这里找到学习的同伴,还能表达自己最真实的情感并获得他人的精神支持。在不同的自习室里来回切换找寻适合自己跟随的直播间,通过加入一个个虚拟的学习社群来满足对"共同体"的渴望,又可以随时抽离不至于被社群所束缚,成为泛直播时代下个体新的社群认知与参与动机。

五、直播自习室的功能:实习虚拟空间的再造

在直播学习室里,拥有相同学习需求的人们聚集在一起,虽身处不同地域,却在同一时间内实现了虚拟的同步在场和想象空间的再造。彭酱酱的直播自习室跨越不同时区和地域,弥合了地域上的距离和时间的差异,让多人实现同步学习。由于时差的原因,她在英国家中开播一般都是中国时间晚上六点,而这一时间段也正是中国学生晚间学习的时段,因此能吸引到很多学生群体的关注。"就是感觉自己的学习偶像一直陪着自己一起学习,跨越空间的壁垒。"(GKZFT2021061901)

欧文·戈夫曼将"前台"视作个体在表演期间有意无意使用的、标准的表达性装备。其中,"舞台设置"包括舞台设施、装饰品、布局,以及其他一些为人们在舞台空间各处进行表演活动提供舞台布景和道具的背景项目。直播间的背景音乐、贴纸、桌面布置等元素于主播而言就是表演前台的舞台设置,直播自习室虽然连接的是屏幕两端的虚拟在场,但直播间的规划和陈设暗含了主播对学习空间的想象和再造。

两名接受访谈的主播表示自己的直播间会模仿其他主播的风格。

借鉴方面像是音乐、直播设备、桌面布置、颜色格调,还有粉丝勋章、房间的管理、直播间是否开麦是否会与粉丝聊天沟通,以及up与粉丝之间沟通方面,是否录制视频上传以及产生的影响、粉丝群的建立。以及是否

---

① 彭兰:《"液态""半液态""气态":网络共同体的"三态"》,《国际新闻界》2020年第10期。

露脸（拍摄位置选择）、直播间 up 信息是否要写详细。（ZBZFT2021062001）

我去看了一下别的主播的直播间，有的放白噪音，有的会放音乐，有的会直接闭麦就是静音直播间，我就选择了放纯音乐。（ZBZFT2021061801）

直播自习室的类型划分多种多样，有无背景音乐、音乐是纯音乐还是其他、有无贴纸装饰、直播博主本人是否出镜、出镜的范围等等都影响着人们的选择。彭酱酱会将镜头放在书桌前，以自己的房间为背景，直播记录自己学习的全过程。与只露出手部或桌面的主播不同，彭酱酱选择半身出镜，屏幕上没有多余信息，与网友形成一种面对面的感觉，让网友在虚拟的直播间学习时更具真实感。

我觉得主要是酱酱这个人给我带来的感染。我试过在酱酱不在的时候看 B 站其他 up 主直播学习的视频，我点进去就立马出来了，我觉得我不太喜欢。第一就是那种背景音乐我不太喜欢，虽然是白噪音我也会觉得打扰我学习。第二就是不喜欢那种很花的那种直播界面，旁边是什么规划表，右边是什么各种信息，看着就很烦。（GKZFT2021061801）

空间会说话，直播自习室的主播通过对自习空间的布置展现出自己的喜好和风格，在重塑空间的同时也重塑了人们的学习和交友方式。很多受访者表示在直播自习室里学习能够缓解独自学习的枯燥和孤独感，也缓解了现代社会快节奏生活中的种种压力。在这一虚拟的空间里，直播者和观看者在互相观看、监督彼此的学习中产生了一种共鸣和激励群体的力量，在自习室里寻找陪伴、激励自己的学习伙伴或许是大量学生群体涌入直播自习室的原因之一。而对于缺乏自律的人来说，直播自习室提供了一个相互监督的场所，可以让自己处于一个安静、有学习氛围的环境之中，或主动或被动地养成专心学习和自律的习惯。

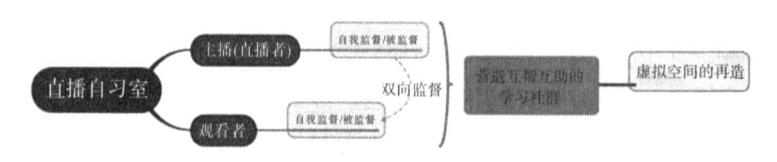

图 6　B 站直播自习室运作模式图

六、结语

在新冠疫情的影响下，宅家云自习已经成为不少学生的生活常态，直播自习室作为一种泛直播时代下的新兴产物，它的出现顺应了特殊时期下学生们的学习需求，也丰富了青少年的学习方式。以彭酱酱为例的一批 B 站直播自习室主播也在以个人的力量，在虚拟空间里展现自己的学习过程，营造面对面陪伴学习的在场感，带领更多人自觉学习，提高学习效率的同时也给予他们陪伴和温暖。粉丝们在与主播的互动中形成了稳定的共同体，在微博超话、豆瓣等社区结识了有相同学习目标的群体，由此形成一种良性的互动，实现虚拟空间中的精神共在。

直播自习室作为一个正在发展的新事物，还面临着诸多挑战和亟待解决的问题。一方面，像彭酱酱这样有强烈粉丝黏性的学习主播可以营造一个较为稳定的网络学习社群，参与其中的观看者都是彭酱酱的粉丝，拥有共同的话题，对其个人生活有较为长期且深入的了解，这种情况下网友进入其直播间进行学习产生的积极心理效果相对较高，而一些没有那么多粉丝关注的素人主播的直播自习室没有粉丝基础，直播时观看者数量不多，观众的流动量大，会加剧主播和参与者之间的不确定性，从而产生一种关闭直播自习室、退回一个人的状态后而感受到更强烈的孤独感。另一方面，学习直播对主播自身的自控力提出了更高的要求，不断涌进直播间的网友会不会干扰主播的学习？学习直播是否会成为另一个秀场？学习是否沦为一种表演？这些问题都有待后续的研究不断进行补充和完善。

本研究还存在诸多不足，迫于时间关系，访谈对象不够多、样本不够丰富、访谈时长过短等问题，对直播自习室的形成历程还缺乏系统和细致的梳理，理论结合运用得不够深入，在直播自习室给直播者和观看者带去实际的学习效果方面还缺乏有效的观察和解释。希望在未来的研究中能进一步解决这些问题，开拓新的研究视角，继续观察直播自习室未来的发展和动态。

短视频"围猎"下的农村银发族

——基于一个浙江西部乡村的田野调查

赵 磊 余吕娜 朱 琳

【摘要】 在数字化与老龄化并行的社会背景下,老年人普遍开始触网并因短视频简便易操作、新鲜多样、互动性强等属性渐渐"迷"上刷短视频,短视频则因为老年群体的大量涌入而出现新的商业版块。短视频一方面非常重视他们,为他们提供源源不断的视频资源,帮助他们打开互联网的世界;另一方面又忽视他们,将数字弱势的他们暴露在纷繁复杂的短视频乱象环境之中。故本文聚焦此亟待被关注的群体——短视频"围猎"下的老年人,通过半结构式访谈和参与式观察,以创新扩散视角和信息茧房理论为支撑对一个浙江西部乡村进行田野调查,以期呈现老年人的短视频使用情况以及面对的困境和威胁。

【关键词】 短视频;老年群体;乡村;田野调查

一、引言

短视频"围猎"下的农村银发族是一个亟待被关注的群体。

在数字化飞速发展和老龄化愈发严重的背景下,短视频和农村银发族相遇,他们因为短视频自身的简易性、新鲜性、多样性等优势属性对其沉迷上瘾,短视频则因这批"积极老者"的涌入而呈现迎合态势并迎来新一轮银发版图的发展。

中国互联网络信息中心(CNNIC)发布的第49次《中国互联网络发展状况统计报告》中显示:截至2021年12月,我国网民规模达到10.32亿,近一年间累计增长4296万,互联网普及率已高达73%。其中60岁以上老年群体上网规模达到1.19亿,普及率也攀升至43.2%。报告还指出,我国城乡居民上网差距进一步缩小,现有行政村已全面实现"村村通宽带",这也使得我国农村老年群体得以共享信息化发展成果,成为短视频流量池的新兴银发用户。2021年8月,中国人民大学人口与发展研究中心与抖音联合发布的《中老年人短视频使用情况调查报告》显示,在调研受访中老年人中,有超过60%认为短视频给他们"增加了生活乐趣",约50%觉得短视频帮助他们"及时了解时事新闻",近25%认为短视频便于他们"关注朋友动态、跟朋友互动""增进和子女之间的交流",还有约20%可以从短视频中"了解到新的知识""学习一些技能"①。

在积极层面上看,短视频无疑是为农村老年群体打开了互联网的大门,大大拓宽了其信息收集渠道及娱乐消遣方式,也大大帮助了其融入现下数字时代的过程;但是从消极层面上看,囿于普遍较低的文化和媒介素养,农村老年群体在质量良莠不齐的短视频浪潮中难辨真假,且算法推荐技术的应用导致其极易深陷信息茧房。短视频一方面极度重视他们,为他们提供源源不断的视频资源,给了他们新的视野;另一方面又忽视他们,将数字弱势的他们暴露在纷繁复杂的短视频乱象环境之中,且没有给予完善的保护和引导机制。

所以笔者认为,在数字时代,农村老年群体的媒介使用值得我们关注,在短视频"围猎"下的他们,到底因为短视频获得了什么,又面临着怎样尚未可知的危害?数字反哺?笔者希望能够通过调查呈现出老年人,尤其是文化素质较低的乡村老年人的短视频使用情况,并进一步探究其面临的隐患及困境,希望能让更多人关注到数字弱势的他们——短视频"围猎"下的农村银发族。

二、研究方法、视角与理论

(一)研究方法

本文主要采用田野调查法,通过半结构式访谈和参与式观察对浙江省西部的一个乡村进行实地调研。

1. 田野调查法

田野调查法指的是到实地和现场进行调查研究,一般要求调查方与被调查对象共处一段时间,进而进行深入的观察和了解调查对象的社会与文化现状。由于本选题的采访对象主要是农村老年群体,其文化素质水平普遍不高,故对其进行定性的田野调查研究更为适合。

---

① 何亮:《版权保护丨研究显示短视频成"银发族"社会参与新方式》,https://m.sohu.com/a/486063139_198170,访问日期:2021年8月27日。

研究选取的地点是坐落于浙江省西部杭州市临安区的化龙村，化龙村是由先前的章东村和化龙村合并而成，距离临安市区约 8 公里—10 公里，占地区域面积约 3.5 平方公里。有化龙、牛石坞、太湖畈、石宝坞、就岭脚、横路头、查力坞、章家头、东青坞 9 个自然村，村民小组 28 个，总共 777 户，总人口 2254 人。化龙村交通便利，幼儿园、菜场、卫生院等设施相应齐全，目前是邻近的五、六个行政村的生产物资和生活用品交易区，曾获临安区文明村、玲珑街道优秀基层党组织、杭州市农家书屋示范村等荣誉，2020 年 3 月，化龙村被浙江省乡村振兴领导小组办公室认定为 2019 年度浙江省善治示范村。[①]

选择化龙村作为本次调研的目的地，主要有三点原因：第一点是因为化龙村是浙江西部地区生活水平中等的农村，基本上实现了 4G 网络覆盖，大多数人家都有宽带或无线网，且村内中老年群体大多都使用上了可以浏览短视频的智能手机，被观察对象基本具备了观看短视频的基本条件；第二点原因是化龙村的中老年群体大多数都会刷短视频，且有一部分老年人在空闲时间有沉迷短视频的现象存在，符合本次调查人群的要求；第二点原因是化龙村是笔者的籍贯所在地和常住地址，居住 20 余年，对村内人员的基本情况较为了解，会使用本地方言，沟通方便不存在障碍，有利于更好地进行参与式观察以及深度访谈。

2. 半结构式访谈

半结构式访谈指的是一种非正式访谈，一般情况下访谈者事先拟定一个粗线条式的访谈提纲，在访谈对象和问题的设置上只有基本要求，在访谈进行过程中可以依据实际情况对相应的问题进行调整，以确保得到更真实和完善的访谈结果。[②]

本调查期望通过对化龙村老人以及老人的子代进行访谈，摸清化龙村老年群体的短视频使用行为基本情况，由于所面对的被调查者人群特质适合轻松而非正式的聊天氛围开放式探索，故选取半结构式访谈，访谈简要提纲和调查对象基本信息如表 1-4 所示。

---

① 临安农林：《2019 年度省级善治示范村出炉，有你家乡吗？》，https://www.sohu.com/a/382954082_100010739，访问日期：2022 年 3 月 29 日。
② 陈谋娟：《"互联网+"视域下民营养老院经营困境调查》，《合作经济与科技》，2020 年第 16 期。

表1 简略采访提纲——针对老年人受访对象

序号	采访问题
1	叔叔/阿姨/爷爷/奶奶，请问您平时玩智能手机吗？
2	请问您平时看不看（短）视频/抖音/微信上的视频（现场展示短视频渠道）？
3	请问您每天看这些短视频大概多长时间？
4	请问您为什么喜欢看这些短视频？
5	请问最开始是谁教您玩手机和看短视频的？
6	请问这个短视频对您的生活有造成什么影响吗？
7	请问你最喜欢在哪个软件上看短视频？
8	请问这个软件的短视频在什么方面最吸引你？
9	请问家人对您看这个有什么看法和意见？
10	请问如果家人多陪你，你会少花一些时间看短视频吗？

表2 简略采访提纲——针对老年人子女受访对象

序号	采访问题
1	请问您爸妈/祖父辈平时玩手机多吗？
2	请问您爸妈/祖父辈平时看不看（短）视频/抖音/这种小程序的视频（现场展示短视频渠道）？
3	请问您爸妈/祖父辈每天看这些短视频花多长时间？
4	请问您爸妈/祖父辈为什么喜欢看这些短视频？
5	请问您爸妈/祖父辈看这个短视频是你们教的吗？
6	请问为什么教您爸妈/祖父辈看短视频？
7	请问短视频对您爸妈/祖父辈有哪些影响？
8	请问您爸妈/祖父辈接触短视频之后有发生哪些变化？
9	请问您认为短视频最吸引他们的是什么点？
10	请问您对于家人的这个刷短视频行为有什么看法和意见？

表3 受访老年人基本信息表

序号	受访人	性别	年龄	职业	文化水平	何处看短视频	是否沉迷
1	吕××	女	60	农民	初中	抖音、西瓜视频	是
2	余××	男	63	农民	小学	抖音、微信小程序	是
3	陈××	女	55	公职人员	高中	抖音	是
4	盛××	女	63	无业个体	初中	抖音	是
5	吴××	男	67	工商户	初中	抖音、西瓜视频	是
6	赵××	女	49	自由职业	高中	微信小程序、抖音	是
7	陶××	女	47	私企工作	高中	微信视频号、抖音	是
8	陈×	男	61	退休老师	高中	西瓜视频、微信	否
9	朱×	女	50	农民	小学	微信小程序	是
10	蔡××	男	54	农民	初中	西瓜视频	是

表4 受访老年人子女基本信息表

序号	受访人	性别	询问对象	父/母年龄	父母职业	何处看短视频	是否沉迷
1	房××	女	母亲	65	工厂务工	抖音、快手	是
2	柴××	男	父亲	47	公司职工	抖音	否
3	余××	女	母亲	60	务农	微信小程序、抖音	是
4	章××	男	父亲	57	工厂职工	抖音、微信小程序	是
5	虞××	男	父亲	68	务农	抖音	是
6	徐××	女	母亲	46	公司职工	抖音、视频号	是
7	罗×	男	父亲	51	务农	西瓜视频	是
8	章×	男	父亲	47	工厂职工	抖音、快手	是
9	章×	男	父亲	52	务农	西瓜视频、微信小程序	是
10	陈×	女	母亲	51	务农	微信小程序、抖音	是

3. 参与式观察

参与式观察也称参与研究法，指的是研究人员进入其研究对象的生活环境中，不暴露研究者身份和研究意图，通过渗入研究对象的日常生活进而进行隐蔽性的观察研究。[①]

笔者和研究对象存在同村熟人的人际关系属性，故可以在日常生活中与被调查对象进行较多接触，深入观察和记录其短视频使用情况，这样一来既可以摆脱"观察距离"和"心理距离"这两个限定因素，又能够获得更真实可靠的实际观察与调查结果。

（二）研究视角和理论

1. 创新扩散视角

创新扩散（Diffusion of Innovations）视角由美国农村社会学家罗杰斯所提出，也被称为"创新的采纳"。创新扩散指的是一种新的事物或观念在进入社会体系时的传播演变过程，其包含"知晓""劝服""决策"和"证实"四个环节。其理论内涵指的是当一种新事物、新观念或者新技术在初步进入社会生活时，大众对其接受程度较低，采纳的人数较少，其在人群中的扩散过程会相对迟缓，但后期当采纳者比例达到一定的临界值时，创新和扩散的速度就会增大，是否采纳创新的决定因素在于良好的人际关系以及接触大众传播的频率。短视频是智媒时代技术赋权于移动端媒体的新产物，对90后、00后等网络原住民来说并不是真正意义上的新事物，但是对当前的农村老年群体而言确是完全意义上的新事物，创新扩散视角有利于分析短视频在农村银发族日常生活重构中的扩散及影响。

---

① 陈谋娟：《"互联网＋"视域下民营养老院经营困境调查》，《合作经济与科技》2020年第16期。

2. 信息茧房理论

信息茧房理论（Information Cocoons）是美国哈佛大学法学教授凯斯·桑斯坦于2001年在《网络共和国》一书中提出的，2008年，桑坦斯在他的另外一本著作《信息乌托邦》中对这个概念做了更充分的分析和讨论。信息茧房指人们的信息领域会习惯性地被自己的兴趣所引导，从而将自己的生活桎梏于像蚕茧一般的"茧房"中的现象。

当海量信息呈现于屏幕中，人们习惯在庞杂的信息流中寻找自己感兴趣的那部分信息，而智媒时代大数据+算法推荐技术会根据每个人的使用习惯数据来挖掘和分发其常看的类似信息。在新技术的催化作用下，个性化推送短视频里的巨量信息就会加重信息茧房效应。此外，虽然老年群体学会了如何使用智能手机，建立了老年人兴趣社群，也实现了在社群里个体之间的高效交流。但是这些老年群体在社群里交流的往往是相同或相近的信息领域，所以实际上他们并没有比之前的电话沟通时代获取更加丰富的信息知识，甚至比信息匮乏时代获取的信息更加同质化和单一化。[①] 信息茧房理论有利于解释农村老年群体的短视频使用行为以及分析老年人沉迷短视频的原因。

三、调查结果

（一）短视频在老年群体中的创新与扩散

对老年群体而言，短视频这一新事物可谓是帮助他们打开互联网大门的钥匙，其不受年龄阶段、文化层次、媒介素养等相关因素的影响，因简单易上手、内容多样化、兼容性强、硬件要求低等创新属性使得其在老年群体中扩散较快。

在本次参与式观察中，笔者发现化龙村老年群体受访对象多为当地工厂务工人员或在家务农人员，他们的生活条件都基本处于温饱水平以上，且基本都已使用大屏智能手机。据了解，村内部分年轻人会给自己的长辈购买千元档或中等价位的智能手机，但大多数人都是在自己的手机换代后把旧机型换给家里老人使用，使用的手机品牌基本都是OPPO、VIVO、华为、苹果、金立等，多为1—2年前的旧款，但是都能够满足刷短视频的需求。尽管有些老年人的手机其实已经处于运行比较卡顿的状态，但是他们仍旧会耐心地"刷"短视频。

作为村干部的陈××女士在采访中表示："这个东西简单，我们都会玩，我平时还会自己拍视频嘞，拍孙女的视频啊发（抖音）上去。"（陈××2020/06/20）

---

① 徐龙超：《社会工作视角下新生代农民工社会支持网络研究》，《新西部》2019年第12期。

余××男士也表示："这个好搞，我女儿教过我马上就会了，划一下就可以，除了抖音我还会看别的，这个快手，西瓜视频，还可以看电视那种，比电视机的好看。"（余××2020/06/20）

盛××女士说："抖音上什么东西都有的，我很喜欢看的嘞，平时也没什么事情，看看好玩。"（盛××2020/06/25）

陶××女士表示自己不喜欢快手、西瓜等软件："我就是看微信视频号比较多，上面会有一些新闻啊，一些跳舞的视频，这个我蛮喜欢的。抖音的话有时候在抖音上看卖衣服、卖东西的视频，我也很喜欢买衣服啊，这上面买来的有些东西有些确实还不错的，不过也有一些和视频里放的不一样的。"（陶××2020/6/24）

大部分受访对象在回答"平时看不看（短）视频/抖音/微信上的视频（现场展示短视频渠道）？""为什么喜欢看这些短视频呢？"等问题时，反馈的基本都是会刷短视频软件，原因则是趋于短视频的新奇有趣、极易上手、内容丰富等属性。可见，创新扩散视角下的抖音短视频在农村银发群体中具有较高的创新属性与较好的扩散条件，以至于银发族或将逐渐成为短视频主力军。

（二）短视频给老年群体带来的信息茧房之困

智媒时代大数据加算法推荐技术会根据每个人的使用习惯数据来挖掘和分发其常看的类似信息，老年人比年轻人更习惯于在信息海洋中寻找自己感兴趣的那部分信息。实际调查中笔者也发现老年人在短视频使用过程中，深受信息茧房之困。

吴××男士在采访时说："这是个好东西啊，都是我喜欢看的玩意，还可以看电视的，有这个手机我电视都不看了。"（吴××2020/06/24）

余××女士表示："我妈妈特别爱看微信小程序上的短视频，还喜欢转发给家人亲戚和家族群，反正都是千篇一律的信息，制作很粗糙，内容无非就是养生、鸡汤、祝福这些。"问到是否有尝试劝解少看此类短视频，她回答："说过很多次，但是一点用都没有，天天都看这些信息，家族群的大叔大姨也爱看，转来转去都是这些小程序短视频，有时候也比较无奈，其实也理解他们平时无聊，打发时间看看这些以前没看过的视频。"（余××2020/06/23）

虞××男士说："我是学新闻的，我感觉我们看短视频都难免陷入信息茧房，家里老人可就更加严重了，我妈没事就刷短视频，都快沉迷了，不过抖音有大数据算法，推荐的都是他平时爱看的，也难怪越来越沉迷，抖音应该推出个防沉迷功能。而且我妈现在还喜欢看短视频然后买东西，买一大堆可能用不太到的东西。短视频对她影响还是蛮大的。"（虞××

2020/06/20）

陈×男士是一名退休教师，他是受访群体中唯一一位认为自己没有沉迷短视频的受访者，"手机这个东西有好的一面，也有坏的一面，平时拿来看看新闻看看电视，这个都是不错的。但是他们看那种嘻嘻哈哈的视频啊，没有什么营养，我是不看那个的。"问到陈叔叔平时用哪个视频软件，他回答："我有时候会看看微信上那种新闻，或者这个西瓜上的电视剧，这个电视剧比较短，很多老的电视电影我喜欢看的。"（陈×2020/06/20）

可见，由于短视频软件能够识别老人观看视频的喜好，从而为其精准推送符合其口味的视频，导致老年群体很容易深陷其中，长久以往，同质化的信息内容便将老人困于信息茧房之中。

（三）短视频重重"围猎"下的老年群体

除了信息茧房之困，短视频"围猎"下的老年人其实还面临着种种威胁。比如在抖音上众多的假"靳东"等假明星账号，专门对准老年人进行哄骗甚至诈骗；再比如流氓软件的广告充斥在软件中，假借"清理手机缓存"等理由诱骗老人下载软件，从而盗取老人信息，诸如此类陷阱防不胜防。

余××女士说："我爸妈平时刷抖音，我妈总是来问我说帮我清理一下手机内存，结果我检查的时候发现并不需要清理，问清楚才知道刷短视频过程中被推荐要下载什么优化大师、清理大师之类的软件，这个广告视频还挺多的，上百度之后我了解到这些可能是病毒软件会盗取手机信息，所以就让他们看到这类视频不要相信。"（余××2020/06/23）

章××男士说："我爸总是看那种短视频，上面说什么都信，看到那种说日本人怎么样美国人怎么样的视频，看完还要和街坊邻居去说，有些东西不是真的他也很相信，没什么办法，他们这一辈的观念比较固定了。还是比较希望网上的这类视频，可以约束一下，不要有太多虚假的信息。"（余××2020/06/24）

徐××女士表示："这个我可以简单说说，我妈还算是有一点文化的，也比较时髦，我教她微信之后她都会发表情包了，很赶潮流。但是我发现她在抖音上经常看那种像明星一样长得好看的那种网红视频，但是其实都是想红的那种人啦，那种求关注、求点赞的这种很多很多，他就是比较喜欢看这种。不过她喜欢看就随他去了，这个不太的嘎（不太要紧）。"（徐××2020/06/21）

在当下的数字时代语境下，短视频争夺着农村老年群体的时间，也加大了农村银发族听信谣言和上当受骗的风险，短视频平台和老年短视频制作者为了流量和牟利一味地制作低俗视频迎合老年群体的口味，导致现在老年群体的手机荧屏乱象丛生，触网的农村老年群体则被这些短视频"围猎"和收割。

四、总结与启示

创新扩散视角下的短视频在农村银发群体中具有较高的创新属性以及较好的扩散条件，故在老年群体中发展较快，但是当下短视频乱象问题较为严重未得到很好的管控，数字弱势的老年群体囿于科学文化素质等因素无法辨别良莠真假，被暴露在众多陷阱与威胁面前，且短视频通过用户画像为其提供精准化信息推送，加重了信息茧房效应，使得他们被各路短视频重重"围猎"，逐渐迷失在短视频中。

2020年11月，国务院办公厅印发了《关于切实解决老年人运用智能技术困难的实施方案》，对帮助老年人应对使用智能技术方面遇到的困难做出了具体指示。[①] 在我国智慧社会建设如火如荼之际，面对在数字化洪流中裹足不前的"发群体"，如何帮助他们更好地共享数字化、信息化时代的发展成果，使其能够理智地面对短视频信息传播中的内容，是全社会都必须正视的课题。[②]

谁来保护短视频"围猎"下的老人？如何构建短视频传播中对老年群体的保护路径？答案是不言而喻的，不仅平台方、视频制作者有责任，我们每一个人都有责任对他们给予关怀，给予数字反哺。首先，平台方必须严把关，对有害信息应及时有效拦截，并可以探索建立老年人防沉迷模式；其次，媒体应做好宣传贯彻媒介素养，提高老年群体的信息辨别能力，尤其是老年人较为信任的传统媒体更应发挥自身优势进行引导；再次，相关部门应积极作为，丰富老年群体的日常精神文化生活，帮助其摆脱沉迷；最后，我们每一个人都应该给予长辈更多的关怀和陪伴，教导他们如何辨别真假信息，如何走出短视频"围猎"，健康触网。

[①] 中国政府网：《国务院办公厅印发关于切实解决老年人运用智能技术困难实施方案的通知》．http://www.gov.cn/zhengce/content/2020-11/24/content_5563804.htm，访问日期：2020年11月24日。

[②] 侯树河、祖敏、孟嘉多：《信息"茧房"效应及传统媒体的作为——以老年人沉迷于短视频为例》，《记者摇篮》2021年第3期。

场域视角下代购社群活跃与反思

鲍梦妮　刘秀彬

【摘要】海外微信代购社群在新冠疫情暴发之后，依旧保持活跃。以场域理论为基础，以某运动品牌海外代购社群为研究对象，探究疫情期间代购社区运转与活跃的机制，提出中心人物、趣缘、公共议题是社群活跃的原因，背后裹挟着消费主义与容貌焦虑。由于隐私与监管的抗争，社群仍以自律为主，需意见领袖和用户的合力加以规制。

【关键词】场域；群体传播；代购社群；疫情时代

一、引言

随着世界一体化和经济全球化进程的加速，依托互联网、物流、大数据等技术，代购产业在各国风生水起。"代购"是指利用区域优势代替他人购买价低、物美或特有的商品。代购行为需要科技与肉身身份并举，才能顺利完成，这一特性引起学界从具身传播角度的讨论。刘海龙等人将代购者的身体比作"病毒"和"补丁"，既能够生产数据成为网络的义体，又能切断网络连接，破坏网络秩序。谢卓潇从身体作为"移动媒介"的理论化角度出发，指出代购者身体的物理属性（即位移）、符号属性（即再现）和话语属性（即权力生产的对象）挑战了现有关于"线上—线下"连接方式的认识。除了探究媒介与身体的关系之外，也有学者意识到代购者自身的隐私安全与形象管理。庄睿等人发现，留学生代购群体通过隐私管理平衡"做生意"和"做朋友"之间的矛盾，通过隐私让渡和观众隔离重构隐私边界，通过对个人隐私信息的策略性表露和选择性隐藏，建构符合客户需求的数字形象，获取客户信任，隐私管理成为一种带有商业色彩的情感劳动。

然而，2019年末，新型冠状病毒疫情的暴发对各国人员和货物的进出造成了历史性的阻碍。由于出入境的限制和困难重重，身体的缺席导致代购链条的中断，笔者朋友圈中的不少人肉代购纷纷歇业，代购行业陷入萧条。但仍有部分代购社群活跃，通过在海外的代购者下单，邮寄回国，完成商品交易。其中，笔者于2020年4月加入的某高端健身服饰L品牌海外代购群每周保持活跃，且成交量可观。此现象引起笔者反思，本应趋利避害的人却逆风险消费的原因是什么。不同于现有文献多从具身传播研究代购的身体展演，本文选择从更微观的视角，依托场域理论，以网络民族志的方法开展研究，将重点研究以下问题：1. 疫情期间，海外代购社群的运作机制和行动者。2. 代购社群保持活跃和用户黏性的逻辑。3. 代购社群中激烈对话所隐藏的问题与矛盾。

二、场域视角下代购社群的建构

场域是由物理学引入社会科学的概念。在社科领域，保罗·萨特（Jean-Paul Sartre）、梅洛·庞蒂（Maurice Merleau-Ponty）、布尔迪厄（Pierre Bourdieu）等学者先后就"场域理论"提出了相关的理论见解。其中，布尔迪厄对关系性角度的场域探讨最为著名。"我将一个场域定义为位置间客观关系的一网络或一个形构，这些位置是经过客观限定的。"布尔迪厄的场域概念，不能理解为被一定边界物包围的领地，也不等同于一般的领域，而是在其中有内含力量的、生气的、潜力的存在。依托互联网技术，L品牌的宏观经济、政治资本通过不同的行动者，聚焦作用于代购社群这一微观场域。

（一）跨地域与渠道的行动者

在代购场域中，直接对话的主要为代购者和顾客，部分大群会增设管理者或客服以维持秩序。由于代购产业涉及参与者较多，部分行动者虽未在社群中直接对话，却仍影响甚至操控交易的成功与否。因此，代购场域中的行动者可分为直接行动者和间接行动者。

L品牌代购群中，群主是一位随爱人移居加拿大的长沙女生。其供货渠道主要来自加拿大奥特莱斯和L品牌的加拿大官方网站（以下简称"加网"）。在刷到加网折扣产品或去奥特莱斯采购前，群主将信息发布于群。其他群成员，即顾客，看到心仪商品后私信群主转账购买。在顾客群体中，有一类意见领袖较为特殊，例如小红书博主、瑜伽教练。她们以更专业的评价或有表现力的展现，引导其他顾客的审美。

但是并非所有交易都产生于群聊中。在该代购群中，间接行动者主要为L品牌的天猫旗舰店或线下门店、L品牌加网、海关和国内收件人四者。L品牌在国内的折扣活动通过广告、人际传播领券等方式进入代购场域，影响顾客的购买意向。海关在幕后查验群主从海外发出的物品，清关时间长短也影响交易的成功率。国内物流能否安全、完整地送达货物，无形中影响着群成员的选择。

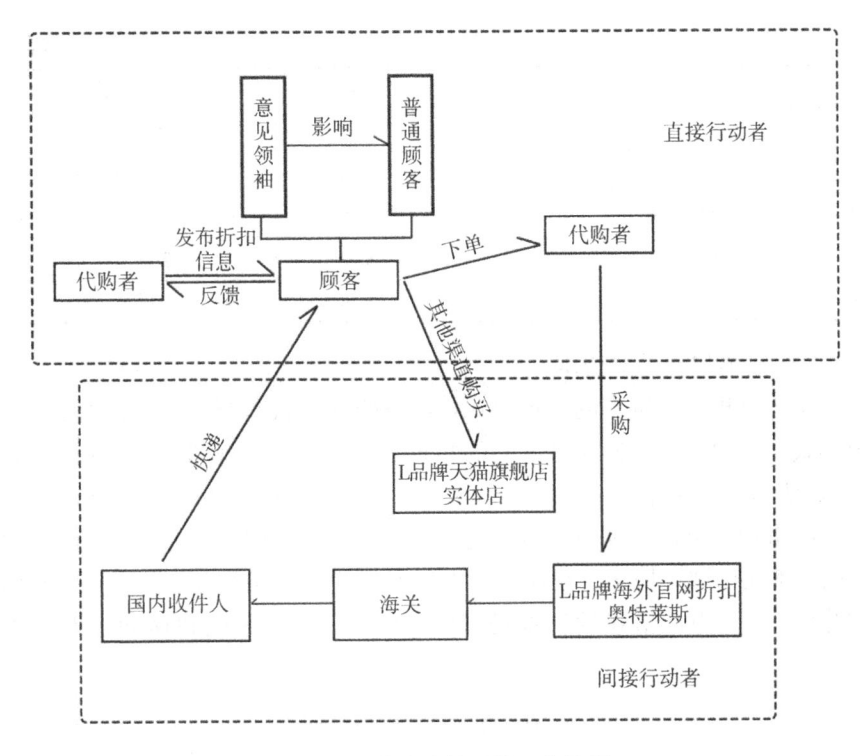

图 1　L 品牌代购社群的运作流程

受限于非参与式观察法，本文的研究对象局限于代购社群中的直接行动者。通过分析头像、昵称、地区、视频号和群聊记录，此 500 人代购群中，仅有一位为男性，且常年潜水。因此本研究不将性别纳入分析范畴。笔者通过随机抽样的方式，选取群聊参与度较高的 10 位用户进行编码，绘制该群活跃群体用户画像（表1）。经对比聊天记录等资料，所选取对象的微信地区均属实，呈现出跨地域甚至跨国的特点。虽处于海外代购社群，但其购物来源并不限于代购者 A 发布的折扣信息，而会主动分享国内门店或网络渠道上更为划算的渠道。由此，该社群的行动者总体呈现出跨区域、跨渠道运作的特点。

表 1　L 品牌代购社群活跃用户画像

编号	行动角色	微信地区	职业	核心话题
A	代购者	加拿大/长沙	家庭主妇	折扣、好用品
B	用户	北京	未知	购物体验、日常生活
C	用户	苏里南	未知	瑜伽、购物、转卖
D	用户/意见领袖	北京	网络红人	好用品、购物、健身
E	用户	长沙	医务工作者	购物体验、好用品

续表

编号	行动角色	微信地区	职业	核心话题
F	用户	泰国	代购	身材管理、日常
G	用户	未知	未知	购物体验、身材
H	用户/意见领袖	上海	健身教练	好用品、购物体验、日常
I	用户	美国	未知	购物、转卖
J	用户	长沙	未知	健身、好用品、身材管理

（二）三维与变动的资本

布尔迪厄指出了资本的六种形式：经济的（金钱与资产）；文化的（比如知识形式）；品位、美学与文化上的指向选择；语言、叙事和发声；社会的（比如联盟与人际网络；家庭、宗教和文化遗产）；符号的（代表所有其他资本形式的事物，可以在其他场域中进行"交易"，比如文凭）。不同行动者手握不同资本在场域中博弈。在代购群中，主要参与的资本为经济资本、文化资本和符号资本。由此搭建的三维场域中，行动者互相影响和移动（如图2所示）。

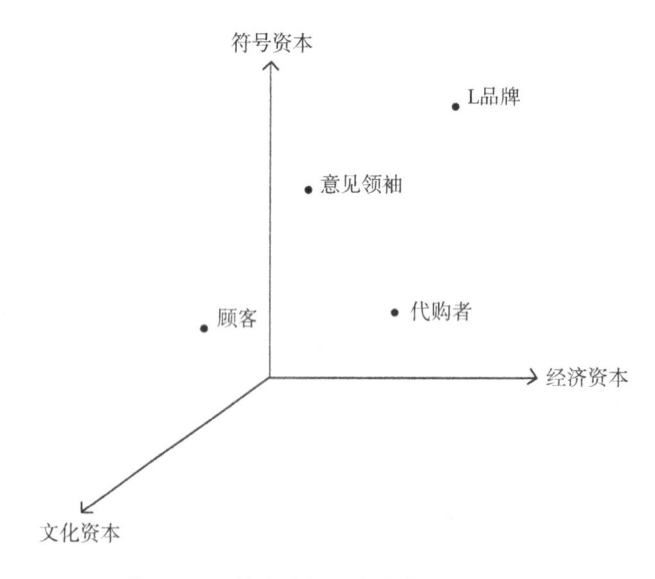

图2　L品牌代购社群中的资本和行动者

首先，经济资本体现在两个方面。一方面，代购者拥有较低价的产品，以及L品牌官方旗舰店的折扣活动，是吸引顾客购买的"筹码"；另一方面，顾客手中的购买资金，是其进行交易的"入场券。"

其次，文化资本体现在：1. 群中小红书博主、瑜伽教练等意见领袖对L

品牌服饰的推广和点评；2. 顾客分享自己的身形数据和穿着服装的买家秀，相互讨论交流；3. 群成员对某公共事件的讨论与发声，形成不同观点的针锋相对。

最后，符号资本（象征资本）在直接行动者中的体现较少，更多隶属于间接行动者 L 品牌。L 品牌的 LOGO 溢价为整个代购行为提供了背景，也吸引着代购者和顾客购买该品牌服饰。

值得注意的是，各行动者所拥有的资本并非一成不变，而是随着时间和事件的发生，此消彼长，移动变换。由于"双十一"活动，国内天猫旗舰店的折扣力度比加拿大奥特莱斯的更大，则代购者的经济资本将降低，顾客群体更多流向其他渠道购买商品；某身材姣好的用户在群内分享自己的健身成果和 L 品牌的穿搭，收获的文化资本更多，甚至会转换为符号资本，转型成为意见领袖。

（三）运动与品质至上的惯习

"惯习"是由知觉思维、外部评价和人类行动组成的综合性系统，它受到外部社会制度的影响，又深深植根于生命个体物理属性当中。惯习不是习惯，它是深刻存在于性情倾向系统中的、作为一种技艺存在的生存性的能力。惯习是将特定社会的规则、体系、价值观念内化于社会成员的心智结构内，它将社会的历史文化关系作为下意识的行为方式固定于社会个体成员当中，体现为具有文化特色的思维、知觉和行动。实践是一个人的性情（习性）及其在场域中所处的位置（资本），两者在社会舞台（场域）上，在现行状态中运作而来的结果。

L 品牌的瑜伽服定价高于市面其他品牌的平均水平，目标群体以喜欢健身的女性为主，因此在此代购群中活跃度较高的用户，往往收入较高，或具有较高的物质欲望，热衷于分享网红产品、店铺的打卡，愿在预算中选择最高品质的产品。相对低收入者，群内用户的可支配时间和金钱更多，因此能够坚持健身；但其收入上限不高，因此具备在代购者购买打折的 L 品牌健身服的动机。例如用户 J，虽然乐于精致健身，坦言"瑜伽裤、跑步裤、举铁裤我全是分开的"，但也表示"MUJI（的袜子）都嫌贵"，显示出对品牌溢价的肯定仅限于健身服饰。

三、代购社群活跃的原因

（一）对中心人物的围观

在封闭的社群里，往往也会形成一定的成员关系模式。例如常常会出现意见领袖这样的话语权中心，也会有一些意见领袖的跟随者。微信代购社群，是一个半开放半封闭的场域。开放之处，在于群成员可自由加入、退出和在群中讨论；封闭之处，在于除非添加对方为好友，否则用户只能通过微信昵称、头像和群聊记录来观察群成员。由此，微信打造了满足拟剧理论的"前台"与"后台"。由于本代购群的入群方式为代购者邀请好友，因此相较于扫码入群等无须成为好友即可入群的方式，代购者成为本群的核心人物。因而，笔者将中心人物分为代购者和意见领袖，区别分析。

由于微信平台设置，代购者（即群主）和群内所有成员均为微信好友，即所有群成员可以看到她的朋友圈；而群成员大部分并非好友，无法在代购者的朋友圈评论区交流，如此形成边沁提出的"全景监狱"，即人人皆可注视代购者却无法彼此交流。不同于传统的全景敞视，代购者成为被监视的中心人物。作为代购场域的核心行动者，代购者是推动场域存在和运作的关键，因此其整饰形象的重要性更进一步。她在朋友圈中并不发代购商品的广告，而是以自己的私人生活为主，营造一种有品质、热爱生活、审美优秀的"前台"人设。在代购群中，代购者除了分享自己的健身服穿搭，还会抱怨代购过程的坎坷、奇葩顾客、不肯放行的海关等"后台"琐碎、负面的内容，同其他用户拉近距离并提供活跃议题。此外，在国庆、圣诞、春节等节假日，群主通过抽奖、发红包等形式回馈顾客，以增进群体用户黏性。

意见领袖，本是社群中的顾客，因为对商品有全面的认识和深刻的见解，所以活跃度较高。不同于代购者，此类意见领袖较少添加其他群用户的微信，因而其被围观的途径只有网络社群群聊和其他私人社交账号。不同于传统媒体中"代言人打广告"式推荐，代购社群中的意见领袖与代购者和 L 品牌之间没有直接利益往来，其引导行为源自对 L 品牌符号资本的认同和对自身文化资本的增益。用户 D 为小红书健身穿搭博主，购物经验丰富，偶尔会分享自己穿搭笔记的链接至群聊，一方面为其他用户提供了参考，另一方面为自己的私域流量引流。同样，处于网络社交礼仪，D 也会发群红包答谢提供阅读量和点击量的用户。

(二) 基于趣缘的互动

彭兰认为："理解社群特征的出发点，是社群成员的联结纽带，最常见的纽带是兴趣、文化偏好、利益等。"该代购群用户均为 L 品牌的顾客，即有健身习惯或潜在需求，所以本群的"趣缘"为健身和消费。

通过分析用户名，笔者发现群成员中有不少瑜伽、健身、产后修复等相关工作的从业人员，她们愿意在群聊中分享健身成果，或回答其他用户关于发力点、动作有效度的提问，例如：

在家不作妖，就是简单的动作坚持做。屁股就是深蹲，练上肢和背就

是靠哑铃、俯卧撑。（用户 H）

类似的对话建构了社群成员的情感联系，一方面指导者获得了被需求、被认可的满足感，另一方面提问者被解惑之后获得了安全感，长此以往，代购社群的关系结构日趋紧密。此外，笔者注意到本群对"深蹲"的关注度远高于其他健身动作，用户总体表现出对翘臀和维度的追求体现出群用户的文化相似性。

除了日常健身分享，该代购群的另一高频互动话题为品牌购物体验，主要有以下三类：1. 体重维度数据共享。由于网络代购无法实际试衣服，已购买的买家常在群中分享自己的体重、身材维度和所穿尺码，给其他用户以参考。在此过程中，用户发现和自己身材相仿的其他行动者，更容易展开小群体间的对话。2. 转卖商品，由于尺码不合或囤积过多，在群主的允许下，部分顾客会在群中发布转卖商品的信息。3. 日常生活，例如好用物品推荐、其他低折扣渠道等。在推荐过程中，当下网络流行的语言风格起到活跃群组的作用，如"真的香""吃我安利""针不戳"等。由此，在信息消费偏好、消费模式、语言风格高度相似背景下，该社群的行动方式逐渐和谐。

（三）对公共议题的讨论

虽受管理政策的影响，部分敏感话题及违反公序良俗的事件并不被允许在网络社群中讨论，但是在新媒体技术赋权的背景下，用户参与民主政治、评价公共事务、发表意见见解的积极性不断提高。在此前提下，本微信代购群可视为"公共领域"。据观察，此社群的公共议题主要为疫情和公众事件两大类。

一是疫情议题。笔者加入群聊时，正逢代购者过完春节前往加拿大。随着代购者分享出国之路的坎坷，群内讨论的议题逐渐向疫情防控倾斜，例如所在地的防控措施、疫情实时情况、国外防控效果、疫苗预约接种等。鲍曼（Zygmunt Bauman）认为，共同体被寄予了"避难所"的期待——一个置身汪洋恣肆充满敌意的大海中舒适安逸的普通平静小岛。以消费为初衷代购社群逐渐转移重心，发挥安抚人心的功能。受新冠疫情的影响，国际格局重组，国内不少行业受到巨大冲击，人人处于风险一环。从封锁期间用户报备禁足生活、健身房开放前的居家健身日记，到需要佩戴口罩健身，再到恢复往常生活，社群的活跃用户呈现出积极向上、共渡难关的形象，例如：

"疫情把我成功打造成一个厨子。"（用户 F）

而远在异国的代购者发送货物前会在群公告中告知消毒和包装情况，顾客在收到货之后也表示会继续消毒。由于群聊中时常就国内疫情防控事件进行讨论，群成员的疫情防控意识并未降低，反而有所提升，甚至演变成风险社会下的集体记忆，也为逆风险购物保障了精神意识安全。

二是公众事件。由于本社群用户几乎均为女性，用户关注的公众事件多与女性自身议题相关，例如"张碧晨生子""孟晚舟回国"等，且与娱乐圈相挂钩的议题较多。在社会事件，尤其涉及亚文化或小众议题的时候，讨论氛围较为激烈，鲜有"沉默螺旋"式的群体压力，而倾向于哈贝马斯（Jürgen Habermas）所言的"理想的商谈环境"。如图2显示，不少行动者具有海外留学或居住的背景，且受教育程度较高，时常提出剑走偏锋的观点。观点的争论，是社群有效的自我修正机制，是在成员的相互监督、相互校正下完成的。

此类议题与入群初衷毫不相干，也无关行动者切身利益，行动者的对话，仅出于文化资本的展示。由于在代购社群中，文化资本鲜有通过讨论公众事件的方式转换为经济资本，因而行动者之间的争论无须寻求高下之分，往往以一方的沉默告终。

四、社群狂欢背后的反思

（一）消费主义下情绪与资本的无度转换

鲍德里亚（Jean Baudrillard）在《消费社会》中写道："今天，在我们的周围，存在着一种由不断增长的物、服务和物质财富所构成的惊人的消费和丰盛现象。它构成了人类自然环境中的一种根本变化。"丰盛的物质、无孔不入的广告，构建了"消费即正义"的环境氛围。在消费社会，用户消费的不是商品的"使用性"，而是消费商品作为符号为其带来的社会地位和身份的过程。L品牌的符号资本，通过行动者的购买与使用，逐渐转换成个人的文化资本。例如，某瑜伽教练所穿的健身服全部来自L品牌，她认为高价位的服饰能够显示自己的薪资和业绩水平，从而进一步带给新会员信任感：

> 我们的工服都是L品牌的。高端健身房的顾客，一看你穿的是不知名的小牌子，会觉得你业绩不行没钱买品牌。（用户H）

> 我得把我这个月的花呗先还了，可怕，也不咋出门，花钱是平常上班的两倍。（用户B）

此外，消费主义往往与用户的情绪相勾连。"青年群体的消费方式呈现出情感消费的机构转向，由于疫情初期大部分城市实行封闭式管理，用户无法前往健身房运动，因此在允许健身房对外开放后，代购社群中出现"报复式消费"的趋势。用户对回归正常生活的渴望、对自由运动的向往"移情"于消费中。某用户曾坦言："多买几件，反正健身房开门了我要天天去。"可见消费成为释放不满与压力的"泄压阀"。然而疫情得到控制，健身常态化后，该用户热情退却，反而转卖全新的健身服。

寻求安全感和仪式感，是消费转换的另一类情绪。较低的销售价格是用户选择代购渠道的直接原因。群中某用户在折扣力度较大的时候选择囤货，甚至倾向无限占有物质财富，追求无度消费。而刚开始健身的新人，时常以"万一用上了呢"的名义购买全套设备来作为开拓新领域的"仪式"，从而反馈自身"一定可以坚持下去"的心理暗示。

然而，此类由消费转化的情绪维持时间并不长久，接踵而来的是资源浪费与情绪内耗。社群转卖的健身服时常出现无人接手的情况，囤积的最后往往是丢弃或遗忘。当健身热情过后，甚至想放弃健身时，某用户坦言非常后悔和自责，自己疯狂购物却无法坚持健身，认为自己的行动力和意志力过于单薄，陷入情绪内耗中。

（二）审美凝视下容貌焦虑的潜移默化

随着互联网的发展，女性拥有更多的话语权与发声途径，对自我的认知逐渐摆脱过去父权社会的约束。然而，看似走向独立的女性，只是换了凝视的主体、审美和方式，不变的仍旧是被凝视的命运。

L品牌在只用0码模特而被投诉后启用各种身形的模特，却被代购社群中的某用户形容"又来毁L品牌形象"。虽其他用户持有不同意见，但最后话题的落脚点都转向"如何练出细腰翘臀的S形身材"。参与讨论的用户一面嫌弃竹竿式身材，一面认为少吃多动才是有效减脂的关键，由此形成审美鄙视链，借助话语形成群体意识。当有类似身材"缺点"的用户被击中痛点，则会响应群聊，形成共鸣。例如"我就是大腿粗腰细""我的大腿也很肉"等话语，虽未明确说明，但在无形中将"大腿粗"等同于负面审美。同之前所说，部分有海外背景的用户意见较偏激，愿意尝试激进的方式塑形：

"我切胃+吃减肥药+练习瑜伽"（用户F）

F切胃的初衷是治疗糖尿病，在切除三分之二个胃后，从两百多斤瘦到一百斤。在展示前后对比照片后，群用户大为震撼，更有甚者咨询切胃手术和减肥药的价格。在前所未有的互动环境中，人们的每一种自我呈现与表达，都可能被其互动环境所监视、评价，这些反馈随时会反弹回个体。即便是身材正常的用户，长期接收关于容貌讨论的信息，对照完美身材的"镜中我"，在认知失衡的情况下也会形成对自己现有身材或容貌产生焦虑。笔者曾认为，健身爱好者对容貌和身材的焦虑应少于非健身人士，但在此社群中，健身频率较高的用户同样热衷于讨论容貌，传播焦虑。

五、社群内不正之风的规制

（一）用户：树立"国货自强"的国货意识

近年来，国货崛起。频频赈灾捐款的民族企业、传承创新的国民品牌、在直播间出圈的"土"而美的小众国货……种种迹象显示国内消费者的国货意识逐渐增强。

国货意识，是指相同条件下，在选择外国产品和国产产品时，消费者心中的民族中心主义会使其更加偏爱国产产品，而抗拒外国产品。国货意识树立的前提，是品质可靠。笔者加入L品牌代购社群，是被代购者在社交媒体上的广告所吸引，但在实际购入使用后，认为L品牌的健身服和某国产品牌的用户体验不相上下，而该国产品牌的售价仅为L品牌的三分之一。

大部分顾客舍近求远购买海外产品，一方面是对品牌符号资本的青睐与"神话"，另一方面是精英主义视角下对国货的偏见与不屑。

由此，树立"国货自强"的国货意识，仍应从大环境入手。呼吁消费者转变选择，得靠国货"打铁还需自身硬"的硬条件。在此基础上，国货品牌增加品牌营销的投入。出于从众心理，部分消费者愿意尝试国产品牌。倘若有良好的用户体验，国货可借助节点化用户的链式传播结构，走向大众消费者的视野。

中观层面上来讲，社群的协商与讨论本就是国货意识宣传的场域，虽有自由讨论的权利，群用户可将国产品牌的好物分享纳入群聊内容，为代购生态圈打造良性竞争环境。虽不是意见领袖，但是具有较高网络活跃度和参与度的"中间阶级"能够使自己和他人的声音汇聚成舆论，改变"外国的月亮比较圆"的刻板印象。

（二）意见领袖：倡导多元审美取向

意见领袖向公众提供独家见解，影响着信息流动的方向。虽社交媒体平台的网络意见领袖需要打造固定人设以提高部分群体的用户黏性，但不同风格的"网红"百花齐放，才应是互联网繁荣的标志之一。多元审美并不等于"审丑"，能够对社会价值起到正面引导的审美定义均应被容纳。

相比网络平台的意见领袖，社群中的意见领袖更具有可接近性和群体共性特质，话语被接受的趋势与可能性更大，直接对话更容易引导不同观点和谐共生。倡导多元审美，对意见领袖而言也是文化资本扩大的体现。一方面，能够吸引不同审美受益者的关注，另一方面，能够塑造包容、富有同理心的人设。意见领袖通过转发等方式，促进不同审美信息的传播，在内容生产层面为信息茧房的破壁提供前提条件。

六、结语

代购社群作为经济属性明显的场域，其运作需要直接行动者和间接行动者的共同参与。

疫情期间，在各种资本的推拉中，经济资本仍旧占据主导因素，吸引代购者和购买者完成海外代购的交易。在我国，私人的代购行为受到政府的管控，在数量、次数上有一定限制，加之疫情态势不明朗，代购者需要背负更大的责任。

往年微信官方曾对代购账号和社群进行查处，但效果不尽如人意。基于尊重用户隐私的前提，微信等平台尚且无法以他律的形式介入代购社群的管理。因此，仍以自律为主要维护模式的微信群，反而能更直观地展现国人的思想与传播倾向。本文从传播学的角度探讨代购社群的场域，从而不涉及海外代购合法性的辨析及经济学领域的问题。笔者采用非参与式观察法，虽能减少对代购原生场域的干扰，但无法通过深入访谈获得更确切的信息，因而无法挖掘更为深度的论据，此为笔者的遗憾之处。未来，结合数据处理技术分析此类社群互动的全样本，将为群体传播研究提供更可靠的量化支持。

参考文献

[1] 刘海龙，谢卓潇，束开荣．网络化身体：病毒与补丁［J］．新闻大学，2021（5）．

[2] 谢卓潇．身体作为移动媒介——跨境代购中的具身传播实践和身体问题［J］．国际新闻界，2021（3）．

[3] 庄睿，于德山．作为情感劳动的隐私管理——中国留学生代购群体的社交媒体平台隐私管理研究［J］．新闻记者，2021（1）．

[4] 迈克尔·格伦菲尔．布迪厄：关键概念［M］．林云柯，译．重庆：重庆大学出版社，2018．

[5] 皮埃尔·布尔迪厄．实践与反思：反思社会学理论［M］．李猛，李康，译．北京：中央编译出版社，1998．

[6] 让·鲍德里亚．消费社会［M］．刘成富，全志刚，译．南京：南京大学出版社，2001．

[7] 陶鹏辉．从反驯化到再驯化：青年亚文化视域下的网易严选反消费主义广告［J］．新媒体研究，2020（24）．

[8] 彭兰．新媒体用户研究［M］．北京：中国人民大学出版社，2020．

从"文化折扣"现象谈民营影视如何更好走出去

翁瑚忆 钟路香

【摘要】 作为一种"世界语言"的影视文化,对于促进各国之间文化的交流、构建国家形象,提升国家影响力等方面具有不言而喻的重要性。近些年来,我国影视产业不断蓬勃发展,优秀的国产影视作品层出不穷,但在"走出国门"这一方面却存在着一些困境,如何更好地走出去是国产影视产业接下来必须面对的重要课题。本文以跨文化传播中出现的文化折扣现象为切入点,剖析当前我国影视"走出去"存在的困境,探讨如何更好地减少文化折扣,做好影视作品的对外传播。经过对现状的分析和探讨,提出可以从转变文化语境、再造影视文本、精准定位受众、依靠新媒体提高传播力这几个途径来减少文化折扣,提高中国影视的国际竞争力。

【关键词】 文化折扣;跨文化传播;影视产业

影视艺术作为一种"世界语言",能够在一定程度上跨越不同国家和地区间的阻隔,促进各国之间的文化交流。中国作为世界上最大的电视剧生产国和消费国,中国电影、电视剧、纪录片和动画片等影视艺术样式"走出去"也就成为文化"走出去"的重要组成部分。

1978年以来,中国实行改革开放政策,中国影视也再一次积极投身到走向世界、走向国际的浪潮之中。影视工作者开始深刻思考国产影视与世界影视的关系,并展开了积极的探索。目前我们可以看到的是,中国电影票房一次一次创造新高,中国影视愈发收获好评的同时,国产影视剧在海外的传播力却远远不如其他国家。因此,如何扩大国际传播力和影响力是当前中国影视必须要面对的现实课题。

一、文献回顾

1988年,加拿大学者霍斯金(Colin Hoskins)和米卢斯(R. Mirus)首次提出"文化折扣"的概念,霍斯金斯等人认为:扎根于一种文化的电视节目、电影等内容之所以在国内很能吸引受众，是因为国内市场的观众有着与这种文化相同的生活模式和认知。但是这种文化在其他地方难以获得足够的吸引力，是因为外域的观众有着不一样的价值观、信仰、历史、文化、社会制度、行为模式，因此他们很难认可这种风格，导致双方出现了文化结构差异，形成文化折扣。

文化折扣现象是普遍存在的，它可以出现在任何由于文化结构的差异所导致的价值损耗现象中。它为我们分析影视的跨文化传播提供了一个较好的视角。

目前知网上关于文化折扣的研究主要集中在中国电影和电视剧跨文化传播中出现的文化折扣现象，文化折扣的发生机制研究等方面。

在分析电影电视剧的文化折扣方面，王素娅梳理了中国电影跨文化传播的历程，从文化差异层面对跨文化影视传播中的"文化折扣"现象的形成原因进行了简要的归纳和梳理，最后得出文化折扣从根本上来说是由于文化障碍、习俗障碍、价值观障碍等导致电影故事对异国观众的吸引力降低，并对此提出了一系列解决措施。陈曦的研究从类型优势、文化折扣和文化溢价三方面考察了中国电影在 IMDb 与豆瓣网两个平台上的评价数据，透视了中西方文化思维的深层差异：首先是西方观众具有极强的界限意识，评价的指标大多不会超出影片本身及影片体现出的演职人员专业能力。相反，豆瓣影评体现出中国观众强烈的融合意识，评分时常代入对演职人员品行甚至改编原著作者品行的评价，也更容易代入个人情感记忆与时代情结。其次是西方观众尤其重视角色个体的发展问题，而中国观众对群像式角色的接受程度更高。甘婷婷以《甄嬛传》为例，分析了我国电视剧跨文化传播中由于翻译、收视习惯、文化背景差异而产生的文化折扣现象，并由此提出了建设性的意见和思考。

关于文化折扣的发生机制。学者喻国明从传播过程的三个关键节点，即"信息触达—信息认知—信息认同"来对文化折扣的发生机理进行探讨，他认为在跨文化传播中出现的现象来源于文本编制时的编码损耗、渠道传播时的传输损耗以及用户解码时的"认知—加工"损耗，因此想要减少和消除文化折扣，必须着眼于这三个关键性的传播节点。赵学琳从发生学视域出发，认为文化折扣的发生具有自身的内在逻辑体系，既受到环境差异、语言障碍、市场规模、需求结构等宏观环境因素影响，又受到产品类型、文化主题、传播目标等文化产品特性因素影响，同时又与文化定式、权力干预、国家立场等认知立场因素有关。闫沐的论文在跨学科研究视野上，采取了比较研究法、演绎法和定量分析法，对国际电影贸易中广泛存在的文化折扣现象进行了文化与经济领域的联合，将导致电影文化折扣的各项成因在数量经济模型的引导下进行了创新性解释。

二、困境：目前我国影视作品存在的"文化折扣"现象

（一）文化差异导致错误解码

斯图亚特·霍尔曾提出符号表征中的"编码解码"理论，该理论的核心观点是：信息中的价值意义的传递经由隐含的编码进行传播，并不是一种直接的、线性的简单符号传递，而且传递的最终信息不一定被受传者完全接受。霍尔提出的"编码"是将特定的"含义"赋予符号的过程，是传播者基于特定文化背景、思维方式、价值观念等对传播信息内容进行符号化加工的过程；"解码"指受众按照一定方式、遵循特定规则阐释和解读符号赋予的含义的过程，也是再接受符号的过程。符号承载的特定含义更多依赖受传者解码。

一方面，由于国家与国家之间的文化背景偏差以及语言翻译限制，导致中国影视作品"走出去"产生了一些隔阂和瓶颈。外国观众对中国影视剧中的部分内容感到较为陌生甚至难以理解。尤其是那些被赋予深层次内涵的影视作品，由于其编码的复杂性，导致国外受众在进行解码时容易产生较大的误差。文化差异也使字幕的翻译和制作变得更加困难，不适配的编码与解码使影片的真正精神内涵难以传达给受众。例如在国内广受好评的电影《哪吒之魔童降世》中的结尾台词："去你个鸟命，是魔是仙我自己说了才算。"这其中的"去你个鸟命"被翻译为"forget your fate"，未能充分传达出哪吒的愤怒以及电影中"我命由我不由天"的反抗精神。另一方面，部分国产电视剧还存在着内容题材空洞单薄、缺乏文化共通性，叙述方式不够国际化等问题，进一步增加了国外受众的解码难度。

（二）文化产品输出方式简单固化

当前我国文化产品的输出方式较为简单固化，难与国外受众注意力相呼应，具体体现在三个方面：即传播内容的碎片化、传播途径的垄断化、内容具有较强中国特色。同时我国的文化产品输出首先是通过 CGTN 等官方的平台进行传播，海外发行渠道拓展不足，很难与当地群众获得接触和互动。其次，我国文化产品在舆论引导和传播领导的能力上仍有较多不足，在 YouTube 等视频网站上的传播点击率也较低，很难通过数据推送进行更大范围的传播。

（三）价值观差异引发对抗式解读

近年来，由于国外媒体渲染"中国威胁论"，恶意扭曲抹黑我国，使国外受众一开始就将中国摆到了对立面，将中国文化的传播看作是一场文化入侵，面对一些关于中国的作品往往进行对抗式解读。同时由于地域、语言、文化和生活习惯的差距，受众和文化产品之间会有较大的文化鸿沟，接受文化产品时

会产生文化区隔，同时个人内部所蕴含的心理防御机制也会增大心理距离。例如国内抗战剧会受到日本观众的抵制，原因在于国内抗战剧的剧情发展不符合日本受众所认知的内容，与他们的预期背景相对立。

三、启发：中国影视如何更好走出去

（一）转变文化语境，进行文化共性解码

美国学者奥尔森提出了"叙事透明度"的概念，指出将神话原型运用于影视文本的叙事可以满足人类普遍具有的心理需求。这说明做好跨文化传播，重点在于把握不同文化间的互通与共享性。2011 年的国产电视剧《媳妇的美好时代》之所以能够被非洲观众所接受并追捧，成功实现在非洲的跨文化传播，正是因为对普适性题材和表达方式的选择运用。以及韩国大热的《鱿鱼游戏》，以游戏作为题材，从内容上折射出人性和社会现实，除了满足本国观众，也能够让世界各地的受众产生共情，满足了观众的猎奇心理，进而实现了韩流文化的传播。

对此，我们应该在调研不同文化传统的国家影视市场的基础上，充分考虑到各国观众接受程度。同时契合本土文化实际，逐步推出符合当地观众审美期待和观赏习惯的影视作品。首先在影视题材上，要选择那些具有普适价值并且能够激起大部分人共情的内容，从感性认知开始，激发国外受众的兴趣。然后再使用异国观众能够理解的文化符号，加入中国的民族特色，继而寻求他们对中华文化的认同和共鸣，从而降低文化折扣。

（二）再造影视文本，提升有效性传播

所谓有效性，是指影视的最终传播效果与传播预期效果的一致程度。再造电视剧文本包括重新剪辑、重新配音、配乐、翻译字幕等，可以让电视剧更加接近目标市场观众的文化趣味。在这一点上，提高影视译制能力是关键之处。以往我国影视的跨国传播往往是在原有作品上直接加上相应的字幕，而忽略了海外观众真正希望听到我们"说什么"，忘了去思考该"怎么说得更好"，内容的适应性较差。比如电视剧《媳妇的美好时代》邀请两名肯尼亚最具号召力的巨星来华与中国国际广播电台的斯瓦希里语专家一起工作，中国国际广播电台负责翻译和后期制作，它的成功很大程度要归功于该剧专业精准的配音，大大降低了文化折扣。

因此，要加强我国影视译制的能力，积极招募社会优秀翻译人才，并号召相应高校加强对影视译制专业人才的培养，早日组建几支优秀的"字幕组"。除此之外，还需要建立专业的调研队伍，对海外观众的需求进行及时和全面的信息收集。

(三) 精准传播，细分受众

不同的国家、地区的观众拥有不同的文化背景和审美习惯，喜爱的影视作品类型、方式和评价机制都各不相同。以文化背景的差异为根据，可将对外传播的对象划分为三个部分：汉语言文化圈、以日本韩国为代表的中华文化影响圈、以美国为代表的中华文化影响圈外。

中华文化圈由于与我国文化有较多的相似和共通之处，因此我国影视作品在这些国家的传播效果相对来说较好，因此可以优先将这些地区作为跨文化传播的重点市场，加大国产电视剧在这些地区的宣传力度，在选题和制作方面寻求能够引发共鸣的内容。而美国、欧洲等处于中华文化影响圈外的地区，其文化差异与我国较大，要提前做好地区的市场分析，充分了解当地受众的接受程度和欣赏品味，在坚持本国特色为主的情况下融入异国观众所熟悉和喜爱的元素。针对不同地区要选取不同的内容，采用差异化方式进行传播。

(四) 依靠新媒体增强传播能力

以往传统的国际传播运作模式主要可以分为两种：一是在国外设立自己的传播机构；二是利用他国传媒进行合作，逐步影响其对本国事务的报道倾向和重点。在新媒体时代，比起落地传播，影视的对外传播更多地依赖互联网新媒体进行传播，例如 YouTube、Nexflix 等。相较之下传播更加快捷迅速、覆盖率更大、传播范围更广。例如国产剧《陈情令》不仅在韩国电视台 Asia Hud 等传统媒体进行播出，制作方还将其投放在了腾讯视频海外版 WeTV 及国外知名视频网站 YouTube、Viki、Nexflix、My Dramalist 等，获得了较好的反响。

同时要积极运用新媒体渠道助力宣传营销，在传播过程中充分利用大数据算法等技术提升跨文化传播能力。韩剧《鱿鱼游戏》能火遍全球其中很重要的一环就是资本营销助力传播。《鱿鱼游戏》在网飞上线，网飞通过广告营销、大数据算法等方式将这部剧推送给平台上的全球受众，再结合韩国优秀的内容制作团队，以及网飞的资本造势，在吸引受众观看的同时，也引起观众的"模仿"，使得这部剧迅速在全球形成"病毒式"传播。

四、结语

作为拥有丰富文化传统积淀的国家，我国电视剧具有深厚的市场潜力，目前海外市场空间也是一片亟待挖掘的"蓝海"。随着全球化的程度越来越高，国产电视剧走出国门的步伐必然势不可当。但我们也要看到跨文化传播中存在的一些不可忽视的阻碍因素。"文化折扣"理论为我们分析中国影视如何更好地走出去提供了一个独到的视角，经过对现状的分析和探讨，本文提出可以从转变文化语境、再造影视文本、精准定位受众、依靠新媒体提高传播力这几个途径来减少文化折扣,推进影视产品进军海外市场的步伐,增强参与国际竞争的实力。

只要立足我国优秀文化,发扬文化自信,提升作品品质,将这张代表中国国家形象的名片成功向世界展现,相信中华文化必将拥有更加璀璨的未来!

参考文献

[1] 黄雅婷. 国产影视对外传播策略:共情与营销——以《陈情令》为例[J]. 今传媒, 2021(4).

[2] 窦金启. 镜像中国[D]. 太原:山西师范大学, 2019.

[3] 张玲. 中国影视作品对外传播路径初探[J]. 中国广播电视学刊, 2018(7).

[4] Fu, W. W., & Lee, T. K., "Economic and cultural influences on the theatrical consumption of foreign films in Singapore"[J]. Journal of Media Economics, 21(1), 2008, pp1—27.

[5] 喻国明. 跨文化交流中的三个关键性传播节点——关于减少和消除"文化折扣"的传播学视角[J]. 新闻与写作, 2020(3).

[6] 王素娅. 中国电影跨文化传播的文化折扣问题研究[D]. 郑州:郑州大学, 2014.

[7] 陈曦, 刘书亮. 西方视域下中国电影的类型优势、文化折扣与文化溢价——基于 IMDb 与豆瓣网数据的实证研究[J]. 当代电影, 2021(11).

[8] 甘婷婷. 我国电视剧跨文化传播中的文化折扣问题研究——以《甄嬛传》为例[J]. 视听, 2019(1).

[9] 赵学琳. 发生学视域下文化折扣形成的内在逻辑及实践理路[J]. 学术坛, 2020(1).

[10] 闫沐. "文化折扣"成因的经济模型分析[D]. 长沙:中南大学, 2010.

[11] 刘贵珍, 沈安童. 国产动画电影跨文化传播问题与路径研究——以《哪吒之魔童降世》为例[J]. 名作欣赏, 2020(33).

[12] Scott Robert Olson, "Hollywood Planet: Global Media and the competitive Advantage of Narrative Transparency"[J]. Publisher Lawrence Erbaum, vol. 6, 1999, pp. 89.

[13] 蒋丹彤. 中国当代题材电视剧对外传播的跨文化传播解读——以《媳妇的美好时代》在非洲传播为例[J]. 现代视听, 2014(2).

[14] 胡智锋, 杨宾. 传播力:中国影视文化软实力提升的重要保障[J]. 清华大学学报(哲学社会科学版), 2018(3).

［15］付少武，蔡清辉. 电视剧《媳妇的美好时代》在非洲热播的启示——兼论中国电视剧走向海外的策略与路径［J］. 当代电视，2014（2）.

［16］程曼丽. 中国电视对外传播的受众观［J］. 新闻与写作，2010（8）.

［17］孙璐. 从五大维度浅析如何推动我国国际传播机构建设［J］. 对外传播，2019（11）.

［18］范孜恒. 跨文化语境下韩剧传播策略探析——以《鱿鱼游戏》为例［J］. 上海广播电视研究，2022（1）.

情感、价值、记忆：新时代主旋律影视对青年群体社会责任意识的培养分析

——以电视剧《觉醒年代》为例

王慧勤　傅平航　韦娇娇

【摘要】近年来，我国主旋律影视佳作频出，尤其吸引了青年群体的喜爱，不论是讲述峥嵘历史还是当代现实，主流文化意识以一种全新的方式正在重塑大众的记忆空间，这对弘扬社会主义核心价值观、提升文化自信以及培养人民社会责任感有着不容忽视的启迪意义。本文将以主旋律影视佳作《觉醒年代》为例，旨在分析主旋律影视于新旧时代的嬗变，集体记忆对人的价值与情感层面再构的成因来探究其对青年群体社会责任意识的引导过程。

【关键词】价值与情感；主旋律；社会责任；《觉醒年代》；集体记忆

一、引言

2021年，一部讲述100多年前的中国先进知识分子和一群热血青年为中国共产主义事业奋斗的主旋律影视剧作《觉醒年代》走红。值得大家关注的是，作为一部主旋律影视正剧，《觉醒年代》不仅收获了良好的口碑和流量，更是在受众群体中加入年轻的血液，赢得了大批90后、00后的忠实粉丝。当下我国进入了社会主义转型的重要时期，面对着全球经济、政治、文化多极化的趋势，人们的生活方式、思想行为和价值观念正在发生着极大转变，使得我国的主流文化意识受到严峻挑战。尤其是2020年以来，新冠疫情让我国乃至全人类都陷入恐慌，许多国家都面临着经济持续下滑的困境，而我国想要在众多国家中维持正增长的形式，就必须增强主流价值观念和民心凝聚力，每个人都应该建立社会责任感，众志成城过难关。

主旋律影视作品一直以来都有着"引导民众主流意识、弘扬社会核心价值观"的作用，是集思想、政治、娱乐为一体的文化产物，为弘扬我国社会主义核心价值观、爱国、民族主义及社会责任感等主流意识形态的宣传贡献了

重要作用。

近年来，相对于以往"填鸭式""强制式"的主旋律影视作品，以《中国机长》《大江大河》《山海情》《厉害了我的国》《觉醒年代》等为代表的我国新时代优秀主旋律影视作品，用其创新和"出圈"的影响，吸引了大批年轻粉丝的关注，社会讨论热度极高。笔者认为，对新主旋律影视作品的走红，我们除了应注意到收视率的增长以外，更应该将关注重点放在其播出后对人产生长远影响的效果层面上，思考其是否也正在以一种"情感共鸣""价值共鸣"的方式建构起观众对特定历史的集体记忆，潜移默化地影响着青年群体人生价值观念与社会责任意识的塑造。

二、研究现状综述及问题提出

笔者通过在中国知网上以"主旋律影视"作为关键词引索出234篇相关话题论文，而引索关于主旋律影视从情感价值层面出发对人尤其是青年群体的社会责任意识培养研究甚少，仅一篇。因此，笔者意从主旋律影视作品、青年社会责任担当、影视涵化培养三个研究层面进行总结。

（一）关于主旋律影视作品的研究

主旋律影视自20世纪80年代提出，学者们对其概念并没有统一进行认定。学者石玲玉认为："主旋律影视作品是以现代传播技术为手段，以电影、电视剧等影像形式展现出一切能真实反映我国主流意识形态和社会主流价值理念的影视作品。"张园卿就其对人的影响方面进行了定义，他认为："所谓主旋律影视作品，是指以传播社会主义核心价值观和主流意识形态为主要使命，引导人们树立正确的世界观、人生观、价值观，发扬拼搏精神，积极投身社会主义现代化建设的影视作品。"从内容层面上，学者童卫丰、陈森亮认为："主旋律影视的创作内容始终坚持弘扬社会正能量为己任，题材选择、故事编排、情节设置无不展现了社会生活中的真、善、美。以弘扬中华民族的传统美德，展现人世间的真情实感，凸显社会道义与良知是主旋律影视脚本选择最为重要的标准之一。"随着主旋律影视作品不断提高自身的艺术性和娱乐性抢占了当下的注意力市场，越来越得到年轻人的关注，学者张晗、张美娟对此提出了这些年来，青年文化和主流文化从来没有形成对立或对抗的关系，以B站网友为代表的年轻人，反而是主旋律的护旗手。

（二）关于青年社会责任担当的研究

习近平总书记对当代青年的教育工作非常重视，他在《中长期青年发展规划（2016—2025）》中根据我国国情提出了青年社会责任观的概念，即以促进自身全面发展的自我责任；以关爱他人奉献社会的社会责任；以实现中华民族伟大复兴的民族责任；以发展人类命运共同体的世界责任。对社会责任担当的定义，学者张春认为："社会责任担当表现为责任主体接受对自己、他人、社会及人类社会赋予的社会角色并积极承担相应责任。"归纳发现，学者们普遍认为在当代社会，青年具有社会责任意识非常重要。而在提高青年责任担当路径方面，学者张剑、卫晓军认为："马克思主义在人类探索历史规律和自身解放的道路上，绽放着真理的光芒，对新时代中国发展和中国青年有着深刻影响，对思考青年的责任担当有着重要作用。"笔者以为，在由COVID-19引发的突发重大公共卫生事件影响下，为维系我国的民族繁荣昌盛和社会稳定，作为新时代的中国青年更应该培养和提高自身的社会责任担当意识，自觉承担起国家和人民赋予的社会责任。

（三）关于影视涵化培养的研究

20世纪60年代后期，美国学者乔治·格伯纳（George Gerbner）通过研究电视播放的内容对人们对现实社会理解的影响，提出了著名的涵化理论，他认为电视内容对观众的现实观具有潜移默化的效果，其本质在于揭示大众传播是为占统治地位的阶级和意识形态服务的本质。在此基础上，学者周丰红称："涵化理论从更为长期和宏观效果的角度进一步推进了李普曼关于'媒介拟态环境'的假说——电视支配了我们的符号环境，收看电视会导致人们按照电视世界里的价值观来看待现实世界。"在新媒体语境下，学者鲍蓉则认为："受众的互动参与性和心理变化改变了涵化理论的构成要素，使理论本身变得动态而多元。但是，新技术本身的背后依旧是媒体权力的集中，本质并未发生改变。"而田红媛提出了受众以一种主动的方式迎接来自互联网的涵化。学者肖金萍则是针对大众影视文化的涵化功能，提出了自己的观点，其认为："影视文化作为一种特殊的社会精神价值实体，无论是基础性教育，还是高等教育、社会教育等可谓是灵活多样，多层次多领域地渗透在教育各领域中，其对教育影响令人瞩目。"

（四）笔者思考

综上内容所述，虽然上述学者都认为主旋律影视对人的价值行为意识具有重要作用，但笔者认为，在新的时代背景下，"讲好中国故事"比"讲中国故事"更重要，叙述历史不是随意更改的艺术创作，面对受众媒介素养的不断提高，如何艺术性地还原主旋律故事的真实个体尤为重要。在此之前，青年群体对传统主旋律影视作品的关注度一直"不温不火"，而近期的主旋律影视作品之所以能够"出圈"，除了制作画面精美以外，更多是在整个叙事框架中关注到了个体的情感价值，不再"空谈"爱国主义、民族主义。我们应该思考的除了当下主旋律正剧的走红所掌握优良口碑和流量密码的"秘诀"究竟是什么以外，更应该去关注主旋律剧集的"推陈出新"对当代青年的社会责任意识形成方面，较以往说教式的宣传引导而言，引起了怎样的共鸣？是否有了更深层次的涵化作用？

对此，笔者提出的问题是新时代的主旋律影视作品与以往有何不同？进行了怎样的嬗变？而主旋律影视又是如何突破与青年群体价值与情感层面上的"壁"，使青年群体成为自己目标受众的同时又引导性培养其社会责任意识的形成？本研究结合了图书馆资料、社交媒体评论、深度访谈和其他学者的研究成果，以主旋律影视作品《觉醒年代》为例进行个案研究，尝试回答以上问题。

三、研究方法与设计

本次研究拟采用个案研究法、深度访谈法、文本分析法为主要研究方法。本次研究通过滚雪球抽样法在观看过《觉醒年代》的人群中，且年龄为14—35岁区间内确定了10位受访对象，进行深度访谈，并采取半结构式的问答方式进行问答。采访问题主要围绕"对剧集《觉醒年代》的评价""印象最深刻的人物及片段""是否有观看弹幕的习惯""观后是否会在社交媒体上搜索或发布相关内容"等问题进行，进而整理访谈内容和分析质性数据。访谈开始前，笔者向受访者说明了访谈目的，并事先征得所有受访者的同意，受访对象及其基本情况如下表1所示：

表1 受访对象基本情况

编号	性别	年龄	职业	受教育程度	是否看完《觉醒年代》及其评价
A	男	23	学生	在读硕士	看过社交平台上的片段，不错
B	女	24	口才老师	本科	看完了，认为很不错
C	男	22	无业	本科	看完了，10分满分可以给9分
D	男	17	学生	高中	看了，挺好的
E	男	25	公务员	本科	看了，很真实
F	女	23	学生	在读硕士	看完了，个人挺喜欢的
G	女	27	学生	在读硕士	没看完全部，但是看过很多片段
H	女	25	编辑	硕士	看完了，五星可以给四星
I	男	28	舆情分析员	本科	看完了，很触动
J	女	23	学生	在读硕士	看完了，10分给8.5分

考虑到本次研究课题的特殊性，除了对访谈对象进行采访还用到文本分析法作为辅助研究。笔者将以《觉醒年代》剧集内容、网络社交媒体中搜

集相关网帖、评论、话题讨论等信息，结合受访者的采访内容一同进行文本分析。

四、以不变无法应万变

（一）主旋律影视的"历史生成"

"主旋律"作为我国的专有名词，来源于1987年提出"突出主旋律，坚持多样化"的基本理念。目前中国最基本的国情是我国仍然并将长期处于社会主义初级阶段，这体现在我国政治、经济、文化生活的各个方面。在弘扬民族、时代精神的创作理念提出后，以1989年为纪念新中国成立40周年推出的《开国大典》为标志，主旋律影视作品的创作正式拉开帷幕，并迅速发展。到20世纪90年代末，迫于电影市场的新走向，主旋律影视剧开始逐渐往市场化、商业化方向发展，如《士兵突击》《恰同学少年》等作品的出现，在一定程度上而言，打破了自身题材强势但收视低迷的尴尬局面。

（二）"桎梏"：宏大叙事却难深入人心

由于主旋律影视的创作都是由官方提出，并从上至下对影视创作者提出倡导，创作者主体意识先行地进行了创作和拍摄，这导致了主旋律影视剧很难进入市场中与其他类型影视进行竞争。从审美意义上说，也很难将其作为商品进行创作，使其不论在内容上、形式上、叙事结构上都脸谱化式呈现。当下社会的许多人，尤其是青年群体，普遍对主旋律类型影视存在着刻板印象，认为剧作内容"假大空""不够抓人"。"很多影视作品场面很宏大，但是我感觉叙事能力很弱"（访谈记录：受访者J，23岁）。笔者发现，在过去，影视创作者对主旋律影视创作存在一定的思维定式，还是习惯性在创作舒适圈中按照传者本位思想去制作，虽然主题磅礴宏大，却很难给人留下深刻印象，同时说教式的叙事风格容易让观众对主旋律影视作品的内容产生逆反心理，形成偏见，而这种偏见，一是认为主旋律召唤的都是被动观众，二是认定主旋律题材是中老年观众的偏好。

五、改变：《觉醒年代》创造主旋律影视新江湖

（一）足够"年轻"，所以"共鸣"

以作为献礼建军90周年的历史大片《建军大业》上映为开端，《八佰》《1921》《长津湖》等主旋律影视作品在演员挑选上有了许多青年演员的加入，在《觉醒年代》剧中，毛泽东、周恩来、胡适、鲁迅等角色的扮演者年纪也都较为年轻。"我印象很深刻的是陈独秀的儿子陈延年好像和我年纪差不多大。"（访谈记录：受访者D，17岁）笔者发现，主旋律影视作品开始越来越

想要学会如何加强与现代青年人之间的沟通，增加代入感，引起共鸣。而青年演员的粉丝受众一般集中在青少年群体，为影视剧增加了演员自身粉丝的关注度，另一方面也代表主旋律影视作品的叙事视角也转变得更为年轻。访谈中，受访者A、H聊起自己观看《觉醒年代》的原因和感触：

> 其实这部剧一开始看简介我觉得并不是特别吸引人，讲《新青年》的创办之类的，在我印象中这都是特别严肃的事情，但我没想到这是一群年轻人的故事，这就多了几分好奇，都是那么有文化的青年才俊，一块意气风发地办杂志，一边打打闹闹一边闷声干大事。就在屏幕前，我自己也要写论文的，作为学畜多少会带入几分情感进去。（访谈对象：受访者A，23岁）

> 北大学子们学习和争论的每一个场面。感觉这才是大学生应该有的样子，在各种思潮汇聚时，大家思想碰撞，很有力。（访谈对象：受访者H，25岁）

这种叙事风格"年轻化"产生的"共鸣"，容易让观众去思考："原来历史人物并不是突然成为伟人的，他们也曾拥有青春"。创作者将传者本位向受者本位思想的革命性改变，去揣摩、引起年轻人的关注。而《觉醒年代》最特别的地方也就在于它用描绘青春的形式去歌颂历史人物，即便是沉重的历史，也是一群年轻人的故事，故事中的历史人物都是恰时十几、二十几岁意气风发的少年，却义无反顾踏上救国存亡、复兴中华的革命之路。当代青年也正是风华正茂的年纪，以青涩的人物视角作为开端，再去叙述荡气回肠或沉重悲痛的故事反而更深入人心。

（二）人物够"圆"，才够真实

传统主旋律影视作品在刻画人物形象时通常为非善即恶、充满二次元的对立，正反面人物之间的关系非黑即白，人物角色扁平化、脸谱化。新时代主旋律影视想要突破这点，就要将人物刻画得更立体。《觉醒年代》的人物刻画就好在——把人当成了人，不是神，也不是鬼。

> 终于不再是一味的大腔调了！！影视剧本身最大的魅力在于故事，故事最大的魅力在于人物，人物塑造好了，故事就讲好了，故事讲好了，剧就拍好了。之前的主旋律正剧都讲大格局，往往会忽略具体的人物，《觉醒年代》就比之前的主旋律正剧好很多了！（访谈记录：受访者H，25岁）

譬如鲁迅先生的形象，先前我们从书本中所知道的周树人都是"横眉冷对千夫指，俯首甘为孺子牛"的形象，他眉头紧皱，浓密的眉毛飞扬着，仿佛天生就是疾恶如仇的斗士。但在剧里，笔者发现鲁迅先生私底下非常有趣，比如他很贪吃，在新青年开会时，嘴巴就像永动机，一会儿吃花生，一会儿吃炸酱面；毛泽东则嗜辣，吃什么都要提醒多放辣椒……这些细节的刻画，让人觉得历史人物并不是刻板严肃的，他们在剧中像我们平常人一样"正在生活"。

关于观众对《觉醒年代》的观后感，还有一个很重要的词叫真实。"《觉醒年代》把人物的优缺点刻画得都比较鲜明，让人更有真实感。"（访谈记录：受访者F，23岁）笔者想强调的是，许多网友评论《觉醒年代》是一部有"少年感"的剧，但这"少年感"实际上的意思应该指的是在少年特有的"朴素而平实"的特质。少年是什么？是真实和真诚的存在，如今现代化的进程不断加快，对青年群体而言，人与人之间的社会联系分散，是一颗颗漂浮的社会原子，社会孤独感的强化再加上个人的人生阅历和生活经验相对而言不够丰富，他们渴望"通过建构人们关于意识形态中大写主体的集体记忆，打造了一个'想象的共同体'，为自己提供了一个心灵的避风港"，去感受到真实的东西，笔者以为，这也是《觉醒年代》为什么会在青年群体中如此受欢迎的原因之一。

（三）艺术表达够"戳人"，凸显文化底蕴

回归到影视作品的视听效果本身，《觉醒年代》作为新时代主旋律作品，其成功也来源于影视艺术表达"动人心弦"的处理方式。不论是做现实主题还是历史主题的主旋律故事，在遵循故事本身真实性和合理性的同时，又要意识到影视艺术并不是还原历史和现实的纪录片，如何处理艺术和真实之间的平衡显得尤为重要。正如孟威提出的："戏与书互述，用影像还原文学经典，用名篇佳作为艺术赋格，内容主旨表达更为集中、鲜明。"在剧中运用大量的隐喻镜头来映射现实，展现了多元的意脉，譬如剧中多次出现人物与昆虫的互动镜头：第一集陈延年将碗里的蚂蚁放到墙角的植物上；李大钊打算去发传单前，观察爬到手臂上的蚂蚁等，有网友评论指出，蚂蚁可以是蝼蚁，代表底层人民，爬上话筒表示"人民的觉醒"；还有人认为，蚂蚁也可以是"谐音梗"，代表着"马（蚂）克思主义（蚁）"。这些隐喻的表达并没有标准的答案，而恰好给观众预留了想象的空间，引人思索。

《觉醒年代》多元的味道除了在于意脉的体现，还在于叙事视觉的不同。"我印象很深刻的一点是剧中有时会穿插一些动画这样的，像黑板报的元素，我觉得很有意思。"（访谈记录：受访对象G，27岁）每当剧情的社会背景有较大变化时，《觉醒年代》常会使用版画形式的过场动画来描述，风格鲜明，堪称"点睛之笔"，而剧中的鲁迅先生也被称为'中国新兴版画之父'。

六、集体记忆的身份认同:"社会责任意识"的再建

(一) 历史的迷失与集体记忆重塑

1. "我知道他们伟大,却低估了他们的伟大"

集体记忆的概念,最早是莫里斯·哈布瓦赫(Maurice Halbwachs)在《论集体记忆》中提出:"一个特定社会群体中的成员共享过去的过程和结果""集体记忆不是一个既定的概念,而是社会建构的过程"。例如2020年暴发的新冠肺炎疫情,这个全球性的重大危机事件让人们的日常生活受到严重影响,我们每个人对这件事的个体记忆,在不断的社会性互动过程中,最终形成集体记忆。但人们只会在当自己处于社会中才会获得记忆,而《觉醒年代》中陈独秀、李大钊这些历史人物的故事距离今日已经太过于久远了,绝大部分人对这段历史都没有亲身经历。对青年群体而言,当时觉醒之路的艰辛坎坷、思想碰撞与社会动荡,只能存在曾经读过的书籍、课本和现代的电子媒介上,许多人在观看剧集之前对那段真实存在的峥嵘历史岁月,印象并不深刻。"我很喜欢《觉醒年代》之中的蔡元培,在那么艰难困苦的年代,他真的为了教育的发展做出了个人所能尽到的最大努力,但在看剧之前,我并不了解他,只知道他是北大校长。"(访谈记录:受访者C,22岁)

观众都知鲁迅先生创作了中国第一部白话小说《狂人日记》,但不知道这是需要见过多少吃人社会的场景:遍地可见的乞讨者、人们观看行刑时麻木的嘴脸、大伙儿疯抢刽子手蘸了人血的馒头……才可以用笔作刀来试图拯救当时腐臭的社会。笔者认为,青年群体在过往的主旋律叙事中对新中国胜利和今日的美好生活的宣传弘扬习以为常,而忽略了这些并不是历史进程的必然结果。

2. 媒介记忆对集体记忆的重塑

随着数字化生存常态化,人们对个体记忆形成的集体记忆开始逐渐利用大众传播媒介以数字化、媒介化的方式保存,即媒介记忆。而《觉醒年代》作为历史集体记忆的影像式呈现,旨在弘扬社会主流意识形态,它通过视觉化呈现的手段,让人们重新进入当时的历史氛围中。在电子媒介创造的拟态环境中,我们将自我的个人意识融入历史场景中,跟随陈独秀开展新文化运动,批孔教的三纲五常,反对政治尊儒而非学术尊儒,和李大钊一起吟诵《青春》……重塑国人对新文化运动到新中国成立这段时期的共同记忆。

(二) 表达、沟通:即时弹幕加强文化自信促进社会责任意识坚挺

发送弹幕已是现今人们观看影视作品时彼此对观感进行语义交流、沟通的重要方式,传统严肃的主旋律影视作品由于自身与观众之间产生的距离感,基于弹幕本身的匿名性、娱乐性特征,人们往往以戏谑、诙谐幽默的形式表达自

己的观点进行对影片内容吐槽式抵抗解码。但如今人们不仅是单一吐槽而是会进行创造性地解码，即对影片画面内容进行二次编辑，譬如"觉醒年代yyds"这类的刷屏弹幕，都是观众抒发和表达自己理解的方式。

弹幕在传统大众传播媒介"一对多"的传播模式的基础上融合升级为"多对多"的传播模式，给予了观众发表言论相对宽松和平等的途径，满足人们在观影过程中对意见整合的沟通需求。笔者在访谈过程中了解到，百分之八十的受访者在观看《觉醒年代》时都会选择收看弹幕，并这觉得可以帮助自己更好地理解影片内涵；而选择不看弹幕的人群则认为，跟风吹捧的评论太多，想用自己的思考去体会影片。

我是看弹幕的，其实我看的时候也是《觉醒年代》没有大火的时间段，所以弹幕不是很多。所以我在后续二刷的时候有让我印象很深刻的弹幕是在到在延年乔年二人赴死的片段，满屏的弹幕齐刷刷地刷着类似的内容"你们看到了吗？建党百年，这盛世如你们所愿""哪有什么岁月静好，只是一直有人在替我们负重前行"，很深刻地让我感受到这部剧真正的有触及和我一样的观众，在感动的同时也想通过弹幕的形式对先辈们传达对他们最崇高的敬意。（访谈记录：受访者I，28岁）

类似这样的正剧，网友们在表达的时候基本上都一溜夸，看着没什么意思。（访谈记录：受访者H，25岁）

笔者认为，《觉醒年代》在重塑受众对这段历史集体记忆的过程中，也在潜移默化地强化青年群体对自身民族身份的认同感。记忆是权力的产物，在社会中占支配地位的意识形态规范着记忆的框架与文本，什么需要被遗忘，什么需要被记住，早已在集体记忆被建构之前就预设好。因此，弹幕交流在一定程度上表现为导演与观众之间的一种"隐性交流"。《觉醒年代》的出现其实离不开当下青年群体社会责任感的提升和教化青年的现实需要。目睹新中国几十年的成长，亲身感受到在新冠疫情下中国制度的优势，这种作为中国人的自豪感，使青年人愿意去了解中国的"历史生成"，愿意去共情。而以这种柔性的政治宣传，恰好为青年群体对自身吸收社会主流文化和社会责任意识的培养提供了良好的舆论环境，引导着青年将个人意识和国家、民族发展形成联结，实现真正的自我价值。

（三）全媒受众参与：念念不忘，必有"回响"

20世纪80年代，培养理论学派在培养理论的基础上提出了"回响效果"理论，该理论认为，当电视宣传的经验与个人经历的经验趋于相同时，培养效果会如空谷回音一样层层扩大。抛开《觉醒年代》自身内容的文本创作，在全媒体传播的大环境下，该剧除了在CCTV电视频道播出以外，同时在各大网络视频平台同步播出，期间 B 站、抖音、快手、微博、小红书等社交媒体关于剧集的片段、台词、人物特辑等宣发不断，甚至许多观众都是被网络社交媒体的碎片化内容吸引过来观看。"我就是在抖音被吸引过去看的，社交媒体上碎片的视频太多，看了一段觉得有意思，就去看正片了。"（访谈记录：受访者 F，23 岁）同时，笔者发现观众在观看的过程中，也会通过网络社交媒体途径去搜集与《觉醒年代》剧集相关的评价、解释等内容，甚至自己也会发布相关内容在社交平台上。

我在看剧的过程中，会想深入了解当时发生的事情，就会去专门去微博或者知乎上搜，老想着多补充点我还不够了解的事情。（访谈记录：受访者 B，24 岁）。

在看延年乔年两位先辈壮烈赴死的催泪场景及其触动了我的内心，我也第一时间发表了我个人的感想。他们当时在比我还要小的年纪，甚至也不清楚自己选择的道路是否能成功地改变国家的命运，但他们毅然决然地抱着坚定的信念不畏重重困难地走下去，非常不容易。"（访谈记录：受访者 J，28 岁）

笔者对此关注到，《觉醒年代》在吸引年轻人关注的同时，也以年轻人的方式被解读和分享，譬如光是豆瓣 App 上针对《觉醒年代》的讨论小组成员达到 8 万人，相关剧集短评达到 12 万条；微博上，以剧中鲁迅、陈独秀形象所创作的表情包，也纷纷被年轻人用来表达自己看剧的心境；B 站上，热门 UP 主木鱼水心制作的《觉醒年代》系列介绍，最高集播放量高达 727 万人次。马雪惠子、金玉萍认为："以文化内涵作为切入点，在传播社会主义核心价值观的过程中更容易引发受众'共鸣'。"互联网将具有相同意见的个人汇集成群体，再通过多种媒介渠道的宣发推广吸引更多的人关注，真正做到了主流文化意识宣传媒介效果最大化。

前不久，社交平台上有许多网友讨论，像《觉醒年代》这么好的影视剧，有没有续集呢？对此有网友回复：我们现在幸福的生活，就是觉醒年代最好的续集……主旋律影视剧的走红，对为弘扬时代民族精神、社会主义核心价值观和红色文化营造了良好的舆论阵地。受众的全媒参与，不仅仅表现为对时代的致敬，更是警醒着现在的青年群体要珍惜来之不易的今天，鼓舞他们共同奋斗努力去创建更加美好的未来。

七、结语

总的来说，以《觉醒年代》为代表的系列作品将新时代主旋律影视作品提升到了一个新高度，这种正剧传播不论宣传了多大的价值导向，叙事主题有多么宏大，也要懂得将艺术性、流行性、价值性融合，有温度地去讲述过往历史和文化，贴合当下青年群体对主流文化的审美，在震撼人心的同时进一步强化个人的民族自信和文化自信，引导青年将集体记忆与国家民族认同相结合，提升自身的社会责任意识。

参考文献

[1] 石玲玉. 主旋律影视作品的思想政治教育功能研究 [D]. 武汉：华中师范大学, 2020.

[2] 张园卿. 浅谈主旋律影视作品在爱国主义教育中的价值 [J]. 开封大学学报, 2021 (1).

[3] 童卫丰, 陈森亮. 主旋律影视培育青年社会责任意识的角色检视与意义建构 [J]. 电影新作, 2021 (1).

[4] 张晗, 张美娟. 价值与情感：拉动主旋律内容"破圈"的双驾马车——主流媒体如何做好建党一百周年主题宣传报道 [J]. 教育传媒研究, 2021 (5).

[5] 张春. 新时代大学生社会责任担当意识教育研究 [D]. 长春：东北师范大学, 2021.

[6] 张剑, 卫晓君. 时代价值维度的新时代青年责任担当探寻 [J]. 中学政治教学参考, 2021 (32).

[7] George Gerbner and Larry Cross. living with Television：The Violence Profile [M]. Journal of Communication, 1976.

[8] 周红丰. 涵化理论研究现状及其趋势探讨 [J]. 新闻传播, 2012 (5).

[9] 鲍蓉. 涵化理论在新媒体环境下的转变 [J]. 新闻研究导刊, 2017 (1).

[10] 田红媛. 互联网时代涵化理论的变迁与启示 [J]. 采写编, 2016 (4).

[11] 肖金萍. 浅析影视文化的教育教化功能 [J]. 青年文学家, 2015 (32).

[12] 李琦, 闫志成. 叙事·记忆·认同——重大革命历史题材电视剧《觉醒年代》的主题呈现 [J]. 传媒观察, 2021 (7).

[13] 孟威. 主旋律影视作品为何成"爆款" [J]. 人民论坛, 2021 (29).

[14] 莫里斯·哈布瓦赫. 论集体记忆 [M]. 毕然, 郭金华, 译. 上海：上海人民出版社, 2002.

[15] 马雪惠子, 金玉萍. 关于"涵化理论"的文献综述——选取国内近五年（2016—2020 年）文献 [J]. 传媒论坛, 2021 (4).

融合与协同：MCN 模式下非物质文化遗产短视频传播研究

——以"奇人匠心"非遗类抖音账号矩阵为例

王一宁　张丽娜

【摘要】 随着互联网和移动设备的普及和发展，短视频成为人们获取信息的重要渠道。近几年，短视频呈指数型发展态势，其生产模式也从 PGC、UGC 逐渐向 MCN 转换。与此同时，非物质文化遗产的传承与保护越来越受国家重视，"非遗+短视频"逐渐成为非遗文化传承与保护的重要方式。文章基于 MCN 模式下非物质文化遗产类短视频在传播过程中呈现出的工业化生产模式、专业化运营模式与垂直化细分模式进行探索，以"奇人匠心"非遗类抖音账号矩阵为例，进一步分析 MCN 模式下非遗类短视频传播的优势和劣势，针对其存在的不足之处提出优化建议，从而提升非遗文化传承发展的影响力和传播力。

【关键词】 短视频；非物质文化遗产；MCN；奇人匠心

一、引言

我国的短视频用户规模在 2021 年 12 月达到了 9.34 亿，占网民整体的 90.5%。短视频平台依据自身优势，在电商领域形成基于"信任"和"兴趣"的两条发展通路。信任电商是指以内容创作者为核心，以生产优质内容为保障，形成粉丝社群；兴趣电商则以技术为核心，运用算法推荐，基于受众的个性化需求实现海量转化。另外，据艾媒咨询相关报告可知，2021 年 MCN 市场规模超过 330 亿，可见 MCN 红利依然明显，且内容向多元化方向发展。MCN 是一种将专业生产内容和用户生产内容联合起来的多频道网络产品形态，基于某个平台的内容生产模式为旗下签约的内容创作者提供运营、策划、推广和粉丝管理等服务，使其传播内容更加专业化、精细化和多样化，吸引用户注意力，实现流量变现。短视频平台作为流量与用户的聚集地，已然成为 MCN 获取市场的首选。由于 MCN 和短视频行业的融合与协同，短视频传播也呈现出新的发展模式。

非物质文化遗产作为中国优秀传统文化的重要载体和组成部分，其传承与保护也越来越受国家的重视。2011 年我国第一部《非物质文化遗产法》正式通过并公布。十多年来，非遗保护与传承的相关措施也在不断改进与完善。2021 年 8 月 31 日，中共中央办公厅、国务院办公厅印发《关于进一步加强非物质文化遗产保护工作的意见》指出："非遗保护要适应媒体深度融合趋势，丰富传播手段，拓展传播渠道，加大非物质文化遗产传播普及力度。"① 然而，由于我国的非物质文化遗产具有独特性和小众性，其保护与传承工作不可避免地面临一些困境，如在重经济轻文化的社会背景下，部分非遗传承人经济收入少，被迫转行；传承模式难以跟上时代步伐；产品工业化批量化生产，质量较差；品牌疏于管理；消费者黏性不足等。近几年，短视频的飞速发展为非物质文化遗产的传播提供了新的路径，与此同时"非遗+短视频"也成为业界探索的新方向。伴随着 MCN 机构入驻短视频平台，非物质文化遗产的传承模式也逐渐与 MCN 融合在一起。因此，文章试图通过研究 MCN 和短视频的融合形态，探究 MCN 短视频的传播模式，以一个全新的视角为非物质文化遗产的传播提供优化实践路径，从而吸引更多的人关注非物质文化遗产，实现中华优秀传统文化的广泛传播，提升优秀传统文化的传播力与影响力，并为后续的研究者提供研究参考思路。

二、MCN 模式下非物质文化遗产短视频传播研究现状

（一）MCN 的发展

MCN（Multi-Channel Network）最早起源于美国的 YouTube，是内容创作者和视频平台的中介机构。它利用自身的资源优势为旗下的签约创作者提供服务，从中抽取一定的比例来获得利润，② 致力于将 PGC 和 UGC 的内容融合在一起，以保障专业化优质性内容的不间断产出，最终实现私域流量池的稳定变现。目前 MCN 主要有七种模式，即内容生产模式、内容运营模式、营销模式、电商模式、经纪模式、社群/知识付费模式和 IP 授权/版权模式，其中内容生产和内容运营模式是基础。我国较为有名的 MCN 机构有 Papitube、何仙姑夫旗下的 MCN 服务品牌贝壳视频以及蜂群文化等。MCN 一词最早是在 2014 年

---

① 中国互联网络信息中心：《第 49 次中国互联网络发展统计状况报告》，http://www.cnn-ic.net.cn/hlwfzyj/hlwxzbg/hlwtjbg/202202/t20220225_71727.htm，访问日期：2022 年 2 月 28 日。
② 艾媒咨询：《2021—2022 年中国 MCN 行业发展研究报告》，https://report.iimedia.cn/repo13-0/43050.html，访问日期：2022 年 2 月 28 日。

被YouTube定名，并引进国内，由于当时国内并没有适合本土化的发展模式，未激起太大的水花。随着2016年短视频的暴发，MCN才有了合适的载体，彼时以Papi酱为首的专业化生产机构亟须寻找新的出路，网红经济的崛起加上资本的涌入，为MCN的发展提供了良好的生态环境。基于此，我国的MCN的发展大致可以分为以下几个阶段：2014—2016年的兴起阶段，头部PGC发展遇到瓶颈，为寻求新的发展出路向MCN模式转变；2017—2019年的暴发阶段，资本的大量涌入和短视频平台的大力扶持，使这一阶段的MCN迅速成长，成为行业新方向；2020年以后的进化转型期，随着商业融资和平台扶持的减少，MCN的发展势头有所减弱，迎来了转型进化期。在这一时期，MCN机构数量仍然在增加，但是速度有所减缓，另外，已有的MCN机构对其经营管理模式进行完善改进，从而优化核心竞争力，抢占市场。

（二）非物质文化遗产短视频传播现状研究

通过文献梳理，非遗文化短视频传播的研究主要包括以下几个方面：第一，以个别非遗短视频为例分析非物质文化遗产的传播。苏畅基于5G技术，以彝族非遗为例，对非物质文化遗产短视频传播的外部环境和中介桥梁进行探索，为我国非遗文化传播提供了新的思考路径；[1] 陈晓坚、袁佳琦认为："岭南非物质文化遗产与新媒体短视频技术的融合，在丰富非遗的传播形式的同时也拓宽了推广渠道。"[2] 第二，短视频平台对非物质文化遗产传播的影响。赵晖、王耀对非物质文化遗产在短视频平台的现状进行分析，探索短视频平台对非物质文化遗产的衍生价值所起的作用；[3] 邓若蕾从短视频开展非遗传承与传播的显著效果为切入点展开具体分析，并提出了非物质文化遗产传播的新路径。[4] 第三，非物质文化遗产的短视频节目的发展现状以及未来趋势。冯向宇认为短视频正逐渐发挥其传承和推广传统文化的作用，因此，以广西电视台微纪录片《技艺》为例，探究了我国传统工艺类短视频节目的发展现状及未来趋势；[5] 马悦对《传承》（第三季）这部非遗纪录片进行深入剖析，探究如何通过非遗纪录片这种传播形式塑造非遗传承人的形象、讲述他们的故事、传递

---

[1] 苏畅：《"外环境"与"链接键"：5G时代非遗短视频传播之思——以彝族非物质文化遗产为例》，《北方民族大学学报》，2021年第3期。

[2] 陈晓坚、袁佳琦：《新媒体背景下短视频传播非物质文化遗产探析——以岭南非物质文化遗产为例》，《艺术教育》，2020年第6期。

[3] 赵晖、王耀：《融合媒体时代非物质文化遗产在短视频平台的衍生开发与传播》，《艺术评论》，2022年第2期。

[4] 邓若蕾：《短视频为非遗传承与传播开拓新路径》，《中国报业》，2020年第8期。

[5] 冯向宇：《浅析新媒体时代下我国传统工艺类短视频节目的发展——以广西电视台微纪录片〈技忆〉为例》，《视听》，2018年第5期。

他们的情感，从而为非物质文化遗产的保护与继承提供助力。[1]

以"MCN 短视频、非物质文化遗产"为主题在知网上进行搜索，可以看到相关收录论文仅有 15 篇。通过阅读发现，这 15 篇文章都是把引入 MCN 完善产业链作为推动非物质文化遗产传播的一个措施，对在 MCN 模式下的非遗类短视频传播特点和模式以及存在的优缺点缺乏深入探究。因此，本文借用 MCN 概念，探索这一模式下非物质文化遗产短视频所呈现的优势与不足，为 MCN 非遗类短视频传播建言献策，提升非物质文化遗产的知名度与影响力，进一步为非物质文化遗产的保护与传承出一份力。

三、MCN 短视频传播模式

MCN 短视频传播模式主要分为三种，即工业化生产模式、专业化运营模式和垂直化细分模式。首先，在工业化生产模式方面，瞿旭晟、宣亚玲指出："MCN 作为多频道网络产品形态，主要以集纳、孵化有一定影响力的红人为主，或签约已经成熟的优质自媒体，将各个领域的垂直类账号纳入麾下，以平台化方式统一管理，以抱团的方式参与市场竞争。"[2] 基于此，各 MCN 机构旗下账号在一定程度上具有统一性和一致性。目前，我国 MCN 机构比较成熟的有 Papitube，其旗下签约的抖音达人有拥有粉丝 3218.8 万的 Papi 酱、1716.8 万粉丝的网不红萌叔 Joey、1582.8 万粉丝的玲爷、1331.5 万粉丝的无敌灏克、1284.4 万粉丝的王蓝莓以及 906.3 万粉丝的纠缠兄弟等。除此之外，拥有众多粉丝的大连老师王博文、冒险雷探长以及方言王子涛隶属于何仙姑夫推出的 MCN 服务品牌贝壳视频。由此可以看出，一个 MCN 机构旗下的短视频账号呈现出生产工业化和批量化的趋势。其次，在专业化运营模式方面，随着资本的涌入，专业 MCN 短视频机构一般都具备最基本的创意策划能力、拍摄和剪辑的能力、设计美工能力、推广能力、粉丝管理和社群运营能力，并且随着用户需求的改变还具备了对内容创作者进行全方位评估的数据分析能力，从而帮助内容创作者进行 IP 孵化和商业化变现。目前，我们在短视频平台所见的 MCN 账号所发布的内容背后大都是有专业的团队在操作、管理与运营，例如"Papi 酱"背后有 MCN 机构 Papitube；"口红一哥"李佳琦背后是"千万级流量 IP 缔造者"美 ONE；"办公室小野"背后同样有国内领先超级 IP 孵化平台洋葱视频。而这些头部 IP 之所以能够获取众多粉丝，取得成功，与其背后的 MCN 机构的专业化运营模式息息相关。最后，在垂直化细分模式方面，在

---

[1] 马悦：《非遗纪录片中传承人故事的影像化表达研究》，硕士学位论文，山西大学，2020 年。
[2] 瞿旭晟、宣亚玲：《MCN——短视频产业的工业化生产趋势》，《新闻知识》，2018 年第 10 期。

以"短、平、快"为主要特征的短视频时代，各机构对用户注意力的争夺更加激烈，其中占据人们大量碎片化时间的精神娱乐消费内容对用户注意力具有更加直接的吸引力，受众细分依旧值得挖掘。MCN 模式下，短视频的发展特点也正与这一描述相符合，如贝壳视频已经建立起包含搞笑、美妆、健身、娱乐、舞蹈、音乐、动画、亲子、母婴、美食、旅游、情感、评测和宠物在内的多个细分领域内容阵营。此外，新片场短视频也在情感、时尚、手作、娱乐、美食、电影等领域占据一席之地。目前，以美妆、美食、舞蹈等娱乐化内容早已被头部 MCN 所占据，而在文化领域还存在众多细分赛道，从而为非物质文化遗产类短视频在 MCN 模式下的发展提供了新机遇。

四、"奇人匠心"非遗类短视频在抖音平台的传播

（一）"奇人匠心"非遗类抖音账号矩阵介绍

"奇人匠心"是成立于 2018 年 8 月 26 日，专注于传播东方美学文化的 MCN 机构，其短视频 MCN 内容矩阵涵盖传统文化、国学中医、非遗手艺等，主要提供商演、手工授课、工艺品售卖、文创定制、IP 授权和广告宣发等服务。"奇人匠心"在抖音短视频平台打造的账号矩阵包括刺绣、油纸伞、竹编、泥塑、蛋雕、铜雕、玉雕、铁画、织锦、陶瓷、石刻画、云锦、木雕、糕点、缂丝、西湖龙井炒茶和银饰等 17 种非物质文化遗产。每一种传统手艺都会有相应的一个短视频账号，它并不仅仅指某一个人的技艺，而是指向某个行业的所有非遗手艺。除此以外，还有 4 个账号是非物质文化遗产传承人的个人品牌账号，即铜雕大师朱炳仁、铜雕大师朱军岷、王星扇记孙亚青和皮雕大师乔师傅。通过查看可知，"奇人匠心"非遗类抖音短视频大都是展示各种手艺的制作过程及精美成品，整个视频不仅具有专业的拍摄手法和剪辑手法而且会科普一些知识和传递文化价值，再加上有些非物质文化遗产在日常生活中很少见，因此获得了较多关注。在"奇人匠心"非遗类抖音账号矩阵中关注度最高的是拥有 196.8 万粉丝的竹编技艺大师，作品总获赞数达到 2368 万，即便是粉丝最少的西湖龙井炒茶大师，在 34 个短视频中也共获得 37.3 万赞。由此可见，MCN 奇人匠心在传播非物质文化遗产的过程中也积累了一定的粉丝量，从而为提升自身品牌的影响力奠定基础。

（二）"奇人匠心"非遗类抖音账号矩阵 MCN 传播模式分析

1. "奇人匠心"非遗类抖音账号矩阵 MCN 传播优势

通过对"奇人匠心"非遗类抖音账号矩阵的分析，可以得出 MCN 的介入，为非物质文化遗产类短视频的创作与传播提供了以下优势：第一，种类繁多，为观看者提供视觉听觉享受。根据上文介绍可知，MCN 奇人匠心非遗类

抖音短视频账号有 17 种，几乎涵盖了非物质文化遗产中传统技艺类的全部，再加上 MCN 机构为这些签约的手工艺大师所制作传播的短视频提供创意策划、拍摄剪辑等专业化团队化的服务，使得短视频画面精美、音乐匹配和时长适宜，在碎片化时间里给予观看者视觉与听觉享受，从而使整个视频的质量和效率有了一定的保证。如"油纸伞大师"点赞量最高的一条短视频，以穿旗袍的美人在雨中撑伞为开头，在呈现整个油纸伞的制作画面过程中为受众科普了"油纸伞适当淋雨会让伞面松弛，从而更加通透更加好看"的知识，受到了粉丝一致好评。根据细分赛道，非物质文化遗产的爱好者可以依照自己的喜好去寻找并关注自身偏爱的种类，从而为某一种类非遗账号构建用户画像提供样本。第二，打造 IP，品牌化。铜雕大师朱炳仁、铜雕大师朱军岷、王星扇记孙亚青和皮雕大师乔师傅作为个人账号，在拥有雄厚资本和人才优势的 MCN 机构的介入下，其短视频传播呈现出以下优势：非遗传承人在自身领域本来就具备一批核心粉丝，在转化或者自传播过程中具备高互动、易传播、高变现的先天优势，这些个人 IP 内容通过"铜雕""油纸伞"和"皮雕"品牌的融入，可以迅速获得消费者的认同；通过 MCN 能够使个人 IP 账号通过内部合作和资源整合的形式，产生群聚效应，实现 IP 品牌利益最大化，并在扩大自身影响力的同时实现矩阵式的传播效果。第三，形成产业链，实现流量变现。MCN 机构与短视频平台合作，可以互利共赢。MCN 所孵化的红人入驻短视频平台能够为平台带来流量与注意力，同时平台也可以抽取一定分成，获得相应利润。短视频平台作为用户工作、娱乐和学习的重要场所。不仅可以扩大 MCN 签约内容创作者的受众基础也可以为其提供多样的盈利模式。王旭红指出抖音短视频商业价值以及变现能力主要包括广告及品牌定制变现、电商渠道变现、直播变现、网红达人转型，获得衍生价值和课程变现等 5 种模式。[①] 因此，"奇人匠心"非遗类短视频可以依靠抖音平台创建非遗类产业链，在传承非遗文化的同时实现商业价值。

2. "奇人匠心"非遗类抖音账号矩阵 MCN 传播问题

在短视频平台，MCN 机构已然成为生产账号的"工厂"，不可避免也会产生一系列问题。以"奇人匠心"非遗类抖音账号矩阵为例，可以发现，目前 MCN 机构在短视频平台的发展瓶颈主要表现在"内容模式化，创新不足""评论量少，粉丝活跃度不高""疏于品牌管理，内容权益保护不当"等方面。首先，内容模式化，创新不足。通过观察"奇人匠心"非遗类抖音短视频，笔者发现其内容主要分为两类：一类是手工制作过程，另一类是成品展示。这些短

---

① 王旭红：《抖音短视频的营销模式及商业价值探究》，《西部广播电视》，2019 年第 22 期。

视频大多是套用同一个模板，同质化和冗余化严重，而量产化工业化的生产很难保证高质量内容的持续输出。一种非物质文化遗产的制作过程通常就是一套流程，如果一个账号中的短视频大都是同样的内容，缺乏内容的创新，就会在一定程度上损耗部分用户的关注甚至引起受众反感，造成粉丝流失。其次，评论数量少，粉丝活跃度不高。打开某个"奇人匠心"非遗类抖音短视频，我们可以看到其评论数除了置顶视频外，大部分仅有两位数，这在粉丝总数在1万以上的账号中，粉丝活跃度明显不高。以"奇人匠心"非遗类抖音短视频账号矩阵中粉丝数量最多的竹编技艺大师为例，除了置顶视频以外，233条短视频中有135条视频的评论量不超过200，这在粉丝总数为196.8万的基数面前，粉丝黏性确实有待提高。最后，疏于品牌管理，内容权益保护不当。目前，短视频平台普遍存在着剽窃、抄袭等现象，以抖音短视频平台为例，内容创作者的视频可以被用户下载并保存到本地。即使下载的短视频中带有水印，也都是在角落里，只要运用相关的视频剪辑软件进行简单编辑就可以裁减或覆盖。以泥塑大师为例，其中一条"刘女士为父塑像"的短视频，就在3个有关泥塑大师的账号中出现。这在一定程度上会造成粉丝分流和审美疲劳，为"泥塑大师"奇人匠心账号的品牌管理带来诸多不便，甚至会影响到整个品牌的商业价值变现。

五、"奇人匠心"MCN模式对非遗传播的启示

（一）创新叙事策略，实现跨界传播

缺乏创意是内容质量堪忧的一个重要原因，当内容创作者在内容输出一味同质化模式化时，进行跨界整合的尝试是非常有必要的。如抖音在2019年、2020年、2021年分别推出#非遗合伙人#、#云游非遗#和#非遗传承季#的挑战，打造出"非遗+比赛"的模式，最终#非遗合伙人#播放量有34.7亿次，#云游非遗#达到了5.4亿次的播放量，#非遗传承季#相关视频有1.1亿播放量，为非物质文化遗产的传播提供了讨论空间。除此以外，"非遗+文化创意产业"也成为一种重要的非遗传承路径，如随着2018年古装宫廷剧《延禧攻略》的热播，南京绒花重新走入了人们的视野；2020年央视综艺节目《衣尚中国》，以寻找"中华古代服饰文化渊源"为主题，为中国服饰类非物质文化遗产的传承与保护提供了新形式；2022年河南卫视春晚节目《黄河泥娃》和《巾帼令》，分别向我们展示了栩栩如生的泥塑类非遗和峨眉武术。这些形式在传承中华优秀传统文化的同时实现了创新表达。

（二）构建私域流量池，增强用户黏性

随着互联网用户增长速度放缓，用户规模、活跃时长已经达到天花板，品牌之间的流量竞争加剧，获客成本越来越高。不少人认为，品牌应该建立属于

自己的私域流量池，从而能够更低成本、更便捷、更精准地触达自己的用户。在这些私域流量池中，品牌可以自主把控、完全免费、反复多次、随时随地接触自己的用户。因此，对非物质文化遗产短视频的内容制作者来说，搭建属于自己的私域流量池，可以由自己操纵、重复剪辑重置并且几乎没有成本地直接将视频传达到用户；对MCN机构来说，私域流量池的建立，不仅可以利用内部资源促进不同非遗类短视频创作者之间互相点赞、评论和转发，增加双方的曝光率，也可以实现相互引流，从而为吸引各类用户提供可能。

（三）加强品牌管理，打造完整产业链条

瞿旭晟认为："MCN其中一个发展方向就是从MCN向MPN、MBN发展，所谓MPN（Multi—Platform Network）就是多平台网络，多平台曝光有助于提高知名度，但要获得稳定长久的发展，需要过硬的质量保证和有效的品牌管理，即品牌内容管理MBN（Multi—Branding Network）。"[①] 因此，非物质文化遗产类短视频在传播过程中应该注重品牌管理，保护创作者的内容权益，如铜雕大师朱炳仁已然将自己的ID打造成了个人品牌。另外，在品牌管理的基础上，MCN可以充分利用合作平台的盈利模式，如抖音短视频平台的"抖音DOU+""商品橱窗链接""直播打赏"和"商业合作"等模式，形成完整产业链条，从而实现流量变现和商业价值变现。

综上所述，MCN短视频已经成为非遗文化传播的重要载体，与此同时，MCN引入短视频行业成为非物质文化遗产类短视频传播专业化、精细化、标准化的重要驱动力，但是，MCN模式下短视频传播也存在着内容模式化、粉丝黏性不足和内容权益保护不当等问题。因此，无论是短视频平台，还是MCN机构，或者是内容创作者都应该从自身角度出发，提高非遗短视频在内容创新、粉丝管理和商业变现等层面的效率，发挥短视频的宣传和引导作用，提升非物质文化遗产的影响力，从而使非物质文化遗产能够得到更好的保护与传承。

[①] 熊伟、王政阳：《短视频传播渠道下MCN机构内容产出的优化与建议》，《全国流通经济》2020年第20期。

游戏"骂战":MOBA 游戏中玩家语言暴力现象研究

王梦馨　江玟轩　樊振亚

【摘要】 随着网络游戏不断普及,游戏玩家在游戏过程中的语言暴力现象需要引起足够的重视。目前关于游戏暴力的研究重点还停留在传统的游戏暴力涵化阶段,而对游戏中的语言暴力现象研究较少。研究发现,不同的游戏动机和性别差异会影响到玩家语言暴力实施的意愿;游戏语言暴力环境会加剧玩家语言暴力实施,恶化游戏环境;游戏水平差距成为玩家语言暴力实施的主要动机;语言暴力现象会影响到玩家现实情绪。

【关键词】 网络游戏;语言暴力;暴力涵化

一、引言

《第 49 次中国互联网发展状况统计报告》显示,截至 2021 年 12 月,我国网络游戏用户规模达 5.54 亿,较 2020 年 12 月增加 3561 万,占网民整体的 53.6%。[①] 游戏用户数量的逐年增长以及游戏产业规模的不断扩大,使网络游戏得到了媒体的广泛关注,也得到越来越多的官方认可。目前,市场上的网络游戏主要有动作、冒险、模拟、角色扮演、休闲等类别,随着游戏制作技术和制作水平的不断成熟,游戏类型越来越多样,战术竞技类游戏在其中占据着较大的比重。

随着网络游戏引入游戏内对话机制,游戏玩家得以在游戏过程中同其他玩家进行实时的互动与交流,网络游戏的社交属性不断增强。受网络游戏本身的竞技属性的限制,网络游戏玩家在游戏中的交流与传统社会化媒体平台中的互动与交流存在着很大的不同。如果说传统社会化媒体中的网络用户社会互动与交流围绕着更为宽泛的社会话题或者私人议题进行,那么网络游戏玩家的社会

---

① 《第 49 次中国互联网发展状况统计报告》,https://zhuanlan.zhihu.com/p/511416356,访问日期:2022 年 5 月 9 日。

化互动则主要围绕着游戏展开。因此，游戏过程中的交流同社交平台中的交流有着很大区别。网络游戏技术的发展以及互联网天生的虚拟性，使得网络游戏轻而易举地将更多的权力赋予了玩家，而这种颠覆则是彻底的社会身份再造。网络游戏不设障碍地为玩家提供了一个过滤现实身份的净化网，玩家们有足够的自由度创造编码进行崭新的自我赋值和需要满足。因而，网络游戏空间的虚拟性使得游戏玩家的社会化互动不受限制，越来越多的网络游戏语言暴力现象不断出现。网络游戏语言暴力是指在网络游戏当中通过语言暴力侮辱、指责他人的行为，在类似"英雄联盟"这类随机匹配的网络游戏当中，一些玩家利用这些交流系统对他们不满意的玩家进行人身辱骂与人格侮辱，严重损害了他人的游戏体验。面对这种行为，玩家除了同样用侮辱性语言进行反击之外，只能游戏系统举报等方式来改善自己的游戏体验，如果同样采取用攻击性语言反击的方法只会更加恶化网络游戏环境，形成恶性循环。

目前学界关于网络语言暴力的学术成果已有相当数量的积累，从不同视角对网络语言暴力的定义、类型和治理方式提出了见解。但关于网络游戏内的语言暴力现象研究相对较少。因此，本文梳理了学术界关于游戏语言暴力的概念界定及形成机制等相关文献，通过深度访谈以及参与式观察，对 MOBA 游戏中语言暴力实施的动机与游戏频率的关系、语言暴力实施后的结果与影响两个问题进行分析与探讨。

二、文献综述

（一）"游戏语言暴力"概念界定

游戏语言暴力属于网络暴力在游戏平台的延伸。陈代波认为，网络暴力是网民对当事人或者组织实施的以制造心理压力为手段，以迫使当事方屈服的网络攻击性行为的总称。[①] 语言文字成为网络暴力实施的主要形式，强制和攻击性的软暴力、网暴受害者大都具备道德污点，网络暴力事件往往是群体性事件，和语言文字形式一起构成学界对网络暴力概念阐释的共同点。可以将网络暴力具体定义为以语言文字为主要媒介的网络语言暴力，具体表现为文字、音频、视频、图片等，而其本质属性是语言。

关于游戏过程中的语言暴力现象，目前学界的研究较少，在知网、万方、维普等文献搜索平台对"网络游戏"和"语言暴力"两个关键词进行检索发现，现有关于"网络游戏语言暴力"的研究多从游戏暴力法律规制、游戏亚文化语言表达的角度进行探讨，关于其游戏内语言暴力形成机制的研究较少。

---

① 陈代波：《关于网络暴力概念的辨析》，《湖北社会科学》2013 年第 6 期。

与传统意义上的社交平台网络暴力不同，网络游戏具备很强的局内互动属性，具备更强的基于游戏场景下的交互性特征。同时，现有市场中的网络游戏多表现为强对抗、重竞技的特点。因此，游戏过程中玩家对胜利的渴望和游戏过程中的挫折感形成的强烈对比，使得游戏玩家会对己方队友或者游戏中的敌人表现出强烈的不满情绪，当情绪到达某个临界点，便会出现语言暴力现象。相较于社会化平台中网络语言暴力的主要对象为社会公众人物、重大舆情事件的当事人或当事方社交平台中观点对立立场的辩论式骂战，游戏中的语言暴力则依托于游戏本身。因此，结合学界关于网络暴力概念的认定，这里可以把游戏语言暴力定义为：在网络游戏中，玩家出于对游戏过程的不满或者对自身游戏实力的自满式优越感，而对其他玩家进行的以制造心理压力为手段，以迫使当事方屈服为目的的游戏语言攻击性行为的总称。

（二）游戏语言暴力形成机制

网络语言暴力的实施者被称为网络喷子。[1] 窦东徽认为，网络喷子，即网络语言施暴者，特指在网络空间中喜欢以侮辱性言论攻击他人或挑起骂战的一类用户。[2] 这一概念从网络空间概念出发，对互联网平台中存在的部分用户对其他网络用户进行的语言攻击现象进行了统一概括，在探讨网络游戏语言暴力形成机制时，这一概念同样适用。

网络喷子个体层面的成因与人格特征、网络无忌效应、虚拟自我、低社会经济地位及无聊后的意义寻求有关，这些因素构成了网络喷子特定行为模式的内部动力系统。[3] 在网络游戏中，匿名性、隐秘性、异步性使玩家在游戏过程中的发言更大胆，玩家往往会受网络无忌效应的影响，在游戏过程中大胆对游戏队友或游戏竞争对手实施语言暴力；环境层面的成因涉及网络权力中心的嬗变、反智主义的盛行及媒体暴力的影响，同时，窦东徽认为，网络喷子的行为在一定程度上也可视为是内部动力系统对外部环境刺激的响应。[4] 对游戏玩家而言，游戏特有的竞争属性使得玩家们获得现实世界中难以得到的成就感与获得感，由此发生了游戏世界中的权力的嬗变。

游戏世界中的权力嬗变既包括传统意义上社会阶层的权力的嬗变，也包括

---

[1] 陈代波：《关于网络暴力概念的辨析》，《湖北社会科学》，2013年第6期。
[2] 窦东徽、罗明明、刘肖岑：《网络喷子：演变过程、产生机制及干预路径》，《现代传播（中国传媒大学学报）》，2017第10期。
[3] 常启云、张路凯：《媒介融合视域下手游场景中的儿童成人化现象研究》，《现代出版》，2020第6期。
[4] 窦东徽、罗明明、刘肖岑：《网络喷子：演变过程、产生机制及干预路径》，《现代传播（中国传媒大学学报）》，2017第10期。

游戏世界中文化反哺视角下的儿童与成年人权力中心的嬗变，形成基于儿童反抗情景下的游戏语言暴力现象。常启云等人从手游中的儿童成人化角度，对权力的嬗变作了分析，儿童在游戏世界中拥有天然的优势，凭借在游戏世界中的出色发挥，实现对成年人的游戏反哺，甚至表现出对成年人进行的语言暴力反抗。① 徐静和胡晓梅认为，青少年玩家借助个人权力的获得、支配和运作，提升了情感价值体验；游戏社群中社会层面的权力对玩家产生了控制和规训的机制，想象的权力使得青少年玩家感受到来自权力赋予和规训的积极与消极的情感。② 罗譞认为，网络暴力本质上是一种基于权力关系的实践，内含着一种微观权力结构，这个权力结构由网民自我赋权而成，并通过道德话语的生产而合法化，从而创造出一种不平等的权力关系结构。被施暴者在不断地道德批判中被纳入了这个权力结构之中，继而被剥夺了其本应具有的"数字生存权"，成为一个不受任何权利保护的"数字赤裸生命"。③ 在游戏世界中，网络游戏玩家因为自身游戏实力不足而处于游戏世界的底层，现实社会中的阶层划分在游戏世界中不复存在，新的游戏阶层划分出现，并对现实世界的社会交往产生影响。在网络游戏中表现出色的玩家，在现实生活中会受到其他玩家的追捧，进而现实社会中的地位等级出现变化；在传播机制方面，针对特定事件和对象的语言暴力起初往往是由个别网络喷子挑起，其态度和观点不断获得响应和附和，最终汇聚成群体性的语言暴力，网络喷子行为作为一种反应模式也会像病毒一样在个体间蔓延和传播。这两种类型的传播机制可以从情绪传染、共同见解和共同注意以及沉默的螺旋这三方面的理论当中获得解释机制。④ 当然，不同于社交媒体，网络游戏中的语言暴力实施机制的探讨更多出于游戏内的局部传播，但这种局部传播同样是基于多数人对少数人的压制进行的，同样存在着社会化媒体中的三种情绪感染传播机制。

（三）网络游戏的语言暴力涵化

目前，对网络暴力游戏的研究呈下降趋势，根据知网对"网络暴力游戏"主题的研究指数，对相关主题的研究阶段集中在 2010 年左右，彼时网络游戏的青少年沉迷和游戏暴力成为学界、业界和社会中普遍探讨的话题。自 2012

---

① 常启云、张路凯：《媒介融合视域下手游场景中的儿童成人化现象研究》，《现代出版》，2020 第 6 期。

② 徐静、胡晓梅：《"权力的游戏"：青少年网络游戏玩家的情感互动》，《中国青年社会科学》，2021 年第 1 期。

③ 罗譞：《网络暴力的微观权力结构与个体的"数字性死亡"》，《现代传播（中国传媒大学学报）》，2020 年第 6 期。

④ 窦东徽、罗明明、刘肖岑：《网络喷子：演变过程、产生机制及干预路径》，《现代传播（中国传媒大学学报）》，2017 第 10 期。

年开始,"网络暴力游戏"主题的研究指数呈下降趋势。近几年,随着青少年游戏防沉迷系统从提出到开发,关于网络游戏的沉迷问题的讨论热度逐渐下降,但仍存在着不定期的间断性的讨论热度,这些讨论大多伴随着各种舆情事件。而关于网络游戏暴力问题的讨论则呈现明显的下降趋势,随着网络游戏电子竞技赛事的热度不断提高,对网络暴力游戏在赛事的包装下得以合法化,从事电子竞技运动的职业选手凭借出色的游戏技术受到粉丝们的追捧。在这种背景下,合法化的网络暴力游戏被冠以电子竞技的称号,而关于网络暴力游戏的研究也从过去的批判视角演变成了客观中立的分析,对网络游戏的暴力因素进行分析的同时,进一步探讨了网络游戏在经济社会中的积极作用。针对网络游戏的经济社会层面的研究,将不再作讨论,下面将围绕网络游戏的暴力涵化进行综述分析。

现有对网络暴力游戏的研究主要从游戏暴力属性的涵化角度进行分析,大多以游戏中游戏角色的暴力形象、游戏中的暴力行为、游戏世界暴力文化内核等具体角度进行论述,集中在玩家游戏过程中的暴力游戏行为和游戏世界的游戏暴力美学,包括游戏角色在感官冲击层面的"暴力美学"和游戏过程中的游戏暴力行为的厮杀等,都会对玩家的游戏感官体验带来直接的冲击,既体现在直接性的感官刺激层面。[1] 对网络暴力游戏涵化的研究对象以青少年群体为主,这主要与游戏受众群体的特殊性有关,游戏的主要消费群体集中在青少年。[2] 何化利和李纪岩在研究暴力游戏对青少年涵化的现象时认为,暴力有合法与不合法、道德与不道德、好与坏之分,而网络暴力游戏通过暴力合理化策略,使得暴力作为升级的手段,被视为理所当然、光明正大的行为,暴力被合理化了[3]。这里的"合理化策略"的观点可以为网络游戏的语言涵化现象研究做参考,在游戏中,游戏玩家经过长时间的语言暴力环境沉浸,会在潜意识中将语言暴力实施归入一种合理化现象,游戏作为世界青少年的网络集散地,一旦这种合理化语言暴力现象长时间存在,便会极大地影响青少年的成长和健康的语言环境的建立。

目前研究的局限性在于,研究视角多从游戏本身的涵化角度进行研究,而对社交属性不断增强的网络游戏中的语言暴力的研究较少。游戏过程中,玩家在游戏世界"社会互动"过程中形成的语言攻击现象也会对玩家形成暴力涵化,在长时间受到网络游戏语言暴力文化的感官刺激下,玩家会不自觉地将这

---

[1] 燕道成:《精神麻醉:网络暴力游戏对青少年的负面影响》,《新闻与传播研究》,2009年第2期。
[2] 燕道成、黄果:《网络暴力游戏涵化青少年的传播心理动因》,《中国青年研究》,2013年第1期。
[3] 何化利、李纪岩:《网络暴力游戏对青少年主体性的消解及其破解对策》,《当代青年研究》,2019年第1期。

种语言暴力文化嵌入自己的潜意识中，久而久之，语言暴力在游戏世界中成为一种合法化行为，对其他玩家的语言暴力攻击甚至成为一种正当行为。这种涵化现象与格伯纳涵化视角下的涵化现象类似，但更其情况更复杂。游戏过程中形成的语言暴力是游戏世界社会互动的结果，玩家既可能是语言暴力的施暴者，也可能是被施暴者。同时，玩家在日常游戏行为不断增加的过程中，其游戏行为也会发生变化，除游戏熟练度、核心游戏理念理解不断深入这些游戏世界的积极层面的影响之外，游戏互动过程中也不断受游戏圈层文化的影响，表现出不同程度的"语言暴力"实施动机。

　　阅读文献后发现，虽然目前针对网络游戏语言暴力可供参考的专门的研究文献较少，但在关于网络游戏的青少年涵化现象、网络游戏中女性刻板印象、游戏互动行为中的自我认知等研究中，都从网络游戏语言交流的角度进行了分析。其中，关于游戏中的语言暴力可以为我们的研究提供参考性的研究角度。黄典林等人在对游戏中男女性别转换策略的研究中发现，女性玩家在进行性别转换之后，因为刻板印象的影响，会受到男性玩家带有贬低性的语言攻击，降低了游戏体验。① 常启云在对媒介融合视域下儿童手游玩家成人化现象探讨时认为成人脏话的入侵是儿童成人化的一个明显标志。如今各种手游普遍充斥着成人的语言暴力，各种脏话层出不穷，虽然有关键词屏蔽机制，但仍然阻挡不了玩家之间的对骂。② 这为我们对网络暴力游戏涵化的研究提供了新的角度。对游戏玩家，尤其是心智尚不成熟的青少年玩家来说，网络语言暴力的涵化是值得我们去思考的问题。在玩家游戏的过程中，语言暴力对玩家产生了潜移默化的影响，我们这里可以将其界定为游戏语言暴力涵化。

　　MOBA类游戏指多人在线战术竞技游戏（Multi player Online Battle Arena，下文简称"MOBA"），是目前我国游戏市场中主流的（网络）游戏类型，如今成为舆论焦点的手游《王者荣耀》等就属此类。基于以上的文献综述，本文主要针对MOBA游戏提出以下两个研究问题：

　　1. 游戏语言暴力现象形成机制是怎样的？游戏玩家的语言暴力实施是基于怎样的动机？

　　2. 语言暴力现象对游戏环境构建会有什么影响？对玩家个人层面会有什么影响？

---

① 黄典林、张子萌、苏际聪：《在"他"与"她"之间：网络游戏玩家的性别转换与身份展演策略研究》，《新闻界》，2021年第9期。

② 常启云、张路凯：《媒介融合视域下手游场景中的儿童成人化现象研究》，《现代出版》，2020第6期。

四、研究方法与实施过程

为了回答上述文献综述中提到的研究问题，本文采用了问卷调查和参与式观察两种定性、定量结合的研究方法。

（一）问卷调查

目前，学界关于网络语言暴力的研究大多是通过内容分析、话语分析等方法进行的，这主要考虑到网络语言暴力现象在道德层面上的不正当性而决定的，对被调查者而言，如果从语言暴力实施者或被实施者的角度进行问卷调查，势必存在调查对象无法真实填写问卷的问题，这主要与网络语言暴力的传统研究范围有关。现有关于网络暴力的研究多从网络空间视角出发，研究的主要议题是社会化媒体中网民的语言暴力现象，关于网络语言暴力的界定多为非法、不道德等价值判断，并且，网络空间中的语言暴力受害者一般为公共人物或者舆情事件中的当事人，普通网民一般作为语言施暴者的形象出现，综合考虑，对网络语言暴力的研究多从第三人视角进行，通过话语分析、文本分析等定性研究方法对网络语言暴力进行探讨。在进行问卷设计时，考虑到被调查者是否会如实填写自己在游戏过程中的语言暴力实施行为，研究者采取网络匿名填写的方式对问卷进行发放，通过问卷星平台对问卷进行设计，并通过微信朋友圈、群聊发放问卷。最终问卷共发放125份，除去"从不玩MOBA游戏"中的问卷4份，共有121份问卷可做分析。

（二）参与式观察

为弥补问卷调查的局限，在进行问卷调查的同时，本研究采取了参与式观察的方式，选取《王者荣耀》《英雄联盟（手游）》两款游戏，深度参与到玩家游戏的过程。在观察过程中，观察者尽量不参与到游戏的语言互动，而只对游戏过程中其他玩家的交流互动进行观察。我们派出两位有过相关游戏经历的观察员对游戏过程中的玩家交流进行记录，并对相关内容进行了文本整理，以便后续研究对其文本分析。其中，观察员对《王者荣耀》和《英雄联盟（手游）》的观察各7份，并有相应的文字记录。

在进行问卷调查和参与式观察的同时，采取就近访谈的方式，对身边部分MOBA游戏玩家进行了访谈，并作有文字记录，以补充问卷调查中的不足。

五、研究发现

（一）语言暴力实施主观因素与客观因素分析

1. 主观因素上的语言暴力实施现象交叉分析

通过对相关调查数据交叉分析后发现（图1），在有过语言暴力实施行为的被调查者中，出于情绪发泄动机玩游戏的玩家中，有超过30%的玩家"经常"对其他玩家实施语言暴力，同时，有过对其他玩家实施过语言暴力的玩家超过65%，占比68%。在与男性玩家W的访谈中，也印证了这一点。

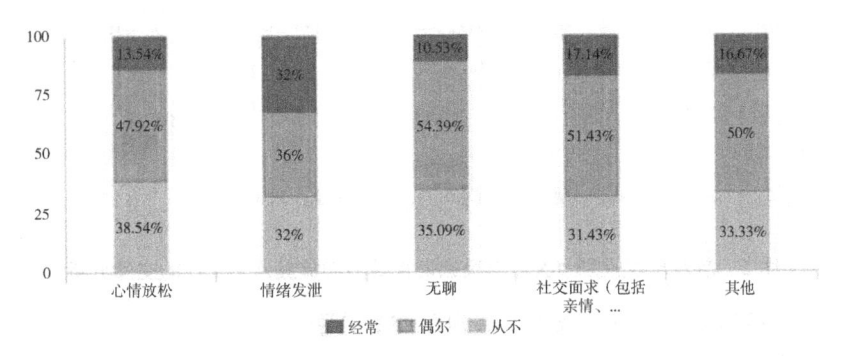

图1 玩家游戏动机（X）与玩家语言暴力实施频次（Y）的交叉分析

> 本来打游戏就是想发泄一下情绪，然后只要局内有谁就表现得稍微有一点不满意的地方，情绪一下子就会上来，就会控制不住，出现那种情绪化的话，跟队友或者跟对面就喷起来了。（男性玩家W）

令我们感到意外的是（如表1），在出于社交需求动机玩游戏的玩家中，有过语言暴力实施现象行为的玩家占比最高，为68.57%，其中经常实施语言暴力的玩家占比为17.14%。这在一定程度上体现了，在熟人间进行游戏的过程中，与其他玩家进行双向的语言暴力攻击现象是存在的，这主要与现今的MOBA类游戏匹配机制有关，在游戏语言中，一起玩游戏的玩家被称为"开黑"玩家，开黑玩家在匹配机制中大概率也会遇到其他的基于社交需求玩游戏的开黑玩家，当游戏中玩家之间出现分歧时，就会出现多人之间的语言骂战现象。

在主观因素分析中，不同性别对语言暴力实施行为有着不同的影响（表2）。在男性玩家中，有过语言暴力实施行为的玩家为74.18%，超过70%，其中，偶尔实施语言暴力的玩家超过50%，为56.1%。相比之下，女性游戏玩家实施语言暴力行为的比重为43.59%，远低于男性玩家的比重。女性玩家L的访谈也验证了这一点。

> 我是不喜欢在游戏里面骂人的，当然会在游戏的时候自己说一两句情绪性的话，但一般不会通过局内聊天或者语音表达出来，自己发泄一下就行了，因为在游戏里面女孩子毕竟还是弱势的，同男孩子相比，没法像他们那样毫无顾忌地去跟别人对骂。（女性玩家L）

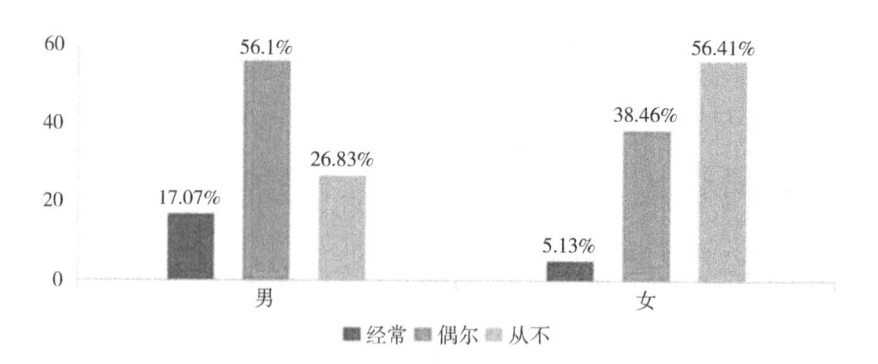

图 2　游戏玩家性别（X）与玩家语言暴力实施频次（Y）的交叉分析

2. 客观环境下的语言暴力实施现象交叉分析

客观环境因素方面，主要考虑的是游戏环境中客观的语言暴力现象对玩家语言暴力实施行为的影响。主要从"遇到语言暴力现象频次"和"被进行语言暴力频次"两个维度进行考虑。

在"遇到语言暴力现象频次"维度上，通过对二者进行交叉分析发现（图3），经常遇到语言暴力现象的游戏玩家其实施语言暴力现象的频次也更高，在偶尔遇到语言暴力现象的玩家中，偶尔实施语言暴力行为的占比超过50%，为58.33%，而在从来没有遇到过语言暴力的玩家中，则没有实施语言暴力的行为。

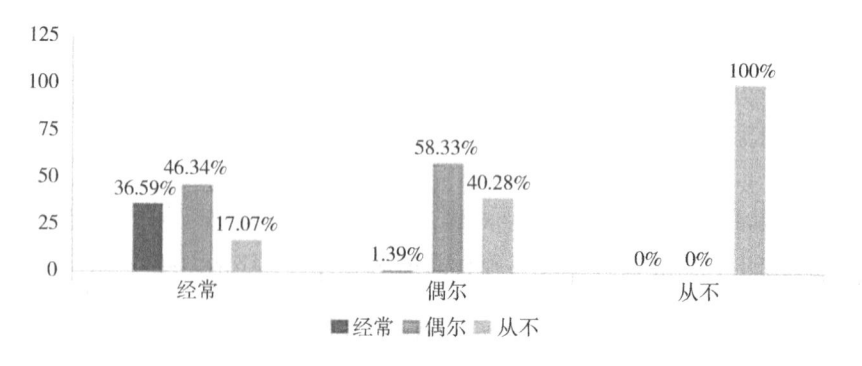

图 3　玩家遇到语言暴力现象频次（X）与玩家实施语言暴力频次（Y）的交叉分析

在"被进行语言暴力频次"维度上（图4），玩家被进行语言暴力的频次和其实施语言暴力之间具有较强的关联性。其中，经常被进行语言暴力实施的玩家中，有64.29%的玩家经常对其他玩家实施语言暴力，在偶尔被实施语言暴力的玩家中，有接近60%的玩家偶尔对其他玩家实施语言暴力，为59.77%，而在从来没有被实施过语言暴力的玩家中，有60%的玩家从来没有对其他玩家实施过语言暴力。由此，可以看出，玩家是否被实施过语言暴力对其实施语言暴力的主观意愿发挥着重要的作用。

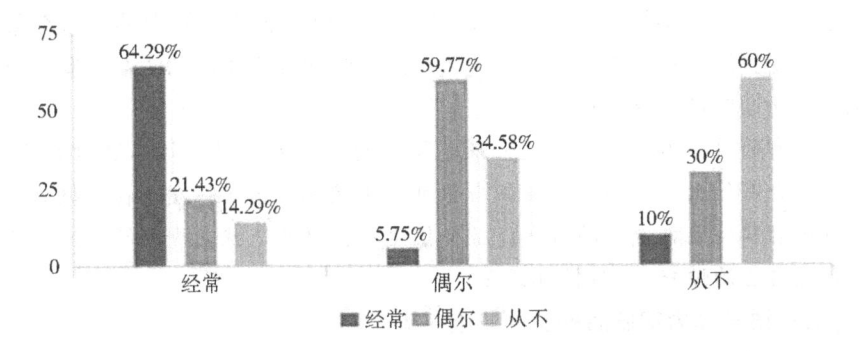

图4 玩家被进行语言暴力的频次（X）和玩家实施语言暴力频次（Y）的交叉分析

（二）语言暴力实施的主观动机

在语言暴力实施的主观动机方面，从直观的维度进行考察会发现，玩家是否在游戏中有语言暴力实施行为与基于游戏过程中对其他玩家游戏表现的评价有着较强的关联（图5）。当被问到基于怎样的主观动机对其他玩家实施语言暴力时，基于"因为他们太差劲/技术水平太低"和"因为他们不配合团队/沟通不顺畅"等对其他玩家客观评价下的主观动机而实施语言暴力的玩家占比分别为63.64%和75.32%，均超过60%，而其他如"因为我感到很烦躁""因为我就想骂人""跟风"等基于自我评价下的主观动机占比均低于20%，其中"跟风"的比例为1.3%。

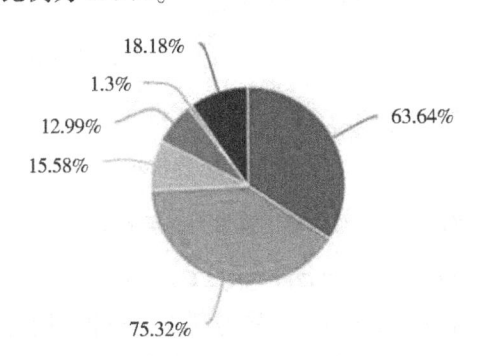

图5 玩家实施语言暴力的动机

调查发现，玩家是否会实施语言暴力，在主观动机上源于其游戏体验如何，当玩家游戏过程中对游戏胜利的渴望和队友们糟糕的表现形成强烈反差时，游戏玩家对其他玩家实施语言暴力的可能性会更大，这种基于客观评价基础上的主观动机，会间接影响到玩家的主观情绪。数据显示，基于"因为我感到很烦躁""因为我就想骂人""跟风"等动机实施语言暴力的玩家在某种程度上会受到游戏过程中其他玩家的表现的影响而收获不同的游戏体验。对部分玩家的访谈验证了这一点：

> 有的时候游戏过程中，如果是阵容的问题大家确实打不过对面的话，也不会有什么抱怨的地方，但当你可以明显地看出来队友是在消极对待游戏或者单纯地就是菜的时候，就会很生气，自然地就在聊天界面发一些话表达自己的愤怒。（男性玩家Y）

（三）语言暴力实施后的负面影响

从游戏环境的建构角度来看（图6），在游戏中被实施语言暴力后，有超过55%的玩家表示会"攻击回去"，这在某种程度上会加剧游戏环境的恶化，使玩家在游戏过程中永远置身谩骂的语言环境下，这不利于健康的游戏环境的构建。另一方面，有16.83%的玩家表示会在被实施语言暴力之后"消极对待游戏（摆烂）"，这也会影响公平的游戏环境的构建，由此加剧游戏环境的恶化，形成恶性循环。

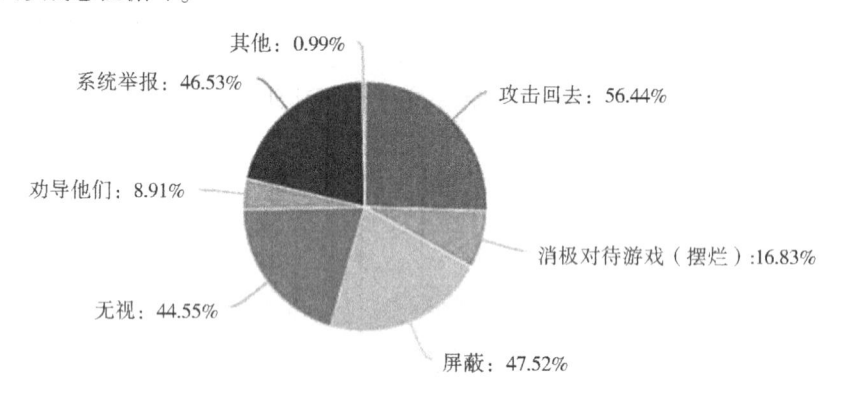

其他：0.99%
系统举报：46.53%
攻击回去：56.44%
劝导他们：8.91%
消极对待游戏（摆烂）：16.83%
无视：44.55%
屏蔽：47.52%

图6 玩家被实施语言暴力之后的做法

从游戏玩家个人角度来看（图6），56.44%的玩家表示会在遭到语言暴力之后选择反击，这一方面使玩家的语言暴力实施动机得到了合理化解释，"以暴制暴"的游戏文化理念也在一定程度上加剧了玩家对其他游戏玩家实施语言暴力的可能性。另一方面（图7），有接近50%的玩家在遭到语言暴力之后会感到气愤，进而影响到游戏玩家的游戏体验，以及玩家的现实生活，游戏从过去的娱乐工具逐渐演变为了决定玩家现实情绪的一个重要因子，游戏的现实意义发生了改变。对男性玩家Z的访谈验证了这一点：

玩游戏最开始的目的是为了身心娱乐，平时的课很多，所以到双休的时候就会抽出时间来打几把游戏，可有时候明明这把游戏就是阵容的问题，或者有些辅助根本不懂得支援，导致这把游戏逆风，然后因为这个被骂的时候，就会很沮丧，也很气愤，甚至会影响到自己一天的心情。（男性玩家Z）

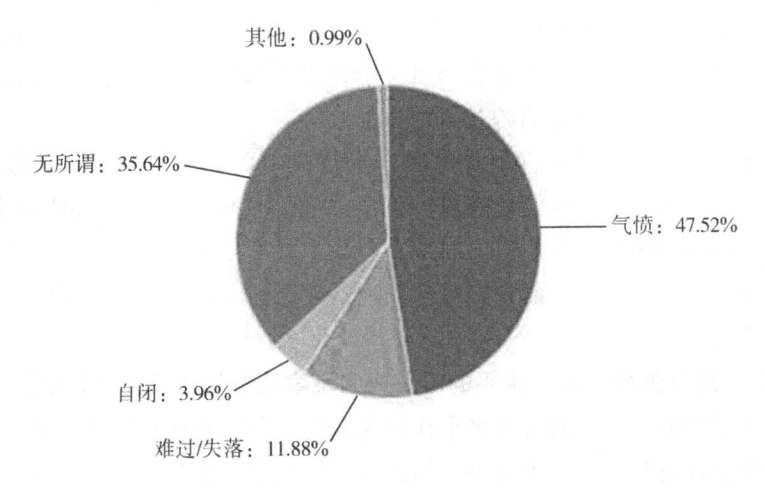

其他：0.99%
无所谓：35.64%
气愤：47.52%
自闭：3.96%
难过/失落：11.88%

图7 玩家被实施语言暴力之后的直观情绪

六、结论与讨论

（一）不同游戏动机和性别差异对玩家语言暴力实施意愿影响程度不同

研究发现，基于不同动机进行游戏的玩家其实施语言暴力的主观意愿也会不同，以情绪发泄为主要游戏动机的玩家在游戏过程中实施语言暴力的可能性较高。而基于社交需求动机进行游戏的玩家也有很大的可能性实施语言暴力，这主要与游戏匹配机制有关。现阶段游戏匹配机制中，多名玩家一起匹配的情况下，其匹配到的对手或队友也有很大可能是其他一起游戏的多名玩家，即游戏语言中的"开黑"，在"开黑"机制下，当现实社交关系中的队友在游戏中遭到不公的语言暴力时，玩家们便会一致为自己现实中的好友"抱不平"，由此演变为多人之间的"骂战"，进而影响到整个游戏体验，以娱乐为目的的游戏，演变成以"骂赢"对方为目的的骂战。

男性玩家和女性玩家实施语言暴力的主观意愿不同。对男性玩家而言，游戏过程中天然的好胜心理会让玩家实施语言暴力的主观意愿更加强烈，而一旦自己在遭到谩骂或嘲讽时，男性玩家进行反击的意愿就会更高。相比之下，女性游戏玩家的语言暴力实施意愿则相对较弱，当在游戏中被实施语言暴力时，女性玩家也多表现出沉默的态度，很少会进行反击。

（二）游戏语言暴力环境会加剧玩家语言暴力实施，恶化游戏环境

玩家在游戏过程中，对语言暴力现象的直观感受主要有两种情景：一种情景是第三人视角下的"遭遇语言暴力现象"，即玩家不一定是语言暴力的直接受害者，而是游戏中遇到别的玩家被实施语言暴力；一种情景是玩家作为"被实施语言暴力"的受害者，直观地感受到语言暴力的伤害。研究表明，无论是哪一种情境下，直观地感受到语言暴力现象都会增强玩家实施语言暴力的可能性，进而影响到玩家的游戏认知。

大多数游戏玩家正值青少年时期，当游戏中玩家遇到的语言暴力现象过多，就会对游戏玩家形成涵化现象，沉浸式的游戏环境会加剧这种涵化过程。青少年玩家在心智发展尚不成熟时期，游戏中过早接触到过多语言暴力，会影响到青少年的价值判断，使青少年错误地认为这种语言暴力是合理的，进而使游戏环境更加恶化。

（三）对其他玩家游戏水平的不满成为玩家语言暴力实施主要动机

游戏过程中，玩家的游戏水平在很大程度上会影响到其他玩家对自己的认知，尽管游戏皮肤、充值等级等会间接影响到其他玩家对自己的评价，但最终决定玩家在游戏中的地位的是游戏水平。当游戏中充值等级或游戏皮肤与玩家的真实游戏水平出现反差时，也会加剧其他玩家对这部分玩家的嘲讽与谩骂。当其他玩家的游戏实力影响了自己的游戏体验时，就势必会引起这部分玩家的不满，从而衍生出游戏中的语言暴力现象。

另外，游戏实力造成游戏世界权力中心与话语权归属的嬗变。现实世界中处于弱势地位的游戏玩家凭借自己游戏中出色的发挥实现阶层的僭越，以玩家的游戏实力受到认可为前提，对现实中的社会关系形成影响。一些青少年游戏玩家，凭借自己在游戏中的出色发挥，会受到现实世界中年长自己的其他玩家的认可进而实现现实世界中的关系僭越。

游戏匹配机制的完善在很大程度上可以规避语言暴力现象的发生，当玩家在游戏中的队友或敌人都与自己处在同等水平时，玩家之间的包容度会更高，而随之产生的不满情绪也会更少，语言暴力现象也会在一定程度上减少。

（四）语言暴力现象影响玩家现实情绪

在调查中发现，玩家在游戏中受到语言暴力之后，会影响其在现实世界中的情绪。游戏从最初的娱乐工具演变为生活必需品，游戏体验直接影响到玩家现实情绪。游戏作为生活的一部分，游戏中遭受的暴力攻击也会影响到现实生活。当玩家在游戏世界中受到其他玩家的伴随着人格侮辱和言语辱骂的语言攻

击时，这部分玩家会受其影响，表现出气愤、难过等负面情绪，甚至会因为游戏中的糟糕表现对现实中的自己产生自我怀疑。近几年对游戏与青少年抑郁情绪之间的关系的研究也证明了这一点。

后疫情时代突发灾害事件中的网络行为探析

——以河南暴雨网络捐助动员行为为例

龚可馨 郎曼丽

【摘要】 突发灾害事件在后疫情时代下极易引发网络舆情，催生网络行为，社会影响范围广泛。探析灾后网络捐助动员事件中的群体表演行为及其情感衍生机制，对规避负面舆情的发酵具有重要意义。基于个案研究的考量，通过厘清事件特征、网络动员和情感驱动等要素在突发灾害事件中发挥的效用，可以明晰行为主体的情感演绎与完成社会认同的过程及其对网络舆情环境的影响。立足对河南暴雨网络捐助动员行为的剖析，明确了后疫情时代下的公众情感特征、媒体报道与社群传播的悲情倾向、社会道德情绪的感化是三大重要情感因素，在它们的催动下，网络行为加速生成。

【关键词】 灾害事件；情感整饰；网络动员；社会认同

一、引言

在智能媒体传播时代，公众话语权力不断壮大，公共话语空间中的言论个性化愈发膨胀，个体的自我意识更为凸显，社交媒体平台的半匿名性、表演性特征和个人价值的强调使得人与人之间的情绪化、利己化这一行为指导逻辑不断被放大。同时网络中存在的高黏性、强认同性的组织化群体会触发其群体成员的社会参与行为，在公共事件中发挥网络动员效能。这一产生于网络背景下的人际交流形态在与传统利他行为逻辑的交流过程中也会发生碰撞，其中失范行为后果的产生离不开情感因素的作用。在后疫情时代背景下，公众身处复杂多变的舆情环境之中，面对社会公共事件，特别是灾难性事件，对事件的情绪触觉更加敏感。

目前存在的问题是，公众无法明辨两种行为的界限而容易导致行为失控，造成公共事件的社会参与行为中存在过多情绪化的信息导向，甚至对舆情产生消极影响。在互联网语境下，网民通常习惯于从自身道德观念和情绪表达出发，却会有意或无意地影响他人进一步做出在情绪压力环境下为谋求认同和满足他人"观赏"欲望的假性社会参与行为。基于此，本研究从社会学和传播学的视角出发，聚焦后疫情时代突发灾害事件下的网络行为，并将研究视域限定于"7·20"河南暴雨中的网络捐款动员行为，试图厘清其中的情感动因机制、这一系列行为过程对个体社会角色建构以及网络舆情环境的影响。

二、文献综述与理论基础

（一）突发事件与网络动员

从既有相关研究发现，目前国内关于突发事件的研究主要集中在对其演变机理、社会应急治理、舆情触发与引导机制、政府对策问题研究这几个方面。有学者将突发事件的特点归纳概括为事件产生具有瞬时性、事件爆发具有偶然性、事件发展趋势具有危机性、事件后果对主体与社会具有危害性，[1] 面对突发事件这一系列的特征，公众容易置身于恐慌焦虑心理中。研究表明突发性事件会助推结构性情感传播，激发情感共鸣，[2] 尤其在灾害性事件中，其情感强度和情绪感染力会更强。目前我国学者关于网络动员的研究主要集中于社会公共事件，也有学者根据网络政治动员、突发事件网络动员等具体性质划分事件的类型。网络动员是指以互联网作为媒介，在缺乏专业领导者的弱组织化状态下所进行的一种社会运动，行为人在动员中一般需要有"实际"的付出。[3] 学者陈华在分析网络动员运行规律中表明：具有共同利益诉求或有过同等遭遇的社会成员极易就共同关心的话题形成心理共鸣且关系国家利益与安全的动员易引发全民参与，[4] 学者祁晨后来通过对比传统动员形式对网络动员的特性总结出了新的规律：网络动员活动中积极自愿参与动员主题建构的核心因素并非与利益诉求相关，而是动员参与者情感认同心理的建构，即认为情感渲染与共鸣是动员活动是否成功的关键。[5] 具体体现为在突发公共事件特点影响下，民间自发的网络行为更易产生极端情绪进而引发群体性失控。

（二）后疫情时代情感功能再唤

新冠肺炎疫情背景下，学者实证得出结论：在新冠疫情背景下，接触网络媒体最多的人群更容易受到疫情发展情况的影响产生焦虑甚至应激反应，且降

---

[1] 朱力：《突发事件的概念、要素与类型》，《南京社会科学》2007 年第 11 期。
[2] 章震、尹子伊：《政务抖音号的情感传播研究——以 13 家中央级单位政务抖音号为例》，《新闻界》2019 年第 9 期。
[3] 刘琼：《网络动员的作用机制与管理对策》，《学术论坛》2010 年第 8 期。
[4] 陈华：《互联网社会动员的初步研究》，博士学位论文，中共中央党校，2011，第 55 页。
[5] 祁晨：《网络动员生成机制与效应引导研究》，硕士学位论文，安徽师范大学，2014，第 48 页。

低人际疏离感能有效抗击负面情绪影响。① 在新闻传播领域,不少学者也在通过对短视频的功能分析后表明,要建构互动场域来排解公众受疫情影响后的消极心理,② 以及认为在泛众化时代传播下,能够推动当前微粒化社会相关要素的联结和再联结要领在于要重视和把握传播格局中的非逻辑非理性因素,关乎着人与人之间的关系整合。③ 学者吴佳芮认为后疫情时代对网络舆论的引导要立足情感和沟通两个基础方面引发情感共鸣,强调情感作用。④ 在经历重大社会创伤事件后,公众面对灾难性事件的同理心和情感共振更为强烈已成共识,情感传染在网络中的扩散路径也更通畅、快速。

(三) 情感整饰与动员

美国学者阿莉·拉赛尔·霍克希尔德(Arlie Russell Hochschild)在其著作中通过丰富的个案研究论证提出了"情感整饰理论",即个人或群体会根据环境、情境的影响来对自我的某种情感进行激发或压制,通过"情感表演"来适配相应的环境需要,⑤ 如面对灾难就应当是悲伤的,在庆祝活动中就应当快乐开心,强调了情感的社会属性。因此在引发网络动员事件中通常都有大规模的情感铺垫,而个人在外部环境和内部自我情绪诱导的双向作用下更易产生与动员行为相符的情感,最终实现情感动员,且这样的网络群体行为具有合法性。⑥

而在暴发新冠肺炎疫情后,公众情感及其网络行为可能已经发生了变化,到底是情感动员在突发灾害事件中顺利发挥了其社会整合功能,还是引起情感压迫反噬了社会和谐稳定?本文立足后疫情时代传播格局特征,以2021年7月突发的"河南暴雨"自然灾害事件为分析背景,采用个案研究方法,沿着公众在网络中发动社会捐助这一动员行为的发展脉络进行具体分析:这些行为中情感爆发的原因是什么?是谁在进行情感动员/胁迫?情感动员/胁迫的对象是谁?被动员者/胁迫者的行为及影响到底如何?

三、研究设计与研究方法

(一) 研究设计

本文主要采用以质化研究方法为主研究设计,基于个案研究的方法,笔者

---

① 朱越、沈伊默、周霞、杨东:《新型冠状病毒肺炎疫情下负性情绪影响心理健康的条件过程模型:人际疏离感的调节作用》,《西南大学学报(自然科学版)》2020年第5期。
② 薛可、鲁晓天:《"后疫情时代"短视频对公众心理的调适作用》,《中国电视》2020年第8期。
③ 喻国明:《重拾信任:后疫情时代传播治理的难点、构建与关键》,《新闻界》2020年第5期。
④ 吴佳芮:《基于共情传播理论的后疫情时代网络舆论引导探析》,《传播与版权》2021年第5期。
⑤ 阿莉·拉塞尔·麦克希尔德:《心灵的整饰:人类情感的商业化》,成伯清、淡卫军、王佳鹏译,上海三联书店,2020,第64—65页。
⑥ 姜璐:《网络政治抗争的情感动员研究》,硕士学位论文,兰州大学,2013。

为了选取具有能够完成研究目标的特性及功能的样本，采用有目的抽样，在河南暴雨重大突发自然灾害事件中选取了灾害网络捐助动员这一行为，并着重探析该事件中的相关行为案例，探讨事件怎样发生、为什么发生，以求通过对这一案例的研究来达到对受情感动员或压迫而产生的网络行为的认识。同时，本研究合理运用线上舆情监测软件作为个案研究分析的数据支撑平台，梳理网络传播平台中舆论发酵的源头、民众视线的焦点、舆情的情感倾向等要素，探寻后疫情时代突发灾害事件中受情绪催生的网络行为的成因、特点与发展趋势。

（二）个案研究法

个案研究法是本研究采用的主要研究方法。个案研究（Case Study），又称个案研究法或案例研究法，作为广泛应用于社会科学研究中的一种研究方法，各个学者对其的定义有所不同。在罗伯特·K. 殷（Robert K. Yin）看来，个案研究法是研究者结合多种资料分析，对当前社会生活中的各种现象、行为和事件进行探究式研究的方法。[①] 典型的个案被当下的社会环境赋予时代意义，是社会情境的缩影。2021 年 7 月 20 日，河南突发暴雨灾害，网络空间中形成了以救助、救援、捐赠等为核心议题的突发灾害事件舆情，踊跃捐款捐物助力河南人民抗灾在短时间内成为舆论场中的主旋律，以鸿星尔克为典型的国家企业大力援助河南，明星也纷纷晒出捐款截图。但在网络群众的叫好声中，也开始滋生着负面舆论与道德绑架，甚至衍生出网络暴力等失序行为。7 月 21 日，说唱歌手孩子王 DrakSun 在新浪微博中晒出自己为河南灾区捐款 1.8 万元的截图，并配文称"剩下所有零钱都捐了，多少贡献点力量，河南加油"。但随后被网友发现他的捐款截图经过 PS 处理，实际上只捐赠了 100 元，甚至在该行为败露后坦言曾想将捐赠结果篡改成 18 万，事件一经揭露，引发广大网民的批判和热议。因此，为探析后疫情时代下突发性灾害类事件中的某些特殊个体受情感动员或压迫而产生的网络行为及其成因，本文将研究焦点聚焦于河南暴雨灾情后的网络捐款动员活动中，通过对这一事件的精细描述和分析而获得整体的认识。

四、情感整饰：内外环境唤起下的群体动员

情绪是发动群体网络动员行为的主要因素，只有在情绪不断渗透直至达到某一临界值后，由量变产生质变，就有可能触发网络动员行为。面对疫情暴发后的又一次重大突发灾害事件，本文从以下几点探索其间公众情绪积累到爆发的路径

[①] 罗伯特·K. 殷：《案例研究：设计与方法》，李永贤、李虞、周海涛译，重庆大学出版社，2004，第 14—86 页。

展开分析，分别是公众情感防线突破、信息环境感染以及受动员成果鼓舞。

（一）受疫情影响公众情感防线降低

2021年"7·20"河南暴雨事件是自2019年新冠疫情暴发后我国经历的最大规模突发性自然灾害事件，河南日报公众号2021年8月2日发布的《深切哀悼！302人遇难；共克时艰！重建美好家园》文章中显示："截至8月2日12时，全省共有150个县（市、区）、1663个乡镇、1453.16万人受灾，302人遇难。"① 新冠肺炎疫情暴发至今，我国各地区仍处于疫情防控的紧张状态中，有学者通过线上问卷调查方式针对疫情期间的公众心理问题进行数据分析后得出结论："近30%的调查对象有不同程度的抑郁表现，其中22.4%的人具有明显的焦虑问题。"② 可见，在新冠肺炎疫情影响下公众情绪的稳定性已经受到很大冲击，且在这非暂时性的悲情环境中，对公众情感记忆的唤起或许只需要一个简单的突破口。

笔者利用舆情监测软件"亿玛"将"河南暴雨"作为检索关键词针对微博平台相关数据收集显示，7月20日到25日期间共监测到86583条信息，其中正面信息1019条（占比1.18%），负面信息21363条（占比24，67%），此次突发事件中的公众情绪并不佳（图1）。可见，在疫情未结束的状态之下，社会紧张情绪仍未平息，当置身于这种社会情绪环境中再次面对突发灾害事件时，公众的情绪释放需求进入了一个新的层级。

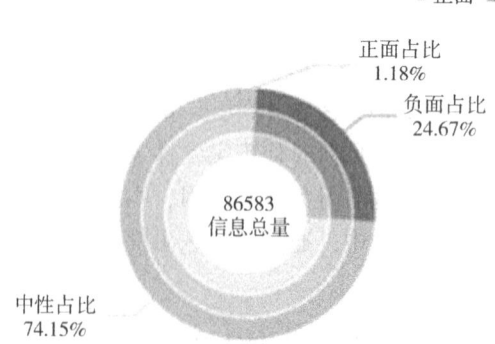

图1 微博平台信息不同情绪占比图

---

① 《深切哀悼！302人遇难；共克时艰！重建美好家园》，https://mp.weixin.qq.com/s/mc-qAaIkp6sxNYkVkNpAH0g，访问日期：2021年8月2日。

② 郭菲、蔡悦、王雅芯、李玥漪、陈祉妍：《新冠肺炎疫情下民众的情绪健康和社会心态现状》，《科技导报报》2020年第4期。

(二) 多维度信息环境行为预设与情感渲染

1. 媒体报道观点的明显倾向性

媒体报道中的观点倾向性和社交网络中的观点传播能对公众的网络行为产生较为直接的影响，通过数据检索发现，从7月20日至22日期间有关"河南暴雨"媒体报道中的观点分析热度图来看（图2），"在这场灾难中每个伸出援手的人都应当表彰这一观点占据热度首位，且报道观点多以"受灾被困"为主。

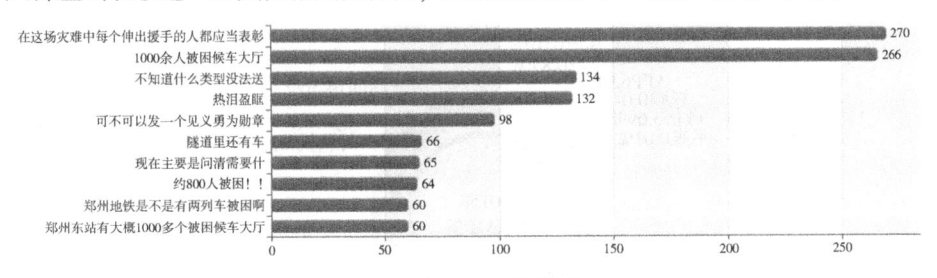

观点	热度
在这场灾难中每个伸出援手的人都应当表彰	270
1000余人被困候车大厅	266
不知道什么类型没法送	134
热泪盈眶	132
可不可以发一个见义勇为勋章	98
隧道里还有车	66
现在主要是问清需要什	65
约800人被困！！	64
郑州地铁是不是有两列车被困啊	60
郑州东站有大概1000多个被困候车大厅	60

图2 媒体报道观点热度图

议程设置理论（Agenda Setting Theory）认为："大众媒介通过对问题的大量报道或突出报道会影响到公众对该问题的专注度"[①]，从图2可见，媒体对于河南暴雨事件中的受灾情况和救援鼓励这方面的报道最为突出，形成具有明显态度指向的信息环境，公众对事件态度也会受其影响。在同一时间范围，通过对网络媒体热词进行数据检索发现，词频热度榜单中的前三名中就包含了"驰援"这一与媒体报道观点相吻合的态度表现（图3）。由此可知，媒体报道中对"援助"这一观点的抒发较大地影响了公众自身的看法，以至于公众在网络中的社会捐款动员行为首先得到了媒体层面的铺垫与支持。

序号	热词	频次
	突降暴雨	11390
	大暴雨	8680
	驰援	5138

图3 词频热度榜单

---

① McCombs, M. E., and Shaw. D. L. The Agenda-Setting Function of Mass Media., Public Opinion Quarterly, vol. 36, no. 2, 1972, pp. 187.

2. 社群情感辐射和悲情动员

除媒体发布的报道外，社交网络中的观点倾向也是促使网友产生动员行为的重要原因。在河南暴雨事件报道中，基于本节中同一监测数据情况显示，微博是最大的信息输出渠道，占相关信息总量的72.98%（图4）。

■新闻 ■论坛 ■博客 ■微博 ■平媒 ■微信 ■视频 ■APP ■评论 ■其他

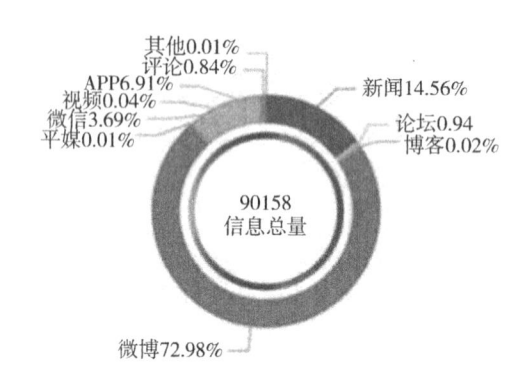

其他0.01%
评论0.84%
APP6.91%
视频0.04%
微信3.69%
平媒0.01%
90158 信息总量
新闻14.56%
论坛0.94
博客0.02%
微博72.98%

图4 信息传播渠道占比图

有学者立足当下新媒体环境基于"议程设置理论"理论框架研究发现：新媒体环境下的议程设置功能通过除媒体外的个体和社群发挥出来，并认为"由多元个体组成的社群通过互联网等新媒介对人们想什么或者怎么想具有重要作用"[①]。在微博中，话题标签是用户寻找身份认同的路径之一，同一身份认定用户的聚集促成了微博中围绕某一认同主体的具有高黏性、强归属性的网络社群产生。在此次河南暴雨事件中，网络动员也受到了微博社群的影响，通过对"河南暴雨捐款"关键词检索后发现，微博中与明星相关的捐款内容词频最多，且涉及明星较多（图5），如"王一博""肖战""易烊千玺"等。粉丝社群之间存在大规模捐款数额"攀比"的行为，对粉丝后续的捐款声援行为产生了催化剂作用，将"捐款"这一议题推至热搜，对除粉丝群体外的微博用户也造成了一定的情绪影响，激发情绪共鸣。

"悲情动员"是当前常用的一种动员叙事策略，即借助语言文字和图片等方式将苦难展现给受众，营造悲悯的气氛，唤起公众情绪。[②] 在此事件中，"河南暴雨互助信息"微博话题成为主要的救援信息共享输出口，该话题以失

---

① 高宪春：《新媒介环境下议程设置理论研究新进路的分析》，《新闻与传播研究》2011年第1期。
② 易前良、孙淑萍：《共意性运动中的媒介动员：以"南京梧桐树事件"为例》，《新闻与传播研究》2013年第5期。

踪人口线索获取和应急物资需求这两类求助信息为主，内容实时更新，直接明了且有很强感染力，经由微博中各种大 V 自媒体号的大规模转发，触发媒体间的扳机效应，扩大救援互助议题的覆盖面和影响力，通过大范围的悲情信息辐射对受众的声援助力行为产生了直接影响。

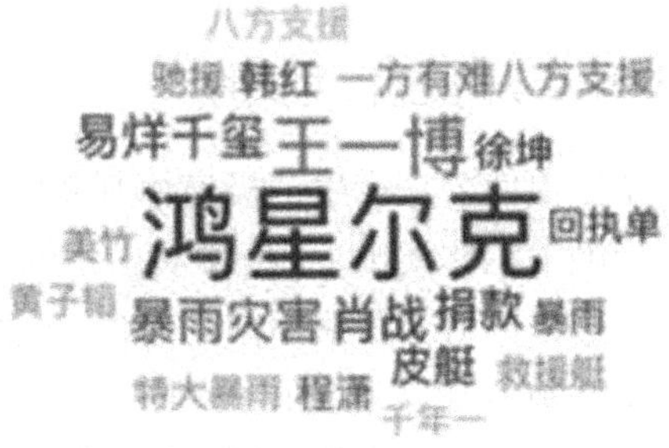

图5 "河南暴雨捐款"热词词云图

（三）积极行为中的道德情绪感化

道德情绪可以显著影响个体的网络助人行为。[①] 在此次事件中，"鸿星尔克"援豫捐款后，其相关信息占领各大网络平台首页，事件的发酵激起了舆论漩涡，在引发网民为其群起欢呼、称赞的同时，声援捐款的音量再次被放大。笔者通过对事件进行关键词检索发现，媒体、网民观点中包含大量"爱国""支持国货"等主流价值情绪关键词，深化了动员社会捐助行为中的社会道德因素，并进一步蔓延、积累道德情绪，即"人对客观事物与自身道德需要之关系的反应"[②]，是一种具有利他导向的情绪，加速着网络捐助动员行为的展开。

道德情绪感召和对社会正义行为的感激崇敬情绪可以助推网民做出类似的亲社会行为。

从网民转载相关博文到输出个人言论加以引导，他们踊跃参与捐助或声援社会捐助。学者娄成武、刘力锐认为："在网络空间网民几乎不需要支持成本就可以支持和参与有利于公共利益和社会正义的行动，而且能够获得'高尚感'的精神满足。"[③] 因而网民在这一"低成本—高回报"行为回馈机制的吸引下，加入这场动员活动的人越来越多。

---

① 吴鹏、范晶、刘华山：《道德情绪对网络助人行为的影响——道德推理的中介作用》，《心理学报》2017 年第 12 期。
② 任俊、高肖肖：《道德情绪：道德行为的中介调节》，《心理科学进展》2011 年第 8 期。
③ 娄成武、刘力：《论网络政治动员：一种非对称态势》，《政治学研究》2010 年第 2 期。

每个人心中都有一定的道德判断标准与道德期望，针对明确的行为或事件，进行是否符合道德标准或道德程度高低的评价，并评判其是否满足自身或社会的道德情绪期待，但道德情绪也会因不断积压而触发网民极化行为，催生消极舆论活动，从道德感召演化为道德审判、道德伪善，进而演变成集体性的表演。

五、集体演出：道德审判下的行为失控

不同情绪的积攒与摩擦促使公众产生消极道德判断即道德审判的倾向，并逐渐转化为失控的行为，触发集体演出。"集体演出指的是人们把社会当作一个舞台，全体社会成员在这个舞台上扮演不同的角色，他们都在社会互动中表演自己，塑造自己的形象并更好地达到自己的目的。"[①] 河南暴雨灾害发生之后，社会公共语境中已然形成积极救灾的共同意愿，舆情不断扩散。在多元情感的裹挟下，一部分群体作为集体演出的行为发起主体，其行为逐渐失去理性的控制，产生负面行为。同时另一些接受群体在感受到外界强烈情绪的鼓动和道德审判的压力后，也主动或被动地参与失序"演出"。

（一）催生负面舆情

情感是触发集体行动的重要因素，受道德情绪的捆绑，不少网络群体迷失于舆论场中，生产并传播负面舆情。在暴雨灾害发生之后，网络群体在公共话语空间中响应情感的动员，频频发表个人言论，舆情演绎愈发浓烈。笔者在亿玛在线舆情检测平台中，以"河南暴雨"为关键词，将监测周期设定为2021年7月19日0时至2021年7月25日0时，共在互联网平台中监测到82516条信息，其热词词云如图6所示。

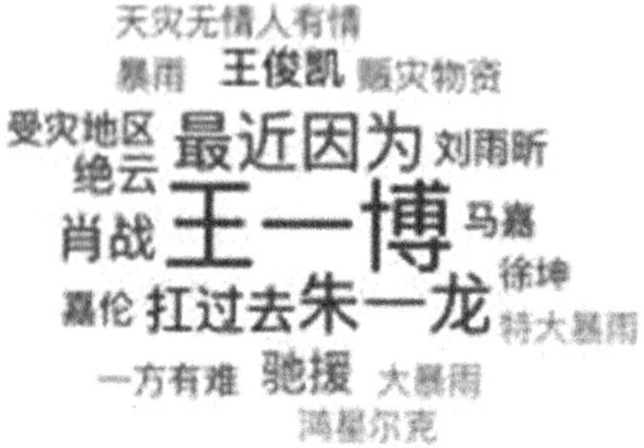

图6 "河南暴雨"热词词云图

---

① 欧阳果华、王琴：《情感动员、集体演出和意义构建：一个网络慈善事件的分析框架——以"罗一笑"刷屏事件为例》，《情报杂志》2017年第8期。

通过对热词词云的分析，可以发现媒体和群众对河南暴雨事件的主要议论焦点在于"王一博、特大暴雨、驰援、扛过去、赈灾物资、鸿星尔克"等，其中王一博因现身受灾一线，加入救援队伍而广获好评，朱一龙、王俊凯等艺人也应响应救灾捐赠号召而引得公众热议，社会对暴雨灾害后捐赠和救援行动的关注程度不言而喻。在道德优越感的驱使下，一些网民将这一实际行为主体转移至他人身上，尤其是企业、名人、明星等具有更高社会地位和影响力的人群。

在慈善情感动员和道德优越感的影响之下，非理性群体的"集体演出"拉开了序幕。正如学者欧阳果华和王琴所言："在封闭或半封闭的互联网社交环境下，情感所引发的群体意见极易趋于非理性化进而趋同，从而走向群体极化。"[①] 受自我道德优越感的推崇，某些群体将舆论的焦点转移至明星艺人等意见领袖是否参与捐赠、捐赠数额大小比较等事件要素上，并产生了诸如"不参与捐赠就对不起社会公众""平时赚老百姓那么多钱，现在怎么没有行动""以你的身份不应该只捐出这么点钱"等带有偏见的恶性群体情绪。更有甚者在鸿星尔克捐款事件后，将舆论的枪口对准安踏、阿迪达斯以及耐克等一众同类品牌，用"人家鸿星尔克都要破产了还捐了那么多，你们这些财大气粗的同行反而捐那么少，真的是可耻""下架产品，支持鸿星尔克"等具有极强攻击性的言论进行逼捐，或在其直播间人身攻击，胁迫主播顺从"民意"，喊出支持鸿星尔克等口号。

道德审判急剧扩散下催生负面舆情，产生舆情反噬。不少网民身陷情绪的浪潮，甚至质疑鸿星尔克捐款的真实性，出现《捐了20万瓶冰露矿泉水的鸿星尔克，怎么捐出5000万物资？》《鸿星尔克说抗疫捐的1000万，消失在壹基金的审计报告上》等煽动性文章，严重损害情感动员的正面效应。他们坚持认为自己的出发点是合乎正义和善的，从而脱离客观事实，在舆论场中肆意发表带有道德绑架意味的言论，并借助社会舆论对某一特定的个体或群体施加一定的精神压力，进而对其进行道德谴责与胁迫。这些言论混杂着个人的情感宣泄，不断在公共话语空间中积聚力量，极易导致事态呈滚雪球式发展，强化公众内心的负面效应，促使舆情往危害社会秩序的方向演变。

（二）衍生恶性认同

受情感动员或压迫的对象大多是处于社会中希望得到有声望的地位的个人，其对高阶层抱有理想化的期待，并努力维持自己的表演前台，[②] 以谋求社

[①] 欧阳果华、王琴：《情感动员、集体演出和意义构建：一个网络慈善事件的分析框架——以"罗一笑"刷屏事件为例》，《情报杂志》2017年第8期。

[②] 欧文·戈夫曼：《日常生活中的自我呈现》，冯钢、黄爱华译，浙江人民出版社，1989，第19页。

会认同，满足社会期望。个人捐款的举动从本质上讲是一种高尚的道德行为，是受道德意识支配而产生的。在河南暴雨灾害发生之后，鸿星尔克、阿里巴巴、高德等大企纷纷捐款捐物，有不少公民个人出于互助仁爱之心，自愿自发地通过捐献物资、志愿服务等形式向受灾害影响的地区和群众提供无偿的物质帮助和精神支持。动员全社会共同援助灾区的舆情声势浩大，部分群众感知到情感动员之下的精神压力，为保全甚至追逐更高的社会地位，求得形式上的社会肯定与认同，做出罔顾事实与违背道德的失序行为。东风标致企业于7月21日发出公告表示紧急开启救援服务，却被受灾群众揭发该企业实际上并不提供救援也不供应物资；艺人孩子王在微博平台晒出1.8万元的捐款截图，后又被网友证伪，等等。这些失序认同行为的滋生产生了社会负面效应，也反作用于突发灾害事件舆情，促使了不良舆情的暴发。

以"孩子王诈捐"事件为例，根据舆情通软件的检索结果报告，自2021年07月21日0时至2021年07月30日0时，互联网上共监测到"孩子王诈捐"事件相关舆情8809条，其中微博声量最大，为3395条，其次是网媒，为2638条。由此，笔者选取发布在微博平台中3395条信息进行情感倾向性检索分析，不同情感占比情况如图7所示。

图7 "孩子王诈捐"事件微博信息不同情感占比图

数据报告显示，带有明确正面情感的微博仅有5条，占比0.15%，而负面微博高达2036条，占比59.97%。不容置疑，孩子王的诈捐行径从一定程度上而言离不开社会共意的情感胁迫，这一受公众情绪影响而产生的认同行为偏离了社会秩序，它源于负面舆论的压迫，又反作用于舆情，再次激化舆情的负面效应，阻碍其健康有序的落幕。

六、讨论与展望

本研究基于对传播学、社会学领域相关文献和成果的归纳分析，结合对具有典型代表性的"河南暴雨捐助动员"事件进行个案研究，聚焦于当前后疫情时代背景下突发灾害事件中的网络行为，探讨了催生这类行为的情感因素及其行为方式。

首先，本研究对突发事件、网络动员和情感整饰这三个概念做了相对系统的研究综述，总结归纳当前国内学术界对这些研究对象的研究情况，为个案研究奠定了一定的理论基础，提供理论依据。其次，笔者针对"河南暴雨捐款"事件进行突发灾害事件后网络捐款动员行为的情感成因分析，辨明了情感动员的主体主要是社会媒体与部分网民，情感胁迫的主体与对象是受情绪感染的特定个体或群体，明确了后疫情时代下的公众情感特征、媒体报道与社群传播的悲情倾向、社会道德情绪的感化是三大重要因素。最后，探析了被动员者或胁迫者的主要失序行为与不良社会影响，以期为今后突发灾害事件中的网络捐助动员行为研究提供一定的思考途径，同时为科学应对网络失序行为带来的负面影响提供实例依据。

经本研究发现，在疫情后公众情绪创伤还未消退的情况下，面对灾害事件时公众自身创伤情感记忆的联动和外部情绪环境影响，都是加速公众情绪积累的重要原因，以至于过于饱和或消极的情绪会进一步驱动极化行为的产生，反而有损公众情感稳定。因此，加强公众的心理建设引导和情感修复，对网络舆情环境乃至社会环境中的情绪压力释放具有较强缓和作用。从外部环境来说，媒体可以通过把握公众情绪动向进行情感传播框架的设置，以此来对公众情绪及行为进行正面有度的引导；网络空间中的意见领袖可以发挥其话语权优势阻隔具有情绪冲突的信息和评论，进而影响网民动员行为向上向善发展。情感驱动是网络动员行为实现落地的重要因素，但情感渗入不足或过满都会影响到动员行为的走向。因此，结合后疫情时代下的舆情环境，从多个维度出发对突发灾害事件中的情绪度量进行把控，能够有效稳定社会情绪、维系社会秩序以及强化社会信任。

个案研究的方法存在一定局限性，本研究只基于代表性个案，对某一突发灾害事件的网络捐款动员行为的情绪成因和结果做了总结归纳，但由于研究限制并未对此类失序行为提出全面的应对策略。在未来的研究过程中，笔者应进一步深化跨学科理论，纵横比较国内外有关研究，充分梳理多样案例，更全面客观地总结其特征与规律。同时，根据现实环境变化，联合具体的社会实际进行更深层次的探究，分析不同纬度对社会舆情环境产生的影响，提出更贴切、完整的对策建议。

选择、组织与传播：抗疫题材影视作品对国家形象的建构

——以时代报告剧《在一起》为例

刘秀彬 鲍梦妮

【摘要】 影视作品作为国家形象建构的重要形式之一，具有正面或侧面宣传的效能，如何发挥其对国家形象建构的导向作用越发值得深入思考。"当年创作、当年拍摄、当年播出"的时代报告剧《在一起》通过以真实故事为蓝本和艺术化创作的形式将中国抗击新冠肺炎疫情的故事搬上荧幕。本文从符号叙述学角度分析，《在一起》找到并运用了符号意义生成的机制，通过符号的选择、组织和传播讲好"中国抗疫故事"，彰显了勇敢、无私、善良的国人精神和大国抗疫有责任、有担当的国家形象。同时，注重共性与个性的统一、情感性与现实性的统一、艺术性与思想性的统一是影视剧建构国家形象值得借鉴的创新思路。

【关键词】 符号叙述学；抗疫；影视作品；国家形象

一、引言

时代报告剧是国家广播电视总局电视剧司提出的重要文艺战略，通过以小切口反映大主题、小人物反映大时代、小故事反映大道理的形式讲述中国故事。《在一起》作为"讲好中国抗疫故事"的时代报告剧典范之一，它以抗疫期间各行业真实的原型人物、故事为基础，通过艺术加工，塑造"抗疫"一线可歌可泣的平民英雄群像，以一个个剖面展现"抗疫"战争的全景画卷，展现中国人民团结一心、同舟共济的精神面貌。

首先，影视媒介作为时代科技与人文精神的产物，反映了当下社会生活现状，《在一起》中符号景观与国家形象在社会公众视野中的图景，在一定程度上依赖于符号的选择、组织和传播。赵毅衡教授提出的"广义叙述学"概念立足于符号学背景，又称为符号叙述学，是符号学的一个分支，也是叙述学发

展的新方向，是研究所有可以用来讲故事的符号文本的共同规律。将经典叙述学至后经典叙述学以来的发展理论做了一次总括性的讨论，建构出一套完备的广义叙述学体系。其次，《在一起》是一次现实性还原和艺术化表现的创作，叙述的本质在于分层，层次划分是《广义叙述学》在纵向构筑上的基本形态。包括基本的两大分层——纪实与虚构，对纪实和虚构的区分，赵毅衡教授在《广义叙述学》中提出了"双层区隔"的原则，即"区隔框架"，认为虚构叙述必须在符号再现的基础上再设置第二层区隔。

笔者认为赵毅衡教授在《广义叙述学》中对符号学和叙述学的理论建构可以用于影视作品的研究，本文将以时代报告剧《在一起》作为研究个案，通过分析其所运用的符号意义生成机制，探讨其如何通过对符号的选择、组织和传播，塑造了国家形象在社会公众视野中的图景，在后疫情时代的背景下，不仅有效传播了抗疫精神，而且通过抗疫故事塑造的民族精神和国家形象也唤起了社会大众的情感共鸣与价值认同，具有良好的艺术价值、思想价值和传播价值。同时，为新媒体时代下影视作品表现在建构、传播国家形象方面新的叙述提供了新的思路。

二、《在一起》叙述文本的解读

（一）符号的选择

1. 人物符号：选择"好人物"，塑造"好故事"

人物符号、故事情节的选择在影视作品的整体结构中处于重要位置，抗疫题材影视作品想要"讲好中国抗疫故事"，必须选"好人物""好故事"。《在一起》以真实的故事为创作蓝图，选取具有代表性的人物、故事作为创作的源泉和基础，其有10个单元共20集，分别为《生命的拐点》《摆渡人》《救护者》《同行》《火神山》《搜索：24小时》《方舱》《我叫大连》《口罩》《武汉人》，从不同的抗疫视角叙述了10个感人至深的抗疫故事，笔者基于网络、新闻资讯等资料整理和归纳出剧中的人物符号、叙述视角及原型（详见表1），如《生命的拐点》里由张嘉译饰演的张汉清院长，其原型是患有渐冻症的武汉金银潭医院院长张定宇，"渐冻症""抗疫一线"等赋予了该人物符号更多的价值标签；另外还有为抗疫奉献的平凡"小人物"，如《摆渡人》里由雷佳音饰演的美团外卖员辜勇；《武汉人》里刘敏涛饰演的社区主任涂芳等。这些与每个人生活息息相关的人物角色，在基于真实故事的创作图景上，通过艺术化的手法表现其在抗疫中的贡献，丰富了文艺创作中对人物的理解和塑造，可见该剧在叙述视角选择时有意涵盖到不同的层面，以期通过不同的叙述视角呈现出不同的抗疫情境，塑造善良、勇敢、奉献的国人形象和国人精神，唤起了社会大众的情感共鸣与价值认同。

表1 时代报告剧《在一起》人物符号、叙述视角及原型

单元剧	主要人物 & 原型	叙述视角
《生命的拐点》	张汉清：原型武汉金银潭医院院长张定宇，渐冻症患者。	以疫情最初来袭的武汉金银潭医院为故事背景，从一线医务人员的视角叙述。
《摆渡人》	辜勇：原型快递小哥汪勇等人。	以外卖员视角记录疫情暴发初期，武汉老百姓抱团取暖的故事。
《同行》	①乐彬：原型华东科技大学感染科医生朱彬；②荣意：原型武汉江夏区金口卫生院甘如意。	以身在外地的两名医生视角讲述他们结伴逆行，最终回到武汉贡献力量的故事。
《救护者》	黎建辉：原型上海第一位援鄂医生钟鸣，被称为"上海最早逆行者"。	从驰援湖北医生的视角讲述其在驰援过程中的抗疫故事。
《搜索：24 小时》	江灿和陆朝阳：原型北京疾控中心两位流调员。	以流调员视角讲述联合调查小组在大年三十完成流调的24小时历程。
《火神山》	陈如：原型火神山重症一科护士长陈静，人称"硬核护士长"。	以解放军医疗队医护人员视角，讲述发生在火神山的抗疫故事。
《方舱》	胡庆生院长：原型上海交大医学院附属瑞金医院副院长、上海第四批援鄂医疗队队长胡伟国。	以援鄂医生的视角，讲述在武汉方舱发生的抗疫故事。
《我叫大连》	宋小强：原型"大连小伙"蒋文强，本去长沙却因去餐车吃饭误入武汉人员专用车厢滞留武汉。	以滞留武汉的大连小伙视角讲述其应聘某医院保洁工作，成为抗疫志愿者的故事。
《口罩》	梅爱华：原型众多为疫情供应物资的工商界人士。	以民营企业家的视角讲述疫情期间转行老板为确保口罩质量而四处奔走的故事。
《武汉人》	①涂芳：代表众多社区工作者；②小丁：原型网红"药袋哥"。	从社区服务人员的视角讲述在疫情期间抛家舍业，为群众服务的社区工作者的故事。

2. 场景符号：选择"好场景"，再现"抗疫貌"

影视场景能够发挥叙事的作用，选好场景才能讲好故事。场景的选择需要贴合故事情节背景，让人物处于恰当的环境中，使剧情融合为整体，这样才能够给观众带来更好的观感体验，刺激观众进行思考。

从《在一起》的场景符号分析可知，每个单元剧的叙述视角不同，选取的场景符号元素多且具有代表性（详见图1）。从10个单元剧的场景符号选取可看出，"医院"是主要取景地，除了《口罩》和《武汉人》系列，其余8个单元中均出现医院的场景，但每个单元中医院场景所构建出来的故事情节也有

所不同，例如《火神山》中的火神山医院，这一单元中医院场景的建构主要以火神山医院的建设、救治重症患者工作为重点展开阐述；《方舱》中的方舱医院主要收治的是轻症患者，医院相关的急救、医疗器械等因素较少，更多情节焦点放在了发生在方舱的温情故事上。另外，武汉城市的画面也是每个单元剧中出现的较多的场景，作为转场、情节贯连等作用出现，武汉作为新冠肺炎疫情的源发地，通过武汉城市的场景描述向观众再现疫情图景，易于引起观众的情感关联。

图1　场景符号词云图

3. 道具符号：巧用"好道具"，传递"深意义"

影视道具在叙事手段上作为一种补充手段贯穿于影片的整体结构中，对故事情节发展、人物性格刻画以及电影主题的寓意表现发挥着妙不可言的作用，并具备艺术性。只有根据剧情主题思想仔细考究道具的选取和设置，强化道具符号的表意作用，才能将道具符号的价值最大化。《在一起》中，导演对道具符号的选择十分讲究。其一，通过道具符号的象征意义深化情节的蕴意。如出现频次最高的"党徽"象征着党员优先、榜样先锋的精神；热干面作为武汉美食代表，赋予了热干面新的象征意义，等等。其二，通过道具符号暗喻人物特性和推动情节发展。如《同行》里的"辣条"，医生荣意在家偷吃辣条怕被母亲发现，辣条暗喻荣意"孩子"天性，"孩子"与"医生"两个符号身份形成对比，患者眼里的"医生"和母亲眼里的"孩子"形成情感冲击，打动观众；《救护者》中的粉色和绿色水笔道具，粉色水笔从名单划过暗喻患者的逝去，绿色水笔代表治愈出院患者的逐渐增多，暗喻"生命的新生"。可见剧中对道具符号的选取均经过精心设计和建构，以期通过以小见大的方式让观众领会其中的意义。所有事物中都隐含着某种特定意义，符号是事物的象征，皮尔士认为所有事物都能在符号层面进行交流。《在一起》中对道具的灵活使用进一步深化了剧情所要表达的文化内涵和意义，通过符号意义的使用彰显了无私奉献、善良勇敢的抗疫精神。

（二）符号的组织

1. 现实与艺术的碰撞：双层区隔下的演出

赵毅衡教授在《广义叙述学》中对虚构的解释是全书的一个亮点，他提出了"双层区隔"原则，即"区隔框架"，区隔框架理论下分为一度区隔和二度区隔。其中，一度区隔框架将符号再现与经验世界区隔开，二度区隔在一度区隔的基础上再次二度媒介化，使其与经验世界相隔两层。以下为笔者认为《在一起》在区隔框架中体现的整理：

表2　《在一起》在区隔框架中体现的整理

内容	转化	区隔边界	真实性	底线
一度区隔框架	经验——纪实	实在世界 VS 再现世界	向事实经验负责	纪实性
二度区隔框架	纪实——虚构（现实化还原+艺术化表现）	再现世界 VS 二次再现世界	具有"内部真实"的叙述世界	纪实性

时代报告剧《在一起》是现实化还原和艺术化表现的综合结果，其影视创作过程经历了从经验到纪实再到虚构的转化。其一，从经验到纪实的部分，即为一度区隔框架的经验再现过程，《在一起》剧情基于真实事件改编，素材来自现实，所有单元故事都能从现实中找到故事原型，这是从现实经验转化到纪实的过程；其二，从纪实再到虚构的转化部分，即为二度区隔框架的二度媒介化过程，笔者认为其在二度媒介化过程中，从影视创作的角度来看，虚构可看成是艺术化表现，即是纪实向艺术化表现转化的过程，通过对纪实素材的加工和艺术化处理形成了最终的符号景观。如在《生命的拐点》中"以车为家"的故事原型人物是武汉金银潭医院的医护夫妇涂盛锦、曹珊，在剧中人物设置变成了院长谭松林和护士柳小可，笔者认为这是影视作品中二度媒介化和艺术化表现的体现。另外，双层区隔定义中有一个重要表述："在区隔的边界内建立一个只具有'内部真实'的叙述世界"，所谓"内部真实"，就是虚构区隔内部具有与实在世界一样的逻辑真实性。《在一起》即是具有"内部真实"的叙述世界，采用影视化的手段对实在世界的故事进行了艺术化的重现，这种现实化还原和艺术化表现，将实在世界的事件进行主题升华，达到了唤起受众共鸣和价值传播的目的。

2. 独立与伴随文本的叠加：符号文本语境的建构

赵毅衡教授认为："任何表意文本必然携带各种伴随文本，反过来，每一个符号文本都要靠一批文本支撑才成为文本。没有伴随文本的支撑，文本本身就落在真空中，看起来实实在在的文本变成幻影，无法成立，也无法理解。"因此，如果要对符号文本进行更为透彻的意义解释，则一定要构建一个完善的文本环境。在此前提下，受众一旦进入了符号文本构建的语境中，在观看时会不由地通过剧中情节回忆起自己在疫情期间的情境经历。《广义叙述学》将伴随文本分为副文本、型文本、前文本、评论文本、链文本和先后文本6种类型，这些伴随文本我们都可在《在一起》的影视叙述中找到对应的例子。例如链文本，链文本是接收者解释某文本时，主动或被动地与某些文本"链接"起来一同接收的其他文本。《在一起》中的人物故事原型大多在疫情期间被媒体报道，在观众脑海中形成了记忆和文本的储存，因此当影视化再现时，影视所建构的情境容易让观众产生链文本的影响。如在看到《生命的拐点》中身患渐冻症的张汉清院长会联想到武汉金银潭医院院长张定宇医生；看到《同行》里的荣意会联想到那个骑车4天3夜回武汉返岗的甘如意。《在一起》利用独立和伴随文本建构的语境，有利于观众调动本身既有的知识储备来联系其他情境，从而丰富整个符号文本。同时，剧中的抗疫情节让受众对情节产生丰富的情境联想，关联自身生活的抗疫情境，拉近受众与影视文本的心理距离，唤醒并放大受众对影视中传递的价值意义的共鸣。

三、《在一起》中的符号意义传播

作为"中国全民抗疫"的艺术化身，《在一起》满足了国内受众的精神文化需要，同时也引发了国际社会对中国"讲好抗疫故事"的关注。中国人民在疫情防控中展现的中国力量、中国精神、中国效率，中国展现的负责任大国形象，得到国际社会高度赞誉。

（一）中国力量：底层叙事视角下彰显的国人形象

《在一起》中人物符号的选取覆盖社会各个阶层群众，通过不同群体人物的视角展现疫情情境、彰显国人形象。《在一起》中，有奋战一线的医护人员、有平凡的外卖人员、默默无闻的志愿者等，通过底层叙事的视角进行的艺术再创造，以普通人的眼光去看待疫情，以此来反映疫情中社会的不同切面。同时，剧中的台词文本真实动人，为塑造的抗疫精神具有升华作用。

例如《摆渡人》单元里外卖小帅说的台词：

> 我们就是一群最最普通的人，每天干着最最普通的事，可是当这个世界停下来的时候，我们还能坚持做这个最最普通的事，那它就有了不一样

的意义。

《武汉人》单元里社区主任涂芳说的台词：

> 现在是武汉遭了难，那些在一线的医护人员是主动脉、大血管，他们在做大事情，我们就是毛细血管，这社区的工作确实很辛苦、很繁琐，总是要有人做。

"接地气"的台词文本加上人物表演，能够让观众代入自己或者身边的人产生"共情"感，从而认同剧中所传达的情感，唤起社会大众对抗疫故事的情感共振和认同。也是通过这样的艺术加工，塑造了"抗疫"一线的全景画卷，展现了中国人民团结一心、同舟共济的共同抗疫的中国力量，塑造了勇敢、无私、善良的国人形象。

（二）中国精神：全民抗疫图景下的大国担当

中国在疫情中始终坚持"以人为本"的原则，将群众生命置于首位。在疫情初期，医疗设备、物资的紧缺造成救治工作困难，但救护人员没有放弃任何一个患者的生命，党中央和各级政府、社会各界人士、全国各地的人们都在生活和医疗物资等方面积极支援武汉，各地医护工作人员逐批前往武汉参与抗疫，全国人民积极投入这场抗疫阻击战，这种守望相助的情感力量带给了公众深刻的印象。《在一起》中的《方舱》《火神山》《救护者》等单元都对这些疫情画面和故事进行了生动的刻画，台词文本字字打动人心，例如《生命的拐点》单元中谭松林院长的台词：

> 同志们，这是一场战争，站在战场第一线的只能是我们，虽然不知道明天我们将会面对什么，但我们应该知道，今天我们该如何准备。我们是医生，也是战士我们要不惜一切代价的抢救生命，要把人民群众的生命安全放在第一位，面对这场已经到来的战争，我们守土有责！

《火神山》单元中解放军医疗队陈如同志的台词：

> 同志们，今天火神山医院正式接受病人，我再次强调，对每一位病人，我们都要全力救治，不抛弃，不放弃！

通过台词文本抗疫过程中生命至上宗旨的生动刻画，与当时网络中出现的国外老年人沦为疫情"被放弃群体"的现象形成鲜明对比，塑造了中国尊重生命、以人为本的中国精神和责任担当。另外，政府在抗疫过程中的人性化政策，如"医疗费用全免""春节车票全额退款"等都在剧中体现，把人民群众的生命、财产安全和顾虑都考虑在内，把人民群众面对和可能面对的难题和担忧全部考虑在前、想在前、走在前，解决人民群众的"心中事"，不但做到集中一切力量抗疫，还做到集中一切力量让人民群众"安心"抗疫，进一步彰显了中国大国担当的风范，更在全球疫情持续蔓延的背景下展现出一个负责任大国的抗疫努力。

（三）中国效率：多元抗疫情境下彰显的国家秩序

面对新冠肺炎疫情的肆虐，维护国家的正常秩序和社会稳定也是抗疫工作顺利开展的重点之一。新冠肺炎疫情防控是一场公共卫生运动，中国作为世界第一人口大国，面对新冠疫情传播的无秩序性、高度感染性，把"人"秩序化是让疫情工作有序开展的前提之一。在《在一起》中，十个单元中通过将镜头聚焦于不同的抗疫情境展现了中国抗疫工作的极高效率和秩序性。在新冠肺炎袭来之际，正逢人口流动量最大的春运期间，党和中央政府部门调动一切人力、物力、财力及时阻断每一个可能的传播渠道，以防病毒的大范围流传。在面对疫情肆虐的大背景下，中央和各级政府通过制定相关政策条例、防控措施、媒介宣传等方式广泛动员公众，推进抗疫、防控工作，剧中对中国的有序抗疫画面进行了真实再现，如党和中央各个部门对抗疫工作的开展、武汉封城后群众居家隔离的高度配合、火神山方舱医院有序的抗疫情境等。另外，中国有序的抗疫情境也离不开全国人民的高度配合，在疫情期间，政府告诉人们将采取什么行动、应用什么形式捍卫城市和挽救人们的生命，公众都被清楚告知所有信息，参与到这场战斗中来。中国有序抗疫的情境通过影视手法的再现，彰显了中国抗疫工作的效率性和秩序性。同时，中国有秩序的抗疫图景与国外的现象形成了鲜明的对比，体现出了中国的秩序与进步。

四、巧用影视符号，创新国家形塑思路

影视作品作为国家形象建构的重要平台之一，具有对国家形象正面或侧面宣传的效能，担负着建构国家形象的职责。随着影视文化产业的发展，如何发挥影视作品对国家形象塑造的导向作用越发值得深入思考。影视媒介所展现的符号景观与国家形象在社会公众视野中的图景如何，很大程度上依赖于符号的选择、组织与传播。以下是笔者关于新时代影视作品在塑造国家形象方面的创新思路。

（一）注重共性与个性的统一

文艺作品中的国家形象塑造，是艺术家在以民族的个性和自身的风格诠释世界性话题和人类的终极性关怀，体现着本民族的理性思考和文化贡献，进而丰富世界的总体形象。影视媒介在塑造国家形象时注重共性与个性的统一，是兼顾宏大叙述和与民共情的需要。在共性方面，影视作品塑造国家形象时，紧扣承载着国人珍贵记忆或影响世界的重大历史事件、宏大议题的再现是较常见的手法，以宏大议题作为影视背景具有国家共同记忆的共性，所塑造的影视符号景观在社会公众视野中的图景能够最大限度地唤起社会大众的情感共鸣与价

值认同，这既是对共同记忆的建构，也是再现。在个性方面，个体影像也能很好共塑国家记忆、国家形象。通过个体影像共塑国家记忆、国家形象的典范形式，在影视化书写过程中，从以小见大的视角，通过选择、组织多重元素、符号建构真实故事，如单元剧《摆渡人》，就是通过小人物视角叙述新冠疫情这一宏大议题背景，又能从新冠疫情这一宏大议题中彰显小人物的个体影像，这就是既从个性中反映共性，又通过共性来体现个性，共性与个性之间相互联系、相互彰显，加深了影视符号意义的价值。另外，影视作品注重共性与个性的统一，在选择具有共同记忆的宏大事件，以小人物切口进行再现时，也要注意到观众"在场感"的重要性，而在场感的建构关键在于选择"个性"符号时要贴近实际、贴近生活、贴近群众。"三贴近"原则的准确使用能够使得社会大众对影视作品所塑造的国家形象实现从抽象体验到具体体验的转化。因此，巧用彰显共性与个性的影视符号，实现共性与个性的统一往往更能拉近与观众的心理距离，产生情感共鸣，使影视剧塑造的国家形象更能打动人心、与民共情。

（二）注重情感性与现实性的统一

文艺作品来源于生活而又高于生活。创作者只有在对现实生活有深刻的体会和理解之后，才能将所思所想寄托于文艺作品之中，其作品是对现实世界生动形象的反映，文艺作品既不是凭空想象而来，也不是胡编乱造的产物，是对社会心理最直接的反映和凝练。影视媒介在塑造国家形象时注重情感性与现实性的统一，是兼顾群众观赏和现实环境的需要。在情感性上，家国情怀、民族大义是最容易构建国家形象的共同心理，以抒发这类"大情感"为主的情节通过影视艺术手法的表达和伴随文本的叠加烘托，容易引起社会公众的情感共振，从而塑造社会公众心目中对国家形象和民族精神的框架；在现实性上，真实的东西往往最能打动人，基于现实改编的影视作品更能抵达社会公众内心深层次的情感，触动受众的情感神经。如抗疫题材影视作品《最美逆行者》《在一起》等，通过真实事件改编、群像式的人物表现以及"接地气"的台词实现了现实化还原，再叠加上影视符号的艺术化表现手法进行主题升华、彰显价值，这样的创作手法贴合了通过影视作品塑造国家形象的创作主旨，同时，"真实"这一符号的价值赋予了影视作品更深刻的价值意义。可见，情感性与现实性的统一和叠加能够巧妙地达到影视作品对国家形象塑造从抽象表达到具象表达的转化，通过虚拟的景象，还原一个存在的真实，从而达到历史真实与艺术真实的统一。因此，实现情感性与现实性的统一往往能够使影视剧中塑造的国家形象与民共情、创建共同记忆。

(三) 注重艺术性与思想性的统一

影视媒介作为时代科技与人文精神的产物，符号景观与国家形象在社会公众视野中的图景呈现和价值观引导要求影视媒介在塑造国家形象时注重艺术性和思想性的统一，这是兼顾艺术化表达和传播主流价值观的需要。在影视创作时，正确价值观的形成和引导往往是潜移默化的，影视作品在传递主流文化、观念时要把握好输出尺度和传播效果，"喊口号""宣传式"的传递方式已不适用当前的传播环境，把握、利用好影视媒介的创作手法和技巧，将艺术性内容赋予思想意义或将具有思想意义的内容以艺术化的形式呈现更能达到有效的传播效果。因此，通过影视符号的选择、组织和叠加，实现了艺术性、思想性的高度融合，把蕴含的文化、情感编码建构到影视情节中，将思想性的内容和价值体系通过艺术化的手段呈现到社会大众面前，实现价值意义的传播。影视作品既是对人本主义的深入阐释，又对建构国家形象，吸引外部世界认知中国、认同中国价值具有积极意义。因此，实现艺术性和思想性的统一往往能够使影视剧中塑造的国家形象内聚人心，外树形象。

五、结语

时代报告剧《在一起》的成功在于其灵活地运用了影视符号的组合与创作，建构了引起受众情感共鸣的影视情境，通过以小人物为切口叙述中国的抗疫故事，协调了共性与个性的统一；通过真实故事的影视再现与民共情，协调情感性与现实性的统一；通过影视艺术手法的处理彰显主流价值观，协调了思想性与艺术性的统一，完成了符号意义的价值传播，彰显了勇敢、无私、善良的国人精神和大国抗疫有责任、有担当的国家形象。《在一起》作为"讲述中国抗疫故事"的时代报告剧，在获得观众好评的同时，对影视创作者来说更是一个良好的示范，开阔了今后影视作品讲好中国故事、塑造好中国形象的创作思路。

参考文献

[1] 石薇琳. 评《广义叙述学》——以分层为本质的纵深分布，以开放为特质的横向构筑 [EB/OL]. [2021 - 10 - 03]. http://www.semiotics.net.cn/index.php/publications_view/index/4252.

[2] 赵毅衡. 广义符号叙述学：一门新兴学科的现状与前景 [J]. 湖南社会科学，2013 (3).

[3] 谭光辉. 再论虚构叙述的"双层区隔"原理——对王长才与赵毅衡商榷的再理解 [J]. 《南昌大学学报》(人文社会科学版)，2017 (48).

［4］王亮杰，姜云峰．抗战题材影视剧构建国家形象的情感性与现实性［J］．南方论刊，2016（11）．

［5］门翩翩．战疫期间文艺作品的作用分析——以时代报告剧《在一起》为例［J］．新闻研究导刊，2021（12）．